a

木内信蔵（1910-1992）
日本の都市地理学の創立者。
『都市地理学研究』は日本で
最初の都市地理学の著書。

藤岡謙二郎（1914-1985）
歴史地理学的都市研究、
都市発達史研究において
多大な功績。

出典　上：古今書院　長田信男撮影　下：藤岡換太郎氏提供

b

山鹿誠次（1916-2005）
都市化研究・衛星都市研究
において多大な功績。

田辺健一（1917-1985）
都市の地域構造研究・都市シ
ステム研究で多大な功績。

出典　上：『山鹿誠次先生を偲ぶ』　下：『田邊健一教授退官記念誌』

高野史男（1917-2001）
都市化研究、都市圏研究、都市機能の研究において多大な功績。

渡辺良雄（1928-1986）
日本の中心地研究の先駆者。大都市研究でも独創性を発揮。

出典　上：『筑波大学人文地理学研究』　下：渡辺夫人提供

d

奥野隆史（1932-2003）
都市地理学・交通地理学・
計量地理学において活躍。

石水照雄（1932-2005）
都市化研究や中心地研究、
計量地理学で活躍。

出典　上：『筑波大学人文地理学研究』　下：石水夫人提供

日本の都市地理学 50 年

阿部和俊 編

古今書院

はしがき

　本書は日本を代表する都市地理学者に、それぞれの研究環境の回顧、あるいは研究の出発点・契機を執筆していただいたものである。こういった企画を思いついたのは、私自身のある経験によるところが大きい。空間の理論研究会の寺阪昭信氏から『理論地理学ノート』で渡辺良雄先生の思い出特集号を刊行するので、かつての名古屋大学の地理学研究室の動向と渡辺先生との関わりのようなことを書いて欲しいと依頼された。それは「1970年代の名古屋大学における院生の研究傾向と渡辺先生の思い出」としてまとめた（2004）。

　そこで、渡辺先生との出会い、若かりし頃の関わりを書かせていただいたが、どうしてもわからないことが1つあった。それは、渡辺先生が「いつ、どういう経緯でクリスタラーの中心地理論を知ったか」ということである。渡辺先生は、あらためて言うまでもなく、1954、1955年に次々と *The Science Reports of the Touhoku University* と『東北地理』に研究成果を発表し、初期の日本の中心地研究をリードした1人である。

　1954年の論文は猪苗代盆地をフィールドに1951年に実施した調査にもとづいている。しかし、この論文にはFleming and Green（1952）の研究は引用されているが、クリスタラーの研究は引用されていない。日本で最初にクリスタラーを紹介したとされる木内信蔵の『都市地理学研究』は1951年5月の刊行である。しかし、この本でのクリスタラーの業績の紹介はそれほど詳細なものではない。いろいろな伝を頼りに渡辺先生が中心地理論を知った時期と経緯を調べてみたが、結局、わからなかった。

　私が渡辺先生と初めてお会いしたのは1973年の春である。その年の2月に私は初めての論文を『地理学評論』に掲載していたが、私の投稿論文の担当が渡辺先生だった。お礼をかねてご挨拶をしたわけだが、小柄でやや浅黒い顔立ちを昨日のように思い出す。そのとき、あらためて論文の書き方をやんわりと教えていただいた。教え子でもない20代前半の生意気盛りの学生に不快な表情ひとつせず、紫煙をくゆらせながら（相当のヘビースモーカーであることは後に小笠原節夫氏から聞いた）のアドバイスは今も頭に残っている。

　またそのとき、田辺健一先生が横におられ、紹介していただいた。それが縁で後々、

田辺先生の主導した科研のメンバーに加えていただいたり、IGCの国土集落システムの研究会に出席することにもなった。

　当時は、畏れ多くて、「先生は、いつ中心地理論をお知りになったのですか？」などという質問はとてもできなかった。また、そのようなことに関心もなかった。お二人ともすでに鬼籍に入られてしまった今となっては永遠の謎である。もっと早くお尋ねしておけばよかったとつくづく思う。

　今回、思い切って渡辺玲子様にこの点を尋ねた。多分、木内信蔵先生の論文で読んだか、田辺健一先生の講義のなかで出てきたか、その両方だと思うというお答えだった。このなかでは、田辺先生の講義で初めて知った可能性が高いと推測されている。1950年前後のことだという。では田辺健一は中心地理論をどこで知ったのだろうか。木内信蔵からという可能性が最も高いが、これもまた永遠の謎である。

　ところで、日本で最初にクリスタラーの業績を紹介したのは木内であるということを筆者に教えてくれた人は森川洋先生である。このように、誰が、いつ、どこで、何からといったようなことは、そのときにはあまり興味のないことであるが、時間がたつとわからなくなるものである。

　原稿は活字になると公的なものとなるため、どうしても私縁的なことは書きにくい。しかし、たとえば学説史を書こうとすれば、その時代の雰囲気を知っておくということは大事なことである。学説史の執筆とまではいかなくても、ひとつの研究が登場した背後の事実を知っておくことは悪いことではない。

　多くの方は、この本を見るとBerryとWheelerによる *Urban Geography in America, 1950-2000*（2005）を連想するだろう。しかし、私は同書に刺激されてこの本を企画したのではない。同書とは関係なく、この本の企画を練っていた。感想を言えば「同じことを考える人がいるものだ」といったところである。

　この本は上記のような私の全く個人的な考えから企画されたものである。50歳以上の方にご執筆をお願いしたところ、多くの方のご賛同を得て、ここに上梓することができた。

　各執筆者は独自の執筆スタイルをもっている。そして、ご存知のように『地理学評論』と『人文地理』『経済地理学年報』とでは、注や文献の表記の仕方が異なる。各執筆者には馴染んだスタイルで書いてもらった。編集においては細かい箇所まで統一することはせずに、各執筆者のスタイルを尊重した。また、論文集ではないため、尊称をつけるかどうかも各執筆者の判断にまかせている。外国人研究者の表記も同様である。

　目次は年代順になっている。各執筆者の原稿は希望する年代に配置した。森川洋、

成田孝三の両先生には長い研究生活を総括していただいたので、「総論」の章を設けた。拙稿も厚かましくも、この両先生に次いで「総論」の章に入れているが、これは本書の発案者のわがままとしてご海容いただきたい。

　本書は通常の論文や学説史には書かれていないエピソードが満載である。企画の意図からいって、若い世代を意識していることは言うまでもない。若い人々がこの本から「何か」を読みとっていただき、これからの研究生活に役立ててくれることを願ってやまない。

　本書の刊行にあたり、社団法人日本地理学会の出版助成をいただくことができた。この助成をいただかなければ、本書の刊行は不可能であった。御礼申し上げます。また、研究助成の申請や刊行において、古今書院の関田伸雄氏にはひとかたならぬお世話になった。杉山恭子氏、小野晃伸氏には表紙デザインや編集においてご協力をいただいた。あらためて深く感謝する次第である。

阿部和俊

引用文献

阿部和俊　1973　「わが国主要都市の経済的中枢管理機能に関する研究」地理学評論，46.
阿部和俊　2004　「1970年代の名古屋大学における院生の研究傾向と渡辺先生の思い出」理論地理学ノート，No.14.
木内信蔵　1951『都市地理学原理』古今書院.
渡辺良雄　1954「地方サーヴィス圏の例（1）—福島県猪苗代盆地の場合—」東北地理，6.
Berry B, J. L, and Wheeler J. O. 2005 *Urban Geography in America, 1950-2000 Paradigms and Personalities*, Routedge
Fleming, J. B. and Green, F. H. W. 1952 Some relation between country and town in Scotland, *Scottish Geographaphical Magazine*, 68.
Watanabe Y. 1954 The Service Pattern in the Shinjo Basin, Yamagata Prefecture —A Research in a less Population Basin in Japan —, *The Science Reports of the Tohoku University, Seventh Series (Geography), No. 3, Faculty of Science*, Tohoku University, Sendai, Japan.
Watanabe Y. 1955 The Central Hierarchy in Fukushima Prefecture : A Study of Types of Rural Service Structure. *The Science Reports of the Tohoku University, Seventh Series (Geography), No. 4, Faculty of Science*, Tohoku University, Sendai, Japan.

目次

0	はしがき		*i*
第I部 総論			
1	森川　洋	私の研究遍歴	*1*
2	成田孝三	私の都市研究	*21*
3	阿部和俊	日本の都市地理学の個人的な回顧	*37*
第II部　1950年代・1960年代			
4	樋口節夫	「CBD研究」と「都市の内部構造」―ひと・まち・リポート―	*59*
5	青木栄一	1960年前後の都市地理学の歩みに関するノート―「都市化」論争を中心として―	*67*
6	佐々木博	近郊農業から都市農業へ―1960年代―	*79*
7	寺阪昭信	1960年代からの都市地理学との係り	*87*
8	實　清隆	私の都市研究	*97*
9	安積紀雄	営業倉庫立地の研究姿勢	*104*
10	阿部　隆	盆地研究から中心地研究へ―東北大学を中心とする1960年以前の都市地理学研究の動向―	*116*
11	杉浦芳夫	石水照雄の「会津盆地外出行動」論文(1957)の先駆性について	*131*

第Ⅲ部　1970年代

12	菅野峰明	アメリカの都市地理学を学ぶ ―個人的な経験―	142
13	山田　誠	都市地理学研究を志したころ	152
14	小林浩二	私の都市地理学	162
15	富田和暁	郊外化、中心地理論、情報サービス業の立地	168
16	戸所　隆	都市空間の立体化研究・商店街研究から 都市政策研究への展開	175
17	高山正樹	都市地理学研究者への道程	184
18	日野正輝	都市群システムと企業の支店配置に関する研究	195
19	西原　純	都市から炭鉱、市町村合併へ ―研究の遍歴と時代の地理学―	204
20	山本健兒	私の都市研究事始め	219
21	津川康雄	都市地理学との係り ―機能論・景観論からのアプローチ―	232

第Ⅳ部　1980年代

22	石川義孝	都市地理学を横目でながめつつ	242
23	山崎　健	私のオフィス立地・中国都市研究の回顧と課題	252
24	水内俊雄	独創的で先端的な都市社会地理学をめざして	259
25	松原　宏	『不動産資本と都市開発』ができあがるまで	269

26	根田克彦	小売業の商業地理学から小売店の都市地理学に向けて	*276*
27	千葉昭彦	地理学と経済学の狭間で	*284*
28	香川貴志	幼少期の体験と身近な地域の観察から芽生えた住宅研究	*295*
29	由井義通	1980年代における住宅研究の動向	*304*

人名索引　　　　　　　　　　　　　　　　　　　　　　　　*315*

執筆者一覧　　　　　　　　　　　　　　　　　　　　　　　*322*

森川　洋

第1章　私の研究遍歴

1. はじめに

　私は卒業論文「福山地方の中心地構造」を提出後ずっと都市地理学の研究を続けてきたわけではなく、都市地理学を基調としながらも左右に揺れながらとぼとぼと今日まで研究の道を歩んできた。しかし都市地理学以外の研究を省略してしまうのは研究遍歴執筆の意図をかえって損なうことになるので、私の研究の主要部分すべてを取りあげることにする。

2. 1960年以前（18〜24歳）

　私は1953年4月に広島大学教育学部に入学した。教養部の2年間は学生寮（14畳の和室に定員7名）で過ごし、学部生の2年間は6畳間を学生寮で同室だったO君と2人で間借りしていた。広島大学では文学部と教育学部の地理学専攻生は専門の授業を文学部で一緒に受け、行動を共にした。2年生になると専門の授業が始まったが、米倉二郎先生の「地理学史」、下村彦一先生の「自然地理学概論」、船越謙策先生の「独書講読」、西村嘉助先生の「図学演習」など基礎的なものばかりで、あまり興味をもてるものはなかった。3年生になると専門的な授業が開講され、非常勤講師の堀川侃先生の「生態地理学」は法則追究的なシカゴ学派の研究に関する講義で、米倉先生の歴史地理学的な「集落地理学」よりも興味深いものであった。教育学部の授業には学問的な話は少なく、単位をとるだけであった。

　4年生になると卒業論文ゼミが始まった。卒業論文指導教官を堀川先生にお願いしたいと思っていたが、広島女子短大から大阪大学に栄転されたので西村先生にお願いした。西村先生には図学演習や巡検でよく叱られたが、以前教育学部に籍をおいておられたし、私と同じ分野の卒業論文を書いた先輩I氏の指導教官をされたこともあって無理にお願いした。

　卒業論文テーマの選択に当たっては、語学のできる人は文献による外国地誌などの

研究も可能であったし、教室所蔵の文献を使って地理学史の研究することもできたが、私の同期生は―地理教育の卒業論文を除いて―すべてフィールド調査を行った。2年生・3年生の巡検や実習のとき熱心に勉強していた人は地形に関する知識も豊富であり、地形学の卒業論文を書くこともできたが、予備知識をあまりもたない学生のなかには都市地理を選ぶものが多かった。

　卒業論文のフィールドは経済的な理由から自分の郷里を調査するのが慣例であった。北川建次君は戦後の広島市における副都心の発展をテーマとし、和歌山市の衛星都市化や愛媛県の中小都市の商店街比較などを取りあげた T 君や S 君もいた。私は郷里福山でできるものをあれこれ考えた末、「福山地方の中心地構造」に決めた。福山市とその周辺地域について買物アンケートと日用品小売店の仕入先調査およびバス会社での乗車券調査を行い、各中心地の勢力圏を調査した。渡辺良雄先生（Watanabe 1955）の福島県での調査のように、人口密度の低い神石郡・甲奴郡で中心地の階層構造の地域差を発見したときはうれしく思った。

　当時は就職難の時代で、広島県内に就職してやがて福山近辺の高校教師になる見通しはたたない状態であった。しかし大学院に進学して2年間待てば何とかなるかもしれないと思ったし、調査にも興味が湧いてきたので、父とも相談して進学を決意した。あまり優秀でもない私が進学希望というのは恥かしくもあって同期生には伏せていたが、就職活動をしないので私の意図は知られていたようだった。

　米倉先生の4年生前期の講義「地域論」でもクリスタラー理論を紹介されたし、Brush（1953）や Neef（1950）、Dickinson（1947）などの文献によってクリスタラー理論の概要は知っていたが、クリスタラーの原著（Christaller 1933）は教室に所蔵されていなかったので、大学院に進学後に読むことになった。原著は進学後早々に京大からマイクロフィルムを取り寄せて読んだが、続いて読んだレッシュの英訳書（Lösch 1954）は経済学の術語が多く、理解に苦しんだ。

　修士課程の2年間はあっという間に過ぎた。修士論文はこれまでの延長で、フィールドを広島県に広げて、渡辺先生に倣って広島県庁で商業調査や事業所調査の個表を特別に許可を得て分析し、それらの中心地の歴史的発展過程をみるために、約100の町村の壬申戸籍による家業の調査を行った。後になってわかったことではあるが、家業の記載に厳密な基準はなく、「商　諸品賣事」などの代わりに「農」と記載されている場合があったように思われる。したがって、壬申戸籍の調査はそれほど有効ではなかったが、それでも広島県内のほとんどの地域を調査したのは地域の概要を知ることに役だったように思われる。同対審答申（1975年）がでて壬申戸籍の閲覧が問題になる以前のことであった（森川 2004a、2010a）。

3. 1960年〜1970年（25〜35歳）

　1959年3月に修士論文を提出して広島大学文学研究科博士課程に進学した。進学したというよりも、教員採用試験に失敗して大学院にとどまったというのが実態であった。当時は広島大学大学院博士課程発足後間もない時期で、先輩も少なく、同期の牧野洋一君とともに4・5人目にあたり、3人の先輩もすぐには大学に就職できなかったので、先の見えない状況であり、大学教員などになろうという大きな夢をもつことはできなかった。

　私は修士論文提出後も新しいアイディアもなかったので、これまでの中心地研究を続けることにした。当時は計量地理学の出発点ともいえるBerry and Garrison（1958a、b、c）の中心地に関する3論文が発表されたころであり、私も計量的分析による法則追究が重要なものと考えていた。西村嘉助先生の大学院巡検（1958年）で島根県邑智郡を訪ねて辺地農村の中心地や生活圏を調査したとき、中心地の勢力圏は人口密度が低くサービス需要が少ないために拡大するのではなく、小規模な勢力圏をもつ貧弱な中心地に頼る生活が営まれていることを知った（森川 1959b）。もちろん、こうした事実は渡辺良雄先生が会津盆地などで実証されていたことで（Watanabe 1955）、特別目新しいことではなかったが、わが国の近代化にみられる中心地システムの発展過程はGodlund（1956）やSkinner（1964/5）による中心地システムの近代化モデルとも異なることに興味をもった。

　修論の広島県の中心地では壬申戸籍を利用して明治以後の中心地の発展過程を調査したが（森川 1959a）、膨大な時間がかかる上にそれほど成果がえられなかったので、古い統計資料を用いて明治初年の中心地を捉え、現在と比較することによってもっと能率的に中心地システムの近代化過程を考察できないかと考えていた。資料のある滋賀県や山口県も候補地となったが、多くの郡の郡村誌が残存する熊本県を調査することにした。熊本県は広島県とは違って熊本市を中心に平野が広がり、地形的制約をあまり受けない地域で、モデル構築に適したところであると考えていた。現在の中心地勢力圏については、米倉二郎先生の総合科研で九州全域の小学校に配布調査されたアンケート調査（各校1枚）を使用させていただいたのはありがたいことであった。郡村誌資料によるだけでなく熊本平野の古い中心地を訪ねて明治末頃の小売商圏について聞き取り調査を行い、ある程度の成果を得たので、はじめて日本地理学会で口頭発表した後、『地理学評論』に発表した（森川 1961a）。

　これより先、何度も修正して1959年11号に掲載された私の修士論文（森川

1959a）は、Peter Schöller 先生の学位論文（Schöller1953）を引用していたこともあって、同年8月に日本地理学会事務局を訪ねた先生の目にとまり、編集委員長矢沢大二先生から欧文に翻訳するようにとのご連絡をいただいたのは予期せぬ出来事であった。1960年1月に広島大学で講演されたとき Schöller 先生のホテルを訪ねてドイツ語の単語を並べただけの手書きの訳文をお渡ししたのは忘れられない。北川建次君とともに書いた広島に関する論文を『Erdkunde』に掲載していただいた（Morikawa u. Kitagawa 1963）。その後先生にはご厚意をいただき、先生が亡くなるまでご指導を仰ぐこととなった。

熊本平野の中心地に関する調査の終了後は事例研究を続ける意欲を失い、いろいろ新しいテーマについて考えた。その1つは、熊本市にある九州電気通信局を訪ねて市外電話通話による都市の勢力圏を調査したもので、九州の各県庁都市のほとんどが自己の県域を通話圏とするという結果を得た（森川 1961b）。それは都市勢力圏の距離法則を発見しようとする私の意図には適合しないものであった。当時、都市システムの実態を理解しようという意識はなく、行政地域と中心都市の勢力圏が一致するのはあまりにも単純な人為的な結果に過ぎないと考えていた。この調査を行った動機について明確な記憶がないが、米倉先生が九州地理学会（雲仙大会）で講演されたなかで発表させていただいた。

もう1つは熊本県の地域構造に関する研究で、中心都市が通勤・通学だけでなく農作物の生産など都市の影響を広く考察しようと意図したものであった。これは Schöller 先生の地域改変中心（Mobilitätszentren）を九州全域に適用しようとしたものであり、タイガー計算機を使って多くの計算を行ったが、九州は都市化が不活発なこともあって、十分な成果をあげることはできず、熊本県についてだけ報告した（森川 1961c）。もう1つの研究は、共武政表（明治13年）を用いた当時の都市分布図の作成であった（森川 1962a）。これまでの研究とさほど脈絡はないが、当時まだ明治以後における都市発展に興味をもっていた。都市集落の下位限界を人口2,000人に定めたり、連担した都市集落を地形図で判定するなど手間のかかる作業であった。

これらの研究を発表したところで3年間の博士課程が終了した。今度はどうしても就職しなければ生活できないので、かなり受験勉強して広島県の教員採用試験を受けた。幸いにして合格し、県立呉工業高校定時制に採用された。大学院時代に比べると研究時間は大幅に制限されたが、午前中は自由時間であったので毎週金曜日1限目の米倉ゼミには朝早く起きてこっそりと出席していた。広島県や長崎県では原爆被災者の移動に注目することもあって早くから人口移動の統計をとりはじめていたので、両県の人口移動を分析し、中心地システムとの関係を考察した（森川 1963）。『地

第1章　私の研究遍歴（森川　洋）

写真 1-1　Schöller 先生を囲んで
Schöller 先生は日本調査に来られたときにはいつも広島大学に立ち寄られた。講演後文学部の応接室でくつろいでおられるときの写真。前列左から米倉二郎先生、Schöller 先生、後列左から森川、石田寛先生、斎藤光格先生。すでに名誉教授であった米倉先生と斎藤先生（神戸大学）は講演拝聴のためにみえていた。（1978 年 11 月 16 日撮影）

理科学』第 3 号として出版された下村彦一先生の御退官記念特集号には世界農林業センサス（1960 年）を用いて広島県の兼業農家について分析したのもその頃であった（森川 1964）。統計資料を分析すればなにか書けると考えた苦し紛れの論文であったが、当時はまだ第 1 種兼業農家が多く残っていた。兼業農家の研究は後にも先にもこれだけである。なお 1964 年には初めて『人文地理』の年間展望「都市」の執筆依頼を受けて苦闘したが、勉強にはなった。

　1962～64 年の 2 年間の呉工業高校勤務の後大分大学学芸学部に助手として採用された。万事不器用な私は「集落地理」の講義ノートの作成のために初年度のすべてを費やし、研究は全く停止状態であった。その後も大分県地理学会の機関誌『大分県地理』に 2 編の小論文を書いたり、兼子俊一先生の分担された大明堂の『人文地理ゼミナール経済地理Ⅲ』（山口ほか 1966）の一部を執筆させていただいただけであった。

　しかし、大学に就職すると科研費を受けることができるようになり、多くの先生方の総合科研に加えていただいた。1963 年の米倉先生を代表とする総合科研、1965 年の松井武敏先生を代表とする総合科研をいただき、岡山県の農村部全域に配布していた買物アンケートの分析に基づいて岡山県の中心地勢力圏設定の問題について報告した（森川 1967a）。田辺健一先生を代表とする総合科研（1966 年）では大分県の中心地階層の変化を数式を用いて算出し、『東北地理』に投稿した（森川 1967b）。

1969年には、同じく中心地の問題について小林博先生と石田寛先生の総合科研に参加させていただき、報告書を提出した。

1968年には、中心地の階層性と都市規模分布との関係に関する展望論文をはじめて投稿し（森川 1968）、後に西岡久雄先生編集の『計量地理学への招待』に再掲していただいた。当時欧米諸国における中心地研究は活気に満ちており、できるだけ文献に目を通すようにしていた。呉工業高校に勤務していた頃中心地研究を一度展望したことがあったので（森川 1962b）、それに手を加えたものであった。また、1968年度の人文地理学会大会特別発表では小林博先生の座長のもとで「中心地ヒエラルヒーの遷移」について報告した。その後ドイツ留学が決定したため『地理科学』12号にドイツ語で発表し（Morikawa1969）、後に Bartels, D. 教授のご厚意で内容を少し修正してドイツの雑誌に掲載していただいた（Morikawa1971）。

1969年には日本都市学会賞（奥井賞）の受賞や Schöller 先生のご厚意もあって、兼子先生が大分大学教育学部教授会で強力に推薦して下さったので、4人の申請者のなかから最も若い私が選ばれて、文部省在外研究員として西ドイツのルール大学へ留学することになった。当時大学紛争の最中であったが、やや下火になった同年9月下旬にボフムのルール大学に着いた。

1年間の留学期間のうち6週間は Iserlohn のゲーテ・インスティテュートでドイツ語会話を勉強した。ここでみっちりと勉強すればドイツ語会話もできるようになると考えていたが、思うようにならなかった。阿部謹也氏（後の一橋大学学長）とともに日本人では最上級クラスに組み分けされたが、私のドイツ語は一向に上達せず、低級クラスに落としてもらったが、それも効果はなく劣等生の悲哀を味わった。ルール大学では Schöller 先生は有名教授で、私と同年輩か少し若いくらいの多くの助手を抱えておられ、教室は活気に満ちていた。当時は知らなかったが、Schöller 先生は大学紛争の最中にドイツ地理学会会長として苦労されていた。先生方の講義は聴き取れなかったが、巡検は楽しかった。冬の朝は6時頃バスで大学を出発して8時頃夜明けとともに引率教官が沿線の景観や地理を説明することがあった。Schöller 先生のベルリン・ハンブルク巡検ではドイツ人と外国人は別々の検問所を通って東ベルリンに行き、その日のうちに西ベルリンに帰り、翌日は飛行機でハンブルクに飛び、Altona の丘から眼下にハンブルク港を眺めながら説明されたのを記憶している。2月に太陽を見たのは数時間しかなく、瀬戸内育ちの私にはうっとうしい日々が続いたが、5月上旬になるとすべての草木が一斉に花開きさわやかな季節となった。Schöller 先生は計量地理学を批判されることはなかったが、「一回限り発生する地理的現象」の重要性を強調され、ドイツの地理学では計量的な研究は少なかった。

ボフムでの生活の最初の頃『Japanese Cities』への執筆依頼を受けたので、1967年に発表していた岡山県の研究を苦労して英訳した（Morikawa1970）。留学期間が残り少なくなると調査の必要に迫られ、ヴェストファーレン東北部の中心地を調査した。これまでやってきたように郡役所や市町村役場を訪ね歩いたが、学問や学者を尊重するお国柄のためか会話の不自由な私に同情してか、役所の人たちは非常に親切で、どこでもたくさんの地図や資料をいただいた。1年間の留学を終えて9月末無事帰国した。帰国前には残していた航空券を使って厚かましくもウィーンのBobek, H. 先生を訪ね、3・4日ウィーン大学に泊めていただいた。1930年当時の合衆国農村社会学における Galpin, C. J. や Kolb, J. H. の研究について先生に尋ねたが知らなかったと答えられ、Christaller もたぶん同じだろうといわれた。私の留学の半年前にChristaller は世を去っていた。いつかボフムに立ち寄られた矢沢先生から、細かい調査をするよりも友人をつくっておくようにと忠告されたが、Schöller 先生の弟子のなかでもとくに Mayr, A. 教授（前ライプニッツ地誌研究所長）や Blotevogel, H. H. 教授（元ドイツ地理学会会長、前 ARL 研究所長）、Flüchter, W. 名誉教授（デュイスブルク大、日本研究者）には今日までお世話になってきた。

4. 1970年〜1980年（35〜45歳）

　留学の成果として中心地の調査（森川 1973a）と行政改革（森川 1973b）のほかに、「西ドイツ・オーストリアの地理学研究動向」（森川 1972a）を発表した。前の2編は米倉先生と木内信蔵先生の御退官論文として献呈させていただいた。ドイツ地理学の研究動向は人文地理学会からの執筆依頼によるものであった。水津先生の論文（水津 1955）にみられるように、中心地論は地域論にも関係した分野であり、地域論には関心をもっていたが、地理学史に関する研究蓄積のない私には無理な課題であり、報告原稿の半分は中心地研究の動向を書くことで許していただいた。当時はまた、米倉先生のご退官が近づいており、学位論文の執筆を急がねばならなかった。学位論文は当時まだ手書きで400字詰原稿用紙983枚（図表込み）を書いたが、コピー機を使って複写することができた。船越先生の退官記念論集には人口移動の分析で間に合わせていただいた（森川 1972b）。1972年は私にとってとくに変化の多い多忙な年となった。2月に父が亡くなり、3月に学位をいただき、6月には広島大学への転勤が決まり、9月に広島に移ったからである。したがって、帰国後大分大学にはさしてお礼奉公をすることなく転勤してしまい、今でも大変申しわけなく思っている。

　大学紛争の余波の残る広島大学での生活はうっとうしいもので、大分大学での生活

が無性に恋しかった。学部生の授業に加えて院生ゼミがあり、毎日教材研究に追われた。助教授時代には学部では2年生の「地理学実験」、3年生の「都市地理学」「ドイツ語講読」のほか、4年生の「地理学研究法」と呼ばれる教官全員出席の卒業論文ゼミがあり、大学院では各教官のゼミと全教官の出席するゼミがあった。全教官出席のゼミでは院生たちの厳しい要求によって教官も研究発表をさせられたが、いつのまにか消滅した。石田寛先生のご退官後は「地理学実験」を新任の岡橋秀典助教授（当時）に譲って「地理学史」の講義を担当し、そのほか前期「都市地理学」、後期「ドイツ地誌」を担当した。

　1970年当時のわが国では計量地理学が著しい発展を遂げており、「都市地理学」の授業を行うにも計量地理学的研究の紹介が必要であった。とくにシカゴ学派の同心円構造理論に代わって因子生態研究（factorial ecology）が大きな成果を上げつつあったので、「都市社会地理研究の進展」という題目で因子生態研究の動向について考察し（森川1975a）、授業でも紹介した。それと同時に、大型計算機を利用するようになった。幸いにも、経済学部の横山和典先生（経済統計学教授）のご指導により計算センターに出入りするようになり、重回帰分析や因子分析をなんとかできるようになった。当時はパンチカードにパンチしたプログラムと資料を計算センターの大型計算機に読ませるもので、0とoを間違えるなどのパンチミスをして、横山先生や計算センターの指導員に相談することが多かった。

　コンピュータを利用して最初に書いた論文は広島市の人口移動要因に関する重回帰分析（森川1975b）であった。次いで因子分析・クラスター分析を用いた都市の因子生態分析（森川1976a、横山・森川1977）や広島県の市町村類型（森川1976b）、物資流動分析（森川1977）について発表し、傾向面分析による都市の人口密度分布について考察した（森川1976c）。さらに、高野史男先生代表の総合科研では院生の吉本剛典君（現兵庫教育大教授）の協力を得て機能的距離法などを用いた結節地域・機能地域の分析手法を発表し（森川1978a）、横山昭市先生代表の総合科研では新幹線沿線都市の特性に関する報告を行った（森川1979）。学部2年生の授業では地理統計法ばかりを教え、巡検を全くしなかったのは申し訳なく思っている。日本地理学会でも奥野隆史先生を主査とする計量化委員会に出席することが多かった。

　しかし、計量的手法の習得ばかりに時間を費やしていたわけではない。1974年には文部省の出版助成金を得て大明堂から学位論文を刊行したが（森川1974）、その後も欧米諸国の中心地研究は大きく進展したので、より体系的に整理しておきたいと考えて1980年には『中心地論Ⅰ・Ⅱ』を刊行した（森川1980a）。当時中心地研

究では名古屋大学の林上氏が中心地理論の改良を目指して優れた研究論文を次々に発表しておられたので、氏の大著（林 1986）の刊行前に公にしておきたいと考え、出版を急いだのを記憶する。1976 年には『Geography in Japan』の都市地理学分野について北川建次、小林博、田辺健一、渡辺良雄先生らと共同執筆し（Kitagawa et al. 1976）、1977 年には Schöller 先生のお薦めによりわが国の中心地の研究動向を『Erdkunde』に紹介し（Morikawa1977）、1978 年には『現代日本の都市化』のなかで「地方都市と中心地システム」を執筆させていただいた（森川 1978b）。

5. 1980 年～1990 年（45～55 歳）

　1980 年代になると私の研究テーマはまた大きく変更することになった。これまで計量地理学的手法を習得してきたが、数学的素養の乏しい私にはこれ以上先に進むことには限界があった。それに加えて、パソコンの普及により大型計算機からパソコン利用へと移ってきたが、私は 1987 年夏に張文奎先生の招きで訪ねた中国の東北師範大学（長春市）の集中講義原稿を「一太郎」を用いて作成するまでは、パソコンもワープロも使用できない状況にあったことも計量地理学から遠ざかる原因の 1 つであった。

　もう 1 つの動機は、1980~88 年にわたって国土庁の地方都市問題懇談会委員を務めたことであった。この会議は国土庁担当者の報告の後各委員がその報告に対する意見を述べる形式で進められたが、計量地理学的な知識では適当な発言もできなかった。しかし、「点と軸による開発構想（punktachsiales Entwicklungskonzept）」に基づくドイツの空間整備をもう少し研究すれば少しはベターな発言ができるだろうと考えたので、1981 年 10 月にマンハイム大学で開催された第 43 回ドイツ地理学会に参加し、そのときに駆け足で西ドイツ各州の関係省庁を訪ね、空間整備計画に関する資料収集を行った。2 年に 1 度開催されるこの大会には西ドイツのカルステンス (Carstens, K.) 大統領の臨席のもとで、Schöller 先生が「世界の都市化」について特別講演された。

　このとき収集した資料に基づいていくつかの論文（森川 1982a、1983a、1984abc、1985a、1986a、1987a、Morikawa1987a）を発表した。お世話になった兼子俊一教授の古希記念特集号に寄稿し（森川 1982a）、米倉先生の喜寿記念論文集『集落地理学の展開』（森川 1987a）に、Bartels 教授の追悼記念論集に投稿した（Morikawa1987a）。そして 1988 年には各州の状況をまとめ、『中心地論Ⅲ―西ドイツにおける地域政策への応用―』として刊行した（森川 1988a）。このなかには、空間整備政策の他に以前から関心をもってきた市町村合併の問題も含めた。同書

の刊行によって光栄にもドイツ連邦共和国空間整備・国土計画研究所（Akademie für Raumforschung und Landesplanung, ARL）の準会員（korrespondierendes Mitglied）に任命された。そのほか、以前から何度も調査に訪れたヴェストファーレン東北部の中心都市 Bielefeld の地誌（森川 1982b）や中位圏の人口増減（森川 1985a）などについても発表した。そのなかには、ドイツの空間整備を用いてわが国の国土計画に利用できないかと考えた論文 (森川 1989a) もある。

　もう１つのテーマ変更といえるのは都市システム研究への参加である。Bourne (1975) の著書が出版された直後の 1970 年代後半から、わが国でも急に都市システム研究が重要なものとなった。田辺健一先生代表の総合科研「日本における都市システムの研究」(1978 年) に参加して報告書に書かせていただいた都市システム研究の展望は、広島大学の『史学研究』50 周年記念論集に転載した（森川 1980b）。さらに、田辺編『日本の都市システム』では「都市システムの概念と研究動向」や「速達便を指標とした日本の都市システムの特性」について報告し（森川 1982c）、山口編『世界の都市システム』では「東西ドイツの都市システム」を担当した（森川 1985b）。山口岳志先生からは東ドイツに関する多くの資料をいただき、私の執筆を助けて下さったのを記憶している。

　また自分でも統計資料を用いて都市システムを分析したいと考えており、都市間の人口移動の分析によってわが国の都市システムの構造を把握しようと試みた（森川 1985c）。そこでは通常考えられているように、県庁都市より１段上位に広域中心都市が位置し、いくつかの都市階層が存在するという結論に達した。私は、今でも都市システム研究と中心地研究とは密接な関係にあり、後者が中小都市に研究の焦点をおくのに対して、前者は国土の骨格を形成する大都市に重点をおく研究であり、都市システム研究の方が社会的重要性が大であると考えている。豊田・原田・矢守編『講座日本の封建都市』では「都市システムの近代化から」を担当し（森川 1982d）、田辺・渡辺編『総観地理学講座・都市地理学』では「都市群の構造と動態」を担当させていただいた（森川 1985d）。

　一方、『中心地論Ⅰ・Ⅱ』の刊行後中心地研究に対する関心はやや低下していたものの、1980 年代にも中心地研究を続けていた。1980 年にはやがて「しまなみ海道」の開通によって大きな変化が予想される芸予諸島の中心地システムを調査し、西村嘉助先生の御退官記念地理学論文集に投稿したし（森川 1980c）、同様に広島大学の移転によって大発展を遂げるであろう東広島市についても消費者行動に重点をおく調査を行った（森川 1980d）。また、中心地システムの動態的研究についても理論的な考察を試み（森川 1981a）、広島市の実施した調査資料の分析によって広島市の都市内

部中心地システムについて考察した（森川 1981b）。この論文は親しくしていただいた Fick, K. E. 教授の退官論集にドイツ語に訳して寄稿した（Morikawa 1983）。さらに私のところに留学していた成俊鏞氏（忠北大学校名誉教授）とともに韓国の定期市の調査にも出かけたし（森川・成 1982、Morikawa and Sung 1985）、広島大学内海文化研究所の調査として広島県神石町（現神石高原町）の中心集落のその後の変貌を調査した（森川 1983b）。旧神石町呉ケ峠集落は 20 数年前卒業論文で調査したところである。

　1986 年には、私の研究の出発点においてご指導を賜った渡辺良雄先生が亡くなられ、『Geographical Reports of Tokyo Metropolitan University』の追悼号に寄稿した（Morikawa 1987b）。また 1987 年にはわが国の中心地研究の動向について展望した（森川 1987b）。さらに、浮田編『総観地理学講座・人文地理学総編』では「地域構造と都市（中心地）」を担当させていただき（森川 1984d）、1985 年には西村睦男先生の古希を祝って小森星児・寺阪昭信両氏の発案によって開催されたシンポジウム「中心地研究の展開」の報告書を西村・森川編（1986）として出版した。

　そのほか、石田先生の御退官記念論文集に「ドイツ地誌学の最近の研究動向」を執筆したのも変化の 1 つであった（森川 1982e）。計量地理学華やかなりしころには地誌学に対する非難が集中していたし、私自身もそのように信じ、「地誌は（科学ではなくて）芸術だ」と書いたこともあったが（森川 1976a）、計量地理学批判や社会的有用性の再認識、さらには地誌の講義担当などもあって、地誌学の重要性を再認識するようになっていた。これは一種の転向といえるかもしれないが、Harvey, D. や Hägerstrand, T. でも「転向」しておられ、私の「転向」などはとるにたらないことである。後述のように、1990 年代になると地誌学に関する私の研究は増加してくる。

　もう 1 つ、教材研究のために外国文献を整理する中で注目するようになった問題に反都市化現象の研究がある。合衆国を中心とする反都市化現象について紹介した後（森川 1988b）、わが国との比較も行ってみたし（森川 1989b）、Schöller 先生の追悼論文集にも中国地方を事例とした反都市化現象について考察した（Morikawa 1989）。

6. 1990 年～ 2000 年（55 ～ 65 歳）

　1990 年代にはなお都市システム研究が中心を占めていた。1990 年にはこれまでの都市システム研究に反都市化研究や都市化概念に関する考察（森川 1990a）を加えて、『都市化と都市システム』を大明堂から出版した（森川 1990b）。その後に発表した地域的都市システム（森川 1990cd）や日本の都市システムの構造的変

化（森川 1991）、年齢階級別人口移動（森川 1992a）、大型小売店の立地展開（森川 1993a）、銀行支店網からみた都市システム（森川 1994）、広島県の地域的都市システムの変化（Morikawa 1995）、企業活動と都市システム（森川 1996a）、広島市の卸売業・事業サービス業支店（森川 1996b）、都市次元分析（森川・大友 1996）、幕末期から第二次世界大戦前までの都市システムの発展過程（森川 1997a）などはすべて都市システムに関する研究である。このうち銀行支店網に関する研究は Pred モデルの改良を試みたもので、先の人口移動の分析（森川 1985d）とともに私の都市システム研究を代表するものと考えている。年齢階級別人口移動は兵庫県庁統計課を訪ねたときに偶然発見した貴重な資料を使用させていただいた（森川 1992a）。

　1991 年には私の申請した総合科研「わが国都市システムの構造的変化」が採択され、1993 年には 14 人のメンバーの執筆になる報告書を提出した（森川編 1993）。このようにして国内での実証研究がかなり進んだので、先の『都市化と都市システム』に改良を加え、わが国に重点をおいた『日本の都市化と都市システム』を刊行した（森川 1998a）。同書では都市システムと地域構造との関係に留意した結果、都市規模による活力の差異とともに、わが国の中央部と縁辺部では都市の活力が異なり、地域格差の原因となることを実証しようと考えた。1998 年は私の広島大学退官の年でもあり、退官論文集として『都市と地域構造』を大明堂から刊行していただいた（森川編 1998）。私を含めた 21 論文のうちの大部分は都市に関するものであった。

　1995 年以後退官までの 3 年間は藤原センター長の後を受けて広島大学地誌研究資料センター長を仰せつかっていた。同センターは米倉先生をはじめ石田先生・藤原健蔵先生がインド研究に尽力された結果、学内措置のセンター（専任助手 1 名）として承認されたもので、インド研究にまったく関与しなかった私にふさわしい任務ではなかった。私にできることといえばせいぜい地誌学はいかにあるべきかという本質論を論じることであった。幸いにしてベネッセ社の助成金を得てシンポジウムを開催したり、教室訪問の外国人に講演を依頼したり、また『地誌研年報』にできるだけ執筆するなどして一応の責任を果たすことができた。この仕事との関係から、地誌学の研究動向（森川 1992b）、地誌学の問題点（森川 1996c）、ドイツの地誌学（森川 1997b）、英語圏の動向(森川 1998b) などを発表した。さらに、統一ドイツに関する多くの情報がえられたので、地誌として『ドイツ』を出版した（森川 1995a）。これは「転機にたつ連邦制国家」を問題の中心に据えて新しい地誌を目指したものであったが、そのほかにもいくつかの中心的テーマがあり、それらをうまく説明するのは至難の業であった。

　それとも関連して、西川編『総観地理学講座・地理学概論』に「ヨーロッパにおけ

る地理学」を執筆させていただいたが（森川 1996d）、ドイツだけでなくフランス、イギリス、ソ連・ロシアに関するもので、ドイツ以外には私の研究蓄積は皆無の状態であり、汗顔の至りであった。なお、1992年にはBobek, H. 教授の追悼の意をこめて先生の業績を紹介した（森川 1992c）。

　この10年間には地域政策に関係する研究が増えてきた。それには、ドイツの空間整備政策において中心地に加えて、新たな開発戦略として都市ネットワークが導入されたことも関係する。1993年に『史学研究』200号記念集に地域軸に関する論文を寄稿したのを契機として（森川 1993b）、1995年にはヨーロッパの都市ネットワークと国土政策（森川 1995b）、ドイツの空間整備における中心地計画や都市ネットワーク計画を紹介した（森川 1999a、b）。「都市システム理論における軸・ネットワーク概念と国土計画への応用」や「わが国における地域軸の現状」を矢田俊文編『地域軸の理論と政策』のなかで発表した（森川 1996e）。なお、1988年に日本学術振興会特定国派遣研究者として約1ヶ月ドイツに滞在したとき、奇しくも壁の崩壊1年前にMayr, A. 教授（当時ミュンスター大学）の案内により南ドイツの東方国境周辺地域の地域振興政策について調査した（森川 1990e）。また、再統一直後における旧東ドイツ地域の現状と空間整備構想についても紹介した（森川 1993c）。

7.　2000年〜2010年（65〜75歳）

　1998年に広島大学を退官して福山大学経済学部に移り、2004年まで6年間を同大学で過ごした。その後3年間（2年間は半期のみ）は岡山大学文学部で週1コマ非常勤講師を勤めた後、2007年4月以降まったく自由な身になった。福山大学では広島大学時代に引き続いて「都市ネットワークの研究」、「人文地理学における地域概念の再考」、「現在進行中の市町村合併に関する地理学的研究」と3度にわたって科研費（基盤研究C(2)）を得ることができたので研究には恵まれていたが、その後は、時間は豊富にあるが研究環境は悪化してきた。しかしまだ研究課題は残っていたし、急に研究をやめるのは健康にも悪影響を与えると思い、気の向くままに研究を続けてきた。

　広島大学退官までは研究の間口を広げてきたので、この10年間の研究も種々の分野にまたがることになった。その1つは地理学史に関するものである。戦後のドイツ地理学では伝統的な地誌学の衰退や計量地理学の遅れた導入、その後の研究動向などにおいて英米圏地理学とは異なった特色をもつことが次第に判明してきた（森川 2000a、2002a）。しかも新しい研究としてWerlen, B. 教授が「日常的地域化

の社会地理学」を発表して大きな反響を呼んだのに関心をもち、理解に務めた（森川2000b、2001ab、2002b）。先にみたように、英米圏地理学に関する研究（森川1998b）もドイツ地理学の動向と比較ができるようになったので、2004年に『人文地理学の発展』を刊行した（森川2004b）。そのなかでは、テリトリーに関する研究が不十分なことに気づき、その研究を補足した（森川2006a）。なお、竹内啓一・杉浦芳夫編『20世紀の地理学者』ではボーベク・シェラー両先生の業績について報告し（森川2001c）、『日本地理学会75年史特集号』では海外調査と地誌学について担当した（森川ほか2000）。

　もう1つの研究分野はドイツの空間整備政策に関するものである。上述したように、ドイツの空間整備では都市ネットワークや地域連合が重視されるようになったので、その紹介に務め、モデル計画（森川2000c）やハノーファー市の事例（森川2001d）を紹介した。前者はボンの連邦空間整備省を訪ねて資料収集を行ったが、後者はPriebs, A. 教授からいただいた多くの資料による。同教授はBartels教授晩年の弟子で、レギオン・ハノーファーの建設を進め、現在2期目の第1ラート（Erster Rat）を勤める応用地理学者であり、ドイツの空間整備政策研究には長年にわたってご厚意をいただいている。さらに、ドイツの市町村の地域改革にも興味をもち、市町村合併や市町村連合の実態を紹介した（森川2003abc、2004cde、2005a）。これらの研究は『ドイツ市町村の地域改革と現状』にまとめて出版し（森川2005b）、その後資料が得られた郡の地域改革についても紹介した（森川2007a）。メクレンブルク・フォアポメルン州の郡の合併計画に関する論文（森川2007b）はインターネット資料や現地への問い合わせによって執筆したが、『地理学評論』掲載の半月前に制度裁判所の判決によって中止されてしまった。財政的にきわめて厳しい状況のもとで同州の郡合併計画は立案されたが、民主主義を低下させる政策として中止の判決が下された。これは私にとって驚くべきことであったが、合併計画の実態把握に務めた拙論の内容を損なうことにはならないだろうと考えている。ドイツのこうした状況と比較するために、さらに西ヨーロッパ5カ国の地方行政組織の比較考察を行った（森川2008a）。

　その一方で、わが国における自治体間の協力関係（森川2000d）や「平成の大合併」についても考察した。前者は国土庁地方都市問題懇談会への参加やドイツにおける広域行政の調査から関心をもつに至ったものである。「平成の大合併」に関する研究は、都市システムの研究によって中心・周辺間の地域格差の問題に関心を抱いてきたもので、財政の苦しい地方の市町村の多くが合併に踏み切り、地域格差の解消にはならないというのが結論となった（森川2005d、2009b）。こうした研究をまとめて2008年には『行政地理学研究』を刊行した（森川2008b）。同書の「道州制と30万都市構想」

の章にある「中国地方を事例とする20万都市への統合」は、地理的条件を考慮してすべての市町村が20万都市に合併するのはいかに困難であるかを示したものであるが、『都市問題』誌への掲載を拒否された苦い思い出の項目である。日本の地域政策では合理的な地域区分など空間的な条件を軽視する傾向があることを私は不満に思っている。

その後発表した地域政策に関する論文は、都市システム健全化の必要性を強調したものであった。過疎地域の拡大阻止の対策には過疎地域を勢力圏とする低次中心地の振興が必要であり（森川2009a）、国土審議会調査部会報告の「二層の広域圏」構想にしても現実の都市システムを直視することが重要であると考えた（森川2009c）。わが国の地域政策においては地理学の研究成果はそれほど重要視されていないが、地域格差の是正には都市システムの整備が重要であると信じている。これより先、2006年に主要都市間の人口移動について考察したのは（森川2006b）、後述の中日城市化問題討論会（南京大学）での報告のために、都市システムに関する新たな資料を得るべく準備したものである。

なお、ドイツでは再統一10周年記念事業として『ナショナル・アトラス』12巻がMayr, A. 所長のもとで編纂された（森川2005c）。ドイツ旧連邦州では今日でも中小都市や農村地域の人口が増加しているので、この『ナショナル・アトラス』の幅広い情報を用いて、わが国とは違った活力の源泉がどこにあるかを突き止めようとしたが、十分な成果を得ることはできなかった（森川2010b）。それでも、Schöller先生の提唱された問題指向的地誌学（problemorientierte Länderkunde）(Schöller 1978)の方法は地域比較において有効であると信じている。

もう1つこの10年間に成し遂げた仕事に『日本の地誌・中国四国編』の編集作業がある。これは青野寿郎・尾留川正平編『日本地誌』の改訂版といえるもので、山本正三先生を中心とする全国的な事業であり、中国・四国編の編集は奥野隆史・篠原重則両先生との共同作業として始まった（森川・篠原・奥野2005）。しかし奥野先生は途中で亡くなられ、その後は篠原先生と2人で作業を進めた。中国地方は多くの執筆者が分担しており、執筆が遅れたり取りやめる人もあって苦しい思いをした。出版することが第一で、内容的成果は二の次になってしまい、編集責任を果たしたといえるかどうか疑問である。これに関連して、中国地方の地域システムについて福山大学紀要に書いた（森川2002c）。

8. おわりに

　以上が私の 50 年間の研究の歩みである。これまで先生方のご厚意をいただき、幸運にも恵まれて研究を続けることができたのは幸せだった。若い頃の研究については今でもよく記憶しているが、最近のものは自分の書いた論文内容すら思い出せないものもある。院生のとき先生方が短期間の調査で論文を書かれるのを不思議に思っていたが、私自身も同じ経験をすることになった。しかし論文執筆の努力には大きな差異があり、よく記憶しているのは苦労した若い院生のときのことである。

　授業の教材研究や総合科研への参加、科研費による調査機会、執筆依頼などによって研究テーマは種々変化したが、私の研究は都市地理学から完全に離れてしまうことはなかった。北京大学での集中講義（1996 年）や南京大学（2006 年）・華南師範大学（2009 年）での講演ではいつも都市システムの話が中心であった。その際の通訳はかつて私のところに留学していた柴彦威氏（北京大学教授）が務め、訳文を雑誌に紹介していただいたものもある（森川・柴訳 2007）。阿部（2007）によれば最近伝統的な都市地理学の研究が減少し、女性の居住や女性就業、高齢者介護保険問題など都市における特定現象の研究が増加してきたといわれるが、都市地理学の研究者のなかでも応用地理的問題の研究に進んだ人もあるだろう。私も都市地理学から出たり帰ってきたりしたものの 1 人といえよう。

　私は英会話もドイツ語会話も苦手なため英語圏の研究者とのつきあいが全くなく、国際会議にも出席しなかったのは残念である。この 50 年を通じて高校教科書の作成に参加したほか、『広島県史地誌編』や広島市の『コミュニティ・カルテ』などの仕事を手伝ったが、積極的に県や市町村の仕事に加わることは少なかった。非常勤講師も集中講義以外は少ない方である。

引用文献

阿部和俊　2007「人文地理学のアイデンティティを考える―都市地理学を中心に―」人文地理，59.
水津一朗 1955「地域の階層的結合について」地理学評論，28.
西村睦男・森川　洋編　1986『中心地研究の展開』大明堂.
林　　上　1986『中心地理論』大明堂.
森川　洋　1959a「広島県における中心集落の分布とその遷移」地理学評論，32.
森川　洋　1959b「低需要地域における中心地構造―島根県邑智郡を例として―」人文地理，11.
森川　洋　1961a「熊本県における中心地構造の遷移」地理学評論，34.
森川　洋　1961b「電話通信を指標とする結節地域の階層性について―主に九州を例として―」人文地理，13.
森川　洋　1961c「熊本県における中心地とその影響力」史学研究，83.
森川　洋　1962a「明治初年の都市分布」人文地理，14.

森川　洋　1962b「中心地研究の系譜について」呉地区高校定時制教育研究会研究紀要, 6.
森川　洋　1963「人口移動の地域的分析―中心都市との関連において―」地理学評論, 36.
森川　洋　1964「広島県における兼業農家の地域的性格」地理科学, 3.
森川　洋　1967a「勢力圏設定に関する一考察―岡山県を例として―」人文地理, 19.
森川　洋　1967b「大分県における中心地階層の遷移」東北地理, 19-3.
森川　洋　1968「中心地の階層性と都市の規模別分布」人文地理, 20-1.（理論・計量地理学研究会・日本システム開発研究所監修　1974『計量地理学への招待』青学出版へ再掲）
森川　洋　1972a「西ドイツ・オーストリアにおける地理学の研究動向について」人文地理, 24.
森川　洋　1972b「広島県の人口移動」船越謙策教授退官記念事業会『地理科学の諸問題』.
森川　洋　1973a「ヴェストファーレン東北部の中心地」人文地理, 25.
森川　洋　1973b「西ドイツにおける行政地域の改革」地学雑誌, 82.
森川　洋　1974『中心地研究―理論・研究動向および実証―』大明堂.
森川　洋　1975a「都市社会地理研究の進展―社会地区分析から因子生態研究へ―」人文地理, 27.
森川　洋　1975b「地方都市とその周辺地域の人口移動に関する重回帰分析―広島市を例として―」地理科学, 22.
森川　洋　1976a「広島・福岡両市における因子生態（Factorical Ecology）の比較研究」地理学評論, 49.
森川　洋　1976b「多変量解析による広島県の市町村類型」地理学評論, 49.
森川　洋　1976c「都市の人口密度分析とその変化―広島市を例として―」地学雑誌, 82.
森川　洋　1977「わが国の物資流動に関する一考察」広島大学文学部紀要, 37.
森川　洋　1978a「結節地域・機能地域の分析手法―中国地方を例として―」人文地理, 30.
森川　洋　1978b「地方都市と中心地システム」青木栄一・永野征男・白坂蕃・福原正弘編『現代日本の都市化』古今書院.
森川　洋　1979「新幹線沿線都市の特性と成長性」横山昭市編『交通変革と地方都市機能整備に関する研究』昭和53年度文部省総合科研報告.
森川　洋　1980a『中心地論（Ⅰ）（Ⅱ）』大明堂.
森川　洋　1980b「都市システム研究の動向」史学研究50周年記念論叢『世界編』福武書店.
森川　洋　1980c「芸予諸島の中心地と勢力圏」西村嘉助先生退官記念事業実行委員会編『西村嘉助先生退官記念地理学論文集』.
森川　洋　1980d「東広島市における中心地の勢力圏と消費者行動」広島大学文学部紀要, 40.
森川　洋　1981a「中心地システムの動態的研究に関する一考察―演繹的モデルを中心として―」地理科学, 35.
森川　洋　1981b「広島市の都市内部中心地システム」人文地理, 33.
森川　洋・成　俊鏞　1982「韓国忠清南道公州付近の中心地システムと定期市」地理学評論, 55.
森川　洋　1982a「西ドイツにおける国家的都市システムと空間整備」大分県地理, 14（兼子俊一先生古希記念特集号）.
森川　洋　1982b「西ドイツ・ビーレフェルト市の地理的特徴と都市計画」広島大学文学部紀要, 42（特輯号2）.
森川　洋　1982c「都市システム概念の発達と研究動向」,「通信機能による分析―郵便通信（速達便）の場合―」田辺健一編『日本の都市システム―地理学的研究―』古今書院.
森川　洋　1982d「都市システムの近代化から」豊田武・原田伴彦・矢守一彦編『講座日本の封建都市　第1巻』文一総合出版.
森川　洋　1982e「ドイツ地誌学の最近の研究動向」石田寛教授退官記念事業会編『地域―その文化と自然』福武書店.
森川　洋　1983a「西ドイツにおける空間整備」広島大学文学部紀要, 43.
森川　洋　1983b「広島県神石町における過疎化と中心集落の変貌」内海文化研究紀要, 11.
森川　洋　1984a「西ドイツ・ノルトライン＝ヴェストファーレン州の空間整備」地理科学, 39-1・39-2.
森川　洋　1984b「西ドイツ・ニーダーザクセン州の空間整備」経済地理学年報, 30.
森川　洋　1984c「西ドイツ・バーデン＝ヴュルテンベルク州とシュレスヴィヒ＝ホルシュタイン州の空間整備計画に関する比較研究」広島大学文学部紀要, 44（特輯号3）.
森川　洋　1984d「地域構造と都市（中心地）」浮田典良編『総観地理学講座9　人文地理学総編』朝

倉書店.
森川　洋　1985a「西ドイツにおける中位圏の設定と人口増減」地理科学, 40.
森川　洋　1985b「東西両ドイツの都市システム」山口岳志編『世界の都市システム―新しい地誌の試み―』古今書院.
森川　洋　1985c「人口移動からみたわが国の都市システム」人文地理, 37.
森川　洋　1985d「都市群の構造と動態」田辺健一・渡辺良雄編『総観地理学講座16　都市地理学』朝倉書店.
森川　洋　1987a「西ドイツの空間整備政策とその問題点」米倉二郎監修『集落地理学の展開』大明堂.
森川　洋　1987b「わが国における中心地研究の動向と問題点」地理学評論, 60.
森川　洋　1988a『中心地論（III）―西ドイツにおける地域政策への応用―』大明堂.
森川　洋　1988b「人口逆転現象ないしは「反都市化現象」に関する研究動向」地理学評論, 61.
森川　洋　1989a「わが国における府県内行政所管区域と計画地域」経済地理学年報, 35.
森川　洋　1989b「欧米の反都市化現象とわが国の都市システム」地理科学, 44.
森川　洋　1990a「都市化概念の諸問題」沢田清編『地理学と社会』東京書籍.
森川　洋　1990b『都市化と都市システム』大明堂.
森川　洋　1990c「広域市町村圏と地域的都市システムの関係」地理学評論, 63.
森川　洋　1990d「わが国の地域的都市システム」人文地理, 42-2.
森川　洋　1990e「西ドイツの東方国境周辺地域―オーバーフランケン東北部を中心に―」地理科学, 45.
森川　洋　1991「わが国における都市化の現状と都市システムの構造変化」地理学評論, 64.
森川　洋　1992a「兵庫県の1985～90年における年齢階級別人口移動」人文地理, 44.
森川　洋　1992b「地誌学の研究動向に関する一考察」地理科学, 47.
森川　洋　1992c「ハンス・ボーベクの生涯と地理学への貢献」地学雑誌, 101.
森川　洋　1993a「都市システムとの関連からみた大型小売店の立地展開」経済地理学年報, 39.
森川　洋　1993b「わが国における地域軸の現状」史学研究, 200.（産業立地, 32-9・10に再掲）
森川　洋　1993c「旧東ドイツ地域における社会資本の現状と空間整備構想」地学雑誌, 102.
森川　洋編　1993『わが国都市システムの構造的変化』文部省科学研究費助成金（総合研究A）研究成果報告書.
森川　洋　1994「銀行支店網の分析に基づくわが国都市システムの構造」人文地理, 46.
森川　洋　1995a『ドイツ―転機に立つ多極分散型国家―』大明堂.
森川　洋　1995b「ヨーロッパにおける都市ネットワークと国土政策」産業立地, 34.
森川　洋　1996a「わが国主要都市における企業活動と都市システム―1981~91年の事業所統計の分析から―」地理科学, 51.
森川　洋　1996b「広島市に立地する卸売業・事業サービス業支店の特性」人文地理, 48.
森川　洋　1996c「地誌学の問題点―エリアスタディとの関連において」地誌研年報, 5.
森川　洋　1996d「ヨーロッパにおける地理学」西川治編『総観地理学講座1. 地理学概論』朝倉書店.
森川　洋　1996e「都市システム理論における軸・ネットワーク概念と国土計画への応用」,「わが国における地域軸の現状」矢田俊文編『地域軸の理論と政策』大明堂.
森川　洋・大谷友男　1996「都市次元分析からみたわが国の都市システム―1980～90年間の比較考察―」広島大学文学部紀要, 56.
森川　洋　1997a「幕末期から第二次世界大戦に至るわが国都市システムの発展課程」地学雑誌, 106.
森川　洋　1997b「ドイツにおける地誌学の研究動向」地誌研年報, 6.
森川　洋　1998a『日本の都市化と都市システム』大明堂.
森川　洋　1998b「英語圏諸国における地理学の研究動向―地誌学を中心として―」地誌研研究叢書, 31.
森川　洋編　1998『都市と地域構造』大明堂.
森川　洋　1999a「ドイツの空間整備政策における中心地計画」地理科学, 54.
森川　洋　1999b「ドイツにおける都市ネットワーク計画の概要と問題点」人文地理, 51.
森川　洋　2000a「ドイツ語圏における第二次世界大戦後の人文地理学の歩み―ハンス・ボーベクからベノ・ヴァーレンに至る社会地理学を中心として―」地学雑誌, 109.
森川　洋　2000b「ベノ・ヴァーレンの地理思想―『日常的地域化の社会地理学：グローバル化，地域，地域化』を中心として―」地誌研年報, 9.

森川　洋　2000c「ドイツにおける都市ネットワークのモデル計画」福山大学経済学論集，25.
森川　洋　2000d「主要都市周辺地域における自治体間の協力関係と合併問題」経済地理学年報，46.
森川　洋・石原　潤・門村　浩・中村和郎　2000「海外調査と地誌学」地理学評論，73（日本地理学会75年史特集号）.
森川　洋　2001a「ドイツにおける行為重視の社会地理学：モイスブルガー編著の紹介」地誌研年報，10.
森川　洋　2001b「ドイツ語圏で注目されるヴァーレンの社会地理学」地理，550.
森川　洋　2001c「ボーベック」，「シェラー」竹内啓一・杉浦芳夫編『20世紀の地理学者』古今書院.
森川　洋　2001d「ドイツ・ハノーファー市とその周辺地域における行政地域改革と都市ネットワーク」季刊地理学，53.
森川　洋　2002a「ドイツ語圏人文地理学における現代社会の認識と地域概念」地理学評論，75.
森川　洋　2002b「ベノ・ヴァーレン（1995/99）『日常的地域化の社会地理学―社会と空間の存在論について―』の紹介」地誌研年報，11.
森川　洋　2002c「地域システムとしてみた中国地方」福山大学経済学論集，26.
森川　洋　2003a「ドイツにおける市町村の現状―ラインラント・プファルツ州とニーダーザクセン州との比較考察―」人文地理，55.
森川　洋　2003b「旧東ドイツ地域における市町村の現状―チューリンゲン州とブランデンブルク州を例として―」地誌研年報，12.
森川　洋　2003c「ドイツ・シュレスヴィヒ・ホルシュタイン州におけるアムト制度の現状」福山大学経済学部論集，27.
森川　洋　2004a「中心地研究への道のり―西日本のフィールドから―」理論地理学ノート，14.
森川　洋　2004b『人文地理学の展開―英語圏とドイツ語圏との比較研究―』古今書院.
森川　洋　2004c「ドイツ・ノルトライン＝ヴェストファーレン州の市町村制度と地区（ベチルク）制度」地誌研年報，13.
森川　洋　2004d「ドイツ・バーデン＝ヴュルテンベルク州における市町村の現状」福山大学経済学部論集，28.
森川　洋　2004e「ドイツ新連邦州・ザクセン州における市町村の現状」地理科学，59.
森川　洋　2005a「ドイツ農村地域における市町村改革と市町村の現状」地理学評論，78.
森川　洋　2005b『ドイツ市町村の地域改革と現状』古今書院.
森川　洋　2005c「ドイツ・ナショナルアトラスの刊行とその意義―ライプニッツ地誌研究所編（2002）『ドイツ・ナショナルアトラス（第5巻）村落と都市』の紹介を中心に―」地理科学，60.
森川　洋　2005d「「平成の大合併」の実態と評価」地域開発，8.
森川　洋・篠原重則・奥野隆史編　2005『日本の地誌第9巻　中国・四国』朝倉書店.
森川　洋　2006a「テリトリーおよびテリトリー性と地域的アイデンティティに関する研究」人文地理，58.
森川　洋　2006b「主要都市間の人口移動からみたわが国の都市システムの構造と変化」地理科学，61.
森川　洋　2007a「ドイツにおける郡の現状と改革計画」経済地理学年報，53.
森川　洋　2007b「ドイツ新連邦州メクレンブルク・フォアポメルン州における行政改革計画とその進行」地理学評論，80.
森川　洋　2007「日本城市体系的結構特征及其改良」柴彦威訳，国際城市計画，22.
森川　洋　2008a「西ヨーロッパ諸国における地方行政組織に関する比較研究」地理科学，63.
森川　洋　2008b『行政地理学研究』古今書院.
森川　洋　2009a「都市システムの変化と過疎地域対策」地理学評論，82.
森川　洋　2009b「市町村の財政状況や過疎地域からみた「平成の大合併」」地域地理研究，14.
森川　洋　2009c「「二層の広域圏」の「生活圏化」構想に関する考察と提言」人文地理，61.
森川　洋　2010a「私がみた戦後日本における都市地理学の潮流」都市地理学，5.
森川　洋　2010b「ドイツにおける中小都市や農村地域の人口増加とその要因」地理科学，65.
山口平四郎・兼子俊一・小林　博・森川　洋　1966『人文地理ゼミナール経済地理Ⅲ』大明堂
横山和典・森川　洋　1977「広島市の都市因子生態分析」地理科学，27.
Berry,B. J. L. and Garrison, W. L. 1958a The functional bases of the central place hierarchy, *Economic Geography*, 34.
Berry,B. J. L. and Garrison,W. L. 1958b A note on central place theory and the range of a good, *Eco-*

nomic Geography, 34.
Berry,B. J. L. and Garrison,W. L. 1958c Recent developments of central place theory, *Papers and Proceedings of Regional Science Association,* 4.
Bourne, L. S. 1975 *Urban system: Strategies for regulation. A comparison of politics in Britain, Sweden, Australia and Canada,* Clarendon Press, Oxford University Press.
Brush,J. E. 1953 the hierarchy of central places in southwestern Wisconsin, *Geogr. Rev.,* 43.
Christaller, W. 1933 *Die zentralen Orte in Süddeutschland,* Jena. (江沢譲爾訳 1971 『都市の立地と発展』大明堂)
Dickinson,R. E. 1947 *City region and regionalism. A geographical contribution to human ecology,* Routledge & Kegan Paul.
Godlund, S. 1956 The function and growth of bus traffic within the location of urban settlements in Sweden, specially in Scania, *Lund Studies in Geography, Ser. B. Human Geography* 18.
Kitagawa, K., Kobayashi, H., Morikawa, H., Tanabe, K. and Watanabe, Y. 1976 Development of urban geography, Kiuchi, S. eds., *Geography in Japan,* Tokyo-daigaku Shuppankai.
Lösch, A. 1954 *The economics of location,* New Haven and London, trans. Stolper, W. F., Yale Univ. Press,
Morikawa, H. 1969 Zwei Wandlung der zentralörtlichen Hierarchie in Japan, *Geographical Sciences,* 12.
Morikawa, H. 1970 Central places in Okayama prefecture. Japanese cities: A geographical approach, *The Association of Japanese Geographers, Special Publication,* 2.
Morikawa, H. 1971 Entwicklungstypen der zentralörtlichen Hierarchie in Japan. *Zeitschrift für Wirtschaftsgeographie,* 2/1971.
Morikawa, H. 1977 Entwicklung und Ergebnisse der japanischen Zentralitätsforschung, *Erdkunde,* 31.
Morikawa, H. 1983 Hiroshima-Lage, Gestalt, Funktion und Struktur einer westjapanischen Grobstadt. Fick, K. E.(Hrsg.):Japan in fachgeographischer, didaktischer und unterrichtspraktischer Sicht. *Frankfurter Beiträge zur Didaktik der Geographie,* 6.
Morikawa, H. 1987a Die Raumordnungspolitik in der Bundesrepublik Deutschland-Betrachtungen aus der Sicht eines japanischen Geographen, *Bremer Beiträge zur Geographie und Raumplanung,* 11(Geographie des Menschen. Dietrich Bartels zum Gedenken).
Morikawa, H. 1987b Central place system in the Chugoku district, southwestern Japan—as a base of regional planning—, *Geographical Reports of Tokyo Metropolitan University,* 22.
Morikawa, H. 1989 Die Umverteilung der Bevölkerung und der Industriestandorte in der Provinz Chugoku(Südwest-Japan) und deren Zusammenhänge mit der Counterurbanization. Heyer, R. u. Hommel, M.(Hrsg.), *Stadt und Kulturraum,* Peter Schöller zum Gedenken (Bochumer Geographische Arbeiten 50).
Morikawa, H. 1995 Changing regional urban systems in Hiroshima Prefecture, *Geographical Review of Japan,* 68(Ser.B)-1.
Morikawa, H. und Kitagawa, K. 1963 Hiroshima-Wandlungen der inneren Struktur und Region, *Erdkunde,* 18.
Morikawa, H. and Sung, J. Y. 1985 Central places and periodic markets in the southeastern part of the surronnding area of Seoul. *Geographical Review of Japan,* 58.
Neef,E. 1950 Das Problem der zentralen Orte. *Peterm. Geogr. Mitt.,* 94.
Schöller, P. 1953 Die rheinisch-westfälische Grenze zwischen Ruhr und Ebbegebirge. Ihre Auswirkung auf die Sozial- und Wirtschaftsräume und die zentralen Funktionen der Orte. *Forschungen zur deutschen Landeskunde* 72.
Schöller, P. 1978 Aufgaben heutiger Länderkunde. *Geographische Rundschau,* 30.
Skinner, G. W. 1964/65 Marketing and social structure in rural China, Part Ⅰ, Ⅱ, *Journal of Asian Studies,* 24, 25.
Watanabe, Y. 1955 The central hierarchy in Fukushima Prefecture. A study of types of rural service structure, *Science Reports of the Tohoku University,Seventh Series(Geography),* 4.

成田孝三

第2章 私の都市研究

1. Economic Base Theory からのスタート

　私は地理学を学びはじめて、都市の規模（人口）や都市が中核をなす「地域」に関心を持ってきた。本書の企画者阿部和俊氏は「都市化論争」の熱気が過ぎてから学界に入ったと述べておられるが（阿部 2003）、私が卒業論文を作成した 1957・8 年当時はまさに熱気に溢れた時期であった。1958 年 5 月に日本地理学会に都市化研究委員会が設置されて、研究集会やシンポジウムが盛んに開催され、1964 年には『日本の都市化』（古今書院）が刊行された。しかし、「都市化とは都市的な状態に変化する過程」であるとか、「urban な地域がより urban な地域へと変化する過程」をも含める、といった議論に私は啓発されることはなかった。

　私が卒業論文（「地域の対外活動と発展方向」）の作成に当たって影響をうけたのは、50 年代前半の米国誌 Land Economics に掲載された economic base についての諸論文であり、わが国では慶応義塾大学の小島栄次教授が『地理学評論』（1957）にそれを紹介しておられた。私は 1961 年に卒業論文に手を加えた論文を『人文地理』誌に発表した。それは都市の存立・発展は域外から所得をもたらすベイシックな B 活動（移・輸出産業）と、それを支える対内的なノンベイシックな N 活動との関係によって規定されるとの視点から、奈良盆地の 8 つの中心都市の成長と「地域」としての性格を論じたものであった（文献 1）。

　ところで米国においては、都市活動をベイシックとノンベイシックに分割し後者は前者に従属すると見なす分析に対して、両活動を分離計測する上での問題点や、後者を単なる従属活動と見なすことの問題点等を指摘する批判が相次いだ。それをふまえて私は地域的投入産出分析の手法を府県の分析に適用して、府県が 8 割ちかい内部的需給バランスを保ち「地域」としての性格を保持していることを明らかにした（文献 2）。

　しかし私はエコノミック・ベイス・セオリーは地域の結節点としての都市の人口増

減を説明する手法としてまだ一定の有効性をもつとも考えた。ただしそれを証明するためには、(1) N/B 比率の安定性、(2) B、N、N/B 比率の現実における変動関係、(3) 都市の規模と N/B の関係を明確にする必要があるとして、まず前二者に関して 6 大都市の時系列的分析をおこなった。また (3) のためにすでに算定されている内外諸都市の N/B 比率を収集した。その結果、当初の考えが適切であるとの見通しを得た (文献 4)。

以上に加えて、都市の規模や「地域」性に関する私の 2 つの分析を挙げておきたい。1 つは都市の規模と順位の間に一定の関係があるとするランクサイズルールについての検討である。これまでこのルールは経験則として受容されてきたが、理論的説明を加える必要があるとして、日本の事例 (全国の上位 100 都市、北海道および四国の上位 50 都市) によって経済的、都市機能論的説明を試みた。人口には行政的市町村人口、DID 人口、事業所人口等を用い、明治、大正、昭和と適合性が高まっていることを明らかにした (文献 5)。いま 1 つは、地表空間 (区域) の「地域」としての性格は諸活動の区域内での完結性と、区域内諸部分の結合性によって規定されるとの観点から、グラフ理論で計測される結合性と産業関連分析から得られる完結性とを統合して、わが国土や府県の地域としての性格の強弱を示した (文献 6)。

2. 都心 (CBD) の中枢管理機能と卸売業について

私は 1970 年に大阪市立大学経済研究所を職場としてから 20 年間、主として内外の大都市の都心、インナーシティ、郊外についての調査・研究に従事した。そのうち本節では都心研究のいくつかを例示する。

大都市 (政令指定都市) 企画主管者会議は 1964 年以降共同調査を実施してきたが、1968 年度は都心業務地区 (CBD) についての調査を行った。調査は神戸商科大学の小森星児以下 6 名のチームによってなされ、私は「事務所に対するアンケート調査」を担当した (各都市の有効回答数は 300 前後)。調査項目は事務所の産業、規模、本支所、営業区域、職種別人員構成など 25 項目に及び、その標準型、偏差都市、偏差要因、大阪市の標準型と比較した都心外部事務所の特性等を整理した。また主要 13 項目についてはクロス集計によって産業別特性をみた。さらに、6 都市及び主要 5 業種と位置選定の理由、現在地に対する評価、今後の計画についてのクロス分析をおこなった (文献 7)。6 大都市からの委託により可能となったこうした大規模調査によって、私の都心認識は深められ、さらなる研究に取り組むことになった。

1974 年に経済研究所の所員 6 名による所報『経済発展と都市化』のなかで私は「事

務系就業者の大都市集中」を論じた。そこでは B-N 分割の手法によって主要 34 都市の事務系就業者のうち中枢管理機能に従事する者を抽出した。その結果、東京と大阪が真の意味での中枢管理都市であること、名古屋、横浜、京都、神戸よりも福岡、広島、仙台の広域中心都市の方が中枢管理都市的性格を強めていること、東京の中枢的管理機能の絶対量は突出しており、東日本全域をカバーしたうえ、東海や西日本に及ぶポテンシャルをもつこと、大阪の管理機能の移出ポテンシャルは小さく、中・四国の不足をも十分にカバーしきれていないこと等を明らかにした（文献 9）。

　中枢管理機能の低下を問題視した大阪市総合計画局から委託されて、1）我が国の主要都市システムのなかで中枢管理機能の立地はどのような傾向をたどっているか、2）大阪市の中枢管理機能はいつから相対的低下をきたしたのか、3）大阪市の全産業の立地傾向と中枢管理機能の変動にはどのような関係があるのかを探った。そのために、北海道から九州にかけての主要 11 都市の 3 年次について、ホワイトカラーをベースとした中枢管理機能の計量を行った。そのさい、都市内立地産業管理部分と中枢管理部分を分別し、後者の比率を都市相互で比較した。その結果、たとえば大阪市の中枢性のピークは高度成長期の昭和 45 年にあり以降はむしろ中枢性を弱めている、昭和 40 年代後半における中枢性の低下は中枢機能の東京への 1 極集中よりも広域中心諸都市の機能強化で引き起こされた等の知見を得た（文献 13）。

　大阪市経済局からの委託によって都心部中小卸売業の物流に関する調査を行った。船場に集中している繊維卸と立売堀（いたちぼり）に集中している機械卸について、商物分離と共同配送の状況を中心とした調査を行い、さらなる近代化の可能性とその条件を明らかにした（文献 11）。

　今後の大都市の構造を規定する要因の 1 つは卸売業の立地動向であるとの視点から、大阪市のケースについて、卸売業の業種別地価負担力と商物分離度及び立地との関係を分析した。その結果は、立地適合性が小さくとも都心部を離れては存立しえない事業所が滞留し増加する可能性があることを示した。それは商物分離が容易でかつ地価負担力の大きい業種業態の事業所ほど、自然淘汰を通じて都心部で存続成長するという一般論では説明し得ない現象である（文献 12）。

3. 都心部周辺の衰退地区・インナーシティについて

　代表的な都市空間構造モデル ─ 同心円、扇形、多核心 ─ のいずれもが都心部周辺に衰退地区（インナーシティ）を位置づけているのに、その研究は遅れており、日本地理学会が都心部周辺地帯をテーマとするシンポジウムを開催したのはようやく

1975年であった。そうした反省から私は1976年にまず英米における同地区についての定量的な研究をサーベイしたのち、大阪市のメッシュデータを用いた主成分分析によって、都心を取り巻く国鉄環状線の外側に連なる衰退地区を確認した。そのうえで、先行する欧米の研究に照らして、衰退地区形成の要因を明らかにする必要を強調した（文献15）。

大阪市立大学経済研究所地域経済研究部門では1976/77年の共同研究のテーマをインナーシティとした。それを受けて私はシカゴのインナーシティ、ハイドパークに立地するシカゴ大学に4ヶ月間滞在し、インナーシティに広がる黒人地区の衰退要因が、住宅市場の二重性にあることを認識した。そして住宅市場における人種差別を禁止する法的措置が講じられながらも、この二重性を維持するさまざまなメカニズムが働いていることを、黒人主体の組織、シカゴ・アーバンリーグでの聞き取り等を通じて明らかにした（文献16）。

他方英国では、労働党政府の環境省が1972〜77年にリバプール、バーミンガム、ロンドンのインナーエリアの研究を行い、それを踏まえて同省は1977年に白書『インナーシティのための政策』を公表した。それはインナーシティの問題を経済的衰退、物的衰退、社会的問題と整理し、6項目の対策案を提示した。さらに、翌78年には地方政府のインナーシティ対策の権限を強化するインナーアーバンエリア法を制定した。こうした施策に触発されて私は東京、大阪、名古屋に仮説的にインナーエリアを設定してその性格を分析した。その結果、英国で認識されたのと同様のインナーシティ問題がわが国でも次第に顕在化しつつあること、しかし、わが国ではこの問題に対する的確な政策が用意されていないことを示した（文献20）。内容は省略するが以上に関連する拙稿として文献22、23、25がある。

それから10年を経てわが国でもインナーシティ問題が議論され始めた状況を私はサーベイした。自治体としていち早くインナーシティ問題に取り組んできた神戸市が1981年に『インナーシティ再生のための政策ビジョン』を刊行した。その一方で、インナーシティの存否をめぐる議論が交わされた。また、指定10都市企画行政担当者による調査研究では、2市が問題の存在を否定し、8市が存在ないしは萌芽を肯定した。加えて指定都市外の東京でも存在肯定論が多く現れた。そのような状況のなかで私は上で述べたような政策策定から政策評価の段階に入った英国の状況を紹介し、市場メカニズムと民間活力を重視した保守党の政策が十分に成功していないことを指摘した。そのうえで、都心の開発をインナーシティの再生にリンクさせるアメリカの政策が有効であることを紹介した（文献24）。

さらに8年後、私は英国における4期に渉るインナーシティ政策の展開をサーベ

イし、労働党政府に代わった1979年以降の保守党政府の政策の特徴と、それがどのように評価されているかを論じた。結論だけを述べれば、政策は社会から経済へ、地方から中央へ、公共から民間へ、必要性から市場性へ、トータルアプローチからエリアベースアプローチへとシフトした。しかし、環境省が委託したブリストル大学やマンチェスター大学の政策評価の報告書は、80年末における世界都市ロンドンのインナーシティの状況は、インナーシティ一般に比べて劣悪であることを示した。そのようなことを念頭に私は東京のインナーエリアの状況を人口とその属性、住宅の質と建設投資、職場の変化についてサーベイしたのち、ティピカルなインナーシティである墨田区京島地区における居住環境の改善、工業振興の諸施策について論評した（文献26）。

4. 郊外化の進展と中心都市及び大都市圏について

　大都市郊外の形成はまずスプロールという形をとって進んだ。ただアメリカのスプロールが既成の都市とは不連続・低密度でコストのかかる贅沢な住宅地の形成を意味したのに対して、急激な人口の都市成長に押し出される形で進んだわが国のスプロールは、基盤整備がなされず相対的に低地価のエリアに無秩序に形成された低質な市街地と認識されてきた。大阪市立大学経済研究所の地域経済研究グループでは大阪市の東郊、八尾市に展開するスプロールの現況を調査し問題解決の方向を探った。農地、住宅、工業に分かれたテーマのうち私は住宅スプロールを担当した。アンケート調査を交えてスプロール住民の性格を探り、土地利用の混乱、自然破壊と見苦しさ、低質居住地区の拡大、自治体の財政難、中心都市の職場への通勤難等を伴うスプロールはまだ衰えそうにないことと、それをとどめる方向を示した（文献27）。

　郊外化が進展し中心都市が衰退していく60年代アメリカの状況はわが国大都市の将来を暗示しているように思われた。そこでできるだけ等しい空間的、時間的スケールによって、ニューヨーク、ロンドン、東京、大阪4大都市圏の郊外化水準の比較を行った。その結果、わが国2大都市圏における郊外化の水準はまだニューヨーク・ロンドン両圏のそれよりも低いが、今後さらに進展する可能性があること、その反面、中心都市、とりわけインナーシティの衰退が進むであろうことを指摘した（文献28）。

　それからの10年間に、相次ぐニュータウンの造成と成長によってわが国大都市の郊外化は進展し、都市圏多核化が政策課題となるに至った。それに関連して私は、本来性格の異なった英米仏の郊外で、複合的な機能を備えた自立性の強いニュータウン

を建設し、都市圏を多核的に再編成する試みが進展していることを論じた。次いで、わが国の郊外政策の展開をたどり、単機能的衛星都市の開発から中心都市との一体的開発を経て、大都市圏を多核的に再編成する方向に進みつつあることを示した。それを踏まえて、東京圏と大阪圏の再編成の実現の難易について論評した（文献 29）。

　1980 年代末には上記 4 大都市圏で中心都市の都心部分の人口が増加する再都市化の動きが顕著になった。それは専門的・技術的・管理的職業人口の高比率化や住民所得の高水準化を伴っており、いわゆる「世界都市化」の表れであると解された。それと同時に都市圏郊外の自立性も一層強まった。ただ注意すべきは、東京圏の中心都市（区部）は広がりが大きく多心型の構造をもっているために郊外核の成長が弱く、郊外から中心都市への通勤移動が増加した（文献 30）。

　これまでの分析で大阪都市圏として論じてきた圏域は国勢調査における京阪神大都市圏に近似しており、文字通り京都、大阪、神戸の 3 都心（極）とそれぞれの固有の圏域によって構成されているユニークな大都市圏である。3 極は競争的かつ補完的な存在として、1 極集中型の京浜大都市圏を凌駕するメリットを発揮している。私はそれを次の 3 事例によって説明した。通勤流が 3 極に分かれることで通勤時間が短縮され、交通混雑が緩和される。それぞれ個性をもつ 3 極が相互補完的効果を発揮することでトータルすれば京浜大都市圏を凌ぐ魅力をもつ。3 極が競争して無駄な重複投資を行うマイナスもあるが、3 者の協調によって観光客や国際会議の誘致が促進されるメリットもある（文献 32）。

　21 世紀に入って顕著になってきた少子・高齢化や人口の大都市集中鈍化を受けて、郊外ニュータウンの空洞化や郊外の終焉を説く議論と、郊外に新たな可能性をみる主張が対立してきた。私は大阪都市圏の郊外化で中進的な性格をもつ東部セクターにおいて、両説の可否を判断するために若干の作業を行った。その結果、郊外における人口増加率を上回る 2 次・3 次産業や販売・サービス関係職業の就業者の増加率、中心都市への通勤者の増加率を上回る郊外地域での就業者の増加率、中心都市を上回る郊外の所得水準の上昇や住宅の水準、但し中心都市よりも劣る旧来の市街地のインフラ整備の水準などが明らかになった。こうした事実から私は郊外の将来にまだ希望を持てると判断した（文献 33）。

5. トピカルな都市問題と都市政策について

　以上において都心から都市圏に至るエリアベースでの私の研究をたどってきた。以下では、そうした研究に並行して、あるいは研究結果を受けて、私が行ったトピカル

な都市問題や都市政策についての研究のいくつかを振り返る。

1）住民の多様性（ソーシャルミックス）と機能の多様性

米国では都市構造を規定する諸条件の変化（世帯構成とライフスタイルの変化、環境や資源の制約、資金とエネルギーの不足、経済の脱工業化等）を受けて、3つの異なる都市像が展望されている。1つは都市への回帰論で、上記の条件変化は人口や企業の都市への回帰を促し、大都市は衰退から再生に転ずるというもの。第二は都市への回帰運動は量的に限られており、郊外化と中心都市の衰退は将来も続くというもの。第三はそれらの中間的な展望で、将来の都市圏を分散した小型の都市の集合すなわち多核心的構造圏と考えるもの。そのいずれが正しいかはともかく、いずれの場合にも問題がある。回帰の場合は上層中産の来住者がインナーシティの近隣からマイノリティ、貧困者、老人を追放し、追われた彼等はインナーシティの外周やインナーサバブをスラム化する。郊外化の場合は中心都市でマイノリティ、貧困者、失業者、老人の比率が上昇し、これが続けば中心都市そのものが被隔離地区的性格を帯びる。多核心構造の場合は郊外を全体としてみれば平準化していてもそれが夫々の核の平準化を意味しない。したがって都市圏がどの様な構造となるにしろ、人種的、文化的、経済的に多様性を持った近隣、すなわちソーシャルミックスが実現されない限りアメリカの大都市問題は真に解決されることはないのである。

日米の都市を取り巻く諸条件には幾つもの重要な差異があるからアメリカの経験をそのままわが国に引き写すことは適切ではないが、わが国でも若干のタイムラグをもちながら類似の郊外化が進展してきた。そして、もし郊外化が選択的な移動を伴うならば、アメリカに比べてはるかに強い社会経済的な平準化ないしは混住の状態を保ってきたわが国大都市圏の諸地域も分極化するおそれがある。現況はどうなのかを知るために私は大阪都市圏を事例として以下の検討を行った。指標はエリート（専門的・技術的職業と管理的職業の従事者）と65歳以上の高齢者の居住地、ホワイトカラー（エリートと事務職）の従業地である。分析は3指標についての市町村別トイバー指数（局地化係数）と立地係数の変化（1965～1975年）の算定である。それによって知り得たことを簡約すれば、(1) ホワイトカラーの比率は大阪市で低下し、郊外地域で上昇しており都市圏は多核心化しつつある、(2) エリートの卓越性は都市圏全体として若干低下しており伝統的なソーシャルミックスは未だ崩れていない、(3) 高齢者の大阪市への偏在性は強まっている、(4) それにインナーシティに相当する大阪市周辺区のみは3指標がすべて都市圏全体よりも低次な好ましくない方向へ不均衡化しており問題の深刻さを伺わせる（文献36）。

上記の分析が大阪都市圏に限られていたので、地域を 12 大都市と 3 大都市圏に拡張するとともに、期間を 1980 年まで延長し、住民の居住地と従業地の職業を若干組み替えた上、計測手法をエントロピーメジャーに置き換えて、住民と機能の多様性について再度分析を行った。その結果を簡単に要約しておく。居住者の多様性は、都市、都市圏、都市圏内部のゾーン、大阪市内の地域と区、といった各レベルで時とともに絶対的に強まりかつ平準化しつつある。ただ都市圏レベルでは縮小しつつもなお格差は存続しているし、圏内のゾーン別にも強弱がある。機能的多様性についても各レベルの地域で絶対的強化と平準化が進展しつつも都市圏間の格差が存続し、大阪市内の東部と西部の多様性は弱いといった、居住者の場合と共通した状況が認められた（文献 44）。

2）ジェントリフィケーションとリンケージ

郊外化による中心都市の衰退に悩んできた英米において、1970 年代の後半に「都市への回帰」、「中心都市の再生」などといわれる居住動向が注目され始めた。それは民間資本による近隣の再生・高質化であり、ジェントリフィケーションと呼ばれた。私は米国でのその広がりと規模、立地と対象、若きプロフェショナルとも称されているその主体、発生要因、進行の諸段階、問題点について取りまとめた（文献 35）。同時にこのような英米の動向に触発されて大阪市の状況について検討し、類似の人口回帰の兆しがあることを明らかにした（文献 34）。

上の論考（文献 35）より 6 年後、私は大都市の再生にとって民間活力はどこまで有効かという問題意識をもって、アメリカのジェントリフィケーションについて再考した。そしていくつかの近隣では大規模な立ち退きをひき起こさず、ソーシャルミックスも崩さずに物的な更新が達成されたことを知った。しかしそれらの多くは白人が卓越し、民間資金の投入が利益を生む、民間活力が発揮されやすい条件に恵まれた近隣であり、衰退の海での再生の島であった。ジェントリフィケーションが真に都市の衰退を救う民間活力であると評価されるためには、本当の衰退地区、黒人を主とするマイノリティの集中地区で発現しなければならないのにそれは困難であり、公的資金の投入による支援が必要であるとみた（文献 47）。ちなみに私はそうした地区を視察中に二度も黒人グループにアタックされた。

1980 年代には先進国の大都市でリストラクチャリングが発現して、機能面ではグローバルな金融センター化や多国籍企業の管理中枢地化（世界都市化）が、物的側面では都心地区やウォータフロントにおける大規模な再開発が進展した。それを推進する都市政策は公共投資の削減、規制緩和、民間活動への依存等を特徴とする新自由主

義に拠っていた。これら一連の動きはアーバンルネッサンスと称されたが、それは都市全体のルネッサンスではなく、再生した都心地区と再生から取り残されたインナーシティとのコントラストを強めた。その弊を緩和するために米国で打ち出されたのがリンケージ政策である。それは「都心地区成長の負の影響を緩和するために、大規模な商業的開発者に一定の雇用、施設、サービスの提供か、それに代わる賦加金の支払いを要求する」。私はこの制度の米国における実施の状況や成果をめぐる論争と日本への適用の可能性について論及した（文献 54）。

3）世界都市化

<u>世界都市の概念</u>　1980 年代に入って欧米やわが国で世界都市をめぐる議論が盛んとなった。その背景には、1960 年代から 70 年代にかけて顕著になった反都市化の潮流のなかで衰退を余儀なくされた大都市が、世界都市化を梃として再生を図ろうとした状況があった。ただし、そこで目標とされた世界都市は 70 年代までに論じられた世界都市とは性格を異にする。私はその違いを次のように整理した。Gottman J. や Hall P. が論じた 70 年代までの古典的な世界都市は、覇権国家の首都でありその数はきわめて限定されていた。それに対して 80 年代に Freedman J. 等によって規定された世界都市は、製造業を中心とするグローバルな経済システムの中枢という意味を持ち、その数は増えたがなお限られていた。次いで Knight K. が提唱した「進んだ産業メトロポリス：新しいタイプの世界都市」は、都市を支える基盤が物的生産を行う製造業から知識集約的活動に移行した段階の都市であり、人材を引きつける優れた生活環境と開放的な社会環境を備えている。したがって、それは階層構造の頂点に立つ少数の大都市だけではなく、より多くの都市の開発戦略の目標となり得るものである（文献 55）。

<u>世界都市が内包する分極化</u>　80 年代に現われた上記 2 つの世界都市論のうち Knight のそれはかなり楽観的に世界都市の積極面を評価しているが、Freedman は世界都市が内包するシビアな問題についても論じている。Freedman の世界都市論では、成長の駆動力を次のような部門としている。世界金融センター、多国籍企業の経営管理センターという中核機能とそれをサポートする高次専門サービス・一般サービス・インフォーマルセクター、さらに都市的工業の残存としての低次製造業によって構成されており、その立地は主として都心地区に集中する。それを支える労働力は、経営管理や高次サービスに従事する高所得の専門的・技術的職業者と一般サービス以下の低賃金部門に従事する集団に二分され、世界都市に流入する外国人労働者（エスニックマイノリティ）はいうまでもなく後者に吸収される。そして、両者の中間に位置す

る中所得のブルーカラーやホワイトカラーは、工場の閉鎖や移転、事務部門の合理化によって減少する。かくして都市住民の所得格差は拡大する。それは居住の側面に反映し、高所得層と低所得層の居住地分化は顕著である。都心地区では世界都市機能を運営するエリート層が主体となったジェントリフィケーションが進展し、アフォーダブル住宅が高価格住宅へ転換する。加えて民営化重視の政策転換によって社会住宅の売却や供給停止がおこり、アフォーダブル住宅の減少が加速される。したがって低所得住民は投資の手控えによって劣化したインナーエリアの住宅での過密居住を余儀なくされ、時にはホームレス化する。都市内部の分極化・二都問題は人口、雇用、住宅が相互に連関しながら深まっていく。私はこうした状況をニューヨークとロンドンについてより詳しく論じたのち、問題解決の方向についても言及した（文献60）。

<u>東京都区部と大阪市の分極化と政策的対応</u>　東京都区部では世界都市化を受けて人口が80年から、従業者は85年から増加に転じ、大阪市でも80年代から人口減少が僅かとなり、従業者は増加に転じた。問題はその内部の地域間格差である。東京は世界の大都市のなかでも傑出した多核心構造の都市であり、そのことが分極化の防止と発展の平準化に寄与してきた。さらにインナーシティエリアに立地する産業が革新的で活力を持っていたことも地区間の格差を小さくした。それに対して大阪では単心型の空間構造とインナーエリア産業の不振が相俟って強い二極分化が生じていた。しかし、80年代に入るや東京では内部地区の格差が拡大に向かい始めているのに対して、大阪では都心の陰りによってわずかではあるが縮小均衡に向かっている。その違いをもたらしたのは世界都市化水準の差であり、より強く世界都市化した東京にそのプラス効果とマイナス効果が共により強く現われ始めたと言える。

そのような東京の状況をふまえて都は1987年に第二次長期計画を策定した。それが目指す都市構造は強まる一極集中型の構造ではなく、従来から存在した複数の副都心の整備・強化による多心型構造の再生である。また産業振興の方向はインナーエリアの産業振興が中心で、世界都市機能についてはあえて言及していない。大阪市でも1989年に新総合計画を策定した。それが目指すのは従来の都心（環状線内）に加えて臨海部に新都心を構築する双眼型の都市構造である。そして産業振興の方向は東京ではあえて求めていない国際経済中枢機能の強化を第1に、新しい都市型リーディング産業の創出、中小企業の体質改善がそれに続く。しかし現実は臨海部新都心の実現も、国際経済中枢機能の強化も共に困難なことを示している。大阪はむしろ産業母都市の道を選ぶべきであろう（文献53）。

<u>世界都市ロンドンの新しい政策</u>　1997年に政権を奪回した労働党政府は保守党政府によって1986年に廃止されたロンドン市議会（GLC）と領域を同じくする大ロン

ドン市（GLA）を創設した。その第1代公選市長に選ばれた Livingston K. は目標年次を 2020 年とするロンドンプランを策定した。それは公的な都市政策の目標として初めて二極分化の解消を掲げ、イーストロンドンを重点的開発地区とした。ところでロンドン市長の都市に関する主席アドバイザーとしてロンドンプランの草案に序文を寄せた Rogers R. は、2002 年に刊行された共著書『都市　この小さな惑星の』において、政府がサステナブルな都市を実現するための計画を策定するよう提案した。それは、公正な都市、美しき都市、創造的な都市、エコロジカルな都市、ふれあいの都市、コンパクトで多核的な都市、多様な都市であり、ほぼ全てがロンドンプランに摂取されている。しかしロンドンプランには含まれない点の1つとして、就業・生活・娯楽の場が混在する基本的単位たるコンパクトシティの実現がある。それは徒歩による行動圏であり、ロンドンのなかに連続的に埋め込まれる。このような圏域はまた住民の参加を内実とする市民性を生み出す基盤であるという（文献65）。

　<u>世界都市におけるエスニック・マイノリティ</u>　世界都市に集中する移民労働者、エスニックマイノリティは、世界都市を底辺で支える低賃金労働者であるというのが従来の位置づけであるが、彼等は世界都市の衰退するインナーシティを再活性化させ得るポテンシャルを持っていると私はみている。たとえばニューヨークにおける韓国系アメリカ人の活動をみれば、彼等の多くは強固な家族的紐帯、高い教育水準、多様な民族的組織、旺盛な労働意欲を持ち、合法化した就業の機会を得て社会的上昇を遂げ、インナーシティの活性化に寄与しているのである。私は在日韓国・朝鮮人もこのような条件を満たす存在であるとの思いから、大阪市生野区と東京都荒川区での「在日」の就業構造、事業活動、街づくり、住宅改善について検討した。それにより、未だ民族差別のきつい日本社会で彼らは大きなハンディを背負いながらも、生活の向上と地域の活性化に寄与していることが明らかになった（文献58）。

6.　これからの都市、郊外、都市圏について

　<u>地球都市へ</u>　上にみた世界都市は内包する分極化を回避するにしてもすべての都市の目標とはなり難く、また環境や貧困等現代社会が直面している深刻な問題を解決するベースともなり難い。私は、従来ともすれば世界都市と峻別されることなく使用されてきた地球都市の概念を明確にすることが必要であると考えた。それは規模の大小にかかわりなく、国境を越える共生や連帯によって地球上の諸問題を解決する拠点であり、これからの都市造りの目標となるべき都市像である。それは宮本憲一が唱導しているサステイナブル・シティ（維持可能な都市）とほぼ同義である。また米国の地

理学者 Short J. R. も 2004 年刊行の新著においてワールドシティからグローバライジングシティへの転換を論じている。私はそのような地球都市の事例として、国を介さず直接世界の諸都市との連携をめざしている広島市を挙げておきたい。2004 年 8 月に開催された「原爆死没者慰霊式並びに平和記念式」において、市長秋葉忠利は広島市が世界 109 の国・地域、611 都市からなる平和市長会議とともに、来年の 8 月までを「核兵器のない世界を創るための記憶と行動の一年」にすること、2005 年 5 月に開かれる国連の核不拡散条約再検討会議において、2010 年までに核兵器禁止条約を締結するという中間目標を盛り込んだ行動プログラムが採択されるように、世界の都市、市民、NGO は志を同じくする国々と共に「核兵器廃絶のための緊急行動」を展開することを表明した（文献 66）。今 1 つの事例として姉妹都市についてふれておきたい。世界的にみてもその歴史は半世紀に過ぎず、我が国でのそれは 1955 年長崎市と米国ミネソタ州セントポール市との提携にはじまる。しかしその数は急速に増加し、2010 年現在では都道府県 129、市町村 1,182、合計 1,586 件の提携が、61 カ国の地域・都市との間に結ばれている。提携の内容は多岐にわたるが、提携自治体が地球都市の性格を強める萌芽としてそれを見守る必要があるだろう。

　成熟都市へ　世界都市が世界経済の結節点として富を蓄積し成長・繁栄を図るのに対して、『成熟社会』の著者 D. ガボールはそれを人口および物質的消費の成長はあきらめても、生活の質を成長させることを追究する社会であるとした。また『成熟社会への選択』の著者正村公宏は今後の課題は所得や消費の水準をさらに高めることではなくて、もっとゆとりのあるバランスのとれた落ち着いた暮らしかたを創造することであるとした。二人の描く都市のイメージは明確ではないが、『成熟大都市』の著者 Leven C. L. はその特徴を経済機能、物的環境、統治の 3 側面から説明する。経済機能は金融関係、公共サービス、レクリエーションと観光、芸術・文化、健康・学習等が主体であるが、小規模な工業も含んでいる。物的環境はコンパクトな職住中心が緩やかに連合した多核心的構成をもつ。統治の形態として中心都市の内部は分権化する必要があるとする。こうした諸説に啓発されて私は成熟都市を以下のように構想した。
(ア) 風格、上品、優美、清潔、落ち着き等の形容に相応しい都市。
(イ) 住環境の整備を第一と考え実践する都市（いたずらに消費を刺激し浪費を強いる集客本位の大規模プロジェクトを優先させない）。
(ウ) ヒューマンスケールを尊重する都市（需給の必然性がない超高層の建築物で公共の空間や景観を乱さない）。
(エ) 大人の都市。今後の人口構成からすれば都市の担い手として重要性を増す、中・高年者が生き生きと快適に暮らせる都市（これまでは若者向けのまちづくりに重

点を置きすぎている)。
(オ) 住民、企業、行政それぞれが共に成熟した都市。3者が、〈成熟〉の醸し出す価値を是とし、行動の規範とするようになったとき、文字どおり都市は成熟する。

ところが日本経済新聞の編集委員井尻千男は「成熟しない東京」というタイトルで、「東京という街はいつも若者があふれており、ニューヨークが熟年の街だとすれば、東京はあきらかに若者の街である。東京ほど若者本位につくられた都市は世界に例がない。東京の盛り場のみならず日本の街づくりが若者を集めることにやっきになっている。それが日本の都市づくりの最大の欠陥である。これでは都市も文化も成熟するはずがない」

と論評している。またもと『上方芸能』の編集者木津川計は大阪の都市グレードの転落について次のように述べている。

「〈住むための都市〉よりも〈使うための都市〉観が都市の支配者や経営者の考えとなり、それは残念なことに市民にまで浸透していった。下品、粗野、拝金の使徒、エコノミックアニマルといった大阪人に付与されたイメージを払拭し、かつて持っていた含羞の精神を取り戻すべきである」(文献67)。

<u>成熟都市の創造的産業</u>　前記のとおりレブンは成熟都市の経済機能に小規模な工業を含めていた。彼はその性格については論じていないが、私はそれを創造的産業と看做している。都市の成長を支えた大工場はやがて郊外や地方に去るから、成熟都市の工業の主体は中小企業となる。それが成熟都市で生まれ生き残るためには、創造的な性格を強めなければならない。新たな事業分野の開拓を目指す中小企業を認定し支援するための中小企業創造活動促進法の認定件数は、東京が突出し大阪がそれに次ぐ。ただ事業所総数当りの件数でも東京は傑出しているのに、大阪は静岡、長野、神奈川よりも劣っている。92年の大阪府内中小工場の調査における、自家工場の加工内容面からみた特色についての回答では、〈量産型の普及品の生産・加工〉が48.8%に対して、〈研究開発や試作品づくり〉が6.8%、〈新製品の生産・加工〉が9.0%にとどまった。残念ながら大阪の既存中小企業の多数は未だ成熟都市に相応しい存在とは成りえていないのである(文献68)。

<u>多極ネットワーク型共生の都市圏</u>　中心都市が成熟する時、郊外もまた成熟に向かい、都市圏全体が多極ネットワーク型共生の空間に近づく。京阪神大都市圏内主要都市の住民の1995～2000年の転出入先調査と、大阪市の2003年中の人口移動要因調査によると、京阪神大都市圏は職と住の場としての枠組みを維持しながら、圏内地域間の相互流動が強まり、結果として職と住の郊外分散が徐々に進んで新しい極が生まれ、都市圏の構造が求心的な京阪神3極型から多極型へと移行しつつある。

そこでは望ましいワークライフバランス、すなわち労働、家庭、余暇がバランスした生活様式を確立することが可能となる。その場合、3者間の空間距離が問題となる。望ましい生活の場は世帯タイプによって異なっている。単純化すれば、家庭や余暇の点からは、ア）独身者や夫婦のみの世帯にとって諸施設が完備した中心都市が魅力的で、イ）子育て夫婦にとっては広い居住空間と自然が残る郊外が望ましい（高齢者は両方に分かれる）。他方、ア）とイ）に共通する望ましい条件がある。それは職と住の近接性である。これまではア）にとって中心都市の住宅条件がまだ十分でなく、イ）にとっては郊外に十分な職場が不足していた。したがって両グループとも職住の分離を余儀なくされ、ワークライフバランスは実現されていなかった。しかし今や中心都市では価格、規模、施設面で多様な住宅の供給が、郊外では職場の拡大が進展している。その結果、ア）とイ）による中心都市と郊外間の相互移動が続き、両者は望ましいワークライフバランスに近づいていく（文献70）。なお文献69でも大阪都市圏のワークライフバランスについて分析している。私はこのテーマについての検討をなおしばらく続けたいと思っている。

付言

　私の教員歴は40年余りであるが、地理学担当教員としては13年余りに過ぎず、27年間は経済・地域政策学担当教員であった。したがって私には地理学を意識した仕事も、地理学会誌への寄稿も共に少ない。そのため編者の指示に沿うことなく拙論の標題を「私の都市研究」とさせていただいた。ご了承いただきたい。
　なお標題から外れるが引用文献の末尾に、私が取りまとめた京都大学文学部地理学教室の創設1907年から1980年代までの都市地理学研究の動向についての文献を補足している（文献71）。

テーマ別論考（引用を省略したものを含む）

1. Economic Base Theory からのスタート

1）1959「地域機能の分析と Economic Base の概念」『人文地理』13.
2）1963「均衡空間としての地域の分析」『人文地理』15.
3）1966「人口問題」　藤岡謙二郎編『現代都市の諸問題』　地人書房.
4）1967「都市の人口変動とエコノミック・ベイス・セオリー」『史林』50.
5）1971「ランクサイズルールの検証」　織田武雄先生退官記念『人文地理学論叢』　柳原書店.
6）1972「地域性の計量とグラフ理論」『研究と資料』31　大阪市立大学経済研究所.

2. 都心（CBD）の中枢管理機能と卸売業について

7）1970「事務所に対するアンケート調査」『大都市の CBD―6 大都市の都心業務地区実態調査報告

—」 大都市企画主管者会議.
8) 1971「大阪都心6区の居住者と住居の性格」『都心居住者実態調査報告書—大阪市における人口ドーナツ化現象の分析—』 大阪市総合計画局.
9) 1974「事務系就業者の大都市集中」 大阪市立大学経済研究所『経済発展と都市化』日本評論社.
10) 1974「西大阪における事務所ビル及び事務所の特性と立地上の問題点」『西区・港区における事務所及び物流関連業種の実態調査報告書』 大阪市総合計画局.
11) 1976『都心部中小卸売業の物流実態調査報告書—船場・立売堀地区—』 大阪市経済局.
12) 1978「大都市内卸売業の立地変動」 藤岡謙二郎先生退官記念事業会『歴史地理研究と都市研究（下）』 大明堂.
13) 1979『ホワイトカラーをベースとした中枢管理機能の計量』 大阪市総合計画局.
14) 1979『都心地区事務所調査』 大阪市総合計画局.

3. 都心部周辺の衰退地区・インナーシティについて

15) 1976「都心部周辺地帯の検証」『経済学雑誌』74.
16) 1978「インナーシティの衰退と住宅市場の二重性」 吉岡健次・山崎春成編『現代大都市の構造』 東京大学出版会
17) 1978「シカゴのサウスループ・ニュータウン計画」『大阪都市経済調査会会報』22.
18) 1978「インナーシティの更新—シカゴ・ハイドパークの場合—」『季刊経済研究』1-2.
19) 1978「地域の概要と地域類型」,「工場立地対策の可能性と問題点」『住工混合地域における中小工業の立地環境整備に関する調査報告書』 大阪市経済局.
20) 1979「わが国大都市のインナーシティと都市政策」『季刊経済研究』1-3/4.
21) 1980「大阪市における土地利用構造の変動—住工混合地域を中心に—」『大阪経済』94.
22) 1980「欧米のインナーシティ問題」『住宅』29.
23) 1987「インナーシティ問題と大都市—イギリスとアメリカ合衆国を中心に—」 石原照敏他編『世界の地域開発』 朝倉書店
24) 1991「インナーシティ論の今日」『都市政策』63
25) 1993「アーバンルネッサンスとインナーシティ」 大阪市政調査会編『新・都市自治論』 ぎょうせい.
26) 1999「大都市衰退地区の再生—磁場としての大都市インナーエリア—」 奥田道大編『都市』（講座社会学4） 東京大学出版会.

4. 郊外化の進展と中心都市及び大都市圏について

27) 1973「大都市周辺の住宅スプロール」 大阪市立大学経済研究所『大阪都市圏のスプロールに関する調査報告』.
28) 1977「郊外化と中心市」『経済学雑誌』76.
29) 1986「都市圏多核化と大阪都市圏の位置づけ」 田口芳明・成田孝三編『都市圏多核化の展開』 東京大学出版会.
30) 1988「再都市化と圏域構造」『季刊経済研究』11.
31) 1990「大阪50キロ圏諸都市の総合計画」『季刊経済研究』13.
32) 1993「京阪神の三極構造」 大峰 顕他『地域のロゴス』 世界思想社.
33) 2000「郊外の変貌過程とこれからの課題」『都市住宅学』30.

5. トピカルな都市問題と都市政策について

34) 1980「大都市の再生—「都市への回帰」を中心として—」『市政研究』49.
35) 1981「アメリカにおける都市再生の動向と問題点—ジェントリフィケーションを中心として—」 吉岡健次・崎山耕作編『大都市の衰退と再生』 東京大学出版会.
36) 1981「大都市の将来—ソーシャルミックスを中心として—」『都市政策』24.
37) 1982「成熟社会における大都市の経済戦略」『都市問題研究』34.
38) 1982「ニューヨーク経済の現況と製造業維持対策」『季刊経済研究』5.

39) 1983「都市機能の純化と複合化をめぐって」 大阪市政調査会編『現代の大都市問題と都市政策』日本評論社.
40) 1983「大都市の衰退と経済構造の改革」『都市問題』74.
41) 1983「エンタプライズゾーンの性格と問題点」『季刊経済研究』6.
42) 1984「ロンドンの産業立地と政策」 大阪市立大学経済研究所編『世界の大都市1　ロンドン』東京大学出版会.
43) 1984「大都市の活性化と小工業の革新」『都市問題研究』36.
44) 1984「わが国大都市の住民構成と機能構成の多様性について」『季刊経済研究』7.
45) 1986「産業の活性化と新規開業事業所」『大阪経済』115.
46) 1986「大都市における新規開設事業所の性格」 水津一郎先生退官記念事業会編『人文地理学の視圏』 大明堂.
47) 1987「ジェントリフィケーション再考」『季刊経済研究』9.
48) 1987「二都問題の回避を―ニューヨークの経験に学ぶ―」『市政研究』76.
49) 1987「英国エンタプライズゾーンの中間時点評価」『季刊経済研究』10.
50) 1988「大阪市における臨海部再開発の方向」『大阪経済レポート』3.
51) 1988「再都市化と圏域構造」『季刊経済研究』11-1.
52) 1989「大阪の経済とウォーターフロント開発」『TOMORROW』4.
53) 1990「再都市化段階の東京・大阪」 大阪市立大学経済研究所編『世界の大都市7　東京・大阪』東京大学出版会.
54) 1992「大都市のリストラクチャリングとリンケージ政策」 植田政孝編『現代大都市のリストラクチャリング』 東京大学出版会.
55) 1992「世界都市の概念」 関西空港調査会編『世界都市関西の構図』 白地社.
56) 1994「世界都市，ウォーターフロント，市場優先―ロンドン・ドックランズの教訓―」『都市問題研究』46.
57) 1995「ウォーターフロント開発とリンケージ政策についての日英・日米比較」 平成6年度科学研究費研究成果報告書『地域比較の方法をめぐる学際研究』.
58) 1995「世界都市におけるエスニックマイノリティへの視点―東京・大阪の「在日」をめぐって―」『経済地理学年報』41.
59) 1996「都市空間のグローバリゼーションと居住問題」 鈴木浩・中島明子編『居住空間の再生』(講座現代居住3), 東京大学出版会.
60) 1996「世界都市化と二都問題」 松沢俊雄編『大都市の社会基盤整備』 東京大学出版会.
61) 1998「高齢化は大都市衰退を加速させるか―アメリカの論比を中心に―」『TOMORROW』13.
62) 2000「大阪・持続可能な都市への課題」『市政研究』126.
63) 2002「成熟大都市の再活性化」『市政研究』135.
64) 2002「都市問題の今―過密の中の空洞化―」『学術の動向』7.
65) 2003「再都市化段階の世界都市ロンドンと東京の問題と政策」『都市問題』94

6．これからの都市，郊外，都市圏について

66) 2005「世界都市と地球都市について」 成田孝三『成熟都市の活性化』 ミネルヴァ書房.
67) 1995「まちづくりに成熟都市の視点を」『都市問題研究』47.
68) 2004「新しい都市像とその経済的基盤」 大阪市政調査会編『自治都市大阪の創造』敬文堂.
69) 2010「大阪都市圏を事例としたワークライフバランスの検討」『都市住宅学』68.
70) 2010「京阪神都市圏の地域構造，空間構成の特徴―三極構造から多極型ネットワーク構造へ―」広原盛明他編『都心・まちなか・郊外の共生―京阪神大都市圏の将来―』 晃洋書房.
71) 2008「都市地理学」 京都大学文学部地理学教室編『京都大学文学部地理学教室百年史』 ナカニシヤ出版.

阿部和俊

第3章 日本の都市地理学の個人的な回顧

1. 筆者の教養部学生時代

　筆者が名古屋大学文学部の地理学教室に進級したのは1970年4月である。この年は日米安保条約の改定年であり、またヴェトナム戦争という世界的な事件をも背景として、日本の社会全体が騒然としていた。大学もそれらと無縁ではありえず、落ちつかないどころか時として荒廃という言葉があてはまる状況―つまり大学闘争・学園紛争の真っ只中であった。

　当時の多くの大学、とくに旧帝大ではほぼ完全な教養部制を採用していたので、大学1、2年の時は各学部に進級予定で教養部在籍というシステムである。教養部に籍を置く間、授業は選択した第2外国語によって分けられていたクラスを中心に行われていた。しかし、体育のようにクラスの垣根をこえて行われる授業などで、意見交換や情報収集をするうち2、3人は地理科を志望している人がいることはわかっていた。2年生の後期から学部の授業を一部受講できたので、その時に地理学を志望する仲間（4期生と称していた）と互いに顔を合わせるということになる。

　当時の教養部は語学と一般教養が中心で（現在でもそうであろうが、昔はその傾向がより強かった）、漠然としたレベルとはいえ地理学あるいは歴史学（もちろん、心理学や哲学、経済学、政治学も同じである）を勉強したいという意志をもって大学に入った者、つまり専攻したい分野をすでに決めていた者にとっては欲求不満になりやすいシステムであった。たとえば、文学部などの文科系の学生にとっても、自然科学（数学・物理学・化学・生物学・地学）のなかから2年間で最低12単位を取得することが義務づけられていた。つまり、自然科学の諸分野を半期1コマ（2単位）として6コマ取得する必要があった。

　多くの文科系の学生にとって大学の自然科学など容易に理解できるわけがない。自然科学系の先生方も自分のレベルで講義をすれば文科系の学生がその内容などわかりはしないことは承知しているので、ずい分やりにくかったのではなかろうか。これ

はまた、人文社会科学系の先生方が理科系の学生に授業するときも、あるいは同じように思っていたものと推察される。

　自然科学の授業内容などももともと未消化のうえ試験が終わるときれいサッパリ忘れていたから、当時をふり返ってみてもお互いかなり無駄なことをしていたように思う。文学部進学予定の筆者などは自然科学の先生方はそれぞれの分野の科学史をやってくれればいいのにと思っていたが、記憶する限りではそれはお2人にすぎなかった。

　しかし、一方において人文社会科学系の先生方の授業も「教養部」の存在意義を弁えた内容とは思えないものが多かった。学部に進級して後の勉学に役立つような（基礎）知識の伝授とはほど遠く、それぞれの教師がその得意分野を、つまりきわめて専門性の高い内容のものを喋っていたという印象が強い。

　たとえば、政治学の講義はドイツのユンカーについてのものだった。試験が終わったあと、ある総合雑誌にその教師の授業とほぼ同じ内容の論文が掲載されているのを偶然見つけたときには本当に驚いた。「さすがに大学ではレベルの高い話を聴けるものである」という印象より「こんなものわかる訳がない」と思った記憶がある。要するに当時の教養部のスタッフは教養部の意義をわかっていないのではなく、ほとんど無視していたものと思われる。

　また、講義スタイルも全ノート式といって、教師がゆっくりと読み上げるものをひたすら速記するというやり方のものが多かった。冗談ではなく、手首が腱鞘炎になるのではないかと思われるほどだった。この授業スタイルは学部に入っても数人の教師によって行われていた。いくらコピー機が普及していなかった時代といっても、教師の方に「わかりやすい授業を行う」というような意識は乏しかったと言われても仕方がないだろう。

　こういう不満がマグマのように蓄積され、当時の世相をも追い風にして大学での諸問題が一挙に噴出した、そういう時代である。この後教養部改革が行われたのをみても上述のような不満は筆者の個人的なものではなかったことがおわかりいただけよう。

　そもそも、大学の1、2年生を「教養」という言葉で示される課程に括ることが間違っていると筆者は思う。教養という言葉から連想されるのは、「すぐには役には立たないが、もって（知って）いれば自分（人間）が豊かな気持ちになれる」というようなことでないか。大学の1、2年生の間に修得すべきは、進級してから役に立つ学問分野の基礎である。筆者たちの過ごした時代の教養部は旧制高等学校の制度と学風をひきついでいたせいか、ここのところが間違っていた気がしてならない。

　ところで、この教養部時代に地理学の講義（堀川侃）も開講されていて、2年生

になると受講することができた。堀川の授業内容は多岐にわたっていて、たとえば、クリスタラーの中心地理論（のさわり）も教えてもらっている。なぜそれを覚えているかといえば、試験が近づいた時、ある級友から「この六角形とは一体何だ？」という質問を受けた記憶があるからだ。その級友にすれば、地理学を志望している者なら少しはまともな理解をしているはずだと思ったのであろう。無理からぬことである。

しかし、筆者自身全くそれを理解しておらず、まともなコメントもできず、また「多分テストには出題されないだろう」と根拠のない高をくくって痛い目にあったことを覚えている。教養部時代、筆者は比較的きちんと勉強していて、ほとんどの科目を(優)または(良)で単位取得していたが、この地理学だけが唯一(可)であった。

また、4期生（2年生の後半）として学部の授業を受講できたのは地理学概論―地形学（井関弘太郎）だったと記憶している。内容はわかりやすくおもしろい授業ではあったが、自分としてはとてもやれそうにはないものであった。つまり、筆者には自然地理学のセンスなどかけらもないのであるということを改めて思い知らされていた頃である。教養部の地理学は(可)のうえ自然地理学もわからないのに、それでもひるむことなく地理学を専攻したのは、地理的なことが好きだったこともあるが、これ以外自分がまともにやれそうな分野はなかったからである。

2. 筆者の学部学生時代

学部時代は、騒然とした世相の一方、大嫌いな自然科学の科目はやらなくてもよいので、それなりに居心地のよい2年間であった。当時の名古屋大学のスタッフは上記の井関（当時助教授）のほか、松井武敏と喜多村俊夫が教授、そして森川滋が助手でおられた。松井の授業は「地図学」と「西欧地誌」、喜多村の授業は「集落地理」と「歴史地理」の授業であったと記憶している。もちろん一般授業のほかに演習と野外実習があったことは言うまでもない。このほか、応地利明（当時愛知県立大学）が非常勤講師として「フランス地理書講読」を担当されていた。この授業では驚いたことが2つある。

1つは受講人数が少ないことである。つまり、「ドイツ地理書講読」も開講（松井）されていたから、ただでさえ多くない同級生が二分されるのである。このいわゆる洋書講読は3、4年生はもちろん院生も受講していた。そのため、受講者が1、2人ということはなかったものの、5、6人ということもなかった。この頃はフランス語の方がドイツ語より受講生数は常にやや少なかったと思う。つまり、ラッツェルの方がブラーシュより吸引力があったのかもしれない。

受講人数が少ないということは「幸せ」であると思うべきであろうが、当時はそう思うよりも頻繁に回ってくる訳出の順番に備えて予習する方が大変だった。英語ならまだしも、大学に入って初めて学んだフランス語のレベルで専門の地理学論文を訳出する（だけでなく解釈らしきこともする）のであるから、これは大変だった。どうしてもわからない所は教養部のフランス語の先生を待ち伏せしたり、研究室を訪れたりして教えてもらったこともある。このとき最も丁寧に対応して下さったのが中川久定[1]で、今想い出しても誠に感謝にたえない。

　当時の洋書講読は院生も受講していて、修士課程の林上がいた。博士課程への進級には2つの外国語の試験が課せられていたので、そのための準備としても洋書講読への参加は役に立っていたのである。年度初め、つまり4～5月の間は彼が頼りだった。年度があらたまりフランス語を選択していた杉浦芳夫が地理科に入ってきて、ずい分ホッとした記憶がある。

　上述したように、教養部で勉強した程度のフランス語で専門書を読んでいた（読まされていた）のだから、かなり無理矢理ではある。しかし、今思うと、こういう無理矢理さも大事なのではないかと思う。とにもかくにもある程度は上達するし、フランスの地理学が少しはわかったようないい気分にもなれる。たとえば、野澤秀樹の著書（1988、1996）などを読む時にも抵抗感というものを感じないのは、この時の経験が大きい。昨今、ほとんどの大学が英語オンリー（あるいは独仏語の比重の低下）になったと聞くが、果たしてそういう教育がいいのかどうかはなはだ疑問に思う。

　驚いたことのもう1つは応地の博識であった。それは当時の筆者にとっては、全く呆気にとられるというレベルのものであった。これは杉浦も同じ感想であると思う。この頃の筆者の得た知識の大半は彼から得たものであったと言っても過言ではない。

　筆者の記憶では、フランス地理書講読の教材としてはHenri Bauligの論文が最初で、次がAndré Meynierの『Histoire de la Pensée géographique en France (1872-1969)』であった。その後いくつかの論文を読んで、Paul Clavalの『Régions, Nations, Grands Espaces』も教材となった。全く私ごとであるが、この時初めてPaul Clavalを知り、この人物に興味をもつようになって、1984-1985年に彼のところ（パリ大学Ⅳ　ソルボンヌ）に留学することになる。Clavalに関しては、その『Essai sur l'évolution de la géographie humaine』(1964)が竹内啓一によって訳出（邦題は『現代地理学の論理』1975年、大明堂）されていたことも親近感を増幅させた。

　フランス地理書講読の授業には博士課程に入ると参加することはなかった。一応卒業というわけである。しかし、筆者は「せっかくここまでやったフランス語なのに」という思いもあって、フランス語を忘れないために1人でJacqueline Beaujeu-

Garnier の『La géographie: méthodes et perspectives』を読んでいた。その時に教えを乞うていたのが Jean Cholley[2] である。この本は『地理学における地域と空間』(1978) として地人書房から出版したが、それには応地のアドバイスと紹介もあった。

大学に入って、第二外国語としてフランス語とドイツ語のどちらを選択するかということは、名古屋大学では入試の願書に順番づけをする必要があった。ひとえに合格後のクラス分けの資料に使うという大学側の都合によるものであるが、受験生のときからドイツ文学やフランス文学に興味があればまだしも、多くの受験生にとっては「合格すること」が第一であり、合格後のことなどは真剣に考えることはしないだろう。

地理学に興味関心がある者にとっては、どういう基準で第二外国語を選んでいたかといえば、全くの私見であるが、高校の地理の授業でラッツェルとブラーシュのどちらの名前が記憶に残っていたか、ということに影響されたのではないか。我々の世代の高校地理の教科書には、環境決定論のラッツェル、環境可能論のブラーシュという名前は必ず載っていて、地理好きの者にとっては、この2人の偉人の名前だけは身近な存在だった。

このように、鉛筆を転がすような感じで選択した第二外国語ではあるが、その選択の影響はきわめて大きい。既述したように、この選択が人との出会いをつくるからである。そして、たとえば学生を終了し、研究者の仲間、つまり学界に入っていった後でも、出身大学の垣根を越えて、フランス語を選択した者は学界のフランス学派と、ドイツ語を選択した者はドイツ学派の人々と仲良くなるからである。余程の語学の達人か勉強家でもない限り、英独仏の3ヶ国に精通することは難しい。その結果、留学する場合も英語圏を選ぶ場合は別であるが、フランス語を選択した者がドイツに留学することも、反対にドイツ語を選択した者がフランスに留学することも皆無とはいわないが、きわめて稀である。既述したように、筆者もフランスに留学したが、あのときにドイツ語を選択していたら、フランスに留学するなどということは絶対になかった。

3. 中枢管理機能論への関心

筆者は次第に都市地理学に興味をもつようになる。その理由は自然地理学、さらに第1次産業の地理学的センスがないことによるが、もう1つは応地を通して成田孝三、小森星児らの研究に触れたことも影響している。卒業論文は「わが国主要都市の経済的中枢管理機能の研究」としてどうにかこうにか書き上げ、修士課程に進学した。

経済的中枢管理機能による都市研究を始めるようになった契機は、文学部の3年生の時の夏休みに井関の演習の宿題として、フィールドワークを行い、9月以降に各自発表するようにという課題がだされたことである。
　筆者は北九州市の出身で、夏休みに帰省する前から、とにかく故郷をフィールドワークの宿題の対象にしようと決めていた。その理由は、やはり良く知っている街であるし、帰省後に他の地域に出かけて行く気もとくになかったからである。また、帰省もせずに、こういう課題に取り組むということも当時の環境では不可能なことであった。[3]
　また、北九州市は1963年に隣接しあう5市が対等という触れ込みで合併をして誕生した都市であり、何かこの辺の事情を探ってレポートにしようという程度の意識でもあった。この年は1970年であり、北九州市が誕生してまだ7年程しかたっておらず、対等合併によって誕生した人口100万の都市というキャッチフレーズの心地よい余韻が残っていた頃でもあった。
　そして、北九州市をフィールドワークの対象にしたということは、今思えば、既述したように、自然地理はもとより第一次産業を研究対象とすることも性に合わず、漠然と都市あるいは第三次産業的な事象の研究にすでに興味を感じていたことのあらわれであろう。帰省後、筆者は早速宿題を片づけようと調査を開始した。とりあえず、「合併後の北九州市の変容」という仮題を決め、これに役立ちそうな資料を片っ端から集めてみることにした。
　どのようなレポートにまとめ、9月にどのような報告を行ったのか、その詳細は自分でもよく記憶していないが、対等合併というふれこみで誕生はしたものの、発展しているのは小倉のみで、他の旧4市は相対的に、場合によっては絶対的に衰退していること、そして何やら重要なものほど小倉の中心地区（後にCBDという用語を知る）に集中しつつあること、その象徴的な動きとして、合併当初は、仮の場所とはいえ、小倉、戸畑、八幡の接する場所に設置された市役所庁舎が、小倉城の横に新しく建設されることが決定されたこと[4]などを報告の中心にしたと記憶している。重要なものとは、つまり都市機能であり、とくに高次な都市機能であって、この点についての興味が3年生の秋以降、中枢管理機能という用語を知るに及んで研究の焦点となっていった。
　卒業論文では、もはや北九州市の問題に触れる気はなく、日本の都市を全体的に経済的中枢管理機能でみてみたいと思うようになっていた。その時の中心視点は、日本の主要都市におけるこの機能のあり様と広範囲に及ぶその影響圏（当初は管理領域と呼んだが、後にテリトリーという用語に統一）の把握である（阿部 1975）。

拙いながらも書き終えた卒業論文は井関の薦めもあって『地理学評論』に「わが国主要都市の経済的中枢管理機能に関する研究」（1973）として投稿し、受理されるという幸運を得た。卒業論文を『地理学評論』に掲載するなどという、夢にも思っていなかったようなことに挑戦できたのも井関のおかげである。もし、3年生の夏休みにフィールドワークという課題をもらわなかったら、今日の私の研究はなかったかもしれない。

　このタイトルは当時の指導教授のアドバイスによる。この論文のタイトルには、当時から違和感があった。その理由は、この論文の内容を正確に表すタイトルとしては、「経済的中枢管理機能からみたわが国の主要都市」の方がふさわしいからである。このときの違和感は長く続いた。そして、のちに「人文地理学のアイデンティティを考える―都市地理学を中心に―」（2007）をまとめる基となった。

　修士論文は卒業論文の延長線上で取り組んだ。日本の近現代の動向を踏まえ、経済的中枢管理機能を指標として日本の都市を歴史的に検討しようとしたのである。このときの難問は第二次世界大戦以前の時代におけるこの機能の状況を示す資料があるかどうかという点であった。入手できるかどうかではなく、そのような資料が存在するかどうかということさえわからなかったのである。戦後に関しては、日本経済新聞社刊の『会社年鑑』が1951年から刊行されていることがわかっていたが、どうしても20世紀を通しての分析を行いたかったのである。

　修士2年の夏休みに「なんとかなるだろう」という気持ちで国立国会図書館に出向いたが、資料の発見は容易ではなかった。蔵書カードを片っ端からめくり、ついに『日本全国諸会社役員録』という書物を探りあて、これで何とか20世紀を通しての分析に目途がつきそうだとわかったときの嬉しかった気持ちを昨日のことのように想い出す。幸いなことに、修士論文も2つに分けて『地理学評論』に投稿し、受理されて掲載された（阿部1975、1977）。

　昨今の図書館は多くが電子化されていて、「蔵書カードをめくる」というような言葉も死語となりつつある。しかし、筆者の経験からいっても蔵書カードをめくらなかったら、この資料の発見はなかった。電子媒体の方が検索は早いように思うかもしれないが、実はそうではない。諸会社役員録などという言葉は、その存在を知らなければ、検索することも不可能であろう。

　修士論文をまとめているときから筆者には新しい興味が芽生えつつあった。それは1930年前後の時代のもつ重要性の検討というテーマである。修士論文を書いていた年の秋に第一次オイルショックが発生し、日本の経済はそれまでの高度成長が終焉して先き行きの全く不透明な時代に入っていった。終わったとはいえ1960年代の経

済の高度成長が日本の主要都市のあり様に与えたインパクトは確かに大きなものがあったと判断する一方、1920年代から1930年前後の変化も戦争という大きな事件を貫通して、戦後の日本の都市に重要な影響を及ぼしている、と考えるようになったのである。このことが眼前の都市研究を行う一方で、歴史的な研究に筆者を駆りたてた動機である。

博士課程に進級してから以後愛知教育大学に勤務するようになってからも、銀行支店網、電灯電力供給区域、新聞社通信局網、製造業企業の支所展開を対象にして近代日本の都市研究を続けた（阿部1991、2010）のは、このときの関心が原動力になっている。

経済的中枢管理機能は大都市になるほど都心に立地し、都心を構成する最も重要な都市機能であるが、この都市内立地について、東京・大阪・名古屋を例に第二次世界大戦後のみならず、戦前の状況を分析したのも同じ動機によっている（阿部1991）。

上述のように、筆者は1973年に初めての論文を『地理学評論』に発表した。それに対して吉田宏（1974）から同誌上に反論をいただいた。正直な気持ちは驚きの一言であった。自分の拙論に対してよもや公的な場で反論が出てくるなど思いもよらなかったからである。学術誌上での意見交換や論戦などは自分とは無縁の大家の世界のことでしかなかったからである。

氏の反論に対しては新しい資料とともにできる限りの答をつけて1975年の『地理学評論』に掲載した（阿部1975）。これに対する再反論は同誌上には掲載されなかった。それはやや残念ではあったが、しかし、学界へのデビューが論戦という形で始まった私は幸運だったというべきであろう。

1973年の『地理学評論』に拙論が掲載されたのは2月号である。その年の春の日本地理学会大会で渡辺良雄と会ったいきさつについては「はしがき」に書いた通りであるが、実はその時に寺阪昭信からも声をかけられた。氏はニコニコと笑いながら、「地理評の論文を拝見。ついては5月に予定している経済地理学会大会（大阪市立大）で辻悟一の発表のコメンテイターをお願いしたい」と言う。これもビックリ仰天の話である。結果としては引き受けたのだが、当時、修士1年の3月である。若気のいたりとはいえ、よく引き受けたものだと、今思い出しても冷や汗が出る。寺阪とは以来、今日までお付き合いいただいているが、論文を発表するということの威力をまざまざと思い知った出来事であった。

ところで、中枢管理機能という用語を知ったのは、成田、小森らの研究にふれたからであるが、さらに調べてみると、いわゆる官庁エコノミストと呼ばれる人たちが、この用語を使い始めたことがわかった。具体的には、経済企画庁地域経済問題調

査室のスタッフであるが、その代表的な人に永井誠一という人がいた。後年、友人の千葉市役所の黒坂直哉から同氏の住所を教えていただき、連絡をとった。そして、お会いすることができたのだが、事前にプレゼントしていた拙著『日本の都市体系研究』（1991）を大変に喜んでくれた顔を忘れることができない。

4. 計量地理学の登場

　筆者の学生・院生時代の人文地理学を取り巻く、重要なトレンドに計量地理学の襲来というのがある。襲来というのも変な表現ではあるが、そのインパクトは筆者には、まさに嵐のような印象であった。

　筆者の理解では、計量地理学とは計量的手法を用いて地理学的事象を研究する分野である。『地理学辞典　改訂版』（日本地誌研究所 1989）の計量地理学の項には「統計学を含む各種の数学的手法を用いて、地表現象に共通な空間的秩序や空間構造に関する一般的な法則・原理・理論を求める地理学の一分野」（奥野隆史）とある。地表現象…以下の内容は計量地理学固有のものとは思えないので、計量地理学とは前半の、つまり統計学を含む各種の数学的手法を用いる地理学の分野ということになろう。筆者はそう理解している。したがって、計量地理学とは研究の対象をつけた名前ではなく、分析の手法をつけた名前であるということになる。

　英語では計量地理学のことをquantitative geographyといい、そういう書名の本もある。イエーツの『An Introduction to Quantitative Analysis in Economic Geography』は高橋潤二郎（1970）によって邦訳された。原題の直訳は、『経済地理学における計量的分析への入門』である。当時、かなり話題になった本であるが、その邦題は『計量地理学序説』であった。筆者が指摘するまでもなく、両者のニュアンスは微妙に異なる。

　そんなことよりも、この本を読んだときには、学部に入って「好きな地理学」をやれると思っていたのに、また数学の勉強をしなくてはならないのか、といったマイナスの気分の方が大きかった。文学部の地理学には、どういうわけか理科系から転部してきた人が少なからず在籍していて、こういう人たちにとっては余り問題ではなかったようだが、根っからの文科系の人間にとっては計量的手法の克服はほとんど絶望的な壁のようなものであった。

　第二次世界大戦後〜1970年頃までの人文地理学には歴史学と経済学の影響が大きかった。そこに突然、計量的手法が割り込んできた（という印象であった）。そのインパクトは当時のことを知らない世代の人にとっても、計量革命という言葉がある

ことからも推察されるだろう。しかし、嵐は過ぎ去るのも思いのほか早かった。計量地理学の嵐が過ぎ去った後、人文地理学に大きな影響を与えたのは心理学であり社会学である。このトレンドは大きく人文主義地理学として括られる。ただし、誤解のないように言っておくが、もちろんたとえば当時の全ての都市地理学が計量的手法を用いたということではないし、そしてまた、それ以後の都市地理学が全て人文主義的なものというわけではない（阿部 2003、2007）。

5. 筆者の院生時代

　時代はあい前後するが、ここで筆者の院生時代に話を戻そう。大学院修士課程1年時の筆者を基準にして、当時の名古屋大学の院生（人文地理専攻）の顔ぶれを専門分野とともに記すと次下の通りである。富田和暁（都市）、吉津直樹（都市）、石黒正紀（人口）、林上（都市）、溝口常俊（歴史）、中村豊（メンタルマップ）、阿部和俊（都市）、杉浦芳夫（都市）、佐久間博（都市）、日野正輝（都市）、岡橋秀典（農山村）、北村修二（農業）、樋口忠成（都市）。

　都市地理学を専攻した者のうち、中心地研究で修士論文を書いたのは吉津と林の2人である。富田は大都市圏研究、筆者は経済的中枢管理機能からみた日本の都市研究、杉浦は拡散研究、日野は都市次元研究で修士論文を書いている。卒業論文と修士論文のテーマが近い、あるいはほとんど同じ、つまり卒業論文の延長線上に修論があるのは石黒と筆者だけであった。富田は都市の生活環境整備、吉津は萩の夏みかん栽培、林は岐阜市の都市構造、杉浦は古利根川の土地利用、日野は歴史地理で卒業論文を書いている。

　上述のように、院生仲間としては圧倒的多数とは言えないにしても確かに都市地理学を専攻した者が比較的多かったが、その理由は定かではない。松井武敏の専門は、学説史、地理学方法論、工業地理であり、喜多村俊夫の専門は歴史地理とくに新田村落（喜多村 1981）、灌漑水利慣行（喜多村 1950、1973）であった。井関弘太郎の専門は三角州と沖積平野を中心とする第四紀研究である（井関 1972）。授業はなかったが、助手の森川滋の専門は工業地理である。松井は晩年体調を崩されていたこともあり、私の世代より下の者には積極的な指導はなかったし、他の3人の先生の直接的なアドバイスによる都市地理への誘導といったこともなかった。

　松井と喜多村の退官後、私が愛知教育大学に転出（1976）するのと入れ替わりに、石水照雄と石原潤が着任されたが、2人の先生の着任以前にすでに当時の院生たちの専攻（関心）は決まっていたのである。

こういう状況であり、都市地理学を専攻した院生が多かった理由は不明であるが、確かに有力な一因は当時のトレンドであろう。1つの理由としては、1960年前後の都市化論争を契機に日本の地理学界のなかで都市地理学が活性化し始めていたことなどが挙げられる。この点については、拙著『20世紀の日本の都市地理学』（2003）を参照していただきたい。

また、当時は高度経済成長期でもあり何かと都市がクローズアップされていた時代でもあった。都市（その定義などは問題ではなく）、とくに大都市の動向が耳目を集めてもいた。

さらに全くの私見であるが、1968年に出版され、爆発的なベストセラーとなった羽仁五郎（1968）の『都市の論理』の影響も小さくないと考えている。当時大学1年生だった筆者は「都市」なるものが研究の対象となりうることに不思議な感動を覚えたものである。

これは1つのエピソードにすぎないが、1970年前後というのは高度経済成長の光と影が都市を舞台に交錯していたと言えるのではないだろうか。都市を研究対象とするのはもちろん地理学だけではないが、都市の存在そのものがクローズアップされるようになったことが都市地理学を専攻しようとする若い世代の増加に貢献したことは否めないと筆者は考えている。

1960年代後半の都市地理学の教科書的なものとしては木内信蔵編（1967）の『都市・村落地理学』があった。そして、木内信蔵・清水馨八郎・山鹿誠次・稲永幸男編（1964）の『日本の都市化』があった。この本はよく売れたらしく、筆者が所有しているものは1969年7月に10刷として印刷されたものである。

一方、木内（1951）が『都市地理学研究』でクリスタラーの中心地理論を紹介して以後、渡辺良雄、水津一朗、石水照雄、森川洋らが次々と魅力的な中心地研究を発表していた。

しかし、学部時代～修士の1年の頃の自分を思い出しても中心地理論をきちんと理解していたとは言えない。そして、学部の授業でもこの理論をきちんと聞いた覚えはない。集中講義としても中心地理論・中心地研究を専門とされる先生は来校されなかった。したがって、この理論を知ったのは前記の『都市・村落地理学』と研究室内での会話、つまり耳学問によってである。

1つの理論や学説を勉強する道の1つは確かにまず文献を通してからであるが、実は文献のみで完璧に理解することはむつかしい。成果の多くが外国語文献の場合はなおさらである。直接先生に質問するのは（授業中ならともかく）どうしてもはばかられるから、そのとき頼りになるのが身近な先輩である。吉津と林[5]は中心地研究

で修士論文を書いていたこともあり、我々にとっては頼りになるアドバイザーであった。その後いくつかの実証研究を重ねた林が『中心地理論研究』（1986）を上梓したのは周知の通りである。

　名古屋大学の地理学研究室としてはこの2人を除いて、我々の世代で中心地研究で修士論文を書いた人はいない。比較的近いテーマとしては筆者のような者がいるが、経済的中枢管理機能から都市を分析していた筆者はすでにこの機能と中心地理論は相容れないと思っていたし、中心地理論そのものが現在日本には不適合なのではないかと思い始めていた。後に、この点については拙論としてまとめた（阿部1993）。

　以上のように我々が中心地理論・中心地研究を知ったのは授業を通してからではなく、書籍・論文・学会発表・耳学問を通してである。奇妙なことと言えば奇妙ではあるが、そういうものかもしれないとも思う。

　大学院時代のもう1つの思い出は地域構造研究会への参加である。これは矢田俊文・北村嘉行・寺阪昭信らの呼びかけで始まった勉強会である。その成果は大明堂より『地域構造シリーズ』として刊行された。「学閥の垣根をこえて若い力を結集する」という呼びかけの意図のとおり、実に楽しい勉強会であった。研究会は主に八王子の大学セミナーハウスで行われたが、この時にできた仲間は以後大きな財産になった。

　筆者は1976年に愛知教育大学に奉職したが、4年後の1980年に国際地理学会の大会が日本で開かれた。当時、31歳だった筆者は国際地理学会など遠いものでしかなく、端っこで秘かに参加見学というくらいのつもりだった。田辺健一からお誘いの手紙をいただき山口岳志を紹介していただいた。春先に山口の研究室を訪ねたとき、「参加されるなら、プレコングレスから全部参加する方がいいですよ」というアドバイスをいただいてプレコングレスから参加することになった。さらにあろうことかフランス語で口頭発表することになったのである。

　プレコングレスは札幌と仙台で行われ、私の発表は仙台だった。しかし、今、思い出しても冷や汗がでるとはこのことである。持参した論文はフランス人によるネイティヴチェックを受けているから問題はないが、口頭発表はひどいものだった。フランス人のDalmassoもいたが、多分、私が何を言っているのかわからなかったに違いない。当時、「恥をかくなら若いうち」「若いときの恥は財産」という考えだったからできたようなものである。

　本大会に出席すべく仙台から東京に行ったのであるが、その懇親会で初めてClavalに会った。すでに手紙を書いていたので、彼は私のことをよく知っていて「いつでもパリへおいでなさい」と言ってもらったように思う。緊張して大先生と初めて話をしたことしか覚えていない。

第3章 日本の都市地理学の個人的な回顧（阿部和俊）

プレコングレスではこのほかに Sinclair R が参加していたが、何より、森川洋、谷内達、高橋伸夫たちと親しく話ができたことが収穫だった。いずれも、ドイツ語、英語、フランス語に堪能な方たちで、羨ましく思ったものである。以後、学会の大会などでお会いすると親しく話をさせていただいたが、それはこのときの出会いが大きい。

写真3-1 クラヴァル先生の自宅で（1990年9月）

愛知教育大学でのもう1つの思い出は1984年8月〜1985年6月のパリ大学Ⅳソルボンヌへの留学である。フランスに留学した当時、筆者は30代半ばであり、すでに経済的中枢管理機能を指標とした都市地理学の論文を発表していた。Claval は多数の著作を発表していた世界的な地理学の泰斗であったが、その専門は都市地理学といっても歴史地理学的都市地理学、あるいは学説史であった。私自身の研究のことや言葉のことを考えれば、英語圏の都市地理学者の所に行くという選択があったかもしれない。しかし、Claval の所に留学したのは、私自身いつか学説史を書きたいという思いがあったからである。その時の参考のために Claval の研究姿勢や方法を見ておきたかったからである。この時の思いはのちに『20世紀の日本の都市地理学』（阿部2003）としてまとめた。

当時、Claval の下に Pitte J-R という優秀な准教授がいた。奥さんは戸塚真弓という有名なエッセイストなので、ご存知の方も多いだろう。フランス語がままならなかった私は随分助けていただいた。Pitte を招へい教授として日本に招待したこともある。彼は後々ソルボンヌⅣの副学長を経て学長になった。2004年にパリに行ったとき、学長室でご夫妻と一緒に食した鴨の味が忘れられない。

Claval のところには私より先に礒部啓三が留学していた。フランス語に堪能な方で、1984年に私が留学したときにすでにパリで学位を取得していた。彼にも随分世話になった。一橋大学のご出身で竹内啓一のお弟子さんである。竹内は Claval の本を訳出していたこともあって、Claval とは仲が良かった。おふたりともすでに鬼籍に入られた。思い出すたびに「フランス語が一番できない私が残ってしまった」という思いがする。

Claval は優しい人だった（写真 3-1）。一向にフランス語が上達しない私に対してもイライラするような素振りを見せることは全くなかった。それでいて困った時には助けてくれたし、多くの人を紹介してくれた。紳士というのはこういう人のことなのだろうと実感した。毎年 1 冊というくらいのペースで成果を出す姿勢には頭が下がる。私のモットーは「自分に厳しく人にやさしく」であるが、それは多分に彼の影響による。いつしかこの大家の学問的全容をまとめてみたいと思う。

6. 中心地研究と都市システム研究

(1) 初期の関心

経済的中枢管理機能を指標とした都市研究は、当初は都市間比較のレベルであったが、研究の中心は次第に都市システムに移っていった。研究成果については拙論（阿部 2005）などを参照していただくとして、用語としての中心地研究・中心地理論と都市システムについて述べておこう。

私自身、研究生活に入った初期の頃は経済的中枢管理機能を指標とした都市間比較のようなことに関心があった。関心があったというよりは、正確には他の視点をもち合わせていなかった。都市システムというような都市の相互結合関係に関心をもつようになったのは近代日本の都市分析を始めるようになったからである（阿部 1991、2010）。

しかし、用語としての都市システムには早くから接していて、たとえば、Wärneryd(1968)の『Interdependence in Urban Systems』や Pred と Törnqvist(1973)の『System of Cities and Information Flows』を読んだりしていた。Wärneryd の本のなかには system of cities という用語は用いられてはいないが、かといって urban system についての定義もない。後者には、Pred の "A system of cities" is here conceived as a set of cities which are interdependent in such a way that any significant change in the economic activities, employment structure, total income, and/or population of one or more other set members. という記述がみられる。Pred はこの後の著作（1977）でも、当然のことながら、この定義を繰り返している。また、Pred 以外に余り使用例を知らないのだが、Pred は city-system（1975）という用語もよく使用している。この用語も日本語にすれば都市システムであろう。では、Pred は urban system という用語を使わないのかといえば、そうではない。1971 年の Economic Geography 掲載論文では Urban Systems をタイトルに使用している。乏しい語学力では、その使い分けがよくわからない。

Berry は 1964 年に Cities as systems within systems of cities という論文を書いている。学生の頃からこの論文の存在は知っていたが、手に入らなかった。「都市システムと都市群システム」（阿部 1998）という小論を書く時に森川洋からコピーをいただいた。しかし、この論文のなかには、System of cities の明確な定義はみられない（と思う）。

(2) 地理学用語としての中心地・中心地理論

　私が中心地研究ならびに中心地理論を知った経緯については既述したとおりである。この理論は日本にはあてはまらない（のではないか）と早くから（無意識のうちに）考えていたが、1977 年にそのことを確信した。この年、愛知教育大学では水野時二を団長として西ヨーロッパ 6 カ国のフィールドワークを実施した。このとき、旧西ドイツではロマンス街道を中心にバスでの移動であった。小さな都市―中くらいの都市―大きな都市―中くらいの都市―小さな都市が順番に出現する光景に、まさに中心地理論のなかにいることを実感して私は興奮した。そして、日本、少なくとも戦後の大都市の影響が圧倒的に大きい日本ではこうはいかない、この理論は西ヨーロッパのものであると確信したのである。

　翌年、アメリカ合衆国のシアトルに行ったとき、同市のシンボル、スペースニードルから眺めた都心の景観はまさにバージェスの同心円理論のすがたであった。都市の内部構造の日米都市の大きな差違は遷移地帯の存在の有無である。目前のシアトルには、雑な土地利用の遷移地帯が広がっていた。日本の都市とは異なる。

　さらに同じことを 1997 年にまた私は経験した。この年の 8 月から 9 月にかけて私は Risto Laulajainen 教授により（写真 3-2）スエーデンのエーテボリ大学に招へいされていた。そのとき自由時間を利用してエーテボリ都市圏を歩き回ったのであるが、エーテボリの郊外はまさにヘーゲルシュトラント的世界だった。中心地理論にしろ、同心円構造にしろ、拡散理論にしろ、他国・他地域で確立された理論の我が国への適用には細心の注意が必要であろう。

　クリスタラーの著書はドイツ語で書かれているため、木内や水津、森川など数人を除けば、この理論に対する知識や理解は Berry などの英語文献からのものが中心であったと思われる。1933 年に出版されたクリスタラーの著書は、筆者の学生時代にすでに入手はできない（絶版）

写真 3-2　ラウラヤイネン先生の自宅で
（1997 年 8 月）

と言われていた。

　かつて筆者は、森川洋が京都大学からマイクロフィルムを借りてコピーして中心地理論を勉強したという話を森川自身から聞いたことがある。その熱意と行動力に感動したものだが、多くの人がそのオリジナルを知らずとも実証研究ができ、かつ、ある程度の議論もできたということは、今振り返ってみても不思議な気がしないでもない。それだけ、この理論はシンプルにして完成度が高い、つまりわかりやすいということであろう。そして、より若い世代は日本語で発表された（渡辺良雄のように早くから英語で発表していた人もいたが）研究に啓発されて、この理論とその適用に関心をもっていたのである。Baskin による英訳（抄訳）がでるのは 1966 年のことであり、江沢譲爾訳による『都市の立地と発展』（大明堂）が出版されるのは 1969 年である。

　ところで筆者はクリスタラーの中心地理論を知って以来、疑問に思っていることがあった。中心地はドイツ語では zentral Ort である。なぜ英語圏の人はこれを central place と訳したのであろうか。Ort には、場所、地点という意味があるが、一般に、はっきりと位置が特定できる場所や所のことである。もちろん Ort には村・町という意味があることも言うまでもないし、手元の辞書をみると確かに英語では place が該当するとある。

　しかし、place は同じく場所を意味するものではあるが、また、市・町・村の意味ももつが、一般には面積をもった空間を意味するものと思われ、ドイツ語では Platz が対応する。Platz は（特定の）場所、位置という意味ももつが、Platz も place も第一義的には広場というイメージが連想されるのではないか。

　私たちの世代が重宝した文献に Berry と Pred の編集による『Central Place Studies』(1961) という本がある。この本のタイトルはもとより、学生時代に四苦八苦して取り組んだ Berry と Garrison の論文（1958a, b）も Brush の論文（1953）も central place という用語を使用している。

　中心地理論はフランス語では、théorie des lieux centraux である。théorie des places centrales と表記している文献もあるが（Dalmasso 1976）、これは少数派である。イタリア語では teoria delle località centrali という訳出例を見たことがある。località はフランス語では localité であり、この意味するところは、小さな町や村、あるいは特定の地域である。

　日本で最初にクリスタラーを紹介したのは木内信蔵だと言われているが[6]、木内の『都市地理学』(1951) のなかにクリスタラーの紹介はあっても「中心地」という単語はない。日本の文献で最初に「中心地」という単語を用いたのは水津 (1955) である[7]。森川は 1959 年に『地理学評論』と『人文地理』に論文を発表しているが、

前者では中心集落という用語を論題に用い、後者では中心地構造という用語を用いている。前者の欧文要旨はドイツ語で書かれているので zentral Ort という単語が使用されているが、後者の英文要旨では central place という用語を使用している。

石水は 1957 年に『地理学評論』に中心地理論的な研究を掲載しているが、用語としては都市中心（urban center）を用いた。1960 年代に入り、正井泰夫（1962）、服部銈二郎（1965）が『地理学評論』に中心地、中心地群という用語を入れた論文を掲載しているが、いずれも central place という単語を使用している。

以上の経緯を見ると水津が使用した中心地という用語が以後定着してきたことがわかる。と同時に、zentral Ort を中心地と訳したのは全くすぐれた訳であると思うが、同時に英語の central place という表現には異和感はなかったのだろうか、とも思う。

(3) 地理学用語としての都市システム

中心地研究と都市システム研究の関係については別稿（阿部 2003）を参照していただくとして、ここでは都市システムと都市群システムという用語について言及したい。このことについてもすでに報告（阿部 1998、2003）しているが、再度私見を述べてみたい。

Urban system は、フランス語では système urbain といい、ドイツ語では Städtesystem と表記する。System of cities をフランス語にすれば、sysètme des villes となり、ドイツ語では Systeme von Städten となる。しかし、ともに通常、これらは使用されない。つまり、一般的な用語ではない。

筆者は、都市群システムという用語は使用すべきではないという立場である。その理由は、（i）都市システムという方が日本では早くから使用され、都市群システムという用語に代えなくてはならない積極的な理由がない。（ii）都市システム研究というのは複数の都市を想定していることは当然のことであり、ことさら群という字を入れる必要はないと考えられるからである。

ところで、この混乱の一因に Bourne の見解があることは言うまでもないだろう。日本の都市システム研究に少なからぬ影響を与えたと思われる Bourne（1975）と Bourne and Simmons（1978）の 2 冊の書名は前者が『Urban Systems』であり、後者は『Systems of Cities』であるが、筆者には両者に概念の違いがあるとは思えない。後者に収録されている 39 論文中 system of cities という用語を用いた論文名は 1 つもないが、urban system (s) を使用した論文名は 5 本ある（その他 central place systems が 1 本、regional system が 1 本、urban settlement system が 1 本）。そして、巻頭論文で彼ら自身、urban system を使用している。ならばなぜ本のタイトルを英

語としても一般的な表現ではない Systems of Cities にしたのだろうか。

　このことについて筆者は Bourne に直接質問をした。Bourne の返事は概略次の通りであった。①学術用語として両用語の使用には混乱がみられる。②彼と Simmons は両用語を同じものとして使用する傾向がある。③彼ら、すなわち、Bourne たちは一群の都市（a set or group of cities- マクロスケール）に言及するときに systems of cities を使用するが、その理由は、urban systems という用語は時々空間的スケールとは関係なく、すなわち a set of cities と個々の都市の内部構造の両方を意味するために使われるからである、というものであった。

　①と②の見解は少し矛盾している。両者を同じと考えるなら、③のような区分は必要ないはずである。多分、あえて区分をするならばという立場であろうと思われるが、しかし、Bourne と Simmons は『Systems of Cities』においては、その冒頭で自分たちの用語としては urban system の研究は 1 つの都市内の諸関係の分析は含まない、と書いている。明らかに混乱がみられる。日本の各研究者はどちらかの用語を使用していたわけだが、長い間両用語は未整理の状態にあった。いわば、各人の好みで使いわけられているといってもいい状態であった。

　そして、国全体あるいは 1 つの地方の都市を研究対象とするときは都市群システムという用語を使用し、1 都市内を研究対象とするときには都市システムという用語を使用するという見解も出てきている（生田 1996）。

　森川（1998）は

「地理学では都市間の結合による 1 国全体とか 1 地方の都市全体を研究対象とする場合が多いので、都市群システムという方が厳密である。都市システムのなかでは 1 都市を対象として都市構成要素間の結合による存立や成長のメカニズムを問題にすることもできるので、都市システムは都市群システムよりも広い概念だといえる」

と書いている。これは Bourne の③の見解とほぼ同じである。

　しかし、筆者は urban system という用語で都市内部の研究を行った論文がそれほど数多くあるとは思わないし、また都市システム（urban system）という用語を 1 つの都市の内部構造や都市の存立もしくは成長のメカニズムにまであてはめるのは無理ではないかと考えている。

　その後、2005 年に東京で開催された国際地理学連合都市研究委員会（IGU Urban Commission）で Bourne に会った折、再度、この 2 つの彼の定義を書いてもらった。それが以下の文である（アンダーラインは Bourne 自身による）。

　　Urban systems / a system of cities

- both terms often used as alternatives
- but I prefer to define

<u>urban systems</u> as a theoretical construct that can refer to a set (or network) of cities and / of to systems (e.g. traffic) within cities.

<u>a system of cities</u> is a more concrete concept that explicitly refers to a set (a group) of cities that interact with other.

諸者諸兄はこの定義をどう考えますか。つたない語学力でネイティブに論争を挑む勇気はないが、central place といい systems of cities といい、きちんと整理解決しておかなくてはいけないという気はする。

7. 世界の都市システム研究へ

　経済的中枢管理機能を指標としての筆者の都市研究は、既述したように、まず眼前の日本の主要都市の比較から始まり、20世紀を通しての時系列的な分析へと移った。それは同時に、単なる都市比較ではなく、都市間の相互関係すなわち都市システムの分析へとレベルアップした。そのことはまた、必然的に都市システム研究と中心地研究との関係の整理を伴うものであった。一方において、同様の分析視点で世界各国の都市システムの比較検討を行いたいという考えが出てきたのもこれまた必然的なことであった。

　既述したように1980年に東京を中心に世界地理学連合の大会が開催された。このプレコングレスの1つとして「国土集落システム」の分科会が札幌と仙台で行われた。田辺健一を中心に日本側の研究者が集結したが、このプレコングレスにかける田辺の意気込みについては拙著（2003）を参照していただきたい。この時期、田辺は精力的に活動するが、田辺を中心とする研究グループの成果物の1つとして『世界の都市システム―新しい地誌の試み―』（山口岳志編 1985）という本がある。

　しかし、筆者には、この本に収められた諸論文に都市システム研究的な側面を見出すことはできなかった。いずれの研究も都市比較であり、人口を主指標に都市のランクサイズカーブの作成による都市序列の提示である。

　そこで、筆者はこれまで行ってきた日本の都市研究と同じ方法によって世界の主要国の都市システム研究に取り組む決意をした。その最初のものが1988年に『経済地理学年報』に掲載した「経済的中枢管理機能からみた現代韓国の都市体系」である。前年、ソウルに遊びに行った折、立ち寄った書店で筆者の目的にかなう資料をみつけたのが契機である。以後、継続的に韓国の都市システム研究を行っている。

パリ大学への留学希望も Claval の地理学に触れることと同時に自分の考える分析に耐えられる資料の探索という目的があった。フランスの成果の発表にはやや時間を要したが、1994年に「経済的中枢管理機能からみたフランスの都市体系」という小論として発表することができた。

実地踏査をすることができた韓国やフランスに日本の成果を含めても、これだけでは研究の広がりは期待できない。思案にくれていたときに、ある友人から「JETRO（日本貿易振興会）の図書館は役に立つかもしれませんよ」という情報をもらった。このアドバイスに従い、さして期待もせずに訪れた同図書館は筆者にとって宝の山であった。ここで、その後の展開を可能にする多くの資料を発見したのである。その日は、日本地理学会の春季学術大会に出席する予定で上京したのであるが、ついに筆者は大会の会場に行くことはなく、同図書館にこもることになったのである。

以上の経緯で収集した資料によってまとめた論文を中心に上梓したのが『先進国の都市体系研究』（1996）と『発展途上国の都市体系研究』（2001）である。日本を含めて分析した国々の都市システムの類似性と相違性は何によるのか。これが、経済的中枢管理機能を指標とした都市システム研究を日本から外国に広げた最大の理由であるが、いくつかの国のデータを整理しているうちに、自分なりの答はすぐに見出せた。間違いなく最重要要因は政治体制、すなわち連邦制であるか非連邦制であるか、ということである。経済的中枢管理機能を指標とする都市システムについては、経済の発展段階、各国の近現代史、あるいは宗教に起因する（かもしれない）人間行動、ビジネスパターンの差異よりも、政治体制がより重要な要因であることは間違いない。

8. 今後の課題

ここでの今後の課題とは、もちろん経済的中枢管理機能から行ってきた都市システム研究についてのことである。経済的中枢管理機能とは、民間大企業の事務所機能のことである。この大企業と中枢という言葉がほぼ対応しているが、企業ということでいけば、中小企業の方が圧倒的に多い。たとえば、中企業の事務所機能を指標にして都市システムを分析すれば、どのようなものになるのか。大企業を取り上げるから三大都市や広域中心都市がクローズアップされるが、中企業を取り上げれば、県庁所在都市以下の都市群の諸状況はどのようになるのか。企業規模の大小は都市システムの上位・下位にどのように対応するのか。大きな問題である。取り上げる企業規模を小さくすれば、リージョナルあるいはローカルな都市システムを把握できるのか。そのときには中心地理論との整合性はどのように論じられるのか。

経済的中枢管理機能のみならず、行政的、文化・社会的中枢管理機能から分析した場合、どのような結果が得られるのか。経済的中枢管理機能による都市システムの国別差異を政治体制の差異によると考える以上、避けては通れない問題である。とりわけいわゆる社会主義体制を経験した、あるいはその渦中にある国々の都市システムをも含みこんだ研究をしていくときには大きなポイントになろう。今後の課題である。

(文中敬称略)

注

1) 後に京都大学、著書に『ディドローのセネカ論』『自伝の文学』(いずれも岩波書店) がある。
2) Jean Cholley は日本語の研究者で、当時、愛知県立大学、後にリヨン大学。訳書に夏目漱石の『わが輩は猫である』など。
3) この辺りの事情は現在の若い人には理解しづらいかもしれない。仕送りもなく、今のようにコンビニなどない時代では、下宿などで長い夏休みを過ごすことは結構むつかしいことだった。
4) 1968年7月に現在の市役所の場所が第一候補地となり、1970年1月13日に起工式が行われた。
5) 吉津 (1978) は明治期の関東地方を、林は1970年頃の東海地方をフィールドにしていた。
6) 森川洋のご教示である。
7) 森川洋のご教示である。

引用文献

阿部和俊　1973「わが国主要都市の経済的中枢管理機能に関する研究」地理学評論, 46.
阿部和俊　1975「経済的中枢管理機能による日本主要都市の管理領域の変遷―広域中心都市の成立を含めて―」地理学評論, 48.
阿部和俊　1977「「民間大企業の本社」支所からみた経済的中枢管理機能の集積について」地理学評論, 50.
阿部和俊　1978『地理学における地域と空間』地人書房.
阿部和俊　1988「経済的中枢管理機能からみた現代韓国の都市体系」経済地理学年報, 34.
阿部和俊　1991『日本の都市体系研究』地人書房.
阿部和俊　1993「日本の都市の階層性について」人文地理, 45.
阿部和俊　1994「経済的中枢管理機能からみたフランスの都市体系」愛知教育大学地理学報告, 78.
阿部和俊　1996『先進国の都市体系研究』地人書房.
阿部和俊　1998「都市システムと都市群システム」経済地理学年報, 44.
阿部和俊　2001『発展途上国の都市体系研究』地人書房.
阿部和俊　2003『20世紀の日本の都市地理学』古今書院.
阿部和俊　2005「日本の主要都市間結合の推移とその模式図化の試み」愛知教育大学研究報告, 第54輯 (人文・社会科学編).
阿部和俊　2007「人文地理学のアイデンティティを考える―都市地理学を中心に―」人文地理, 59.
阿部和俊　2010『近代日本の都市体系研究』古今書院.
生田真人　1996「東南アジアの都市群システムと日本の地方都市, 経済地理学年報」42.
井関弘太郎　1972『三角州』朝倉書店.
木内信蔵　1951『都市地理学研究』古今書院.
木内信蔵　1967『朝倉地理学構造9　都市・村落地理学』朝倉書店.
木内信蔵・山鹿誠次・清水馨八郎・稲永幸男　1964『日本の都市化』古今書院.
喜多村俊夫　1950『日本灌漑水利慣行の史的研究 (総論編)』岩波書店.
喜多村俊夫　1973『日本灌漑水利慣行の史的研究 (各論編)』岩波書店.
喜多村俊夫　1981『新田村落の史的展開と土地問題』岩波書店.
喜多村俊夫　1990『日本農村の基礎構造研究』地人書房.
水津一朗　1955「地域の階層的結合」地理学評論, 28.

日本地誌研究所　1989『地理学辞典 改訂版』二宮書店.
野澤秀樹　1988『ヴィダドル=ド=ラ=ブラーシュ研究』地人書房.
野澤秀樹　1996『フランス地理学の群像』地人書房.
服部銈二郎　1965「東京の中心地群と関係圏について」地理学評論, 38.
羽仁五郎　1968『都市の論理―歴史的条件―現代の闘争』勁草書房.
林　上　　1986『中心地理論研究』大明堂.
正井泰夫　1962「ミシガン州ランシング付近の中心地」地理学評論, 35.
森川　洋　1959a「広島県における中心集落の分布とその遷移」地理学評論, 32.
森川　洋　1959b「低需要地域における中心地構造―島根県邑智郡を例として―」人文地理, 11.
森川　洋　2010「私がみた戦後日本における都市地理学の潮流」都市地理学, 5.
山口岳志　1985『世界の都市システム―新しい地誌の試み―』古今書院.
吉田　宏　1974「富山市における事業所支所の集積機能について―阿部和俊の所論に対するコメントを主に―」地理学評論, 47.
Abe K. 2008 The Changing Urban Geography of Japan, *Geographical Review of Japan*, 81.
Beaujeu-Garnier J. 1971 *La géographie:méthodes et perspectives*, Masson, Paris. 阿部和俊訳 1978『地理学における地域と空間』地人書房.
Berry, B. J. L. and Garrison, W. L. 1958a The functional bases of the central place hierarchy, *Economic Geography*, 34.
Berry, B. J. L. and Garrison, W. L. 1958b A note on central place theory and the range of a good, *Economic Geography*, 34.
Berry, B. J. L. and Pred. A. 1964 *Cities as systems within systems of cities*, Papers of the Regional Schience Association, 13
Bourne, L. S. 1975 *Urban Systems*, Oxford University Press.
Bourne. L. S. and Simmons, J. W. 1978 *Systems of Cities*, Oxford University Press.
Brush, J. E. 1953 The hierarchy of central places in southwestern Wisconsin, *Geographical Review*, 43.
Claval, P. 1964 *Essai sur l'évolution de la géographie humaine*, La Belles letters, Paris. 竹内啓一訳 1975『現代地理学の論理』大明堂 .
Claval, P. 1968 *Régions, nations, grands espages:géographie génerale des essembles territoriaux*, M.Th.Genin, Paris.
Dalmasso, E. 1976 *Les Activités Teriaires Leur rôle dans l'organisation de l'Espace*, Centre de documentation universitaire & Société d'Edition D'Enseignement supérieur.
Pred, A. 1971 Urban systems development and the long-distance flow of information through pre-electronic U.S. Newspapers, *Economic Geography*, 47,
Pred, A. and Törngvist, G. E. 1973 Systems of cities and information flows; two essays, *Land Studies in Geography, Ser. B Human Geography*, 38.
Pred, A. 1975 Diffusion, organizational spatial structure and city-system development, *Economic Geography*, 51.
Pred, A. 1977 *City-Systems in Advanced Economies*, Hutchinson, London.
Wärneryd, O. 1968 *Interdependence in urban systems*, Regionkonsult Aktiebolag, Gothenburg.
Yeates,M.H. 1968 *An Introduction to Quantitaive Analysis in Economic Geography*, McGram-Hill. 高橋潤二郎訳 1970『計量地理学入門』好学社.

樋口節夫

第4章 「CBD研究」と「都市の内部構造」
―ひと・まち・リポート―

「国土復興」の大志を描きながら帰ってきたわが「故郷(ふるさと)」は荒れ放題、その社会は大きく変容していた。寿司詰め満員電車の通勤でした。教室ではクラス70名以上の子どもたちが待っていた。授業は「ごっこ学習」さながらの混乱、はやく正常化する必要があった。

当時、筆者は23歳、若かった。でも、翌年(昭和21年)の春には"ひと"は落ち着き、世相もよくなっていた。こんな時、時代に役立つ指導者になろうと決心したわけである。

師範学校在学中の舎監であり、地理学教授でもあった位野木寿一先生を思い出し、指導を受けた。

については大学において研鑽を積みたい。当時、関西で地理学専攻を夜間の課程に設置していた立命館大学で学ぶことにした。昼は児童教育の現場で、夜は二部の学生として「地理学」を学びたい。ともあれ頑張ってみようと、この大学で「地理学」研究の再スタートを切ることにした。

藤岡謙二郎(歴史地理学、都市地理学)、山口平四郎(交通地理学)、谷岡武雄(歴史地理学)の諸先生との永い縁結びができたのである。

1949(昭和24)年卒業後、「助手」職に任用、1951(昭和26)年「人文科学研究所特別研究員」にも併任された。

「プエルトリコの農業」(1951)が処女論文である。次作が「足子商人の地理的性格」(1952)。3作目は「京の縁日市、その地理的連鎖の問題」(1954)、それと同時に「京阪両都の露店」(1954)を書きあげた。前者では科研費の補助を受け、歴史地理の分野ではある程度注目されたが、後2者とも大都市域における戦後零細商人たちの経営立地を都心に求めたもので、この資料採集には苦労した。そんなことで、都市域におけるCBDなるものにはじめて着目し、この把握の効率化を筆者は考えていた。

1. CBD 研究の経緯

こんな時、『Economic Geography』を初見し、掲載された3つの報告書①～③に刮目したのである。

① Raymond E. Murphy and J. E. Vance; Delimiting the CBD. *Econ. Geogr.* vol. 30-3, 1954
② Raymond E. Murphy and J. E. Vance Jr.; A Comparative Study of Nine CBD. *Econ. Geogr.* vol. 30-4, 1954
③ Raymond Murphy、J. E. Vance and Bart J. Epstein; International structure of the CBD. *Econ. Geogr.* vol. 31-1, 1955

筆者の CBD 研究のまず第一歩は、この3部作の読みに始まるわけである。彼が提唱する CBD は当初において central traffic とか、central commercial district、down town business district、さらには単に down town とか、用語の定義づけもせずに、とにかく都市活動の心臓部に相当し、そこに百貨店が集中立地、高層ビル群の所在するところ。とにかくこれら景観上の特色をも示すところ。こういったところについて、この当時、学問的関心が高まり、その地域現象を理論的・体系的に把握しようとする科学者が多くなったわけである。CBD の定義づけもこの頃にはできあがっていた。

彼が提唱する第一の研究は CBD そのものの範囲決定についてである。どのような方法があるのか、それを見出したいのである。

CBD の境界設定をどのようにするか、統一的方法を見出すことにあった。その方法を見出す順序として、多数の都市における中心域を比較研究し、その結果から抽出できた「尺度」が必要なわけである。彼の論文のもつ意義がそこにあったのである。そのスタートは最高地価を示す hard core の設定にあった。問題の CBD の境界はその数値に対する%ラインで模式化を試みた。そして、人口現象（分布と密度）、地価、土地利用の三要素にも注意した。

この三要素を尺度として、単位面積当たりを分析するのである。たとえば人口について、昼夜別の人口分布、人口密度、人口移動（通勤・通学等）を考察し、地価についてはその分布のみならず、ビルの規模や新旧、土地利用については、CBD 要素と非 CBD 要素の仕分けなどが必要であるが、端的に表現するならば最高地価点に対する何%かの数値で決められるわけである。

第二の論文では、博士の考え方、または発想とも言えるかも知れないが、それらは次の9都市の比較研究を参考になされた。

　　　　グランドラビット　　　　　モビール　　　　　ポニックス

第 4 章 「CBD 研究」と「都市の内部構造」(樋口節夫)　　　61

| ロアノック | サクラメント | ソルトレーク |
| タホマ | ツールサ | ボルチモア |

　上記の都市の成立以降における都市の中心、都心の基礎づけの結果として得られたものは、交通機関が CBD 初期の基礎づけをなすこと、このことは今も昔も基本的に変化はない。CBD の構造は何らかの軸（多くの道路形態）により方向づけられ、理想的には幾何学的パターンであり、その障害となる物として、鉄道、河川、山地、そして公共建築物、などがある。したがって、同規格でも同じ構造をなすわけではないと考えたのである。

　第三の論文は前二者とも重複する。けれども、CBD の内部構造で最高地価点は必ずしも地域活動の中心ではない。移動することもある。

　いまひとつ、中心を最高地価点にして距離圏を描いてみると、それぞれにふくまれる占拠物件（小売商業的利用・サービス財政的利用・非中心的利用の３つに分ける）は、まず第一のところが小売商業的利用、なかでも Variety Store の色彩が強くなり、第二の項は中心および周縁に、そして、第三の項は元来、地域の基盤であったものが、完熟後において障害の物件になりやすいとも述べている。

　ともあれ、本報告において見逃せないのは、CBD 内の繁栄地域 Zone of Assimilation と退歩地域 Zone of Deterioration の対比であって、そのダイナミックな光源は、かつて、E. W. バージェスがシカゴで、ループの縁辺にスラム街区・その他を考えたのと相似ている。そして CBD の将来は所謂 COD になる可能性を多分に内蔵していると結論しているではないか。改めて博士の業績等整理しておこうと思う。

2. R. E. マーフィー博士の人と業績

　浅学の筆者ではあるが、クラーク大学名誉教授 R. E. マーフィー博士の 50 年におよぶ研究とその業績について、評価しておきたい。拙稿「R. E. マーフィーの都市地理学」(1975)を参考にしていただきたい。なかでも CBD の研究を体系化した①『CBD』および②『アメリカの都市—1 つの都市地理学』の著作のあることも知って欲しい。

　彼の現役時代（1926 〜 1965）、合衆国の地理学界は「地域地理」から「体系地理」に研究領域が変化する時代であった。彼はそのリーダーとして役割を担当してきた。晩年の主たる業績である都市地理学確立のため、また、CBD 研究の先達として果してきた役割は高く評価される。

　日本の都市化研究のリーダー格であった木内信蔵先生を先達に、山鹿誠次、田辺健一、高野史男、服部銈二郎……の面々も影響をうけたかと思う。

筆者はその頃、日本第三の町"名古屋"において博士の考えを思い出しながら、統計的基礎作業を重点にCBDの図形的表現を試みたことがある。その題名は「名古屋のCBDその図的表現に関する試論」である（『商業地域論』1963所収）。本論においては、実証的な研究成果として、中心からの距離を尊重し、計測を加え、さらには歴史的伝統と可視景観をも添加してみた。この場合、中区が城下町名古屋の所謂市中に相当すると言う歴史的バックグランドを意識したことは言うまでもない。

　翌年の1964年は東海道新幹線開通、オリンピック東京大会開会、名神高速道路の開通など、記念の年であった。この年、京都府から選出され筆者はヨーロッパ教育事情視察団に加わり、西ドイツ・イギリス・フランス・イタリア等先進諸国を見聞する機会（10/3～10/23）を得た。いずれの国もはじめての訪問で、その風土にふれ、人々と接するなかで、珍しいことどもを体験した。その旅の記録をすべて記載する余裕はない。けれども、第二次世界大戦後に復興したヨーロッパの諸都市の様相から、マーフィーが『CBD』に掲載した合衆国の風情とは縁遠いことどもが知られ、参考になった。

　当時の日本では人口急増、都市問題が頻発するなかで、地理学者の関心は都市問題に集中する感があった。そして、1970年あたりから市域の無秩序開発が眼についた。そして、やがて人口増加のピークがやってきた。筆者のふるさとも、ある年"日本一"になった。

　大阪での「日本万国博覧会（千里山）」開催のころはニュータウン形成に伴う諸問題が噴出していた。その後、ベトナムや中国、中東での紛争があった。日本と韓国との関係は基本条約調印（1965年）があって相互の往来が自由になった。筆者の関心は急速に韓国にかたむいた。

3. 韓国の諸都市への関心

　早速現地へ赴き、隣国の地理的理解を深めたいと思った。でも渡航の手続きに苦労した。「地理学における朝鮮研究の一齣」（1974）、そして「大邱の機能と地域」（1973）をほどなくまとめた。

　これらは、その後完成した拙著『都市の内部構造』（1979）の先駆的内容であった。ともあれソウル特別市・大邱・全州などの歴史都市が「城壁」によって限られ旧市と新市の対比などを研究する予備知識を得たよい経験の旅だった。1975年には名古屋在住の同好の士と「朝鮮研究会」（仮称）をもち、語学の研修と地域調査に精を出すことになるが、奈良大の池田碩君とは彼の車に同道し、三南の地を主として巡検したこともあった。

「韓国の都市配置と機能―全羅を中心に―」(『地域と交通』、大朋堂、1975 所収)では地方都市の様相を確認したものであった。

　同じ年の正月、東京大学の木内信蔵先生から IGU モスクワ会議 1976 の招待状が舞い込んできた。立命館大学の小林博氏と相談、参加することに決めた。日ソ旅行社の便で、夏・7 月にレニングラード、モスクワに旅立った。

　筆者には以前から日本の定期市に関する若干の報告書があり、この当時、学生社を通じ『定期市』を出版中ということ、さらには西ドイツのゴムルセン教授の世界の定期市バンクの構想への賛意・名古屋大学の石原潤教授との連絡等もあり、是非モスクワに行きたかったのである。

　モスクワ会場を中心に定期市を、レニングラードでは都市地理を各会場で研修した。このうち、前者については、「IGU モスクワ会議、参加と印象」(1977) にまとめた。

　これらの会議の前後には、若干の報告(以下の①②③④)を行い、『都市の内部構造』(学位論文)の骨子ともなった。

　①「大邱の都市域とその周縁」、『藤岡謙二郎先生退官記念論文集　歴史地理研究と都市研究』(上)(1978)
　②「全州市の CBD 研究―その形成と発展」(1978)
　③「都市核の形成と移動―岐阜―」(1978)
　④「ソウル特別市の都市化と内部構造」(1979)
　……がその一部である。

　翌 1980 年学位審査を受け文学博士(立命館大学)を授与された。この年は筆者にとって、研究生活では一番忙しい時期であった。この夏 IGC 東京大会があり、その W. G の名古屋集会があり、旧知の「定期市研究グループ」のメンバーと再会した。なおまた、『Geography of Japan』1950, Teikoku Shoin, (Special Publication No. 4. The Association of Japanese Geographers) に服部銈二郎、杉村暢二とともに、Urbanization and Commercial Zones を提示したが、その内容は、筆者の初期研究で求めた"都市域における定期市"であった。

4. 『都市の内部構造』の公開審査

　筆者の CBD 研究は「都市の内部構造」という研究題目で、学位論文の公開審査(立命館大学)をうけたので、その内容を大約しておきたいと思う。
　題　名　「都市の内部構造に関する研究」
　　　　　―東アジア諸都市の比較地理学的研究―

審査委員＊理博　谷岡武雄、文博　山口平四郎、文博　藤岡謙二郎、以上3名

＊: 主査

　論文内容　都市の内部構造の分析と核心部をなす CBD の限界決定については、マーフィー博士の三原則がよく知られている。本論文ではマーフィー理論を日本および東アジアの諸都市に適用し、歴史的核をもつ東アジアの都市では、アメリカ合衆国から得られた理論では説明しきれないことを指摘し、これら諸都市の内部構造に共通する特色を明らかにしている。実態調査を行った都市は韓国のソウル特別市、釜山直轄市、大邱市、全州市と台湾の台北市、日本の大阪、名古屋、岐阜、宇和島、米沢、高槻の合計 11 市である。その調査結果から、東アジアでの諸都市では共通して旧市域と新市域の二元的構造が認められ、その近代化とともに、機能地域の分化があり、居住区間が振り分けられていることが判明している。

　また、諸都市の発展において、その方向には軸線が認められ、機能地域にも種々の変化のあることを解明した。とくに、都市の「内部構造」に関しては、歴史が投影されること、鉄道が近代化のパイオニアをなし、幹線道路が発展の方向を規定すること、都心部はたいてい、二極とか三極存在し、それが複数化し、そのために内部構造にかなり地域分化を生ずること、さらには立体化、近代化することなどから、一部に土地利用の混乱が認められた。＝以上要約＝

（審査での合格判定となった理由について）

① 第二次大戦後において、研究が一種のタブーとされた日本人研究者がほとんど着手しなかった東アジアの諸都市について、困難を乗りこえてフィールドワークを行い、それに基づいて都市内部の構造に関する理論を築こうと図ったこと。
② 内外の文献が乏しい地域の都市について、入手の困難な現地資料を存分に駆使して分析を進めたこと。
③ 東アジア諸都市については歴史的アプローチを多く試み、都市地理学的分析を行ったのは出色である。
④ 先進国のなかでもアメリカ合衆国の都市で得たマーフィー理論（人口・土地利用・地価の3指標による都市内部の構造分析）を東アジアの諸都市において検証し、その理論の適用ができないところに東アジアの諸都市の内部構造の特色があるとしたこと。
⑤ 日本の諸都市の考察では日本国内のみでなく、東アジアの諸都市の一環としてとらえ、比較のうえ、その共通点を求めたこと。……があげられる。

　この論文その他、試験の詳細は、『立命館文学』422 〜 423 号、1980、p.796 〜 799、に記載されている。

5. CBD 研究と関連図書

　1983（昭和58）年、日本都市学会において講演する機会があり、日本都市学会会長（磯村英一）より『都市研究奨励賞』を受けたことを報告しておきたい。

　筆者の東アジア諸国や日本各地の都市めぐりは、『都市の内部構造』研究に関連をもちながら、なお継続している。なかでも、大躍進する韓国のソウル特別市については、八十八（パルパル）のオリンピックの前景気の最中、「韓国の都市システムとソウルの変容」（地理、31-12. 1986）にまとめ、その近代化に眼を奪われたこともある。

　大学に在職中、最後のゴールデンウィークを利用し、長男が留学したメリーランドに滞在し、隣接のワシントンD.C.に出かけた。CBD限界設定の事例研究にはほど遠い合衆国の首都に来て、都市観光よろしく"御上りさん"になった。議事堂中心の格子状計画都市、ホワイト・ハウスのほか、多くの施設・記念館巡り、短期では不可能であったが、歴史の古いヨーロッパの都市やアメリカの都市、アジアの諸都市の景観とその動態の比較において尺度の差を感じたものである。

　奈良女子大学での在職は短期（1986 － 1988）であり、最終（停年退官まで）期であったため、雑務に追われたが、何か1つ記念になる文献を残したいと、『都市の内部構造』に続いて、『近代朝鮮のライスマーケット』を急に出版することになった。筆者にとって、この書は前書と姉妹の関係である。ともにフィールドとなった韓国への旅は幾度となく重なり、得られた資料や文献などは単なる仕分けの結果と考えてきた。ともあれ韓国への旅は数多いがいつも大阪から釜山行。金海空港から、表玄関釜山市を経由して、"三南"の地に出ていた。その時期は沿線の農村風景が実りの秋をむかえ、一番美しかったからである。途中の慶州・大邱・金泉・大田、そして扶余・群山・裡里・全州を経由し、全羅南道の光州・木浦に至るのである。帰路は順天・晋州・馬山……と南海路を釜山にもどってくる。

　ある時は車、ある時は汽車で、またある

写真4-1　韓国地理研究での最大の恩人、洪慶姫博士と筆者（1978）

時は団体さんの一員に加わり、仲間とともにこの国の伝統と歴史景観を訪ねたこともあるが、こんな時、最終のコースは常にソウル特別市であった。この地域はこの国の"穀倉"であり、日本の統治時代、もっともきびしい収奪をうけ、その傷痕を残した「恨(はん)」の地域でもある。戦前には日本人の「食糧基地」となった所でもある。その結果として、都市・農村を問わず、今も多彩に「日式景観」をとどめ、眼に入ることが多い。

　筆者の「韓国」への関心はこんな所からはじまっていた。韓国研究にかかわる文献集めから、また戦中・戦後を通じての現地理解はややもすれば、フィールドにした現地の機関や知己たちによる利権調査によりかかり、真実の理解には至らなかった。

　このような事情から現地の問題を素朴に考えてみようと思ったわけである。拙著『都市の内部構造』(古今書院)に収録した「ソウル特別市の都市化と内部構造」、「釜山直轄市の形成と発展」、「大邱市の内部構造―CBDの分析を中心に―」……の諸論説は米の日本への積み出し現象を考察する際に誕生したものである。

　このようなことで、筆者が当初に構想した「朝鮮産米市場の研究」が『近代朝鮮のライスマーケット』を産み、それに近代都市形成のパイオニアとなった各地「開港都市(釜山・仁川・木浦・群山など、日本人居留地所在)」の内部構造を比較研究することに特化したわけである。『近代朝鮮のライスマーケット』と『都市の内部構造』は同根の書でもある。

　なお、「韓国」に関する筆者の『韓半島と済州島』(大阪国際大学、新踏社、2000)は、停年退職記念助成による一書となったことを付記する。

引用文献

樋口節夫　1951「プエルトリコの農業」立命館文学　79.
　　　　　1952「足子商人の地理的性格」人文地理　5巻増刊号.
　　　　　1953「京阪両都の露店―その経営立地に関する問題」教育展望　5.
　　　　　1963「名古屋のCBD　その図的表現に関する試論」『商業地域論』地人書房.
　　　　　1973『都市の内部構造』古今書院.
　　　　　1974「地理学における朝鮮研究の一齣」『人文地理学論叢』柳原書店.
　　　　　1975「R. E. マーフィーの都市地理学」名城大学教職課程部紀要 8.
　　　　　1988『近代朝鮮のライス・マーケット』海青社.
　　　　　2000『韓半島と済州島』大阪国際大学.
立命館大学大学院文学研究科　1979 博士論文要旨：『立命館文学』423.
Raymond E. Murphy, 1977　The Central Business District. Longman.

青木栄一

第5章 1960年前後の都市地理学の歩みに関するノート
―「都市化」論争を中心として―

1. はじめに

　『学芸地理』編集委員会から、山鹿誠次先生のご退官に際して、都市地理学のあゆみについて、一文をまとめるように依頼された。実は、筆者自身、都市地理学の専門家ではなく、都市地理学の研究史をまとめることは、その任ではない。しかし、筆者が地理学の研究者を志してからの二十数年間をふりかえってみると、1950年代から盛んとなった日本の都市地理学研究を常に身近にながめられる位置にあり、研究の第一線にある方々といろいろと接触する機会が多かった。それは、1957年に東京で開催された国際地理学会（地方大会）で東京巡検と東京を紹介した英文報告（Geography of Tokyo and its Planning）をつくる委員会に助手格で参加して以来、都市化研究委員会（1958〜64）、都市地理研究委員会（1968〜72）、都市地理研究グループ（1973

写真5-1　山鹿誠次先生と清水馨八郎先生（1970年代）

〜）と、一連の研究会活動のお手伝いをしてきたからであり、これらの研究活動の中心におられた山鹿先生のご指導を終始受けてきたからである。

日本の都市地理学研究のあゆみについては、すでに石水照雄[1]、山鹿誠次[2]、田辺健一[3]、高橋伸夫[4]などによる論説があり、それぞれの立場からの説明がなされている。しかし、筆者がここで述べようとしているのは、そのような正統的な研究史ではなく、筆者自身の体験や印象を通じてみた、1950年代後半から60年代前半にかけての印象記・私記的エッセイである。

2. 地理学における都市研究のはじまり

社会科学のなかで、都市研究を最初に体系化したのは、社会学であった。都市社会の生態学的理論として、シカゴ大学のバージェス（E. W. Burgess）が有名な同心円理論を発表したのは1923年であり、日本でも1930年代には都市社会学の理論や実態に関する機能論的研究が盛んに行われた。奥井復太郎が大著『現代都市論』（有斐閣）を刊行するのは1940年のことである。

これに対して、地理学の分野では、1920年代、30年代に断片的な論文がないわけではないが、「都市地理学」の体系化にはほど遠い状態であった。日本最初の地理学叢書である『地理学講座』（地人書館、1930〜33）と『岩波講座地理学』（岩波書店、1931〜34）では、いずれも都市地理学が1章をなしていて、前者では「都市地理」、後者では「都市の形態」が含まれていた。執筆者はともに西田与四郎氏で、形態論、分布論を主としている。

当時の都市地理の研究は、集落地理学のごく一部を占めるにすぎず、その研究方法は当時の地理学会の傾向を反映して、景観的・形態的・計測的なものが多かった[5]。第二次世界大戦後、日本の都市地理学の先駆的なリーダーとなる木内信蔵氏は、その師である辻村太郎氏の影響で、都市景観の分野で都市地理研究の第一歩を踏み出すが、その第一作は1936年に発表されている[6]。

第二次世界大戦後も、1950年代前半までの時代はまだ体系化がなされたとはいい難い。しかし、具体的な都市の実態を都市機能・構造（都市内における土地利用の配置）・都市圏などの視点から研究する論文が少しずつ発表されるようになっていた。山鹿誠次氏による衛星都市[7]、位野木寿一・稲見悦治氏による戦災都市[8]、伊藤郷平・高野史男・田辺健一氏らによる地方都市[9]、小林博氏による大都市地域構造[10]などの研究が出された。また最初の都市地理学に関する単行本である、木内信蔵氏の『都市地理学研究』（古今書院）が1951年に刊行された。

1950年前後に急速な台頭を示したものに、建築学を主たる母胎として発達した都市工学、都市計画学の分野がある。1953年に日本都市学会が創立されたが、学会員の構成の主力となったのは、社会学・地理学・都市工学の諸分野であった。

3. 都市化研究委員会の発足

1957年8～9月、日本で国際地理学会議が開催された。これは1980年8～9月に開催された国際地理学会議とは異なり、Regional Conferenceと称して、4年ごとに行われる総会をともなう大会ではなく、地方大会とでもいうべきものであった。このとき、東京巡検が企画され、その資料として、"Geography of Tokyo and its Planning"がつくられた。

東京巡検の企画と英文資料作成のための委員会には、村田貞蔵（都立大）・木内信蔵（東京大）・山鹿誠次（東京学芸大）・清水馨八郎（千葉大）・貝塚爽平（都立大）・山本正三（東京教育大）・青野洋子・正井泰夫・石水照雄・河辺宏・鈴木富志郎の諸氏があたり、英文資料の編集がほぼ終わった段階で、巡検の補助要員として、斉藤光格・伊藤達雄・筆者などの大学院に入りたての若手が加えられた。

国際会議と東京巡検（1957年8月30日）は無事に終わったが、都市に関心のある研究者が比較的長期にわたって、共同して研究活動をしたのは、恐らくこれがはじめてではなかったかと思われる。すでに都市機能や都市構造に関する研究は行われはじめていたが、ここで、都市に関心をもつ地理学研究者に広く呼びかけて、研究者の横の連帯と情報交換を行う必要のあることが提案されるようになった。

当時、日本地理学会では、研究委員会制度を発足させ、その第1号として、1957年に工業化研究委員会がスタートしていた。

都市化研究委員会は翌1958年に発足し、同年7月12日、東大地理学教室で第1回集会を開いた。世話人は、山鹿誠次、山口恵一郎、浜英彦、田辺健一、伊藤郷平、小林博の6氏で、事務的なことは山鹿先生が委員会主査として、ほとんど1人で処理をされた。

4. 「都市化」論争

この研究委員会の名称が「都市」ではなくて、「都市化」であった点に注意する必要がある。当時は、高度経済成長の初期であって、大都市の変り方は著しいものがあった。従来の研究の主流を占めた静態的研究ではなく、時間の経過とともに、形態・

機能ともに変わってゆくプロセスに多くの研究者の関心があったことがわかる。また、この研究委員会に集った多くの人々が、東京・大阪・名古屋といった巨大都市を研究対象としてとらえていた。そして、巨大都市に関しては、従来の地理学からのふみこみがきわめて不足していた分野だったのである。都市化研究委員会は、1964年まで、満6年にわたって続くが、研究の中心は巨大都市の都市化現象であった。

都市化研究委員会が最初にとりあげたのは、「都市化」という用語の概念規定であった。当時、この用語は農村的なものが次第に都市的なものに変わってゆくプロセスを意味すると考えられていた（現在でも常識的にはそう見る人が多いのではないか）。たとえば、農村にサラリーマンの住宅が建ったり、工場がつくられる現象が都市化であった。しかし、東京のような巨大都市を主たる研究対象として都市化を定義しようとする時、従来の常識的な定義では説明しきれないものが感じられたのである。

都市化研究委員会は、第1回集会において今後の研究課題について討議をしたが、世話人から問題の候補として提案されたのは、次のような項目であった[11]。

　a. 都市化の概念の問題……都市化の定義、都市化のはじまる歴史的時期、都市化を進行させる主体的要因、大都市と中小都市の都市化の差異や関係など
　b. 都市化の対象地域や範囲に関する問題……都市内部、都市周辺、都市圏など
　c. 都市化現象をとらえる指標（尺度）の問題（たとえば産業構成、土地利用の転換、都市的施設の進出、兼業農家の増加など）
　d. シンポジアムの課題および方法の問題

第1回集会では、具体的な研究課題については、今後の研究の進行とともに決定することとしたが、少なくとも最初の1年半くらいの期間、参加した会員が最も大きな熱意を持って討論したのは、筆頭にあげられた「都市化」の概念に関する問題であり、事実、9月13日に開かれた第2回集会での討議は早速、この問題をとりあげたのであった。

都市化の概念について、新しい見解を大胆に打ち出されたのは、清水馨八郎氏であった。清水氏は、現代の都市化にあっては、郊外における都市化（農村的なものが都市的なものに変る都市化）とともに、都心部における都市化（都市的なものがより都市的なものに変る都市化）を含めて、「都市化」の概念と考えるべきであると主張した。これは東京の都心部において、現在でいうところの再開発が行われ、都心部の変貌が著しいという現象が、新宿副都心建設計画に熱意を燃やしていた清水氏の考え方に大きな影響を与えていたこともあろう。

当時は、農村的なものと都市的なものを対蹠的、かつ非連続的に考える向きが多かったが（都鄙対立説）、清水氏は、農村—都市を連続的にとらえ（都鄙連続説）、農村

的なものの極（rural extreme）と都市的なものの極（urban extreme）の間には無数の段階があって、「都市化」とは集落または地域において、都市的な諸要素が漸次増大する過程である、としたのである。清水氏はこの見解に立って、都市化にもさまざまな段階があることを唱えた。すなわち、都市化には大別して、「生産的都市化」と「消費的都市化」があり、前者には第1次（農村）的都市化と第2次（工業）的都市化とが含まれ、後者には第3次（商業）的都市化と第4・5次（管理）的都市化があるとした。清水氏は造語感覚の豊かな方であって、この用語も清水氏独特の造語であるが、次のような意味を持っている。

　第1次的都市化：農村における中心的な都市の発生
　第2次的都市化：工業都市の発生
　第3次的都市化：かなり広い地域を商圏とする大都市の発生
　第4・5次的都市化：一国の政治・経済の管理中枢となるような巨大都市の発生

　従来の見解では、都市化の要因として、工業化が最も大きな効果をもつと考えられていた。しかし、清水氏は、工業化を要因とする都市化には限界があり、東京・大阪のような巨大都市はもとより、県庁所在都市程度でも、工業化の要因のみで説明することは無理があることを指摘されたのである。工場が1つもなくても、巨大都市は成立すると清水氏はいいきった。都市化とは、第1次産業的（農村的）なものから第2次産業的（工業的）なものへの生産形態の転換だけでなく、流通・消費・管理などの経済活動を主とするものへの転換をも含むべきであるとした。巨大都市というものの内部を調べれば調べるほど、工業要因の比重が低下している事実は多くの都市研究者が感じはじめていたのである。

　これに対して、当時愛知学芸大におられ、名古屋周辺の都市化について、多くの研究を重ねておられた高野史男氏は、清水氏による「都市化」の概念の拡大は、かえって混乱を巻き起こす恐れがあると反論した。「都市化」はやはり農村的なものが都市的なものに変ってゆく過程であり、都市的なものがより都市的なものに変る過程は、「都市の再開発」のような別の用語を用いた方がよいとしたのである。高野氏は、用語の意味の拡大による混乱を恐れられただけではなく、巨大都市の都心部にみられるような、都市的なものがより都市的なものになる過程は、都市化の要因ではあっても、都市化そのものとはいえない、と考えておられたようである。

5. 福島大会のシンポジアム

　1959年10月11日、福島大学で開催された日本地理学会秋季大会において、工

業化研究委員会と都市化研究委員会の２つのシンポジアムがもたれた。午後に行われた都市化シンポジアムでは、次のような発表が行われた。

「都市化シンポジアムにあたって ― 問題提起」……山鹿誠次
- 第１部　都市化の研究に関する展望

「都市化の現代的意義」……山口恵一郎・浜英彦・鈴木富志郎
「都市化の概念」……石水照雄・伊藤達雄・青木栄一
- 第２部　事例研究を通してみた問題点 ― 日本の各地方における都市化の諸問題

「東京大都市域の都市化」……清水馨八郎
「阪神地方の都市化」……位野木寿一・稲見悦治・小林博
「中京地域の都市化と対策」……伊藤郷平
「都市化現象の基本型 ― 東北地方諸都市の研究を通じて」……田辺健一

　午前中に行われた工業化シンポジアムの参加者多数がこの都市化シンポジアムにも参加しており、これまで都市地理学プロパーとでもいうべき人々の間だけで論じられていた「都市化」の概念についての見解は、ここではじめて広く地理学界全体の批判にさらされることとなった。

　発表後の討論において、清水氏の「都市化」概念の大胆な見解に対して、とくに工業化研究委員会のメンバーから批判が行われた。

　当時の発言記録から、佐々木清治、石田竜次郎、清水馨八郎３氏の発言を再録すると、その争点がはっきりする[12]。

・佐々木清治氏（当時静岡大）の発言

　工業生産が優位を占める時点から都市化がはじまると確信する。都市的要素の漸進的増加といった漠然としたものではなくて、もっとはっきりとした限界線を引く必要がある。工場が起り、これが次第に増加して工業生産力が優位を占めるようになる時期を都市化の時期と呼ぶべきであって、工場数の増加がやんで、工業生産力が安定化した時期を都市化という必要はない。都市化の概念にはこのように上下２つの境界線を設けるべきである。…（後略）

・石田龍次郎氏（当時一橋大）の発言

　都市化の要因として工業化を考えるならばきわめて明確に説明がつく。工業生産力の増加は人口の増加、とくに２・３次人口の増加によって都市人口の増加を起す。これすなわち生産力増大の結果であって、都市化の要因としてこれ程はっきりとしたものはない。ある地方に都市が余り発展しない理由はそれが国民生活のなかでの生産、消費の配分によって決まるのである。…（後略）

・清水馨八郎氏（当時千葉大）の発言

（前略）…現代の都市化が意識されたのはつい最近のことであり、戦災とか朝鮮動乱とかを大きな契機として、ここに都市化の時期について一線を画さねばならない。これは調査の結果の結論であって、単なる思考によるのではない。urban がより高次の urban になる、それが現代的意義における urbanization なのであって、工業化による都市の発生・発展は二次的都市化の如き表現をするのが適当であろう。現代の都市化はもはや生産的土地利用だけでは解明することはできないのであって、管理、流通、資本の集中などの消費的土地利用の地理学を導入せねばならない。戦災のような一都市内部の条件のみで住宅問題や都市の過大化が起ったのではない。これは東京内部の問題としてではなく、国全体の問題としてみなければならないのである。たとえば、仙台のビルラッシュは東京における企業の流通部門が地方都市の都心を利用して地方都市の都市化を進めているとみるべきで、それは東京の都市化の秩序における仙台の第 3 次的都市化にほかならない。

宮川善造氏（当時東北大）は、「都市化の現代的意義が清水氏の発表によってきわめて明確になった」とし、山崎禎一氏（当時神戸大）は阪神地方の衛星都市の変化と中心地である大阪の機能の変化が密接に関係していることを述べて、いずれも清水氏の考えに賛成あるいは敷衍する発言をしている。

6. 「都市化」論争の成果

都市化研究委員会で活発に行われた「都市化」の概念についての論争やさまざまの見解については、のちに石水照雄氏が、内外の地理学者の見解や論文、さらに隣接科学（とくに社会学）の諸成果からの整理を通じて、きわめて論理的に、かつ客観的にまとめられた[13]。石水氏は論争の当初から清水氏の見解を高く評価していたが、それは清水氏の理論が都心部から郊外まで、巨大都市から小都市まで、あるいは産業革命期から現代に至るまでの都市の発達を普遍的に説明できたからである。石水氏は、「都市地理学における個々ばらばらの研究を統一づけ・位置づけるものとしては、やはり広義の都市化の概念の導入が必要であろう」と述べ、また、「地方都市に関する Central Place Schema と都市化に関する Metropolitanization Schema との両者は現代都市地理学における主要な理論と考えられるが、それら両者の統一理論としては Urbanization Schema というものが必然的に要請されるであろうが、かかる要請に対しては狭義の都市化概念では耐えることができと思われる。その他都市近郊部の形成・発展は近郊化 Suburbanization とよぶべきで、少なくとも都市化 urbanization の一部

分にしかすぎないことなどを考慮すると、広義の都市化概念にも充分支持すべき理由があると考えるのである」[14] と評している。

都市地理学の研究は、「都市化」論争が1つの新しい発展段階への出発点になったと考えられる。そして、巨大都市の都心部、中間地帯、郊外などの研究が相互に結びついて理解できるようになり、また農業地理学や工業地理学も都市化という場を十分認識するようになって、それぞれ農業や工業を通してみた都市化研究が次第に多く現われるようになるのである。

都市地理学の面で現れた1つの成果は、巨大都市の同心円構造論に関して、空間的な拡がりと並んで時間的な経過の考えを折りこんだ、動態的な構造論をつくり出したことであろう。

その最初のものは、清水馨八郎氏が発表したもので[15]、都心部から郊外に向かって、都心（ビジネス地域）— 住宅頽廃地域 — 住宅地域 — 農地頽廃地域 — 農業地域 の順に外周に拡がる同心円構造論であった。清水氏は大都市の基本的な土地利用を、ビジネス街、住宅地、農地の3種類と考え、それぞれ地価に対応した土地利用が行われるとした。したがって、住宅地域の内側でビジネス地域と接している部分では、経済活動の活発化に応じて地価の上昇が起り、住宅地が次第に貸事務所的なオフィスビル街に変ってゆく。これが住宅頽廃地域である。同じように、農業地域の内側で住宅地域に接している部分では、多毛作土地利用や労働集約性の高い農業を採用して土地利用の効率を高めるが、最後には農地がつぶされて、住宅が建てられるようになる。清水氏の比喩的な表現を借りれば、「鶏を飼うよりも、アパートを建てて人間を飼う方がもうかる」からである。ここに農地頽廃地域が発生する。都市の経済成長・人口集中が続く限り、この同心円は拡大する。したがって、時間の経過とともに、ある一地点が農業地域から農地頽廃地域に、さらに住宅地域へと変ってゆくようになり、また、住宅地域が住宅頽廃地域に、さらにビジネス地域に変ってゆくようになるとした。

清水氏の説と並んで、大都市の動態的同心円構造説を、綿密な実態調査の結果から帰納したのが山鹿誠次先生であった[16]。山鹿先生は、すでにそれまでに東京郊外のさまざまの形態の都市化、たとえば、集団住宅地[17]、学園町[18]、病院町[19]、などについての論考を発表されていたが、これらを大都市地域のなかに位置づける形で、同心円構造説を提示されたのである。これによると、都心部から郊外に向かって、ビジネス商業地域 — 住宅地域 — 周辺的都市施設地域 — 近郊農業地域 — 普通農業地域、の順に配列されている。そして、この順序は空間的な配列を示すと同時に、あるひとつの地点は、都市の発展とともに、その逆の順序で土地利用の変化が行われるものとした。

表 5-1 大都市同心円構造説の対比

木内 信蔵	1. 人口絶対減少地域	2. 人口増加停滞地域	3. 人口絶対増加地域	4. 人口増加停滞地域	
清水馨八郎	1. 都 心（ビジネス地域）	2. 住宅頽廃地 域	3. 住宅地域	4. 農業頽廃地 域	5. 農 業 地 域
山鹿 誠次	1. ビジネス商業地域	2. 住 宅 地 域	3. 周辺的都 市施設地域	4. 近郊農業地 域	5. 普通農業地 域

←――都心　　　　　　　　　　　　　　　　　　　　　　郊外――→

　清水説と山鹿説を対比してみると、表 5-1 のようになる。参考のため、それ以前に木内信蔵氏が主張された人口の増減による同心円構造論[20]も対比してみると、大都市の地域分化の状態やその要因が非常に明確に示されることがわかる[21]。また、都心部の研究にすぐれた成果をおさめた清水氏の説と、郊外の研究に主力がおかれていた山鹿先生の説の特徴もよくあらわれている。山鹿説の都市的周辺施設のなかには工場が含まれており、工場は大都市の発展に応じて次第に遠心的に拡散する存在としてとらえられているが、この両説には工業的土地利用が欠如または軽視されているという共通点が存在した。

　一方、清水氏の「都市化」概念の拡大に対して反対した高野史男氏は、「都市化」概念に別の視点を導入した[22]。社会学や経済史学の諸成果について造詣の深かった高野氏は、都市化を土地利用の変化（景観的都市化）でとらえるだけではなく、労働形態の変化を指標としてこれを機能的都市化として把握しようとした。ここで高野氏のいう「都市化」は、農村的なものが都市的なものに変わってゆくプロセスのみを指し、清水氏のいう都市的なものがより都市的なものになるプロセスは含まれていない。高野氏は都市化を、「地域中心型都市化」、「在来工業型都市化」、「工業化型都市化」、「大都市型都市化」の 4 つに類型化し、前 2 者を前近代的都市化、後 2 者を近代的都市化としたが、いずれの場合でも、土地利用面からの都市化と労働形態面からの都市化が進み、「"地域"における"産業形態"すなわち"土地および人間労働の 2 要素の結合"が rural な性質を失って urban な性質を獲得してゆくこと」が都市化であるとした。ここでも、都市化＝工業化といった従来ままいわれてきたあらっぽい考え方は否定されている。

　高野氏はまた都市化研究の方法についても重要な示唆を行った。それは、

a. その地域の土地利用と労働について rural から urban への転化の形態と時期、過程とを調査する。
b. 都市化の主体となった資本について調査する。
c. その転換の行われた経済的・非経済的原因を分析する。
d. 以上の諸項目を各地域について、また時間的に、どの程度進行しているかを対比することによって都市化の地理的要因ないしは法則を知る。

の4点の指摘であった。この指摘は、その後の都市(化)研究の進んだ方向をかなりよく予測しており、その意味でも重要な示唆であったといえよう。

7. 『日本の都市化』の出版

都市に関する日本地理学会のシンポジアムは、前述の1959年の福島大会に続き、1960年以降1963年まで、秋の地方大会において、何らかの形で必ず開かれた。そのテーマと場所は次の通りであった。

　　1960年（岡山大会）：都市的土地利用と農村的土地利用の競合
　　1961年（長野大会）：地方都市
　　1962年（高松大会）：地方都市
　　1963年（名古屋大会）：大都市圏の地域構造

とくに1963年大会では、都市地理・経済地理Ⅰ(農業)・経済地理Ⅱ(工業)・歴史地理・応用地理の5部会に分かれ、全部で39の発表が行われるという盛況を呈した。

これらのシンポジアムに共通していることは、いわゆる都市地理学プロパーだけでなく、広くさまざまな専門の地理学者が参加していることである。都市地域の研究や都市化現象はもはや地理学者に共通の場を提供したともいえたし、それだけ都市問題に対する関心が大きかったともいえる。大都市のみでなく、地方都市が大きくとりあげられたことも、都市問題の拡がりを示していた。

シンポジアムでは、都市地域のさまざまの機能の分析がとりあげられた。1963年の名古屋大会における発表をみると[23]、都市中心部や周辺部の地域構造、都市圏、交通網と都市機能の関連、農業の兼業化、農業的土地利用と労働の集約度、工場進出と農業の変容、工業地域の地域構造、工業労働力の供給、江戸時代の都市構造と近代への変容、都市災害、都市気候など多岐にわたるテーマがみられる。これはまさに1960年代後半以降における都市研究の方向の縮図でもあった。

このような地理学会の都市研究ブームのなかで、研究の進展に大きな役割を演じた都市化研究委員会は、1964年2月、それまでの研究の成果を要約した一書を刊行し

た。これが古今書院から発行された『日本の都市化』である[24]。そして、同書店の形成選書の1冊として、比較的小さな本にまとめられている。

本書は全部で5章18節にわかれ、都市化の概念や研究展望、都市化の諸現象、大都市・地方都市の都市化の実態、都市問題と都市計画など、多岐にわたる内容を含んでいたが、その執筆者は都市化研究委員会のメンバーのみで、農業や工業、自然地理学サイドからの参加は考えられていなかった。また、急速に盛んとなった研究分野であったため、用語の使い方が執筆者によって統一されておらず、後日批判の対象ともなった。したがって、『日本の都市化』は、1963年の名古屋大会にみられたような地理学会のさまざまな分野からの都市研究を包含していない。あくまで、1960年前後の都市地理学プロパーの研究者たちの研究水準を示したものである。

この創世期の都市化研究の集大成の中心となったのは山鹿誠次先生で、以後、この本は約15年間にわたって、1万部以上の部数が市販され、長く都市化研究の入門書としての役割を果たしたのであった。

8. むすび

現代の地理学会において、都市研究はきわめて盛んである。都市研究が本格的に行われるようになり、その基盤が確立されたのは、1950年代後半から60年代前半に活動した、都市化研究委員会に負うところが多い。また、この時期の「都市化」論争に触れずに現代の都市地理研究を正しく理解することはできと思う。

この小論は筆者自身の記録ないし記憶、および当時の『地理学評論』その他の公刊誌を主たる素材として、その時代の研究の状況を復元してみたものである。それは当時大学院の学生であった筆者自身にとっては、清水、山鹿、高野、石水の諸先学から受けた直接・間接の指導そのものでもあったので、いきおい私記的な要素の強い記述となってしまったことを御断りしておきたい。

山鹿誠次先生の御退官に際して、長年にわたって受けた先生のご指導に感謝の意を表し、この小論をささげるものである。

本稿は『学芸地理』第34号に掲載した論文「1960年前後の都市地理学のあゆみに関するノート ―「都市化」論争を中心として―」に一部加筆修正を行ったものである。

引用文献

1) 石水照雄　1962「本邦地理学会における都市化研究の現段階」地理学評論, 35.
2) 山鹿誠次　1973「都市地理研究の歩み」地理学評論, 46.
3) 田辺健一　1975「日本における都市地理学の発展―都市地理研究者の研究系譜を通して ―」東北

地理，27.
4） 高橋伸夫　1977「都市」経済地理学会編『経済地理学の成果と課題　第Ⅱ集』大明堂，215-227.
　　高橋伸夫　1979「都市化研究の展望と課題」青木栄一・白坂蕃・永野征男・福原正弘編『現代日本の都市化』古今書院，1-15
5） 山鹿誠次　前掲2）
6） 木内教授退官記念会編　1971『木内信蔵先生の履歴と業績』東京大学教養学部人文地理学研究室.
7） 山鹿誠次　1952「松戸の都市的変遷 —変貌する近郊都市の一例—」地理学評論，25.
　　山鹿誠次　1953「東京都下の衛星都市に就いて —衛星都市の累計に関する一考察—」東京学芸大学研究報告，4（第9号）.
8） 位野木寿一　1955「戦災都市の変貌—衛星都市堺市の場合—」大阪学芸大学紀要，A 人文科学.
　　稲見悦治　1953「罹災率と都市人口の復元率との関係」地理学評論，26.
9） 伊藤郷平編　1954『地方都市の研究—新しい豊橋』古今書院.
　　高野史男　1953「農村都市（rural town）としての安城—都鄙共同社会圏の研究—」地理学報告（愛知学芸大），3.
　　田辺健一　1952「市民税の分布から見た仙台市」東北地理，5.
10） 小林博　1953「大阪を中心とする大都市地域の構造—統計上よりみた住宅的機能について—」地理学報（大阪学芸大），4
11） 1958「日本地理学会各研究委員会通信　都市化研究委員会」地理学評論，31.
12） 都市化シンポジアムの討論要旨については，地理学評論 32-12（1959）678～679に掲載されていて，その内容を知ることができる。この記録は筆者が鈴木富志郎氏と協力してまとめたものであるが，別に当日の録音テープから直接起こした，よりくわしい記録が「都市化シンポジアム討論要旨」としてガリ版印刷に付され，関係者に配布された。
13） 石水照雄　前掲1）
14） 石水照雄　前掲1）
15） 清水馨八郎　1958「交通現象からみた大都市地域構造の研究 —首都圏通勤交通問題の中心課題として—」都市問題研究，10.
　　清水馨八郎　1958「大都市地域構造と交通秩序」地理，3.
16） 山鹿誠次　1960「大都市近郊の都市化 — 東京西郊を例として」地学雑誌，69.
17） 山鹿誠次　1957「大都市郊外における集団住宅地の成立とその影響 —とくに東京西郊について」都市問題，48.
18） 山鹿誠次　1958「大都市周辺における学園町の成立とその性格 —東京都国立町を例として」都市問題，49.
19） 山鹿誠次　1959「東京都清瀬町の都市化 —大都市周辺における病院町の成立」地理学評論，21.
20） 木内信蔵　1951『都市地理学研究』古今書院.
21） 青木栄一　1965「住宅の発展と都市化」山鹿誠次編『都市発展の理論』明玄書房，93-110.
22） 高野史男　1959「都市化の類型と概念規定」地理学評論，32.
23） 各部会の問題提起，発表要旨，討論要旨は，地理学評論，36（1963）.
24） 木内信蔵・山鹿誠次・清水馨八郎・稲永幸男　1964『日本の都市化』古今書院.

佐々木　博

第6章 近郊農業から都市農業へ
―1960年代―

1. 近郊農業

　江戸や世界の都市の市街地に隣接して、都市住民向けの野菜・牛乳・花卉などの遠距離輸送に耐えがたい農産物が栽培されてきた。これら都市に隣接する地域で行われていた農業を日本では「近郊農業　suburban agriculture」と呼んできた。これはJohann Heinrich von Thünen（1783-1850）が著書『農業経済と国民経済に関する孤立国　Der isolierte Staat in Beziehung auf Landwirtschaft und Nationalökonomie』（1825）で提唱した、都市からの距離によって形成される農業経営形態の都市を中心とする圏（テューネン圏　Thünensche Kreise）のなかで、最も都市に近い第1圏に立地する自由式農業（Freie Landwirtschaft）であるとみなされてきた。鉄道やトラックの発達で、房総半島・伊豆半島、さらには土佐や南九州、渥美半島などからの野菜・花卉などが大量に大都市へ出荷されるようになると、それらの野菜・花卉などの生産地は遠郊農業地域とか、輸送園芸地域と呼ばれたこともあった。

　イギリスでは市場園芸 Market Gardening とは、人間が消費する野菜を生産する集約栽培の形態に対して通常用いられた名称である。大規模に組織化されたり、1つないし、2つの作物に著しく特化している場合には、アメリカのフロリダ半島などの「輸送園芸 truck farming」と似たものとなってくるが、イギリスでは市場園芸農家はたいてい多種類の作物を栽培している。市場園芸作物には、キャベツ・玉ネギ・芽キャベツ・カリフラワー・ブロッコリー・セロリー・大黄・豆類・エンドウ・グリーンピース・アスパラガス・レタス・バレイショなどが主体で、それ以外では、きくぢさ（根を粉にしてコーヒーの代用にする）・あさつき・小羊レタス・芥子菜（からしな）・田芥子（たがらし）・朝鮮アザミ・スイートコーンなどのような、さまざまなサラダ用食材がある。トマトは温室栽培作物の第1号であり、キュウリ・西洋カボチャなどもフレームで栽培されている。さらに市場園芸作物にはリンゴ、black-berry・blueberry・cranberry・gooseberry・dewberry・strawberry などのベリー（berry）類の小果実や苗木類・家禽類が含まれる。

イギリスの園芸農業が立地しやすい条件として、①ローム質の軽い土壌、②適切な水の供給、③市場への距離（accessibility）の近さ、トラック時代の今日では、市場から夜通しのトラック輸送（an overnight lorry journey）の範囲と考えてよい、④温暖な気候　フランス人がprimeurs（走りの野菜・果物）と呼んでいるような作物への特化も可能、⑤消費者の購買力の大きさと流通システム、などが挙げられている。市場園芸作物市場はロンドン中心部のCovent Garden市場（現在はオペラハウスとなっている）やその他の市場に過度に集中してしまって、1931～39年にはロンドンから遠方の市場へ再荷渡しが非常に多かった。日本でも、1960年代には市場の大型化から、東京市場に農産物や海産物が過度に集中してしまい、産地市場へは東京市場から逆移入されることが多くなった。

都市からの馬糞・厩肥・都市残物（refuse）などの肥料が市場園芸立地の有力な立地要件であったことは確かである。江戸時代から昭和の初めまでの日本でも、荷車で野菜を都市に運び込み、その帰りに都市住民の屎尿を肥料として持ち帰るのが、日本の都市近郊の農民の姿であった。ロンドンから300kmも離れた南西コーンウォール半島を除くと、市場園芸地域はロンドンから130km圏内に集中している。具体的な地域を列挙すると、①フェンランド（The Fens）、②バーミンガムの南30km、ウースターシャ県のイーヴシャムの谷（Vale of Evesham）、③ロンドンの北70～80kmのベッドフォードシャ県のSandy～Biggleswade地域、④北西ケント県、⑤南エセックス県、⑥ロンドン西郊ヒースロウ空港建設などによって、急速に栽培面積が減少した南ミドルセックス、⑦南西ランカーシャ県、リヴァープール北のOrmskirkのイングランド最大のバレイショ産地と、ブラックプールに東隣するFylde地域での家禽飼育地などである。

ドイツの野菜栽培の核心地域は、①ボン西郊Vorgebirgeからオランダにかけてのライン川左岸地帯、②マンハイムからフランクフルトにかけてのライン=マイン低地、③ベルリン周辺、④ハンブルク周辺、⑤ブラウンシュバイクからハノーヴァー、⑥ユトランド半島南西端低湿地Dithmarschenなどである。日本やイギリスとの大きな違いは、産地市場でセリ落とされた野菜が仲買人を通して消費地市場・週市・小売店・スーパーなどに渡り、最後に消費者に渡たる流通ルートである。デパート・スーパーなどが産地市場でセリに直接参加している場合もある。

2.　『帝都と近郊』

小田内通敏が1918年に著した著書であり、日本および東京圏の都市近郊と近郊農

業の研究のバイブルで、大倉研究所出版であったが、1974年に有峰書店から復刻版が出版された。東京高等師範学校で地理学を修めた小田内は、1916年より大倉研究所に入って、村落研究に没頭した成果が『帝都と近郊』である。序に東京帝国農科大学の井上友一、東京高等師範学校教授・東京帝国大学初代地理学教授山崎直方、農業経済学者・東京女子大初代学長新渡戸稲造の3氏が序文を寄せている。

小田内が西郊大久保の僑居に於いて書いた自序によると、

「村落の研究に就いては、参考とすべき良書も無く自得した研究法もないから、一に新渡戸・山崎両先生の指導に基づき、苦心して研究綱目を定め、以て踏査に従事した。しかも野外に出て実地に自然と人生に接しては、書斎で作った綱目の不完全な事や、自分が観察に要する知識の甚だ乏しき事を自覚せざるを得なかった。されど蒐集せる資料によって作った小編に対しては、新渡戸・山崎両先生は懇に指導され、且厳密なる批評を賜り、為に再三稿を改めて此に本書を成すに至った。」

大倉研究所に小田内を推薦したのが山崎直方であり、新渡戸は序文で、

「小田内君は我輩年来の学友で……君は従来『趣味の地理欧羅巴』や『我が国土』に示した総合的の見識と知識を縮小し、之を武蔵野の一隅なる東京の近郊に応用され、あらゆる方面より帝都付近の地理的状態を論ぜられたのが即ち此書である」

と書いている。井上友一が序文で

「小田内君は、専攻の人文地理学的見地より都市及村落の研究の必要性を唱へ、先年『都市と村落』を編し、余が内務省に在りし時、之を示して意見を、徴せられたる事あり」

と述べている。小田内らの研究も後押しして、内務省に新たに都市計画課が設置された。

本書が書かれた1918年ころの東京は、東京駅と上野駅が未だ鉄道で連結しておらず、市街地は日本橋を中心に半径5kmほどで、西の市街地の末端は今日の山手線まで至っておらず、東と北の市街地の末端は当時の千葉県南葛飾郡と埼玉県南足立郡に及んでいた。本書215頁は、I部　緒説（27頁）とII部　特説―東京市の西郊（185頁）から成り、II部に圧倒的な重点が置かれている。I部　緒説では第1章　江戸及東京の都市的発達、第2章　東京市の郊外地帯から成っている。II部　東京市の西郊は6章から成り、1.自然環境、2.住民と其居住、3.土地と其利用、4.農業、5.工業、6.交通機関、の順序で記述されている。

地下水の高い下町は工業地帯として、山手台地は住宅街としての発展の萌芽が見られ、市街地に隣接する近郊農業も東郊はネギ・京菜などの葉菜類が、西郊はゴボウ・

ニンジン・大根などの根菜類が盛んであった。今日の山手線を取り巻く板橋・豊島・新宿・渋谷・目黒・品川区が近郊農業地帯であった。

3. 都市化と近郊農業の変質―小金井市の事例

　関東大震災（1923年）・第二次世界大戦（1941～1945年）による東京の壊滅的破壊を経て、戦後復興期から1960年代の高度経済成長期になると、近郊の農地の住宅地化が進み、近郊農業は破壊されていった。農地の住宅・工業・商業地・交通用地・事務所用地化は、道路計画・下水道計画もないまま、日本独特の無秩序な都市化が進行し（urban sprawl）、「東京は世界最大の村」と揶揄されることとなった。

　第1回国勢調査時（1920、大正9年）の日本の人口は5,596万であったものが、85年後の2005年には12,777万と2.3倍になった。東京都の人口は同じ期間に370万から1,258万へ3.4倍になった。東京都に入りきれない人口は周辺県に居住地を求めざるを得なかったため同期間の人口増加率は神奈川県で6.6倍、埼玉県5.4倍、千葉県4.5倍と大きい。ちなみに大阪府のそれは3.4倍・愛知県は3.2倍であった。昼間は東京で働き、夜間だけ眠りに帰る「神奈川都民」・「埼玉都民」を生み出すこととなった。

　東京西郊の市部への人口集中はすさまじく、1955年に36.2%（課税資料による地目別民有地面積）と最も広い面積を占めた農地が、46年後の2001年にはわずか8.9%に減少してしまった。とくに、1960年から1975年にかけての15年間の農地の減少率は大きく、毎5年間に6%も減少した。逆に、宅地は1955年に29%であったものが、1980年に50%を超え、2001年には59%にもなった。

　この時期、都市化や近郊農業の概念・定義・理由づけなどが学会でも盛んに討議され多くの論文が発表された。新しいタイプの都市周辺農業の出現、交通手段の発達や、中（距離）郊（外）農業・遠（距離）郊（外）農業の出現によって、旧来の近郊農業の概念では理解し難くなってきた。小田内通敏に続いて青鹿四郎（1935）『農業経済地理』のバイブル的研究を経て、清宮真夫（1949）・浮田典良（1957）・山鹿誠次（1960）・安藤万寿男（1965）・尾留川正平（1967）・上野福男（1967）や筆者（1969a、1969b、1970、1976、1981）など、多くの研究者が都市化や、新しい都市周辺農業と近郊農村の研究に取り組んできた。

　都心から25km西郊にある東京都小金井市は、東京駅まで中央線電車で45～50分、市域は11.3km^2、東西4km、南北3.5kmのほぼ四角形を成し、市域の4/5は海抜60～75mの武蔵野台地面にある。南側1/5は台地面より12～14m低い海抜45

写真 6-1　小金井市貫井北町の農家と畑
上の森の中を玉川上水が左から右に流れ、短冊型の新田地割が残っている。

〜57mの立川段丘面にあり、両者の間に国分寺崖線と呼ばれる崖がほぼ東西に走り、斜面には緑が残り、崖から滲み出した水を集めた野川が崖下を西から東へ流れ、多摩川に注いでいる。人口は2010年現在11万5,000、土地利用調査当時1965年の人口は8万2,000であった。1965〜67年にかけて『小金井市誌　地理編』作成の一環として、農業の生態を数人の研究者らと調査した。1/3000ベースマップ上に歩いて観察した土地利用を記入して、市域全体の土地利用図を作成した。より年次の古い土地利用図は古い地形図や空中写真をもとに作成し、1939年・1948年・1960年・1967年の4年次の土地利用図を作成し、土地利用の変化を分析した。この美しいカラーの土地利用図は、小金井市の成人式に若者にプレゼントされた『小金井市誌』の付図となったり、高度経済成長が始まる前夜の景観変貌を見事に描き出したため、雑誌『地域開発』に掲載されたり、1968年1月1日、新年の朝日新聞の「変貌する都市近郊特集版」にも掲載された。

(1) 市街地化の系譜

　1889年（明治22）武甲鉄道（今日のJR中央線）が新宿—立川間に開通するも、武蔵小金井駅が開設されたのは37年後の1926年（大正15）。それまでは、春の桜の開花期のみ花見のための臨時停車場が置かれた。多摩川の砂利を運ぶために設けられた西武多摩川線（武蔵境—是政）の今日の新小金井駅が1917年に開設され、武蔵

小金井駅開設よりも9年早かった。1930年中央線が電化され、駅の北西部で住宅化が始まった。1959年、駅に隣接して北西に小金井電車区が設けられて、始発電車で東京へ通勤できるようになった。

　1939年小金井工業高校・1940年東京高等蚕糸学校（現東京農工大工学部）・1941年陸軍技術研究所（現東京学芸大学を含む駅北西部）・1946年豊島師範学校（旧第二師範学校男子部）＝東京学芸大学・1948年慶応義塾大学工学部（現在日吉へ移転）・1949年郵政省電波研究所・1963年中央大学高等学校・1964年法政大学工学部・1992年東京電機大高等学校などの教育機関が東京から移転あるいは新設されてきた。

　これら教育インフラと交通インフラの整備によって都市環境が改善されると、1960年に住宅公団団地・1961年東京都住宅公社本町住宅団地・1963年国家公務員住宅団地・東京都住宅供給公社貫井南団地などが建設されていった。

（2）農業の変遷

　都市的土地利用の増大による農地転用は1958年をピークに、農地の減少などによって、次第に減少に転じた。1960年・61年・59年が住宅地への転用が最大であった。東京都心から25km圏にある小金井の農業類型は、①自給的農業、②近郊農業、③特産物農業、④都市農業（市街地農業）へと推移して行き、1960年代は農地と都市的土地利用が競合していた時期であった。キュウリ・キャベツ・ナス・トマト・ゴボウ・ネギ・ホウレンソウ・ハクサイ・スイカ・イチゴ・ダイコンなどの野菜を、早朝荷車で神田などの東京市場へ出荷していた近郊農業期に次いで、都市農業への移行期を迎えていた。

　都市化が進行するにつれて専業農家が減少し、兼業の機会が増えるので第1種兼業農家・第2種兼業農家が増えてゆき、ついには農地を手放して脱農するものも多くなってくる。それに応じて土地利用の面でも、農地から住宅地・工業用地へ、さらには学校用地やデパート・スーパー・商店などの商業用地への転換が進んでゆく。

　都市化によって農地は市街地のなかに取り残され、栽培環境が悪化してきた。今日、農家は貸家・アパート・ガレージなどを経営して生活はすでに安定するものが多く、農業経営が収入的には副次的になってきたが、1960年代は移行期ゆえ、1965年の農産物販売第1位の部門は（植木・苗木など）その他の作物が144戸とトップ、次いで野菜が67戸、養鶏が43戸で3位、養豚も10戸あって、農業は未だ模索しながらも元気で、盛んであった。

　都市向け野菜栽培は減って、都市住民の庭木・盆栽用の植木・苗木・花卉や、公共

施設や工場などへの芝、高級野菜であるウド、多年生で省力化のできるクリなどの特産物の栽培が盛んな時期であった。

4. 都市農業の出現

　都市農業の定義は明確ではないが、学会や新聞でも一般に用いられている。「市街化した地域に島状に残存した農地で営まれる農業」くらいの意味で、市街地農業と呼ぶ人もおり、従来の米麦農業・近郊野菜農業・集約的輸送園芸農業などとはいろいろの点で異なった性質を持っている。農産物が新鮮で、流通コストが省ける分安価であり、直売などを通して生産者と消費者がお互いに顔が見える点に特色がある。

　小金井市のように農地が市街地と併存したり、市街地に囲まれて残存している農地に基盤をもつ都市農業はなぜ存立が可能なのか、の命題の結論は次のように結論づけることができる。

1. 一定の条件を満たすと、農地が生産緑地に指定されて宅地並み課税を免れ、相続税の延納もみとめられ、先代から引き継いだ農地を維持できるという日本人の本能を満たしてくれる税法上の環境ができた。
2. 市街地と農地が同居することにより、農作業上のマイナス面よりは、新鮮な野菜を直販所・市内のスーパー・JA経済センターなどで作物を販売できて、出荷流通コストがほとんどかからない、などプラスの面が強い。
3. 野菜・果樹・植木などを主要作物として栽培し、労働集約的な野菜と相対的に省力化ができる果樹・植木を組み合わせることで、農業経営が可能となっている。
4. 市民には環境保全上農地のうえに貧民窟やマンションが建つよりは、緑の農地のままである方が望ましいことや、市民農園などを介して、都市民と農民の利害が一致し、共栄共存できている。
5. 7割の農民が農産物販売額の2倍以上の不動産収入があり、不動産経営ですでに農家の生計は安定していることが、農業持続の最大の要因と考えることができる。

　50年前の1960年代の調査と比べて、不動産農業が市街地農業維持の大きな要因であることは変わっていないが、芝・ウド・養鶏・植木苗木などが下火となり、野菜栽培が直売所などを介して非常に盛んになって、農産物の主役が変わり、消費者にとっても新鮮な野菜が安価に入手できるようになってきた。

　市民農園として農地を貸与する農民や、栽培指導を兼ねた市民農園を経営する農家もある。農家労力の面でも、若いときは農業以外の仕事に就いていて、定年後や早期に農外職業から退職して、努力によっては相当の収益を上げられる自宅の農業に復帰

するなど、後継者にあまり困らない都市農業の特色がみられる。

引用・参考文献

青鹿四郎　1935『農業経済地理学』叢文閣.
安藤万寿男　1965「大都市周辺農業の諸類型」愛知大学法経論集　経済編, 51.
浮田典良　1957「わが国における近郊農業の地理学的研究」人文地理, 9.
上野福男　1967「近郊農村における土地利用問題―埼玉県大里郡花園村を例として―」地域開発, 7.
小田内通敏　1918『帝都と近郊』大倉研究所.　1974年　有峰書店より復刻版.
記念誌編纂委員会　2000『東京農業と試験研究100年のあゆみ　東京都　都市と共生を』東京農業記念事業実行委員会.
清宮真夫　1949「中央線沿線の蔬菜地域について」新地理, 3.
小金井市農業委員会　1992『都市農業制度改正等に関する意向調査』.
小金井市誌編纂委員会　1968『小金井市誌　Ⅰ　地理編』小金井市.
佐々木　博ほか3名　1969a「東京近郊, 埼玉県三芳村における農業」地理学評論, 42.
佐々木　博　1969b「江北地区の農業――近郊農業から市街地農業へ」立正大学　人文科学研究所年報, 7.
佐々木　博　1970「イギリスにおける市場園芸と温室」立正大学　文学部論叢, 38.
佐々木　博　1975「西ドイツにおける野菜栽培の経営構造と栽培地域」立正大学　文学部論叢, 51.
佐々木　博　1976「ケルン―ボン近郊Vorgebirgeの野菜栽培」地理学評論, 49.
佐々木　博　1977「首都50km圏の緑地面積の変動」人文地理学研究, Ⅰ.
佐々木　博　1981「東京西郊における景観と機能の変化」人文地理学研究, Ⅴ.
佐々木　博　1991「首都圏の緑地環境」人文地理学研究, ⅩⅤ.
佐々木　博　1992「首都圏における緑地環境の変化と現状.」筑波大学　地域研究, 10.
樋口めぐみ　1999「日本における市民農園の存立基盤――川口市見沼ふれあい農園の事例から――」人文地理, 51.
尾留川正平・山本正三・佐々木　博・金藤泰伸・朝野洋一・高橋伸夫・斉藤　功　1967「大都市圏における市街地農業の生態――東京都小金井市の事例――」地学雑誌, 76.
水嶋一雄　2003「都市農業の存続に向けた環境保全型農業の導入―東京都世田谷区の〔有機農業研究会〕について―」日本大学地理学会　地理誌叢, 44.
山鹿誠次　1960「大都市近郊の都市化―東京西部を例として―」地学雑誌, 69.
Higbee, E. 1967 Agricultural Land on the Urban Fringe, Gottmann, J. R. A. Harper, eds., *Metropolis on the More*, 57-66.
Higbee, E. 1961 Megaropolitan Agriculture, J. Gottmann, eds., *Megalopolis*, 258-340.
Sasaki, H. 1984 Transformation of the Echigo type settlement pattern in Japan. *Ann.rep., Inst. Geosci., Univ. Tsukuba*, 10.
Sasaki, H. 1980 Landnutzungswandel im westlichen Vorortsbereich von Tokyo. *Erdkunde*, 34.
Yamamoto, S., Sasaki, H., Asano, Y., and Saito, I.　1970　Ecology of Inner-Suburban Agriculture in a Metropolitan Region—The Case of Koganei-shi in a Western Suburb of Tokyo. *Japanese Cities: A Geographical Approach, Special Publication No. 2*, The Association of Japanese Geographers.

寺阪昭信
第7章 1960年代からの都市地理学との係り

1. クリスタラーの中心地理論との出会い

　1960年代初め京都大学の学部生のときに受けた授業と都市地理学とのつながりを回顧してみると、藤岡謙二郎先生の授業では日本の都市の城下町起源が強調されていた記憶がある。「都市と交通路の歴史地理」はその当時の感覚からすると現代都市の研究とは縁の遠い世界と受け取っていた。クリスタラーの中心地理論との出会いは一般教養の地理学で、西村睦男先生担当の授業において紹介されたのが初めてであった。当時の高校人文地理ではクリスタラーは出てこなかったので、新鮮な気持ちで聞いた覚えがあり、その印象は強い。同氏の専門授業ではアイサードの地域間産業連関分析が紹介されたし、後に著書にまとめられた山口藩領の中心地秩序やアポロニウスの円を応用した勢力圏の研究という最先端の研究（後の『中心地と勢力圏』1977年）についての授業を受けることができたのは今思うと幸せなことであった。他方、ドイツ語圏の地理学を主軸とした水津一朗先生の授業ではクリスタラーの中心地理論は集落研究の一部として理解されてしばしば触れられたが、氏の主張する「基礎地域」としての最小単位のレベルに関心があって、上位の大都市と結びついた話ではなかった。以上のような状況の下で、系統的な都市地理学の授業を受けることはなかった。

　現在から見れば、当時の学界の状況として都市研究は地理学において確立した立場が築かれていなかったのではないかと考えられる。それゆえに日本語の教科書として完成されたものは木内信蔵の『都市地理学研究』（1951、増補版1956）しかなかった。いま改めてこれに眼を通すと都市の分類や形態が多く論じられていて半世紀以上の時間のなかでの都市地理学の発展を実感する。その当時では『集落地理学講座』（朝倉書店）全4冊にあっても第3巻（1958）が日本編であるが、地誌的な記述に終始していて、都市地理学の専門性が感じられるのは清水馨八郎が担当した京浜地区を扱った部分くらいで、全体の流れは農村に記述の重点が置かれていた。

　また50年代後半に河出書房から出された現代地理学講座全7巻の第4巻は『都市と村落の地理』として19人が執筆しているが、村落分野が半分以上を占めている。

それらを学生時代に目を通した覚えはない。また60年代後半に出された朝倉地理学講座全13巻では第9巻が木内信蔵編『都市・村落地理学』(1967)であり、未だ都市地理学は1冊を独立して割り当てられていない。そのなかの都市の概説は石水照雄（当時愛媛大学）が担当しているが、アメリカの都市地理学を軸に組み立てられていてクリスタラーの名前は出ているが、内容を紹介してはいない。しかしながら都市と都市地域を分担した田辺健一は都市の立地という項のなかで、Dickinson (1947)から引用したと思われる図を用いてその理論を3頁にわたって説明している。ついでに言えば編者もその総論にあたる集落（8頁に過ぎない）の部分で50の文献をあげているが、そこにはクリスタラーの名はない。ちなみに、1986年に朝倉書店から出版された総観地理学講座16　田辺健一・渡辺良雄編『都市地理学』ではいくつかの個所でクリスタラーが登場して当然のことながら多くのページで扱われている。1960年代前半に大学教育の場でどの程度紹介されていたのであろうか、ということが今では気になる。

　アメリカにおいてもクリスタラーの研究がドイツ語であり、出版された年次からして、多くの研究者がすぐに注目することにはならなかったのも当然であろう。1950年代後半から60年代にかけて英語文献に多く登場することになるが、英訳の出版（1966年 Baskin W. による抄訳）は、我々の大学院時代にあたり、すぐに購入した。それと邦訳、江沢譲爾『都市の立地と発展』(1969)との出版の時間差は小さい。その差が理論の受容に対してどのように影響したかは興味ある問題でもある。江沢訳の序文には翻訳した理由は書かれていない。氏が経済地理学会会長時代に私は幹事の末席に連ねていたが、そこまでお話しするには距離が遠すぎた。だいぶ後になって出版元の神戸大明堂社長にも出版にいたる経緯を尋ねたが、とくに理由は記憶にないとのことであった。しかし、それ以降同社からはウェーバー、レッシュら一連の立地論関係の翻訳が相次いで出版されたので、1つの潮流を作り出したといえるから氏の学界への貢献は大きいものがあると思っている。時間は前後するがクリスタラーの翻訳を読んで経済地理学としての立場で書かれていることを知り、授業で紹介されてきたのとは異なるのがわかりなるほどと思った。個別記述的、地誌的な研究とは異なる空間秩序、広域の都市間の関係に眼を向けるようになっていった。日本の都市分布からはクリスタラー的な秩序による説明は難しいと受け止めていた。しかし、秩序の美しさには感動していた。

　学部時代の最初の助手は故山澄元氏であった。同氏の主な研究は歴史地理に属するが、最初に公表された論文（『史林』1959に掲載）では奈良盆地と会津盆地の比較といういささか狭い地域ではあるがクリスタラーを意識した研究である。しかし、直

第7章 1960年代からの都市地理学との係り（寺阪昭信） 89

写真 7-1　大学院の勉強仲間
左から寺阪、青木伸好、野澤秀樹（1972 年 4 月）

接それに係る話を聞くことはなかったし、掲載誌の性格上、地理学者の関心をひかなかったといえる。大学院の博士課程では、都市をテーマに研究していた成田孝三（山澄氏の後に助手）、小森星児両氏の存在が大きかった（当時の京都大学では3回生から受講する専門科目の授業は大学院と共通）。今から思えば、多分二人がおられなかったら都市研究をテーマにして大学院に進むという選択はありえなかったともいえる。卒業論文はともかくとして、修士論文のテーマとして、都市、とくに大都市を対象とする研究はほとんどなされなかったというのが当時の状況であった。

　卒業論文ではクリスタラーとは関係なく、高校時代からダム建設や水力発電に関心があったので、発電所の立地や送電圏をテーマにできかと考えていた。指導教授の織田武雄先生からいただいた関西電力の副社長（旧制高校同期）への紹介状を頼りに資料を求めに行った。しかし、そのようなことは論文のテーマにならないことが分かったが、配電係長の堀さんが親切に対応して下さり、地域と時間による電力消費パターンの違いを教えてもらい、大阪市内60の変電所単位の詳細なデータを見せてもらった。毎月の水曜日24時間データ（運転日誌）一年分である。その当時では時間地理学は生まれていなかったが、都市の活動（生産および居住）そのものを反映している記録と気づき、電力消費パターンを通して大阪市域の都市構造の特色を検討した（それゆえ、印刷物にまとめていないのはいささか残念）。

　都市の内部構造のモデルとしてバージェスの同心円構造については藤岡先生の授業で習っていたが、都市内の社会地域に関する研究は紹介されておらず、内部構造

を空間的に深く考察する発想には残念ながら至らなかった。大学院に進学後、藤岡先生からは卒業論文の延長としてエネルギー論で修士論文を考えてはいけないと諭された。確かに地理学から離れる可能性が高いと思ったのでそれは素直に受け止めた。

当時の地理学界では高度成長期に入り、向都離村、大都市への人口集中、都市圏の拡大が顕著になった時期にあたり、主要な関心テーマは都市化であった。しかし、そのような問題が授業に組み込まれたこともなかったし、都市地理学関係の出版物に藤岡先生を除いて京大関係者は執筆してはいなかった。ただし、我々の学年が3回生の専門課程に進学する以前に、地理学教室では大阪の衛星都市・企業城下町である門真の調査が行われていたが、その成果は授業その他に還元されてはいなかった（京都大学文学部地理学教室編 1965）。

他方、日本の都市研究については渡辺良雄の中心地関連の研究（Watanabe 1954、1955）があるのはわかっていたが（3回生の巡検が新潟、酒田、山形という渡辺さんがフィールドにした東北地方であった）、日本のことについてわざわざ英文の論文を読むというのは億劫であるというのが率直な気持ちであって、当時は目を通していない。

2. 大学院修士論文のテーマ

大学院生になったときに、我々の前後の博士課程から学部生まで含む幅広い学年を巻き込んで読書会を立ち上げ、Dickinson R.E. の City and Region（1964）を読み始めた。同じ著者の 1947 年版（City Region and Regionalism, 地理学教室の図書室にあった）よりヨーロッパの都市の事情が詳しくなっていたので丸善を経由して取り寄せた。手元にあるその本を開くと 12 人の分担名が目次に書き込まれているが、全員の関心がそこに集まっていたわけではないので長続きはぜずに Part 1 のみで終わった。授業の概説以上のクリスタラー理論の内容はその本を通して理解したことになる。日本以外の都市に注目するようになったのもこの書のお蔭である。個人的にはこの本とその後に入手した同氏の The West European City（第2版 1968 年発行を 1971 年に購入）の2冊がその後のヨーロッパ都市への関心を呼び起こした。講義ノートにも利用したし、その後海外に出られるようになると、この書に扱われた都市を訪れてみようという気になった。

修士在学中に、広島大学の森川洋さん（当時院生か）が京大地理教室に所蔵（戦前に日本では 3 冊のみ存在したということを織田先生から聞いた記憶がある。他に東大経済学部と後 1 つは東北大学か？）のクリスタラーの原本をコピーしに来られたと

いうことを耳にした。まだゼロックスの普及していない時代である[1]。実際にはマイクロフィルムを取り寄せた（森川 2010）とは最近になってご本人から伺った。我々もそれに刺激を受けて野澤秀樹君が青焼きのコピーを作りそれを製本した。できあがった日付は 1965 年 11 月 5 日と記載してある。研究生として教養部に籍を置いていた同級のI さん（ドイツ語クラス出身）に助けてもらって読書会（何人参加したかは確かな記憶にないが）を始めたが 1 回で挫折したと思う（今見ると辞書を引いた書き込みは前書きのみ）。修士論文の準備段階になってそこまで手を広げられなかったのだ。

　修士論文への道を本格的に探りだした頃から、フランス語の著書を多く手に取るようになった。当時の地理学教室の雰囲気はドイツ語が主流だったので、我々と次の学年が院生全員フランス語講読を取っていたという珍しい存在でもあったので、対抗心を燃やしたといえるし、先生方の弱いところを衝くという戦略でもあった。それは George P. に代表される戦後のフランス地理学が現実社会とのかかわりを分析する視点があることに日本の地理学にない新鮮さを受けたからである。George P. の指導を受けた人たちの研究が従来の日本の都市地理研究よりも地域そのものをとらえている点が魅力的に思えた。そう簡単に読めるわけではなかったが、いくつかの代表的な都市研究の学位論文を入手して目を通しはじめた。都市と周辺地域との結びつき、都市・農村関係、都市圏研究の重要性は空間性を研究の主軸におく地理学にとっての重要性と理解した。そのなかで修士論文の枠組みを考えるうえにきわめて魅力的な題名の本をみつけた。それが Labasse J. の Les capitaux et la région（副題は、リヨン都市圏における商業と資本流通の地理学的研究）であった（1964 年 11 月 26 日入手）。

　これを修士 2 年になってから同期の野澤秀樹・青木伸好両君らと輪読会を開いたが、なかなか進まなかった。金融という全く未知の世界（学部時代に経済学部の地方財政論までは聞きに行ったが）を乏しい語学力で挑む壁の高さを痛感した。読書会で何処まで読んだかの記憶はないが、5 回くらいで挫折した。今改めて茶色くなったその本を取り出してみると 500 頁を越える本文の半分ほどしか読んでいない。もう少し先まで読めていたなら都市の内部構造論を使って論文に生かすという道もあったか、と今では考えられるが、それが当時の実力であった。ともかくクリスタラー的な都市の階層秩序と、フランスで研究が盛んになっていた広域の都市圏研究（フランスではこれは後の Région 設定のための基礎作業となる）をベースに日本のどこかで広域の空間秩序を説明できないかと考えた。

　北海道をフィールドとした論文「都市の階層と影響圏」の出来映えは良くなく、印刷物にはなっていない（集めた多数の資料のなかから修論に使いそこねた国鉄の資

料から通勤圏を取り上げた副産物が『人文地理』に掲載されたのが 1968 年の処女論文である。と同時にクリスタラー的秩序へのこだわりも薄くなった。ついでに加えると中心地研究に関しても 1985 年 1 月に西村睦男先生の古稀をお祝いするシンポジウム（於神戸）の企画とその成果の出版（西村睦男・森川洋編『中心地研究の展開』1986）の裏方をして働いてから、関心がうすれたような気がする。

　博士課程に進学しフランスの地理学を勉強した延長上の、野澤、青木といった仲間との研究会もそれぞれが就職して続けられなくなってきたので、勉強会を解散する記念に翻訳本（原著 George.P. ed. La géographie active 1964 PUF,『行動の科学としての地理学』1969）を学部のフランス語講読以来つながりのある末尾至行先生（当時奈良女子大学）に面倒を見ていただき、共訳という形式で出版することができたことは幸せであった[2]。そのなかには「都市発展に対する地理学批判」という章があり、都市問題、都市整備への現状分析と地理学者の対応が論じられている。Lacost Y. が担当した第 2 部の「低開発諸国」の章では日本がヨーロッパの低開発地域（ギリシャ、スペインなど）に分類されていた時代であるから（1950 年代後半の統計による）、都市についての課題もいま 1 つ現実感をもてなかった。

　幾分本筋を離れるが、「消費と流通の地理学」の章を執筆した Guglielmo R. は後の 1990 年代フランス滞在中にテレビのニュースを見ていたとき、パリ近郊の市長（労働者の多い左派の強い東北部）として登場しているのにびっくりしたことがある。地理学の研究者が、現場で都市問題と向き合っていることに深い感銘を覚えた。日本でも知事レベルでは学者が進出しているが、市町村の地方自治体の首長に地理学出身者が進出するというのは考えにくい世界であり、学問と社会の繋がり方の違いというものを考えさせられた。フランスにとっては地域政策の基礎として都市の空間関係を調査する必要性、すなわち従来の行政区域を越えた都市中心の活動域を捉えることが政策上の課題であったことを理解するのは、ずっと後のことであった。

3. 都市地理学を教える立場になって

(1) 埼玉大学時代

　1968 年に改組新設された埼玉大学教養学部に助手として赴任した（大先輩の三友国五郎氏の後任予定として）。講師として授業をもつようになったのは 1970 年になってからのことである。講義名は記憶にないが、はじめのうちはアメリカの都市地理学教科書の翻案により都市の話しをしていた。たとえば Murphy R.E. の The American City: An Urban Geography. (1966)、Yeates M.Y. and Garner B.J. の The

North American City（1971）などを素材にした。これらは教科書としての体系がよく整い、素材としての具体例が豊富だったので、フランスやイギリスよりも扱いやすかったからである。80年代に入ってトルコに始まり、ヨーロッパ諸国の都市を訪れるようになると教材の事例はヨーロッパ都市になっていった。さらに西岡久雄・鈴木安昭・奥野隆史によるベリー（1967）の Geography of Market Centers and Retail Distribution の翻訳『小売業・サービス業の立地』（1970）が出版されて[3]、これも頼りがいがあって教科書として使った。そこからも商業地理学に対する関心が強くなっていたように思う。演習の教科書としては Hagget P. の Geography の初版本（1972）を用いて新しい地理学の動向に眼を向けるようになったし、空間行動論にも関心を寄せるようになった。

　1971年、都立大学の助手をしていた野澤君（すぐ後に九州大学に移る）に誘われて、野間三郎氏を囲む都立大学関係者（卒業生を含む）による研究会＝飲む会（グレコ会）にでるようになった。野間氏の助手をしていた梶川勇作氏がハゲットの邦訳『立地分析　上下』（1976）を準備していた時期と重なる。それに加わった理由の1つに1969年に出版された Harvey D.W. の Explanation in Geography（松本正美訳『地理学基礎論』1979）を購入して1970年夏に一人で秩父山中にある大学寮に1週間ほど泊り込んで格闘したが、十分理解できなかったという負の経験があった。当時の埼玉大学の同僚（飲み仲間）に科学哲学を専門とするものがいたこともこのタイトルに魅力を感じた。その延長上に新しい地理学の動向を紹介したりして、成果は野間三郎編『空間の理論』（1976）に結実した。この書は私にとっては古今書院の責任者から表紙のデザインから活字、組版などの書物製作の基本の手ほどきを受けて、作成を全て任されて（責任者が海外調査に出かけたため）作成した思い入れのある本である。

　このような状況下で、具体的な都市研究からは離れていた時期ではあったが、市史関係で依頼された仕事として越谷市の工業、川越市の工業・商業調査を行った。詳細な資料が得られたので、これも今から見れば学術論文としても公表しておくべきであったという反省がある。

(2) 東京都立大学時代

　野間氏が都立大学を定年退職した後、渡辺良雄さん[3]から声をかけられて、1977年10月、東京都立大学理学部地理学教室に助教授として赴任することになった。渡辺さんにはすでにお目にかかったことはあったが、直接内容のある話をするのはこの人事の件が初めてであった。氏とともに人文地理学講座の建て直しを図ることになった。したがって意識的に授業では重複しないように都市地理学を避けて新しい地理学

の話をしていたし、ある意味では直接的な都市研究からも距離を置いていた時期かもしれない。ただ当時は地域構造研究会の世話人でもあり、流通・情報の地理学やその直後の情報化社会の共同研究も広く見れば都市に関わる研究であるとは意識していた。

渡辺さんのペアとしては工学部建築学科を終えた中林一樹さん（明治大学）が助手であったし、筆者の赴任後、助手として杉浦芳夫さん（首都大学）、生田真人さん（立命館大学）、若林芳樹さん（首都大学）、青山宏夫さん（歴史民族博物館）といった優れた方々に次々に助手として来てもらい、学部生、院生の指導にあたり、研究室も活気を帯びてきた。学生たちは東京周辺の都市をフィールドとして都市地理学的な論文を多く書いていたが、学会誌に投稿されたものは少なかったし、自らのそれに向けての努力も少なかったと今では反省している。

学内には都市工学、社会学も含めた都市研究センターがあり、東京都との関わりの多い研究がなされていた。しかし渡辺さんからはセンターの研究プロジェクトに誘われることはなかった。その間に人文学部社会学の倉沢進編『東京の社会地図』（1986）が出版されたことには大変ショックを受けた。すでにパリやロンドンについてその種のものが出版されていたからである。本来は地理学科が主導すべき課題ではなかったかという反省と無力感である。自分の無力さとともに理学部にある地理学教室の限界を痛感した。

4. トルコからヨーロッパ諸都市へ──流通経済大学時代

1981・83 年初めて文部省の科研費による海外調査でトルコに行くことができた（ソ連のアフガニスタンへの干渉がなければ 1979 年夏にアフガニスタン調査の申請が採択されていたし、次年度はイラン・イラク戦争によりイランに入れなくなった）。代表者末尾先生の乾燥地域における水利用（水車）研究がテーマであった。したがって調査対象地域は農村であり、当時軍事政権下では行動の自由も制限されていて都市地域を調査するには限界があった。2 回にわたる調査の整理が終わったあと（の 1987 年 4 月に流通経済大学に移る）、1987 年トルコにおけるオスマン朝から現代にいたる都市発展に関する研究の代表者としての調査（1987～1989 年）が認められて新たな展開が始まる（オスマントルコ帝国末期以降の都市発展に関する地理学的研究）。成果の一部は編著として『イスラム都市の変容』（1994）にまとめた。トルコはまさにアジアとヨーロッパの重なる地域であり、その伝統とともにヨーロッパの影響を強くうけた東西の接点として興味深い国であった。またイスラム圏にありながら

開放的であり、親日国として居心地もよく、その後10年以上にわたり係り続けることになった。

個人としての調査の主要なテーマと関心は都市の空間構造、商業地区、都市ツーリズムへと移り、さらに調査対象地域は移住民によるトルコとのつながりの深いドイツを含めてヨーロッパ諸国との関係（1990-92年度および95-96年度（中林一樹代表）によるツーリズムへの影響）に拡大してゆくことになる。その間1998年度には大学の特別休暇の制度によりパリ第12大学（IGU商業地理学代表者Metton A.教授のもと）へ1年間留学したこともヨーロッパ諸都市の商業、ツーリズム研究への係りにおいて大きな財産の蓄積となった。さらにその後はEU都市における文化政策による都市間競争を軸とする調査（代表者山本健兒による2002-04年度科研調査など）へと展開して行った。

私学の流通経済大学に移ってからは、科研費による出張とは別に、公務員とは異なり招聘状がなくとも自由に海外に出られるようになった。授業と試験が終われば時間に拘束されることなく諸外国の都市での調査、資料収集が行えるようになったことは有難いことであった。

注

1) 筆者が地理学の世界に入ったのは森川洋氏より7年後であるが、研究を取り巻くコピーや計算機の状況は森川洋「私のみた戦後日本における都市地理学の潮流」『都市地理学』Vol.5（2010）に記載された当時の学習環境（p.1-3）がほぼ当てはまる。湿式の青焼きコピーとそろばんと計算尺の世界であるし、製図もロットリングが普及していなかった。3回生の地図学演習は鉛筆の削り方、トレーシングペーパーの表裏の識別から始まった。縮小・拡大コピーができるようになったのは80年代後半からか？
2) この翻訳の経緯については「青木伸好君との長くて短いつきあい」京都大学大学院人間・環境学研究科　地域と環境、2009、No.10、67-73に記載。
3) 『理論地理学ノート』14号（2004）が渡辺良雄先生の追悼号である。これには当初奥野隆史さんに渡辺さんとのおつきあいとベリーの訳のいきさつについて原稿をお願いしたが、2003年5月頃か、電話で書けないと弱々しい声で伝えて来られ、それから間もなく亡くなられたことを思いだす。

引用文献

木内信蔵　1951『都市地理学研究』古今書院.
木内信蔵　1957『都市地理学研究（増補）』古今書院.
木内信蔵・藤岡謙二郎・矢嶋仁吉編著　1958『集落地理講座　第3巻　日本の集落』古今書院.
木内信蔵編　1967『朝倉地理学講座9　都市村落地理学』朝倉書店.
京都大学文学部地理学教室編　1965『大都市近郊の変貌―大阪府門真市における郊外化と工業化について―』柳原書店.
京都大学文学部地理学教室編　2008『京都大学文学部地理学教室百年史』,『地理学　京都の百年』補遺　ナカニシヤ出版.
倉沢進編　1986『東京の社会地図』東京大学出版会.
田辺健一・渡辺良雄編著　1985『総観地理学講座16　都市地理学』朝倉書店.

寺阪昭信　1968「人口移動の空間構造―北海道の通勤・通学圏」人文地理，20.
寺阪昭信編　1994『イスラム都市の変容―アンカラの都市発達と地域構造―』古今書院.
西村睦男　1977『中心地と勢力圏』大明堂.
西村睦男・森川洋編　1986『中心地研究の展開』大明堂.
野間三郎編　1976『空間の理論』古今書院.
森川　洋　2010「私のみた戦後日本における都市地理学の潮流」都市地理学，5.
山澄　元　1959「圏構造と地域構造―奈良・会津二盆地を例として―」史林，42.
Berry, B. J.　1967　Geography of Market Centers and Retail Distribution, Printice-Hall, Inc. 西岡久雄・鈴木安昭・奥野隆史共訳　1970『小売業・サービス業の地理学―市場センターと小売流通―』大明堂．
Christaller W. 1933　Die zenralen Orte in Süddeutschland, Eine ökononmisch-geographiche Untersuchung über die Gesetzmäßigkeit der Verbreitung und Entwicklung der Siedlungen mit städtischen Funktionen, Verlag von Gustav Fischer, Jena.　Baskin C.W.　訳 1966　*Central Places in Southern Germany,* Prentice-Hall, Inc., Englewood Clifls. 江沢譲爾訳　1969　『クリスタラー　都市の立地と発展』大明堂．
Dickinson R.E. 1947　*City Resion and Regionalism. A Geographical Contribution to Ecology.* Routledge and Kegan Paul, London.
Dickinson R.E. 1961　*The West European City 2nd ed.* Routledge and Kegan Paul, London.
Dickinson R.E. 1964　*City and Region,* Routledge and Kegan Paul, London.
George P. et al. 1964　*La Géographie active,* P.U.F, Paris. 末尾至行・青木信好・寺阪昭信・野澤秀樹共訳　1967『行動の科学としての地理学』大明堂．
Hagget P. 1965　*Locational Analysis in Human Geography,* Edward Arnold, London. 野間三郎監訳　梶川勇作訳　1976『立地分析　上』『立地分析　下』大明堂．
Hagget　P. 1972　*Geography: A Modern Synthesis,* Harper International Edition, London.
Harvey D. W. 1969　*Explantion in Geography,* Edward Arnold, London, 1969. 松本正美訳　1979『地理学基礎論』古今書院．
Labass J. 1955　*Les capitaux et la region,* Libraire Armand Colin, Paris.
Murphy R. 1966　*The American City: An Urban Geography,* Mc Graw-Hill, New York.
Yeate M. Y. and Garner B.J. 1971　*The North American City,* Harper and Row Publishers, New York.
Watanabe Y. 1954　The Service Pattern in the Shinjo Basin, Yamagata Prefecture―A Research in a less Populated Basin in Japan―, *The Sience Reports of the Tohoku University Seventh Seriers (Geography)*，No.3, Faculty of Science, Tohoku University, Sendai, Japan.
Watanabe Y.　1955　　The Central Hierarchy in Fukushima Prefecture: A Study of Types of Rural Service Structure, *The Science Reports of the Tohoku University, Seventh Series (Geography)*，No.4, Faculty of Science, Tohoku University, Sendai, Japan.

實　清隆

第8章　私の都市研究

　これから論述する内容は、都市地理学のオーバービューではなく、都市地理学研究者・實清隆が直接、影響を受けたり、係わってきた研究者達の群像である。

　筆者は1940年に大阪で生まれ、育った。1943年からの2年間は空襲を逃れるために祖父の郷である和歌山県の御坊で過ごした。1945年の終戦と共に疎開先の御坊から戻った時、見たものは空襲で焼けた我が家、瓦礫の山とバラックの家々などすさましい光景であった。その後日本の高度経済成長と共に、逞しい復興と爆発的に膨れあがった巨大都市・大阪の姿が筆者に強烈な印象を与えた。畢竟、筆者は、この「郷里」大阪のバイタリティと発展の魅力に惹かれ、研究テーマは「都市研究」へと向かっていった。

　筆者の都市地理学研究者としての生活は東京大学入学後2年目の教養学部教養学科人文地理学教室に進んだ1962年からスタートする。この時、いきなり私の生涯を運命づける大きな出会いがあった。それは木内信蔵先生との出会いである。

　木内信蔵先生は都市地理学の大御所である。先生は東京の日本橋の洋反物問屋の御曹司として出生された。木内家は江戸時代から代々、大都会・江戸の大店として受け継がれてきた「町人」の家柄である。このDNAが先生の都市地理学に踏み込まれた大きな契機になったのだとしばしば述懐されいていた。先生の都市研究は東京大学の学生時代からはじまり、中国・朝鮮半島などを度々海外の調査をされ、日本の都市と海外の都市との比較研究に大きな興味を抱かれた。また、先生は度々欧米に出かけられ、世界の第一線の地理学者とのネットワークを築かれた。カール＝リッター賞を受賞されたり、王立スコットランド地理学協会の名誉会員になられたり、シカゴ大学の客員教授を勤められたりされた。木内先生の最大の功績は夥しい世界の都市研究の文献から、「都市地理学」という分野を日本で最初に体系づけられたことにある。『都市地理学研究』（1951）は都市地理学研究者にとってバイブル的書である。

　木内先生の凄さはグローバルな視野に立った体系づけとさらに「先見性」にもあった。筆者は木内先生の助言で1967年に北海道大学工学部交通計画学講座の助手のポ

ストに就くことになったが、そこでは「未来地理学」を体験することになる。筆者はパーソントリップ調査を基にした札幌市の地下鉄の南北線・東西線のルートのフィジカルプランの原案を作成する機会を得た。さらに、筆者が 1982 年、富山大学の在職中の折に文部科学省から在外研究の機会を得た際に、木内先生は、即座に「MIT（マサチューセッツ工科大学）」の都市工学部へ留学するよう指示された。当時の MIT にはケビン リンチをはじめ世界から錚々たる研究者と世界各国から気鋭の学生が集まっており、その最先端のクリエイティブな空気に浸ることができた。地理学の未来を展望して従来、現状分析に重点が置かれていた研究方法に飽きたらず、計画・政策を立案する「未来」指向の都市地理学をも極めるよう示唆されていた。

　筆者は、木内信蔵を取り巻く都市地理学研究者に接する機会に浴した。まずは田辺健一先生。田辺先生は木内先生の一番弟子で、学位は「酪農の研究を軸とした農業地理学」で取得され、その後、時代の流れを読み都市地理学へ転向された。木内先生を文献派とすれば、田辺先生は実証派であった。『都市の地域構造』(1971) などで都市の地域構造の解析、都心の空間構造、都心の地下街、住宅、地価の分布など木内地理学を体系づける重要な課題についてその実地調査を押し進める総大将的役割を果たし、木内先生の都市論の体系を大きく発展させた。さらに、田辺先生はその実証のなかから都市域で展開されている人口・機能配置や絡みなど、「都市システム論」を手がけられていた。ただ、田辺先生はその志半ばにして 1970 年台の後半に他界されたのが惜しまれる。この都市システム論をその後、森川洋、阿部隆、林上、阿部和俊等が引き継いで発展させることになる。

　木内先生の研究室には頻繁に都市地理学者達が訪れた。お陰で筆者は多くの都市地理学者とコンタクトをする機会を得た。清水馨八郎先生は『爆発する都市』(1965a)、『都市革命』(1965b) など都市化の実態を日本の風土論とからめてセンセーショナルに取り上げた。先生は地理学の成果を社会的にもアッピールしてその存在感を示さねば意味がないとジャーナリズム界に打って出られた。ジャーナリズムは時にはアカデミックなセンスと対立するときもあるが、同時に自己の論を強烈にアッピールできる場にもなる。筆者も富山大学時代の 1980 年代の後半に、「豪雪に強く街の活性化にもつながる起爆剤」として「富山港から富山空港間の公共交通（都心部を地下に潜らせるのでミニ地下鉄と名付けたが、実質的に今の LRT) の設置構想」をぶちあげたところマスコミに大いに取り上げられた。この構想が 2007 年 4 月に日本初の LRT として発足することになり、感慨深いものがある。

　服部銈二郎先生は大都市東京の魅力を徹底的に追求し『都市の魅力』(1970)、『大都市地域論』(1969) など都市研究を文字通り「満喫」された。日本都市学会の会長

も務められ、今もなお元気に日本の都市研究を引っ張り続けておられる。先生は口癖のように「地理学の研究は楽しい、殊に都市地理学の研究は楽しい」と言っておられ、都市を動かす「人間」に魅力を見いだしておられるようである。

正井泰夫先生は『日米都市の比較研究』(1977)で米国留学を活かして日本と米国の都市の比較を都市の地域構造などに重点を置いて総合的に解析されている。その際先生は常に日本との比較を視座に置いておられた。外国の都市を見る際に日本人の心から迫るセンスは共感するところが多い。

二神弘先生もさまざまな体験を活かされた都市地理学者であった。代表的な研究として「米国の都市での黒人の人口移動」がある。二神先生は都市を人間論的な立場で評価ができた数少ない人だと思う。先生は空軍の士官の経験があり、そこで負傷もされている。軍が解散後、東大で学ばれ福岡教育大学に赴かれた。同大学在任中に在外研究員として米国で学ばれた。「生と死、愛と憎しみ、弱肉強食、人間の強さと弱さ、物事の表と裏、これらがわからないと本物の都市学はできない。人間には誰しも弱い面がある。人の評価や論文の評価はいつもプラス面だけを見よう」とよく言っておられた。研究を通じて人に勇気を与える不思議な魅力を持った先生であった。

木内信蔵先生は1971年に東大の人文地理学教室を去られたが、その後の数年間、月に一回、「木内コロキアム」が開催された。東大の人文地理学教室は木内先生の影響で都市地理学が人気を博した。木内先生は1910年11月19日生まれで2010年が生誕100周年にあたった。

関西には都市史を基軸とした京都大学地理学教室の地理学者が築き上げた都市地理学研究の流れがある。その総大将は藤岡謙二郎で夥しい業績を残し都市研究の藤岡スクールを立ち上げられた。

藤岡先生はもともと考古学が出発点で、日本の都市史を古代からじっくり練り上げて日本の歴史地理学、都市地理学の業績を貪欲につくりあげられている。『先史地域都市域の研究』(1955)、『現代都市の諸問題』(1966)、『日本の都市　その地域的特質と問題点』(1968)、『都市文明の源流と系譜』(1969)など都市史を総括するなかから現在都市への展望を行っておられた。藤岡先生は自ら数多くの業績をあげると共に関西の地理学研究者を組織化し、先生のイニシアチブのもと都市の歴史的分析をコアにしつつ、日本の内外の都市の機能と構造をテーマにした都市研究の著作を驚くほど多数出版された。最近、都市研究の一分野とも言える「まちづくり」の研究が盛んになってきたが、この種の研究は歴史的な空間認識抜きでは全く論が構成できない。実践的にもレミニセンス・文化的DNAが踏まえられねばならない。その意味で藤岡スクールの都市研究の価値が今日ますます大きくなってきた。

日本人都市地理学者にとって米国の都市地理学者は疑いもなく先導的役割を果たしている。そのなかでも Murphy, R. の『The American city』(1966)、Harris, C. D. の「Nature of Cities」、と都市発展の空間的構造、とりわけアルマンと共同で提起したシカゴをイメージに置いた論は大きな関心を呼んだ。アメリカの社会学の人間生態学シカゴ学派 Gottman, J. の「The Evolution of Urban Centrality」(1975)、『The challenge of Megalopolis』(1964)、Berry, B. J. L. の『Human Consequence of Urbanization』(1973) なども日本の都市地理学に大きな影響を与えた。

　筆者は 1982 年、欧米への在外研究に出かけた際にチョンシー ハリス先生とジャン ゴットマン先生に会う機会を得た。ハリス先生にはシカゴ大学で指導を受けた。先生の都市研究で最も高く評価されているものとして、バージェスの「同心円構造論」に対抗して、アルマンと共同で発表された都市の「多核心理論」がある。この理論を構築する経緯を見るにつけて、ハリス先生は根っからの「地理学者」であったと思った。「バージェスやホイトなど都市社会学者の都市の同心円モデルやセクターモデルは、都市の社会階層の空間占拠のとらえ方が余りにラフ過ぎる。私どもはきちんとした都市域の地理学的な調査、すなわち『場』を大切に捉えた調査を行った結果、多核心理論を提起できた」とのこと。また、同時にこの新しい論を提起するまでの都市の地帯構造についての文献研究・解題の努力は中途半端なものではなかった。この理論を生み出したことが納得できるような膨大な都市学関連の文献の著書も出しておられた。夏期休暇中のある日、教授宅に夜の 11 頃電話をかけると夫人から「まだ大学の図書館から戻っていません。いつものことです。」との返事が返ってきた。齢はすでに 73 歳になっておられていた。この都市研究に打ち込むすさまじい情熱も大いに刺激になった。

　日本の都市地理学者に大きな影響を与えたヨーロッパの学者としてドイツのクリスタラーを挙げねばならない。『Die Zentralen Orte Sueddeutchland, Eine Okonomisch geograghische Untersuchung ueber die Gesetzmaessigkeit der Verbreitung der Siedlungen mit stadtische Funktionen』(1933) は都市・集落の配置論の原典として君臨する。実はこのクリスタラーに勝るとも劣らないほどの地理的な発見と理論を提起したのがジャン ゴットマンであった。彼はロシア革命の直前に生まれたユダヤ系のロシア人として出生し、伯父の支援でパリで育ち、ソルボンヌ大学の地理学部で学んだ。第二次大戦時にアメリカに渡り、ボルチモアのジョンズ ホプキンス大学の教官になり、第二次大戦後は欧米を股にかけた日々を過ごす。アメリカの東海岸に百万人以上の巨大都市圏が連なり、そこに個々の都市圏を越えた 1 つの主体的な力が結束している地理的空間を発見し、「メガロポリス」と名付けた。

筆者は 1982 年にオックスフォード大学を訪ね、丸一日、対話をする機会を得た。その時の対話によると「私は都市・国家の存亡が激しく展開した中部ヨーロッパで育っているので都市の消長にはとくに関心が高かった。そんななかで米国東海岸に展開し、このエリアで一体となりながら成長している巨大都市群の様子が恰もローマの発展がローマンロードという交通と情報の基軸となって、ローマ帝国がローマ文化として一体となりながら成長していくアナロジーに通じる所からメガロポリスを見いだした。」とのことであった。皮肉にも、先生がナチスファシズム政権からの逃避という歴史に翻弄されたが故に、この「メガロポリス」の発見があったともいえる。

地理学的分野でのノーベル賞の受賞者は皆無であるが、その後の都市の立地・配置の研究の大きな「礎」となったことを考えるとクリスタラーやゴットマンやハリスは同賞を受賞するに価する。

この都市の配置論を巡って、日本でもその検証と新たな理論の構築にチャレンジする都市地理学者がいた。森川洋先生は貪欲に日本における都市配置論を実証する。『中心地研究』(1974)をはじめとして夥しい成果を挙げている。林上も中心地研究の実証と理論化に大きな功績を残している。その後、林上、高阪宏行、阿部和俊へと受け継がれていく。

筆者の都市研究の柱として「地価と都市形成論」がある。日本の都市の地価は世界的に見ても異様に高く、都市問題は土地（地価）問題といわれていた。1960 年代から 70 年代にかけて爆発的な都市化が土地需要を呼び、地価の高騰を招いた。このことが住宅難、インフラの整備の遅れなどを引き起こし、日本の都市行政の最大の桎梏となった。そのため、地価の研究は都市問題の研究の「華」でもあった。地価上昇のメカニズムの経済学的視角からは新沢華芽統、矢田俊文、田之倉覚、岩見良太郎、建築学では早川和男、社会的に大きくアピールしたのは清水馨八郎。続いて長谷川典夫、脇田武光、筆者が取り組む。地理学は地価の空間分布に重点が置かれる。筆者は地価形成の源泉となっている「地代負担力」から都市における土地利用変動について理論を構築した（實 2008）。

1980 年に入って、都市研究は「まちづくり」論が花形になってきた。まちづくりは、その背景には地域の活性化・アメニティ豊かな地域づくりの願いがこめられており、単に都市の構造・システム分析だけでなく住民運動・コミュニティ・行政・財政など複合的・総合的な視角が必須となる。「まちづくり」に主眼を置いた都市地理学に影響を与えたのに、「コンパクトシティ」論と「創造都市」論がある。前者は 1973 年にダンツィクとサーティが「移動エネルギーの消費効率を高め、コンパクトな居住形態」を提唱し、後者は 1995 年に「人間のもつ想像力をフルに活かして文化水準の高

い都市を作る」というコンセプトでランドリーとビアンキーニが打ち出した。以降、日本における都市地理学の分野でも「まちづくり」の研究が盛んになってきている。戸所 隆、永野征男、小長谷一之、山川充夫など次々と出現してきた。小森星児は阪神淡路大震災後には自ら「神戸復興塾」というまちづくり塾を立ち上げ実践されている。筆者も富山市や奈良市について公共交通を軸にしたまちづくり研究を手がけた。

最期に筆者と同期の都市地理学の仲間についてのべる。高橋伸夫はフランスへの留学でボージェ・ガルニエ、ジャン・バスチエ等フランスを中心に数多くのヨーロッパの都市地理学者との知己を得、パリの都市構造・都市計画などフランスの都市の解析のほか、金融圏の構造まで都市構造の分析を拡大している。そのほか菅野峰明等との都市地理学の普及にも大きく貢献した。

成田孝三は世界大都市の比較研究に打ち込み、とくにニューヨークの都市構造の解析には深い洞察をされている。『大都市の衰退地区の再生』(1976)はインナーシティの解析だけでなく再生の政策にも踏み込んでいる。

福原正弘は都市域の形成と変動を多変量解析した後は、三井銀行に勤めたのち大学畑へ。早速金融の実務経験を活かし金融の地域構造からみた日本の都市構造を発表した。その後多摩ニュータウンの変容調査を実施し高齢化問題に悩むニュータウン問題に真っ正面から取り組んでいたが、他界したのは心残りではある。

堂前亮平は異文化地域ともいえる沖縄の都市研究のなかで移住者・外国人といった社会階層にも目をむけたユニークな都市生態論的都市研究を行っている。福岡に赴任し、そこでも九州の文化を全面に出した独自の都市論を展開している。

碓井照子はGISの技法を駆使して都市地理学の解析を意欲的に開拓している。碓井はGISの技法を駆使して都市の景観の表現(奈良盆地の都市景観)、阪神淡路大震災の被災時の状況、復興状況、奈良町の景観の保存、さらには視覚障害者の都市空間の触地図まで意欲的に都市域の研究に新しい風を吹き込んだ。さらにGISの手法を地理教育、都市計画・政策へとその普及に力を傾注している。GISを駆使しての都市研究分野では村山祐司、高阪宏行、岡部篤行等が研究を促進している。

最期に筆者の都市地理学研究に直接大きな影響を与えた学者について言及すると、一番には木内信蔵先生であるが、筆者の都市論を構築するにあたっては、都市を勤労市民の立場から見る視角でとらえた経済学者の柴田徳衛、フィジカルな実践的都市地理では、交通計画が都市地域に及ぼす影響を実証した小川博三、まちづくりなど社会実践では、地域を変革する主体、行財政などを学問として緻密に分析した島恭彦・宮本憲一などの地方財政学者など他分野の都市学者から学ぶところが多かった。都市地理学は常に都市域という「場」を意識しながら他分野の学問と闘い続ける宿命のある

学問分野であろうか。

引用文献

木内信蔵　1951『都市地理学研究』古今書院.
實　清隆　2004『都市計画へのアプローチ―市民が主役のまちづくり―』古今書院.
實　清隆　2008『都市における地価と土地利用変動』古今書院.
清水馨八郎　1965a『爆発する都市』講談社.
清水馨八郎　1965b『都市革命』東洋経済新報社.
田辺健一　1971『都市の地域構造』大明堂.
成田孝三　1976『大都市の衰退地区の再生』ジュンク堂書店.
服部銈二郎　1969『大都市地域論』古今書院.
服部銈二郎・清水馨八郎　1970『都市の魅力』鹿島研究所出版会.
藤岡謙二郎　1955『先史地域及び都市域の研究』大明堂.
藤岡謙二郎　1966『現代都市の諸問題』地人書房.
藤岡謙二郎　1968『日本の都市その地域的特質と問題点』大明堂.
藤岡謙二郎　1969『都市文明の源流と系譜』鹿島研究所出版会.
正井泰夫　1977『日米都市の比較研究』古今書院.
森川洋　1974『中心地研究』大明堂.
Berry, B. J. L. 1973　*The Human Consequence of Urbanization,* Macmillan, London.
Christaller, W. 1933　*Die Zentralen Orte Sueddeutchland, Eine Okonomisch geogrraghische Untersuchung ueber die Gesetzmaessigkeit der Verbreitung der Siedlungen mit stadtische Funktionen,* Prentice Hall, Englewood Cliffs, New Jersey.
Gottman, J. 1964　*The challenge of Megalopolis,* Macmillan, New York.
Gottman, J. 1975　The evolution of urban centrality, *Ekistics,* 39.
Harris, C. D. and Ullman, E. L. 1945　The Nature of Cities, *Building the Future City,* 242.
Murphy, R. 1966　*The American city,* McGraw-Hill, New York.

安積紀雄

第9章 営業倉庫立地の研究姿勢

1. はじめに

　近年、大学院の新設と拡充が進み、新たな研究者の誕生、ならびに研究従事者の増加が目立ち、企業関係の研究員とも一体となり、日々学問の裾野がより拡大している。また、学会の種類も多様化しており、いずれの学会もそれぞれの専門領域を中心に高度な水準の発表が行われている。

　さて、ここで筆者は、これまでの学会活動で強く感じたことは、種々のテーマの報告が実施されるが、若い発表者のテーマの考察は一過性なのか、あるいは永続性をもつのか、こうした点に関心を抱くのである。研究者の地位として成長するには特定のテーマを末長く探求することが妥当な道と考えるからである。

　そこで、我が研究テーマである営業倉庫立地の究明が35年余りの長期に及んだことから、その研究姿勢について以下のような主項目に分けて述べてみる。まず、倉庫をテーマとした理由、次に倉庫研究が長期にわたった背景、そして都市地理学と倉庫、続いて、調査方法と聞き取り調査の留意点などをとりあげる。

　研究者の成果が長く継続されるためには、テーマの背景となる課題が豊富に存在すること、およびそれらが空間的意義を有することが重要であると思う。こういった継続性を求める有力な手段は、地理学追求の基本といわれる地域間での比較考察の事例をわずかでも迅速に導入することである。

2. テーマ設定の理由と長期研究の背景、および都市地理学と倉庫

(1) 倉庫をテーマに取りあげた理由

　筆者は、1973年に学会誌『人文地理』[1)]に倉庫に関する小論を初掲載して以来、今日まで35年余りの長き歳月にわたって、倉庫の地理学的分析一筋に歩んできた。振り返れば、かくも長期間他の分野に眼もくれずに、終始一貫して倉庫の空間的分析

のみに限定できたことは我ながら感心する次第である。多くの研究者が小生に向かって尋ねることは、何故、倉庫を研究テーマに選定したのですか。この質問の底流には倉庫のような目立たない大衆からの注目度の低い存在を取り上げても意味があるのでしょうか、という雰囲気が感じられないわけでもなかった。

現在、多方面から脚光を浴びている大都市自体を追求する研究者に対しては上記の如き質問は無縁といえよう。また一方、ごく一部の者からは倉庫を対象とする着眼点はユニークであり、素晴らしいという励ましの言葉も頂いた。いずれにしても我が本心をいえば、心の隅には常に肩身の狭い傍系に属する思いで倉庫研究を継続してきた気持ちは否定できない事実である。だが、こうした心境にもかかわらず、長期にわたり倉庫研究を断念せず、続行してきたことは評価すべき行為ともいえよう。

ここで、倉庫を研究テーマに取りあげた理由について明らかにする。筆者は名古屋市北区に長年居住しており、その北郊に小牧市が位置しており、かつて、当市を卒業論文[2]の研究対象地域に決定した。その内容は都市化の一環としての工場立地を考察したもので、当時は高度経済成長の最盛期であった。その後、小牧市に愛着をもちながら、その他の地域にも関心を抱いて、さらに多面的に工業地理を深化することが最善なのか迷いの状態が続いた。

ある時、久し振りに小牧市を訪問すると、卒業論文執筆時とは様相がかなり変容した地域現象に心を打たれた。大都市郊外の田園地域のなかに突如として数多く倉庫の立地している異様とも思える景観が眼に焼き付いたのである。従来、倉庫は、長期な発展過程を通じて、河川筋、運河筋、港湾、貨物駅などに集中してきたのが通常の立地パターンであり、田園地域の倉庫はこれまでの事例には見られない新しい形態である。

この点、小牧市にはわが国最初のハイウェーである名神高速道路が西宮・小牧間で建設が進められ、小牧インターチェンジが1965年に設置された。さらに、ここから以東へは東名高速道路が延伸され、これに加えて小牧市の東名高速道路から中央道が分岐して、当市には日本初の高速道路ジャンクションも設けられた。ここにおいて、小牧市は高速道路の要衝地の草分けとして産業界では大いに注目を浴び、このような条件が新たに内陸田園地域に倉庫設置を促した主な要因として指摘できる。こうした新規の倉庫集団による地域現象は特筆すべきものであると考え、このことが倉庫をテーマとした理由にあげられる。

このテーマによる研究の出発点は、まさに1960年代の中頃以降のわが国の高度経済成長期と一致する。この時期は臨海工業地帯の造成、あるいは内陸地域への新たな工場の進出などによって、工業生産量は飛躍的に増大し、それにともない物流量も従

写真9-1 小牧インター付近の倉庫群（2009年）

来に較べて著しく大規模化した。これまでは一般に企業は、生産活動に対して関心を高めてきたが、高度経済成長期の到来によって、物流部門への取り組みを強化するものが多くみられ、これに対応する地域現象の1つが倉庫の増加に結びついている。

(2) 長期にわたり倉庫を研究できた背景

　最初の姿勢としては、倉庫分析は単発的なもので短期に終了すると思い込み、その研究の将来展望には大きな期待を抱かなかった。これと同時に、倉庫の空間的分析における意義は深いのかどうか、また、倉庫の研究方法はどのように確立できるのか。こうした点について、倉庫の地理学的研究に関する先行事例に当たってみたが、該当するものはわずかなもので皆無に近い状況であり（中川1969、平井1988）、物流の観点に眼を転じてもほとんど見当たらない（長谷川1984）。まさに、この分野は生産のそれとは異なり、未開拓な領域であることが明らかになった。

　倉庫と地域との関係は暗黒大陸といえるものに値し、この状況から、倉庫の考察については、断念をするか、自己開拓を推し進めるか、二者択一を迫られたのである。この時、頭に浮かんだのは小牧というフィールドは小生には研究の古里に等しく、こ

の地を捨てる気持ちは許されないという心境に駆られた。そこで、未熟ながらも小生は倉庫研究へのスタート地点に立つことを余儀なくされたのである。

　さて、何はさておき、倉庫の保管貨物に注目すると、これは地域と密接な関係をもつことが把握でき、保管貨物は、その土地をよく反映する鏡であることがわかった。小牧市と隣接する一宮市を保管貨物によって比較すると、両市の性格の差異を捉えることができる。同じ内陸地域においても小牧市と一宮市は倉庫の保管貨物を指標に採用すれば、その違いが明白となる。このことに関心を抱き、倉庫を通じて各地域の比較へと分析範囲を拡大してみた。要するに、倉庫を扱うことは、空間的分析の意義がきわめて大きく、このことそのものが我が倉庫研究を35年余りも支持してきたのである。

(3) 倉庫の機能

　筆者は長年倉庫を研究対象に取りあげ、その立地を考察してきたが、その際、他の研究者からは倉庫の果たす役割は大きいものであるかという質問を時々耳にした。こうした疑問の背景には、倉庫の経済活動に占める比重は小さく、学問的な追求に耐えられないのではないかという見方が伺える。実際、(1)で述べたように倉庫の研究を展開する過程においては、常に裏方の仕事に従事している気持ちを感じない訳ではなかった。一般には倉庫のもつイメージは、目立たない静態的な存在として捉えられることが多く、外部環境においても注目される度合いが低いものである。さらに、倉庫は流通過程においては将来、無用なものに近づくであろうと推測される主旨の極端な見解を聞くこともある。このような見方は長年倉庫研究に従事してきた者には複雑な心境をもたらす。とくに某自動車組立メーカーの生産システムにおいては倉庫を設けないという経営主義が貫かれ、この方針が一層内外の多方面に対して倉庫の役割低下を助長させているように思う。

　ここでは、筆者は、倉庫の立地研究を深化させるに従い、ますます倉庫の存在意義を力説したい気持ちが強くなる。倉庫の効用は、まず、需給調整的機能が注目され、次に連絡機関的機能が指摘でき、続いて販売前進基地的機能も重要視され、要するに、幅広い分野を含む。需給調整的機能は倉庫のもつ役割の主たるもので、時期的隔たりにともない高頻度に発生する保管需要に対応する。連絡機関的機能は交通機関の発達によって、その比重を高め、この機能は、港湾における海上交通と陸上交通の結節点において生ずる保管需要の対処がその典型的なものである。販売前進基地的機能は販売の促進を図るための配送センター的な役目を強く帯び、経営面でのマーケティング戦略の進展にともない、この機能の向上が著しくなった。

以上が倉庫のもつ主要な役割であり、倉庫は種々な機能を帯びている。こうした見方を通じて倉庫の存在を低く評価することには疑問を感じる。世間一般の捉え方からすれば、生産や販売両部門は経済活動でも注目を浴びるが、それに較べ、倉庫のような流通領域の一部を分担する保管業務は外部からの理解度が低いということになる。しかし、このことは倉庫の研究を消極的な姿勢に変える条件とは決していえない。

　ところで、自動車メーカーが倉庫を設置しない状況は、その生産体制のなかの組立工場自体が該当するものであり、他方、これとは逆に、その近傍には部品を保管する倉庫が数多く立地している。この異様な現象に関しては、部品メーカーは組立工場へ時間指定の納入を余儀なくされるため、すべての部品をその生産工場から組立工場への直納には困難を伴い、組立工場周辺部には部品による保管需要の発生が避けられないことになる。

　いずれにしても、物流活動において倉庫の役割は大きく、それを経済活動のなかでの地位の高低如何として捉えることは論外といえよう。倉庫立地の研究を長年継続できたのは、倉庫の果たす役割は上記のように種々なものが想定され、地域の観点からも多様な課題を生み出し、倉庫に対して多面的な分析が要請されることに起因する。近年、保管需要の形成は企業のみが関与するのではなく、個人側によるものも増加傾向にあり、かつ、企業の保管も多品目化が著しくなり、昨今、この動きは、トランクルームの新設やその併設が如実に反映している。以上述べてきた点から留意すべきことは、倉庫の役割を広い層に理解させ、かつ、それを広範囲に伝達することは倉庫研究を進める者の責務であり、その任務の実践は研究成果の公表によって遂行されなければならない。

(4) 都市地理学と倉庫

　倉庫の立地は保管需要の旺盛な地域に展開され、それは生産地、中継地、消費地の3地域に大別される。これらはほとんど都市地域に該当するもので、都市と倉庫との係わりはきわめて強い。都市には高度経済成長期以降、大量生産と大量消費の進展に伴い、物流量の増大が著しくなり、これに対応するために大都市圏においては倉庫の進出が目立つ。だが、従来から都市地理学では都市・工業・商業・人口・市民生活などの領域が活発に追求され、物流の範疇、そのなかでも保管の機能の解明はきわめて乏しい。

　近年、都市の機能は一層増大、かつ多様化を進め、それらは複雑に連繋しており、そこでの倉庫の役割は無視できない。とくに1960年代中頃以降の大都市における都市化現象は工場・住宅・店舗以外に倉庫の設置が注目される。倉庫の発展過程におい

ても都市の地域構造と密接な関係が認められ、都市と倉庫は一体的に発展してきた。また、都市の成長、あるいはそのなかにおける交通手段の変化に倉庫の立地は大きく規定され、倉庫の地域的動向から都市の成長を捉えることができる。

　最近の都市地理学を詳細にみると、都市についての階層性や中心地などを検討する研究が多く、この指向は当然とはいえるが、物財の流れやその保管の面も都市地理学分析の重要な側面と考える。ただ、都市と倉庫の地域的な関係は既述の如くこれまで地理学会では無関心に近い状況にあった。

　ここでは第一段階として都市と倉庫の直結という視点よりも、まず、倉庫自体を分析するための調査方法を主に述べてみたい。そして今後の課題には具体的に都市機能の地域的分担と倉庫、あるいは倉庫からみた都市の階層性などの解明が要請される。今、振り返ってみれば、倉庫そのものは都市無くしては成立しないもので、倉庫と地域との関係は倉庫と都市に置き換えることができる。ただし、上記のように筆者は、倉庫研究が未開拓な分野のために、思考錯誤の過程において第一ラウンドとしては倉庫自体の空間的分析の意義とその方法の面に力点を注いできた。未熟な我が身の能力が災いして、第一ラウンドといえどもきわめて長い期間を費やし、それでいて、今日においても本格的に都市地理学の一翼に倉庫が参入できた段階には到っていない。

3. 調査方法と研究の変遷、およびデータ収集の困難性

(1) 調査方法

　通常、倉庫は外部から内部を見ることは不可能である。その際、人間共通の心理としては一体何が保管されているのだろうか、誰でもがこういう疑問を抱くものである。とりわけ、地理観に秀でた者は、いっそう倉庫の保管貨物の正体を知りたい気持ちが強い。筆者もその一員であり、外部から遮断されている保管貨物なるが故に、一段と倉庫の実態に興味を引き付けられる。倉庫の研究では保管貨物を明らかにすることは、第一義的な事項であり、何よりも不可欠な条件といえる。

　ここでは営業倉庫に関する基本的な調査方法を述べてみる。わが国では営業倉庫を行政面から担当する機関は国土交通省の所属であり、営業倉庫は倉庫業法にもとづいて管理運営がなされる。当該倉庫は公共の役割が大きく、その営業行為には国土交通省への届出とその受理が必須条件とされ、その際、貨物の安全・正確な保管が達成できるか否かの審査を受ける。

　そこで、同役所は個々の倉庫業者について、営業を認めたものは全社種々のデータを取得している。実際、新規に営業倉庫の開設、または既存業者による倉庫の増設・

廃止の審査手続きは、国土交通省の出先機関である各地方運輸局物流課が担当している。ここの業務を通じて、2005 年においてわが国には約 4,000 社にのぼる営業倉庫業者が存在している。したがって、倉庫調査の第一段階は地方運輸局の所有する倉庫関係のデータ、とくに個々の倉庫業者のプロフィールの把握を行うことである。たとえば、東京大都市圏内の千葉県、あるいは埼玉県における全倉庫業者の基本的な属性を捉えるには、それぞれ 3 ～ 4 日の調査が必要となる。そして、倉庫業者側のデータが得られると、次に荷主に対する調査が求められる。

ところで、荷主へのアプローチは国土交通省のそれよりは困難な壁が存在する。これを克服するためには直接、倉庫業者への聞き取り調査以外の手段はむづかしく、これは第二段階に属するものである。わが国には全国にわたる倉庫業者の組織として社団法人日本倉庫協会が成立しており、この機能は倉庫業者への幅広い情報の提供、ならびに講習会や保険業務の実施などである。この日本倉庫協会には下部組織にほぼ各県単位に 53 ヵ所の倉庫協会が設置されており、県域担当の協会は当該県内の倉庫業者とは緊密な関係を維持している。そこで、聞き取りの必要な倉庫業者についてはそれを管轄する各県倉庫協会からの紹介を受けるという手段によって訪問が実施できることになる。恐らく筆者独自の直接的な倉庫業者への訪問では、聞き取り調査は不可能の場合が多いであろう。

倉庫協会組織への全営業倉庫業者の加盟は、現時点においてはその達成が困難であるものの、大中規模の倉庫業者の大半は当協会と結合している。そのため、調査を希望する倉庫業者の選定には倉庫協会を通じた方法は妥当性をもつ。

以上のように倉庫研究の根幹的な調査は、国土交通省と倉庫協会 2 つの機関の多大な協力が不可欠である。なお、調査方法の手順は国土交通省から倉庫協会への過程をたどり、各県倉庫協会への最初のお伺いは国土交通省からの紹介に依存する。現状では国土交通省と倉庫協会両者は、密接な交流が図られ、組織的には一体という色彩も帯びる。

(2) 聞き取り調査の留意点

実態調査を基本に推し進める地理学の研究には聞き取り調査の比重は大きく、インターネット時代の到来といえども、この方法は必須に近いものである。筆者は長年数多くの倉庫業者を対象に聞き取り調査を重点的に行い、その際、さまざまな思いや感想を抱いたので、それを聞き取り調査の留意点として以下のように個々にまとめてみた。

①聞き取り調査の目的は明確に先方に伝える。②通常、研究者であることを表す手

段には名刺が有効であるが、それよりも小論の抜き刷り、もしくは拙著の提示がより効力をもつ。とくに拙著の存在は大きなインパクトを与えた。③聞き取り中には極力「調査」という言葉は慎む。これは相手に税務調査という不安な世界を連想させる。④聞き取り調査では数多くの業者を訪問するが、他社の情報を発信することはできるだけ避ける。⑤倉庫業者の聞き取りにおいては、荷主の固有名詞自体は極力要求しないことが肝要である。

さらに、留意点を続けると、⑥倉庫業者の聞き取りでは倉庫内の見学を打診された場合は積極的に応じる。その後において、ある程度、庫内で具体的な荷主名を把握できるチャンスが生じる。⑦倉庫業者側の説明は全面的に受け入れ、反論は抑制する。⑧倉庫の利用率が低調、あるいは庫内が相当空いているという会話内容は先方に不快感を与える。⑨それぞれの地域には伝統をもつ倉庫業者が存在し、そこでは多面的な知識が得られるため、聞き取り業者の選定には配慮が必要である。⑩聞き取り調査終了後には訪問者は必ず早期に協力者宛の礼状を差し出す。この場合、名刺を交換した者はすべて対象となる。以上、10項目の留意点を列挙してみたが、これら諸項目は倉庫業者向けの独特のもの以外に、他の業界に対応できるものも含まれる。

さて、一般的な傾向として、地理分野に関する聞き取り調査内容は相手に経営上の利点を供することが少ない。そのため、長時間の滞在にならないように、かつ、常に友好的な雰囲気を醸成することに心掛ける必要がある。他方、経営学、あるいはマーケティングを専門とする研究者の聞き取り調査では相手の臨む態度は地理のそれとはかなり異なると思われる。ある聞き取り調査におけるショッキングな経験は、小論の抜き刷りを事前に送付した後、面会時の開口一番に言われたことは、「先生の論文は学術的には高い評価に値するが、我々倉庫業者のものにはプラスになる面が乏しい」、と言われたことである。この言葉はその後、我が脳裏にこびり付いて離れなくなった。

地理の聞き取り調査においては先方との間で相互にギブアンドテイクによる情報交換の促進が困難である自己の存在を常に認識してきた。故に、こうした環境のなかでの聞き取り調査に際しては、相手を意識した留意点は必然的に数多く生ずることになる。このため、聞き取り調査をできるだけ縮小して、反面、デスクワーク指向の研究姿勢を押し進める者もみられる。

研究者は、それぞれタイプが異なり、聞き取り調査を積極的に推進すると同時に、その留意点を充分に把握し克服できるものと、それとは異なる方法を主とする態度を表すものに大きく二分されよう。筆者は、聞き取り調査に適応できるタイプか否かいまだに定かではないが、倉庫研究は、最初から聞き取り調査の実践とその留意点を常時心掛けることを宿命に感じて、今日まで長年突っ走ってきた。それが今の心境である。

(3) 研究の変遷

　倉庫研究の変遷をその基本というべき倉庫の種類、ならびに考察対象地域の二面から述べてみる。まず、倉庫の種類では営業倉庫を主体としたが、一部特殊な保管貨物を大量に扱う自家倉庫はそれの検討も必要となる。営業倉庫については普通倉庫と冷蔵倉庫をそれぞれ個別に取り扱うが、件数は普通倉庫の方が多数を占める。また、倉庫業者数についても普通倉庫は冷蔵倉庫に較べると、件数的には相当多い。

　次に自家倉庫の場合は、セメント、石油製品、自動車それぞれの保管は自家用施設による倉庫に大半限定されるため、自家倉庫の立地考察を行った。なお、鉄鋼、紙は自家倉庫と営業倉庫両者に依存するので、両方のものを検討対象にした。

　研究の順序は概ね最初に普通倉庫から開始し、ある期間を継続して、その後、一定期間を冷蔵倉庫の分析に当て、この結果、普通倉庫と冷蔵倉庫の差異が把握でき、倉庫立地の考察がより深化した。両者の研究過程において随時、自家倉庫に依存する貨物保管の分析も実施した。この点、種々な保管貨物と地域との関係が明白となり、倉庫立地分析の多面的な成果が得られた。

　ところで、研究対象地域に移ると、まず、既述したように、小牧市を出発点に開始して、続いて近隣接の一宮市と瀬戸市を選定することによって、それぞれの倉庫の立地差が把握できた。その後、港湾地域に目を転じ、名古屋港に相当な時間を費やし、この後は四日市港と清水港のそれぞれを含め、最後の段階ではこれら2港湾の比較検討も付け加えた。

　以上の地域の検討を終了した後は、内陸に該当する岐阜市、同じく名古屋市内陸部、浜松市を順次取りあげ、ここにおいて内陸と港湾両地域の倉庫立地の特色が明らかとなった。さらに対象地域を拡げ、福井・石川・富山という北陸3県の県庁所在地を主とした倉庫の考察を行い、これに続いて長野県の長野・松本なども新たに対象地域に選定した。これまでの研究対象地域は、中部地方に限られ、比較的狭域な範囲に前半の時期は絞られた。

　後半の時期に移ると、東京大都市圏の東京港と横浜港を最初の段階に取りあげ、この後、大阪大都市圏の神戸港と大阪港の検討を実施して、前半の名古屋港を加え、ここにおいてわが国5大港の倉庫立地分析が完了した。この間の時期とほぼ歩調を合わせて、大都市近郊内陸部について、神奈川県の厚木、大阪府の茨木・高槻・摂津の倉庫も扱い、最初の小牧を合体すると、3大都市圏内すべての内陸地域最大の倉庫集積地の分析が遂行された。これ以降は、大都市圏内周辺部に該当する滋賀県と群馬県両者の比較検討にも踏み込み、これと平行して大阪府、愛知県の如き大規模府県全域

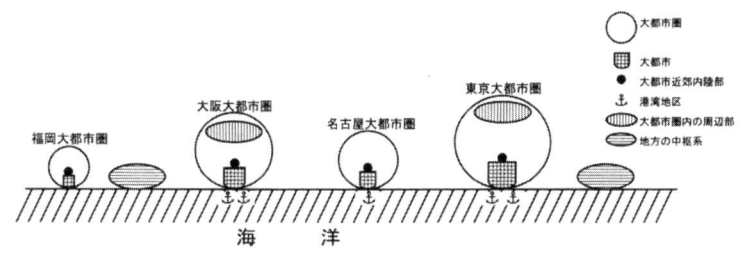

図 9-1 研究対象地域を区分した模式図（安積 2010）

の倉庫立地の明瞭化も図られた。これまでの対象地域は名古屋大都市圏を中核とする中部地方を出発点として東西の東京大都市圏、および大阪大都市圏に進んだ結果、いわゆる、3大都市圏の倉庫立地を等しく包含することができた。

　これ以降の対象地域の展開は地方中枢県といわれる地域階層に焦点を当て、その第一歩に福岡県を選定するが、それに付随して佐賀県の鳥栖市も加えた。この鳥栖市の倉庫は、福岡市近郊内陸部における倉庫としての機能を保持しており、前述の小牧・厚木・茨木3都市のものと立地面での共通性が多い。福岡県の終了後は宮城県に移行し、それ以降は広島県、および岡山県を選択した。上記の福岡・宮城・広島3県にはいずれも広域中心都市が位置しており、3県の比較検討にはその研究意義が大きい。ここで、図 9-1 に研究対象地域をそれぞれ区分した模式図を示す。以上の35年余りに及ぶ長期間のなかでの研究地域選定の経過をまとめると、前期は東海地方から北陸地方、中期は東京・大阪両大都市圏、後期は地方の中枢県という、全体はほぼ3段階に分けた変遷により構成される。

　また、研究の変遷を通じて選定された各倉庫集積地は性格を異にする多数のグループに区分され、いわゆる、中規模都市、主要港湾地区、大都市近郊内陸地域、大都市圏内周辺部、地方中枢県などに大別された。そして、これらグループ内の各地域の比較検討が推し進められた。なお、既述してきた変遷における倉庫の種類は営業倉庫を対象とした。

　ここで、筆者が痛感したことは、多数に及ぶ研究地域の考察を展開すると、地理学の求めるところの比較によるそれぞれの地域的特色が広範囲にわたり理解できた点である。このことは比較の学問といわれる地理学の目的を相当な水準まで達成できたと考える。さらに、もう1つは、見方を変えれば、各研究対象地域の特色の把握は都市地理学の成果にも合致する点である。

(4) データ収集の困難性

倉庫立地の研究において既述の如く先行事例がきわめて少ないことは、データ取得の困難性が主因と考えられる。倉庫自体の地域的発展過程は長期な歴史をたどり、倉庫を地理学から検討する視点は時代を問わず、いつでもそのチャンスは存在したことである。それにもかかわらず、倉庫と地域との見方に着目した研究事例が乏しいことは、上記の理由以外にも指摘できるかもしれないが、現時点では他に主なものは見当たらない。

　まず、地理学の基本である分布を考察する場合、具体的な市町村別倉庫面積分布の作成には既存データを利用することは不可能である。たとえば、愛知県小牧市の倉庫面積はいかなる統計データを検索しても見出すことはできない。かくして、倉庫の地理学研究は第一歩から大きな壁が立ちはだかり、前進を阻止される。いわんや愛知県全体の市町村別倉庫面積の把握を考えると、これは気が遠くなる状況といえる。

　この問題を克服するには国土交通省物流課の所有する膨大な倉庫関係の書類について、長時間かけて必要なデータを引き出す作業が余儀なくされる。しかし、通常、国土交通省は倉庫業者を対象とした日常業務に忙殺され、研究者への対応には長期にわたる場合、種々な支障が発生する。この壁が倉庫研究の進展を妨げている主な理由といえる。

　もう1つの大きな障壁は、保管貨物の把握がきわめて困難なことである。倉庫と地域との関係を捉える基本的な観点はそれぞれの地域の倉庫での保管貨物を明らかにすることである。しかし、営業倉庫において荷主の寄託した貨物情報を第三者に公表する行為は通常認められていない。また、倉庫業界では保管市場の獲得競争も激しく、荷主の引き抜きは各倉庫業者が最も警戒する事態であり、この点からも、荷主、ならびにその保管貨物自体は企業秘密の1つに属する。このため、倉庫立地の地域性について保管貨物を通じて把握する方法を確立することはきわめて困難である。

　したがって、これに関連する保管貨物の入出庫先地域の追求は地理学の要求する重要な課題に当たるが、このことの解明には一段と困難を伴う。このほかに倉庫業者の経営母体や種々の免許の有無、荷主の本社所在地、および経営業態などは、すべて既存データが存在せず、空間的分析を強く要請される項目ではあるが、その究明は容易ではない。

　以上述べたように倉庫立地の研究には基本的な第一段階の分析ですら、すでに種々な壁が見られる点である。筆者の倉庫研究が遅々として進展せず、35年余り経過した今日においても充分な水準まで到達できない背景はここにあると思う。ただ、長き歳月を無駄に浪費してきたわけではなく、自分自身最大限の努力をしてきた積りである。やはり長期間同一テーマを続行していれば調査を通じて得られた人間関係は次第

に親密となり、先方に信頼感を与え、段階的に調査の壁が低くなるものである。

地理学は実証科学といわれ、現場主義、現場に100回との例えは倉庫研究の取り組みをよく表しているといえる。データ収集の困難性については、満足すべき状況にまで打破できたとは思わないが、長年にわたる人間関係の蓄積が一歩一歩前進への解決の道を歩ませてくれたことを今日痛感している。換言すれば、地理学において1つのテーマの持続を可能にしたことは、"継続は力なり"の格言の意図するものにまさに該当すると考える。

4. おわりに

倉庫の研究を長時間持続してきた今日の心境は研究の着眼が如何に重要であるかを痛感させられたことである。換言すれば、常に空間意義の求められる観点を発見することである。わがテーマである倉庫立地という着眼点は地域との係わりが強く、地理学の要求する種々な課題を提供してきた。それを解明すべき研究目的の展開過程のなかにも地理関係者を引き付ける面が多々存在し、これが長期にわたり倉庫研究を支持したのである。この場合、研究の課題については、他地域との比較を通じて新たな問題点が発見されることが多く、地理学の基本と言うべき地域の比較分析は研究の進展には不可欠な手法であると強く認識させられた。また、これに相通ずることは地理学がモットーとする実態調査は空間分析の主流となることが肝要と考える。

地理学が経済学や経営学と勝負をして優位を確保するには実態調査を通じた成果、あるいは地域の考えを前面に出すことである。経済学の得意とする分析分野を地理学が追求してもそれを乗り越えることは不可能に近い。各学問の領域によると、物流に関しては多様な研究視点が見出されるが、地理学において倉庫の立地という事象は高度経済成長期の生み出した尊い遺産といえよう。

注

1) タイトルは「内陸倉庫の立地―小牧市を例として―」で人文地理25、pp.102-113に掲載された。
2) 1964年において「小牧市における都市化」というテーマで卒業論文をまとめた。

引用文献

安積紀雄　2010「営業倉庫立地の研究姿勢」都市地理学, 5.
中川　重　1969「営業倉庫の分布と機能の変化」東北地理, 21.
長谷川典夫　1984『流通地域論』大明堂.
平井　泉　1988「神奈川県厚木インターチェンジ付近における営業倉庫の立地と機能」経済地理学年報, 34.

阿部　隆

第10章 盆地研究から中心地研究へ
――東北大学を中心とする1960年以前の都市地理学研究の動向――

1. はじめに

　本稿は2003年に東京都立大学の「空間の理論研究会」から依頼された、渡辺良雄先生を追悼する特集号としての『理論地理学ノート』14号に執筆した同名の論文に若干の加筆修正を行ったものである。この依頼の趣旨は、「はしがき」に本著の編者である、阿部和俊が書かれているものと同様であり、「初期の都市研究はどのような情報に基づき、どこから始まったか、その当時の研究環境・雰囲気はいかがなものであったのか」ということについて、「東北大学における状況」についてまとめて欲しい、というものであった。その当時の執筆の経緯は、原著論文の冒頭にも書いたが、いざとりかかってみて自覚させられたのは、自分自身がいかに都市研究に真面目に取り組んでこなかったのか、という事実であり、そもそも渡辺良雄先生の研究論文、とくに英文の論文については図表を散見した程度であり、翻訳を試みたこともなかったという現実であった。このようななかで、阿部和俊（2003）による『20世紀の日本の都市地理学』が刊行され、そのなかで第二次世界大戦後の都市地理学研究の初期の動向についても包括的な展望が行われており、自分が与えられた課題に応える方策を示唆してくれたように思われたのである。それは、1960年以前に刊行されていた都市地理学研究の学術誌としては、『地理学評論』、『人文地理』とならんで『東北地理』が主要なものであり、その状況は『経済地理学年報』と『地理科学』が刊行された1960年代に至っても同様であったということであり、東北大学を中心とする当時の都市地理学研究は、日本の都市地理学研究の1つの核心をなしていたという事実である。そして、東北大学を中心とする都市地理学研究の特色の一部でも明らかにすることができるならば、日本の戦後の都市地理学研究の特色を明らかにすることにもつながる、という確信を得たことであった。また、東北大学理学部地理学教室の英文紀要として、1952年から刊行された The Science Reports of the Tohoku University, Seventh Series（Geography）（以下、単に Science Reports と呼ぶ）が交換雑誌とし

て海外の学術機関に広く配布され、とくに人文地理学の分野においては日本の地理学の状況を知る、貴重な窓口であったということを再確認するに至り、そこに 1960 年以前の東北大学を中心とする都市地理学研究が果たした国際的貢献を検証することの意義を見出した次第であった。

　そこで、まず手始めに 1960 年代以前の状況について、『地理学評論』、『人文地理』ならびに『東北地理』と Science Reports に掲載された論文を主な資料として、東北大学を中心とする都市地理学研究を地理学界のなかで位置づけるとともに、それらの研究の特色とそのような研究が生まれてきた背景についても探ってみたいと思う。1960 年以前という時代区分はとくに意味があるわけではないが、阿部和俊（2003）や後述の田辺健一（1975）の成果と比較する上でも 10 年の区切りが都合がよいことと、『経済地理学年報』に都市地理学関連論文が多く掲載されるようになる以前で、かつ、地理科学学会が設立される以前の状況をとりあげたいということもあって、この時期を分析の対象とした。なお、文中では敬称を略させていただくことをお許しいただきたい。

2. 学術誌に見る 1960 年以前の都市地理学研究の動向
―『東北地理』を中心とする分析―

　前述の阿部（2003）の著書ではその第 4 章が「第二次世界大戦後の都市地理学」となっており、そのなかで日本の都市地理学の潮流を整理した論文として、田辺（1975）の「日本における都市地理学の発展―都市地理学研究者の研究系譜を通して―」（東北地理、27-4）を取り上げている。田辺はこの時はすでに東北大学理学部の地理学教室を離れ、東北大学教育学部教授を経て、宮城教育大学教授の職にあったが、1947 年から 1957 年までの 10 年間にわたり東北大学理学部地理学教室助教授の職にあり、渡辺良雄をはじめとする多くの都市地理学研究者を育て上げ、いわば東北大学における都市地理学研究の源流を生み出したともいえる研究者であるため、その展望論文をとくに取り上げてみたい。この論文は田辺がその末尾で述べているように、日本地理学会 50 周年にあたり、特別出版物として刊行された『Geography in Japan』の都市地理の部の一部の原稿に若干手を加えたものであった。阿部（2003）も述べているように、この論文のなかで田辺は『地理学評論』の復刊が成った 1947 年以降、1974 年頃までを日本の都市地理学の第 2 隆盛期（第 1 隆盛期は戦前の 1930 〜 1939 年）と位置づけている。1974 年頃で隆盛期が終わったとする根拠については、余り明確に述べられてはいないが、日本の地理学界のなかでもっとも活発

に活動した研究者の集りであった都市化研究委員会が1964年に解散したことや、その後1970年代前半にかけて都市地理学関連の出版物の刊行が相次いだが、執筆者は戦後から1950年代までに研究論文で名前を出した人々ばかりである（後継者が十分に育っていない）、ということなどの点を田辺は指摘している。しかし、田辺が対象とした期間が1974年までであったことから、この年で第2隆盛期が終わったと強く主張しているとは考えにくい。

　この論文のなかで田辺は戦前から戦後（1973年まで）の学会機関誌に掲載された都市地理学研究論文を研究領域別に集計しており、戦後に関しては『地理学評論』、『地学雑誌』、『東北地理』、『人文地理』の掲載論文のなかで、「都市内部」、「都市圏」、「郊外」、「都市人口」、「歴史地理」、「外国都市」に関する論文を都市地理学の研究論文として集計している。この集計によると、論文の点数では戦後は『東北地理』の掲載論文は138本となっており、『地理学評論』の約8割程度であるが、『人文地理』の104本を大きく上回っている。なかでも都市内部の研究に関するものが104本であり、『地理学評論』のそれ（109本）にほぼ匹敵し、『人文地理』の48本を大きく上回っている。しかし、この論文のなかで田辺が示している毎年の論文数を示す表1・図1によると、『東北地理』の都市地理学の論文数は1965年以降、急速に数を増やしているものの、1960年以前は『人文地理』のそれを大きく下回っていたように示されている。

　一方、阿部（2003）は前掲書第4章第1節の「(2) 学術誌からみた状況」のなかで、『地理学評論』、『人文地理』、『経済地理学年報』、『東北地理（季刊地理学）』、『地理科学』に掲載された論文の数を集計している。この集計において、阿部は「何をもって都市地理学の論文とするかは意外にむずかしい作業である。都市を研究するのか、都市で研究するのかという問題もある。筆者は前者を基本的に都市地理学の目的としているが、後者の場合でも、いわゆる都市機能の研究は最終的には都市研究を目指しているものとしてとりあげているものが多い」（阿部2003）と述べているが、どの範囲を都市地理学の論文としたのかについては明確には述べていない。ただ、第2節以降において、「都市化・都市圏研究」、「中心地研究」、「都市システム研究」、「都市の内部構造研究」についてそれぞれ節を立ててまとめているため、これらの研究を都市地理学の論文に含めていることは間違いがなく、これらのカテゴリーをさらに都市の「点的分析」、「面的分析」、「展望論文」、「分類不能」という4つに大きく分けて整理している。

　ここで問題になるのは、歴史地理的都市研究を都市地理学の研究論文に含めるかどうかという問題である。前述の田辺（1975）の論文においては「歴史地理」という項目を立てているため、そのような論文はその集計に含まれているように思われる。

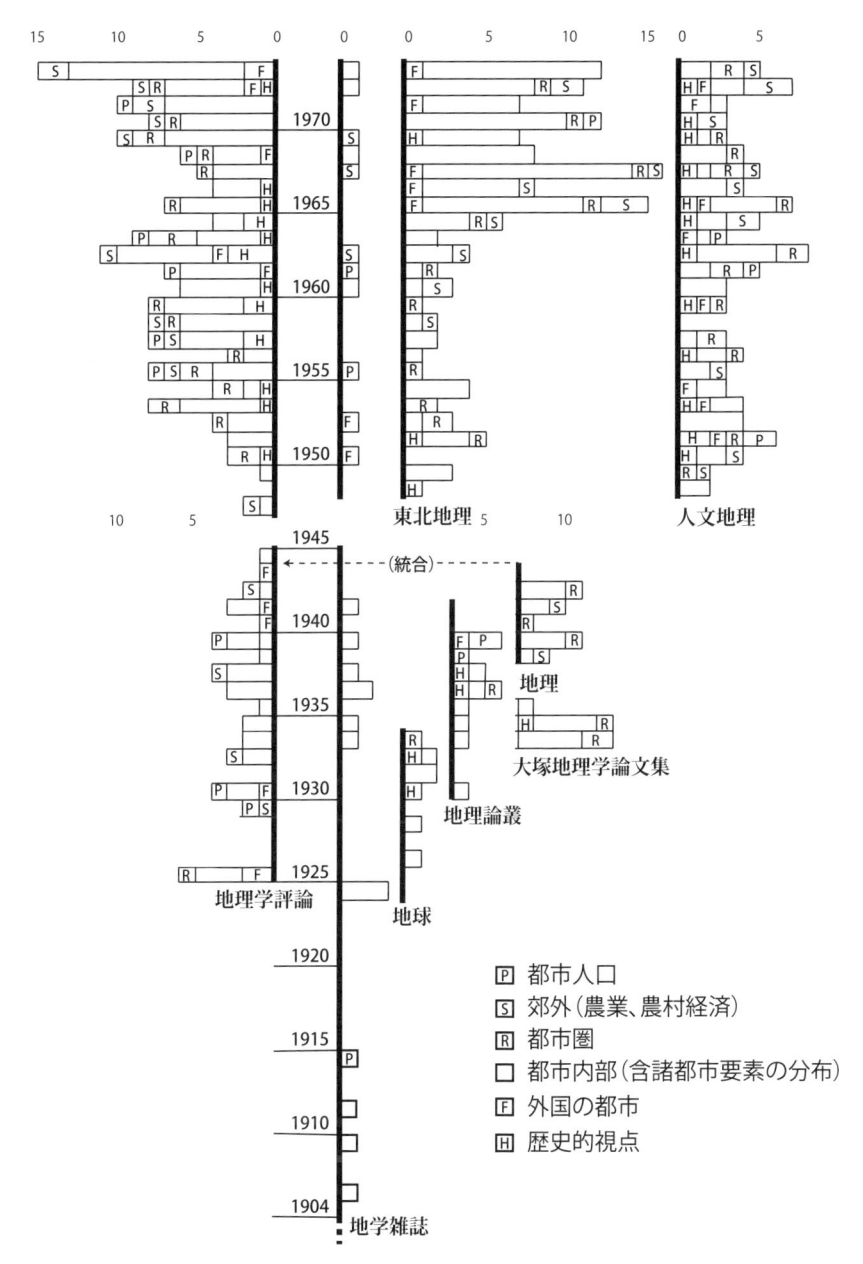

第10章　盆地研究から中心地研究へ（阿部　隆）　　　　　　　　　119

図10-1　田辺健一（1975）：日本における都市地理学の発展―都市地理研究者の研究系譜を通して―
　　　　東北地理、第27巻第4号（193ページ）

阿部（2003）の著書では、点的分析や面的分析のなかの小分類においてそのような項目がないため、歴史地理的都市研究は含まれていないように思われる。そこで、田辺（1975）の論文において「歴史地理」に分類されている論文を除いて、図10-1のグラフを読み取って集計した結果は、戦後の1960年までの都市地理学の論文数は、『地理学評論』が58本、『人文地理』が35本、『東北地理』が26本となり、阿部（2003）の集計数、『地理学評論』28本、『人文地理』25本、『東北地理』15本よりもかなり多い論文数となる。このような違いはやはり「都市地理学の研究論文」をどのように定義するのかによると思われる。たとえば田辺（1975）の論文では「郊外」という項目があり、そのなかには都市近郊の農業や農業経済に関する論文も含まれていると考えられるが、阿部（2003）の著書ではそれらの論文は含まれていない。

また、田辺（1975）の分類では都市の「内部（含諸都市要素の分布）」の項目に含まれる論文数を『地理学評論』32本、人文地理20本、『東北地理』15本と数えることができるが、阿部（2003）の著書では面的分析のなかの「都市の内部構造、都心、C.B.D.など」に「都市機能全般」と「居住地・住宅地」という分類を含めても、『地理学評論』で6本、『人文地理』で7本、『東北地理』で10本を数えるに過ぎず、この点で大きな違いを認めることができる。このように、同一の資料を用いても都市地理学の研究論文に含めるか否か、さらに都市地理学のどの研究領域に分類するのかについては、研究者によって大きな相違が認められる。

そこで、本報告では3誌の論文の内容を独自に検討し、当時において「現代都市」を研究することを目的とした人文地理学研究、ならびに今日の都市地理学研究につながる「都市で研究する」ことを目的とする論文の範囲を次のように規定し、これらの範囲に含まれる研究論文を「都市地理学の研究論文」と判断した。そして、1947年から1960年までの前述の3つの学術誌に掲載された論文のなかから「都市地理学の研究論文」を選択し、1955年以前と1956年以降の2つの時期に区分し、そのページ数についても集計した結果を表10-1に示した。ここで用いた研究領域の範囲とは次のようなものであり、その領域に含まれる論文のタイトルのキーワードを示した。これらの研究領域の区分は、その研究がどのような地域構造あるいは、地域特性を明らかにしようとしているのかに着目したものであり、たとえば都市への通勤交通を研究対象としていても、都市圏の地域構造を明らかにしようとしている研究と判断される場合には、「都市圏・商圏」の研究領域に含めている[1]。

1) 都市圏・商圏：圏構造、大都市の地域構造、商圏[2]、流動圏、関係圏、サービス圏、交通圏、経済圏、通勤人口、通勤交通、昼間人口、移入市民
2) 内部構造・商業地域・機能地域：商店街、中心商店街、商業機能、繁華街、都市

表10-1 戦後から1960年までの都市地理学の研究動向

雑誌名		研究領域										
		都市圏・商圏		内部構造・機能地域		中心地論・都市群		都市化・都市誌		展望		合計	
		論文数	頁数	論文数	頁数	論文数	頁数	論文数	頁数	論文数	頁数	論文数	頁数
1955年以前	地理学評論	8	77	2	21	2	11	4	34	0	0	16	143
	人文地理	1	4	3	23	4	52	8	70	1	10	17	159
	東北地理	7	68	7	48	2	27	2	11	0	0	18	154
	小計	16	149	12	92	8	90	14	115	1	10	51	456
1956年以降	地理学評論	4	52	5	55	3	31	3	37	1	30	16	205
	人文地理	4	37	2	31	2	24	3	24	4	54	15	170
	東北地理	1	6	5	71	0	0	0	0	0	0	6	77
	小計	9	95	12	157	5	55	6	61	5	84	37	452
全期間	地理学評論	12	129	7	76	5	42	7	71	1	30	32	348
	人文地理	5	41	5	54	6	76	11	94	5	64	32	329
	東北地理	8	74	12	119	2	27	2	11	0	0	24	231
	合計	25	244	24	249	13	145	20	176	6	94	88	908

注）各学会誌の大きさは、人文地理はA5判、地理学評論は1958年までA5判、東北地理は発刊当初からB5判であり、B5判の場合は頁当りの字数はA5判の約1.6倍であることを考慮する必要がある。

中心地域、場末地域、商店の分布、内部構造、内部交通、地価分布、十字街、金融街

3）都市機能・中心地論・都市群：中心地構造、都市機能、サービス構造、核心階級構造、地方町、都市群、都市分類、外出の指向性

4）都市化・都市誌・都市形態・都市景観・都市論・都市問題・外国都市の研究：都市化、都市の発達、衛星都市、近郊都市、都市変貌論、戦災都市、大都市主義、都鄙分化、都市景観、坂の影響

5）都市地理学研究の展望

　以上の研究領域のいずれかに含まれる研究を「都市地理学の研究」に分類したが、その研究対象が都市地域であっても、交通流動や人口移動の地域構造を解明しようとする研究は含めなかった。また、中心地論の研究ともいえる研究であっても、その研究対象が町村であり、市制を施行している集落を対象に含んでいない場合、あるいはそのような都市との結合関係を研究対象としていない場合には、都市地理学の研究には含めなかった。さらに、「都市」を対象としている研究であっても、近世以前の歴史的都市を対象とし、かつ現代都市との関連について論じられていない場合は、歴史地理学の研究と考え、都市地理学の研究には含めなかった。また、当然ながら都市地理学の研究がこれら5つの分類のいずれかに明確に分類されるわけではなく、2つ以上の領域に及ぶ研究が数多くみられたが、その主な研究領域によっていずれかの領域

に分類した（表 10-1）。
　以上のような取捨選択と研究領域の分類の結果をもとにして、3 つの学術誌における戦後の 1960 年までの都市地理学の研究の特色を『東北地理』の位置づけを中心にしてまとめると次のようになるであろう。
1) 1955 年以前と 1956 年以降とを比較すると、1955 年以前においては、『東北地理』の論文点数、ページ数ともに他の 2 誌とほぼ同等であったが、1956 年以降はそれが急減し、他の 2 誌の半分以下となる。
2) 研究領域においては、『東北地理』は「都市圏」、「内部構造・商業地域・機能地域」の比重が高く、『人文地理』は 1955 年以前は「都市群・地方町」、「都市化・都市誌」の比重が高かったが、1956 年以降は「都市圏」ならびに展望論文が多くなっている。『地理学評論』は 1955 年以前は「都市圏・生活圏」、「都市化・衛星都市」に関する論文が多いが、1956 年以降はとくに比重の高い領域はなかったといえる。
3) 『東北地理』は 1960 年までの 24 本の論文のなかで、渡辺良雄の 5 本、田辺健一の 4 本が大きな比重を占めており、ページ数では過半を占めている。これに対し、『人文地理』では木地節郎の 4 本が最大であり、他の著者はすべて 2 本以下と著者の数が多いことが特徴である。『地理学評論』では山鹿誠次の 5 本が最大であり、他の著者は 3 本以下であるが、『人文地理』に比較するとやや特定の著者に集中している。
4) 『東北地理』は当時において、唯一、英文の論文を掲載している。しかもそのページ数の比率は、1955 年以前において 49%、1956 年以降においては 75%を占めている。その著者は藤本玲子、渡辺良雄、田辺健一の 3 人に限定されており、いずれの論文も Science Reports の論文がそのまま『東北地理』に綴じこまれたかたちであり、『東北地理』としての通しページ番号が割り当てられていないこともあった。このような『東北地理』の編集方針は、1952 年から 1958 年まで続いており、1954 年から 1958 年までの『東北地理』の各巻の 4 号はその年、あるいは前年の Science Reports から英文論文が転載されて編集されていた。同一論文が 2 つの刊行物に掲載されたということは、その後の文献目録の作成などにおける混乱のもとともなっており、その問題については後でも触れたい。
5) 『東北地理』の論文 24 本のなかで、東北大学地理学教室の教官が著者である論文、あるいは同教室の卒業論文ならびにそれに準ずる論文がほぼそのままのタイトルと内容で掲載された論文が 14 本を数え、過半を占めている。その意味で、Science Reports の論文が転載されたことも併せて考えると、当時の『東北地理』

が同教室の学内紀要の性格を有していたことは否定できない。この点は、『人文地理』と京都大学地理学教室、あるいは『地理学評論』と東京大学地理学教室ならびに東京教育大学地理学教室との関係とは大きく異なっており、『東北地理』の論文が東北大学関係者以外の研究者によって引用されることが少なかったことの大きな要因であったといえる。一方で、卒業論文や助手の論文が掲載されたことから、著者の平均年齢が若く、若手の論文が多かったといえ、未完成ながらも大胆な模式化などを試みた論文が多かったともいえる。これに比較して、『人文地理』や『地理学評論』では、完成された研究者の論文が多く、若手の論文は比較的少なかったといえる。

以上述べたように、『東北地理』と東北大学地理学教室とは密接不可分の関係にあったといえる。そこで、当時の東北大学地理学教室の都市地理学研究に見られる特色をさらに検討し、そのような特色がどのような学問的環境のなかから生まれてきたのかについて、推測も交えながら次章で整理してみたい。

3. 東北大学地理学教室の「学風」と都市地理学研究

東北大学の理学部に地理学講座が設置されたのは、第二次世界大戦の敗戦直前の1945年4月であり、その時の初代教授は東北大学法文学部講師から移籍した田中舘秀三であった。田中舘は東京帝国大学地質学科を卒業し、東北帝国大学農科大学（後の北海道大学）の水産学科の海洋学の講師・助教授を歴任した。その後モナコに留学、後にナポリ大学の講師などをつとめたが、7年間という長い留学となったため、帰国後、全く分野の異なる法文学部に所属することになったと思われる。しかし、田中舘は昭和の初めから戦時中にかけての『地理学評論』に、高橋幹夫や山口彌一郎などと共著で、東北地方における市場圏などの研究を4本発表しており、地理学の分野では人文地理学の論文の方が多く、法文学部においても経済地理学の講義を担当していた。そして、田中舘の経済地理学の講義ノートは、当時田中舘の助手をしていた冨田芳郎が作成していたとされている[3]。このことが後に地理学講座の教授に就任する冨田の人文地理学に対する研究姿勢に大きく関わってきたと思われる。

発足当時、田中舘教授以外の地理学講座の教官は田山利三郎と曽根広であり、ともに東北大学理学部の地質・古生物学科から移籍のかたちで赴任し、敗戦直後には、後の「修正ウィーバー法」の論文で知られる、土井喜久一が1年余という短い期間ではあるが助手をつとめていたことが興味深い。田中舘教授が1946年に退官した後、

地理学科が開設され、地理学講座が一講座で出発している。その後2年間は岩石鉱物鉱床学科の高橋純一が兼担のかたちで教授を務めたが、その間に1947年2月には地質調査所から田辺健一が、9月には台北帝国大学から冨田芳郎がそれぞれ助教授として赴任し、1948年4月に冨田が教授に就任することによって、1960年度までの一講座体制がようやく整ったといえる。

このような地理学講座（以下、地理学教室と呼ぶ）において、都市地理学研究を主導したのは田辺であったといえるが、教室の「学風」という面では冨田の地理学観が大きな影響力を持ったといえる。前述したように、冨田は戦前において田中舘の助手として、経済地理学の講義ノートを作成し、台北帝国大学時代の1929年には、そのノートをもとにして、『経済地理学原論』と題する著書を古今書院から発行している。その後の冨田の研究は台湾の地形を中心とするものであったが、冨田の人文地理学に対する姿勢はこの『経済地理学原理』によく表れているため、その冒頭の文を以下に引用する。

「従来の自然地理学は人文地理学と相対立せしむべきものでなく、自然地理学といはれた内容は地理学の基礎となるものであるから、下に置き人文地理学と上下の関係に立つべきものと考へるのである。地理学の何れの方面の研究に於ても自然地理学的基礎のうえに立たぬものはないのである。次に地理学に二大部門を設けるならば、全く別な意義に於ける、自然地理学と人文地理学との対立をなさしめたい。即ち自然地理学は、自然現象を自然科学的に系統を立てて排列し、これに従って人類生活に及ぼす自然的影響を研究する部門とし、人文地理学は人文現象を人文科学的に系統立てて排列しこれに従って自然的影響或は自然的意義を自然科学的に開明せんとする目的を有するものとしなければならぬと思う。……中略……かくして地理学は自然科学と人文科学との中間にあるが如き曖昧なものではなく、自然科学としての純粋な立場を持って居ると考へる」（冨田1929）。

冨田は法文学部助手の時代には、「経済統計実習」を田中舘に代わって講義したこともあり、人文地理学の研究においても、数量化、図表化とくに地図による研究やモデル化、フィールドワークなど、自然科学的実証を重視した研究方法を奨励したと考えられる。

冨田の研究姿勢のもう1つの特徴は自然地理学と人文地理学との融合による地域性の解明という方向であり、「環域（Environmental area）」という言葉でこの地域の総合性を表現している。冨田は『東北地理』1巻1号の巻頭において、「地理学の在り方」という論文を発表し、そのなかで、「地理学の研究対象は環域である」と次のように述べている。

「前項の終りに地理学の研究対象は地域であると云ったが、地域というとその文字からして陸地の表面だけに限られるようであるが、そうではなくて或る広がりの空間を指し、水域も含み、又それと接触する気界の一部をも含み、さらにそのなかに住む人類及び種々の生物の生活をも採り入れての、現実の地球表面の一部を指すものであり、Oecumene といって人類の生活空間に限定するものでもない。以上の意味で地理学研究の対象となるべきものを環域（Environmental area）と称することを提案する」（冨田 1949）。

そして田辺（1951）も『東北地理』における彼の最初の都市地理学の論文の冒頭において、

「一般に地価は土地そのものがもつ生産力とそれが占める環域における位置との函数とみられるが、都市内部の地価、すなわち宅地と呼ばれるものの地価、別の言葉でいえば住宅地や第2、第3次の産業に利用される土地の価格は、殆ど位置だけで決定される。しかもその位置とは単に空間的位置だけではなく、個有の環域におけるものであるため、都市の地価は複雑な総合的性格をもってくる」

と述べており、「環域」を「自然環境とともに社会環境をも考慮に入れた総合的な環境地域」と自然的要素と人文的要素を複合した地域と定義している。田辺は 1949 年には「猪苗代湖岸の地形概報」と題する論文を『東北地理』に発表しており、地理学教室が理学部に開設されたこともあって、当時の教官達が自然・人文の両分野の研究を行い、人文地理学を志す学生であっても、自然科学の研究方法を修得させることを目指していたことは明らかである。渡辺もその最初の論文は「猪苗代湖北岸地方の流水飲用形態」と題するものであり（渡辺 1951）、今日での「水文学」の領域ともいえる論文であった。

このような冨田の「環域」研究の方針が具体化されたのが、当時の地理学教室による「盆地研究」であったといえる。すなわち、1つの「閉じられた」地域としての「盆地」が格好の「環域」研究の対象とされたと思われ、冨田の主導のもとに最初に総合的な調査が行われたのが山形県の新庄盆地であった（1951 年卒の四津隆一東北学院大学名誉教授談）。

そして、『東北地理』においても 1954 年には、新庄盆地を対象地域とする英文の論文が 10 本（そのすべてが Science Reports からの転載であり、渡辺良雄と藤本玲子の都市地理学の研究が各 1 本含まれている）、1955 年には渡辺良雄の集落地理学の邦文論文 1 本が掲載されている。その後、1956 年には『東北地理』に米沢盆地を対象地域とする英文論文が 7 本（そのすべてが Science Reports からの転載であり、田辺健一の都市地理学の研究が 1 本含まれている）掲載されている。これらの「盆

地研究」の構成はまさに自然地理学と人文地理学とを密接不離の関係として、盆地を論じたものであり、人文地理学の論文においても自然環境の影響を強く意識したものであった。

さらに当時の東北大学の地理学教室の特色として挙げることができるのが、Science Reports を中心とする英文報告への傾斜であり、冨田教授のもとでは、「何はともあれ Science Reports に執筆せよという指導がなされた（田村俊和前東北大教授談）」とのことである。そして、この Science Reports が日本における地理学の分野での英文による定期刊行物の最初のものとなり、当時の海外の研究者が日本の地理学の現状を知る貴重な情報源となった、ということは特筆すべきことであろう。

このような冨田の影響とともに、田辺の影響を当時の東北大学地理学教室の都市地理学研究に色濃く認めることができる。田辺の都市研究の特色はその最初の都市地理学の論文ともいえる、1949 年の「破壊された都市景観の再編現象—仙台の例—」にすでに現れているといえる。それは論文中の「破壊景観の強度分布図」に見られるような都市地域内の現象の等値線による表現であり、「都市内部の人口密度の変化概念図」に見られるような模式化の手法である。そして、1951 年の地価分布に関する論文では、今日でのメッシュサンプリングに相当する方法で地価の分布を表現する方法を採用しており、実証的・数量的分析が適用されている。田辺の研究方法はその後の Reiko Fujimoto や Yoshio Watanabe の論文にも強く影響を与え、Watanabe の中心地論の研究を生み出すに至ったと考えられる。

4.「盆地研究」から「中心地研究」へ
　—渡辺良雄の研究を中心として—

前節で述べた最初の総合的「新庄盆地研究」の多くの論文が発表される前年の 1953 年に、Reiko Fujimoto の商店街研究、ならびに Yoshio Watanabe の都市の圏構造に関する研究が Science Reports に掲載されているが、これらの論文のなかで用いられた研究方法が、後の東北大学地理学教室の都市地理学の研究に少なからぬ影響を与えているように思われる。たとえば、Fujimoto が都市内部の商店街を地域区分するために導入した "shop ratio" の指標は、最初は冨田（1942）が台湾の都市の研究に用いたとされるが、Watanabe（1953）も同様の指標を用いており、その後の商店街研究にも利用されていった。さらに、各商店街の店舗・事務所構成を a) concentrating shops、b) dispersive shops、c) collective offices、d) locally concentrating shops という 4 つの分類によって表して、商店街の機能分類を行うと

いう方法は、桑島（1956、1960）の研究にも導入され、その後の商店街研究に応用されている。

　Watanabe（1953）の論文においては、さまざまな方法で都市の同心円構造が検証されているが、外帯ともいえる郊外の農村集落については、567世帯に対するアンケート調査によって、仙台市内から排出される下肥を肥料として用いている農家の割合ならびに生産された野菜を仙台市に販売する農家の割合を仙台市からの距離帯別、かつ所有耕地面積別に折れ線グラフとして示している。この表現方法がその後の渡辺による中心機能の「出現頻度」による分類に類似する点があるのが興味深い。渡辺は同年に福島県猪苗代盆地をフィールドとして、猪苗代湖の南北の集落について、50項目のサーヴィスの供給元を調査し、村内、地方町、都市という3つの階層のどのレベルから供給されているのかによって、サーヴィスの種類を分類した。その結果をもとに渡辺は、近隣サーヴィスの最小単位が店舗1軒当たり、40戸相当の供給範囲を必要とすることなどを指摘し、後の中心地研究のてがかりとしている（渡辺 1953）。また、同論文のなかで、会津若松市と郡山市のサーヴィス圏の境界として、「アポロニウスの円」を描いており、渡辺が西村睦男（1965）の論文より10年以上前に、商圏の設定に関してラウンハルトなどの理論を応用していたことを示している。しかし、この論文は注釈などが不備であり、渡辺がどの論文から「アポロニウスの円」の理論を知るに至ったのかが不明であることが残念である。

　渡辺が英文で書いた論文はクリスタラーの中心地理論を導入した日本の地理学界での初めての研究論文であると思われる（Watanabe 1954）。この論文の目的についてWatanabeは、「中心地理論そのものを議論しようとするものではなく、その原理のなかで想定されている多くの体系のなかから日本におけるサーヴィスパターンの1つを抽出することにあり、そうすることによってクリスタラーの理論に何がしかを付け加えることができるようなサーヴィスパターンの形成機構の可能な解釈を示すことを目的とする」、と述べている。Watanabe（1954）が参考文献に挙げているクリスタラーの著書は1933年にJenaで出版されたドイツ語のものであるが、この著書は東北大学の図書館には所蔵されておらず、どのようにして渡辺がそれを読むに至ったのかについての詳細は不明である。しかし、阿部（2003）も述べているように、すでに木内（1951）において、この著書が日本で紹介されており、木内と戦前に共同研究も行っている田辺を通じて、渡辺がクリスタラーの中心地理論を知るに至ったと考えられる。Watanabe（1954）の論文の前半は、猪苗代盆地における地方サーヴィス圏の分析方法に類似しているが、後半においては、クリスタラーの中心地理論のなかの「財の供給範囲の下限」について検討し、新庄盆地の人口分布に照らしながら、

サーヴィスの次元ごとにその下限人口を検討している。このような検討も日本の地理学界においては最初の試みであったと思われる。また、Watanabe（1954）は、盆地ならびにそのなかの丘陵、扇状地、河岸段丘などの地形がサーヴィスパターンにどのような影響を与えているのかについても検討しており、冨田が主唱する「環域」としての新庄盆地の地域性の解明につながる研究を目指していたことが伺える。

このような新庄盆地のサーヴィスパターンの研究から発展したのが、日本の中心地理論研究の出発点ともいえる、Watanabe（1955）の論文であるといえる。その論文については、すでに多くの先学が紹介してきたところでもあり、紙幅もつきてきたため、ここでは多くを語ることはしないが、そこで用いられた中心地の階層区分の方法については、森川（1980）が述べているように、「渡辺良雄（Watanabe 1955）の開発した頻度折線法（仮称）はとくに優れたもので、わが国の研究者だけでなくスウェーデンのヤコブソン（Jacobson 1958）によっても利用された」、と高く評価されている（森川 1980）。

5. おわりに

以上、述べてきたように、1960年までの東北大学理学部の地理学教室は、Watanabe（1955）の論文に代表されるような、いくつかの優れた都市地理学の研究を生み出してきたといえる。しかし、そのWatanabe（1955）の論文を日本で最初に引用したのは、森川（1959）であると考えられ、上述のJacobson（1958）の論文が発表された後のことであった。このことに象徴されるように、Science Reportsは主に海外の地理学研究者によって読まれることとなり、日本国内ではともすれば見逃されてきたといえる[4]。すなわち、今日の学会誌では英文論文の比率を増加させようとしているが、日本の地理学研究者が国内の英文論文を読むことはそれ程多くはない、という状況が以前から続いてきたということの結果ともいえる。また、Science Reportsの論文がそのままのかたちで『東北地理』に転載されるということは、今日の学会誌の常識では考えられないことであり、その刊行スケジュールが不安定であったことと相まって、1960年以前の『東北地理』の地理学界における普及が不十分であった、ということの影響もあったと思われる。

また、前述の通り、東北大学地理学教室における当時の都市地理学の研究は、田辺健一、藤本玲子（後に渡辺玲子と改称）、渡辺良雄の3氏を中心として、田辺の指導力のもとで推進されていたため、1957年に田辺が教育学部に移籍し、1960年に両渡辺が都立大学に転出した後は、卒業論文における都市地理学の研究は大きく減

少し、卒業論文や修士論文をもとにした都市地理学の論文が『東北地理』や Science Reports に掲載されることもほとんどなくなってしまった。

1960 年までの東北地理学会の研究活動ならびに東北大学の地理学教室における都市地理学の研究を以上のように回顧してみると、その都市地理学研究における貢献度の高さは非常に高かったといえるが、その研究の流れが田辺の教育学部への移籍ならびに、その後の宮城教育大学への移動によって滞留をみせたのも事実である。しかし、1980 年代以降は、朱 京植、韓 柱成、西原 純、石澤 孝、寺谷亮司、池沢裕和などによって、田辺健一と渡辺良雄を源流とする都市地理学研究が復活し、今日、日野正輝が東北大学の人文地理学講座を主宰していることによって、今後も絶えることなく日本あるいは海外の都市地理学研究に影響を与え続けることが期待されている。

稿を閉じるに当り、当時の状況についてお話しいただいた、長谷川典夫先生、故桑島勝雄先生、四津隆一先生、田村俊和先生ならびに貴重な資料をお貸しいただくとともに、一時保管中の卒業論文などの閲覧などにご協力をいただいた、日野正輝先生を始めとする東北大学地理学教室の方々に、末尾ながら深甚の謝意を表したい。

注

1) このような分類は戦後から 1960 年までの時期の日本の「都市地理学の研究論文」を選択し、分類するためのものであり、それ以前やそれ以後の時期、さらには日本以外の学術誌の研究論文の選択や分類に適用できるものではない
2) ただし、都市内部の小売商圏については後述の都市商業の領域に含める。
3) 冨田 (1983) pp.76-79
4) たとえば、Ogasawara Setsuo (1969) の都市の高層化に関する論文を、戸所が都市空間の立体化に関する論文の発表当初は引用していなかった、ということもそのような状況を実証している。

引用文献

阿部和俊　2003『20 世紀の日本の都市地理学』古今書院.
阿部　隆　2004「盆地研究から中心地研究へ―東北大学を中心とする 1960 年以前の都市地理学研究の動向―」理論地理学ノート，14.
木内信蔵　1951『都市地理学研究』古今書院.
桑島勝雄　1956「仙台市の十字街の店舗構成と地域性」東北地理，9.
田中舘秀三・山口彌一郎　1942「東北地方に於ける市場圏，市場群及び市場集落」地理学評論，18.
田辺健一　1949「破壊された都市景観の再編現象―仙台の例―」地理学評論，22.
田辺健一　1951「地価分布の変化とその地理的意味―仙台市の例で―」東北地理，3.
田辺健一　1975「日本における都市地理学の発展―都市地理研究者の研究系譜を通して―」東北地理，27.
東北大学理学部地理学講座開設 50 周年記念事業実行委員会　1995『東北大学理学部地理学講座開設 50 周年記念誌（非売品）』東北大学地理学教室同窓会.
冨田芳郎　1929『経済地理学原論』古今書院.
冨田芳郎　1949「地理学の在り方」東北地理，1.
冨田芳郎著・冨田奈美修正　1983『わが生涯の思い出の記（非売品）』中央公論事業出版
西村睦男　1965「勢力圏の設定―商圏―」人文地理，17.
森川　洋　1959「広島県における中心集落の分布とその遷移」地理学評論，32.

森川　洋　1980『中心地論Ⅱ』大明堂．
渡辺良雄　1951「猪苗代湖北岸地方の流水飲用形態」東北地理，3．
渡辺良雄　1953「地方サーヴィス圏の例（1）―福島県猪苗代盆地の場合―」東北地理，6．
渡辺良雄　1954「山形県新庄盆地に於ける農村核心集落の数例―農村地域における最近の中心形成―」東北地理，7．
Christaller, W. 1933 *Die zentralen Orte in Süddeutschland*, Gustav Fischer, Jena, 331S.
Fujimoto,R. 1953 The shopping street:—as an element of city structure in North Japan—its type, its pattern and its arrangement. *The Science Reports of the Tohoku University, 7th Ser.(Geography)*, 2.
Fujimoto,R. 1954 Shinjô City and two small towns—a study of the inner structure of local towns.*The Science Reports of the Tohoku University, 7th Ser. (Geography)*, 3.
Jacobson, B. 1958 Metod för bestämning av tätorters centralitetsgrad. Svensk Geogr. Arsbok, 34.
Ogasawara,S. 1969 Skyscrapers in several cities in Tohoku. *The Science Reports of the Tohoku University, 7th Ser. (Geography)*, 18.
Tanabe,K. 1957 The City of Yonezawa and its subordinate towns-as the upper structure of the land utilization of the Yonezawa basin-from the view-point of the structure of a region.*The Science Reports of the Tohoku University, 7th Ser. (Geography)*, 6.
Watanabe,Y. 1953 The urban region of Sendai: a study of urban concentric zoning in its actual pattern. *The Science Reports of the Tohoku University, 7th Ser. (Geography)*, 2.
Watanabe,Y. 1954 The service pattern in the Shinjô Basin, Yamagata Prefecture—a research in a less populated basin in Japan. *The Science Reports of the Tohoku University, 7th Ser. (Geography)*, 3.
Watanabe,Y. 1955 The central hierarchy in Fukushima Prefecture: a study of types of rural service structure. *The Science Reports of the Tohoku University, 7th Ser. (Geography)*, 4.

杉浦芳夫

第11章 石水照雄の「会津盆地外出行動」論文（1957）の先駆性について

1. はじめに

　「本研究は、（略）一つの事象（略）をとりあげ、それを通じて地域の空間的な構造（略）を調べ、その構造を形成している空間的な支配原理（略）が、どのようなものであるかを追求するこころみである。」

　計量革命の洗礼を受けた地理学者は、この一文は紛れもなく計量地理学者の書いた論文から引用してきたものと思うかもしれない。しかしそうではなく、この一文は、後に計量革命と名づけられる地理学の刷新運動がアメリカでまさに始まろうとしていた1957年に、あろうことか日本の地理学者が発表した論文の冒頭に掲げられているものである。その論文とは、当時、東京教育大学博士課程（現在の博士後期課程）に在学していた大学院生の石水照雄が修士論文を骨子として『地理学評論』第30巻（1957年）に発表した「会津盆地における村落から都市への外出の指向性―集落の位置関係の研究―」（石水1957a; 以下、「会津盆地外出行動」論文と呼ぶ）である。

　石水照雄の生涯を通しての研究活動は、2つの時期に大別されるであろう（石水自身がまとめた代表的業績は、石水への追悼文集（名古屋大学地理学教室2006）を参照されたい）。すなわち、前半の1960年代までは都市地理学を、1970年代以降の後半は理論・計量地理学を専門としていた。前半も、とくに博士論文を完成するまでの頃は中心地理論に研究上の関心があった。1960年代までの日本の中心地理論研究を研究史的に大雑把にとらえてみると、木内信蔵が1951年に著した『都市地理学研究』において中心地理論が紹介された後、東北地方をフィールドとして渡辺良雄が、西南日本をフィールドとして森川　洋がそれぞれ実証研究を積み重ねた（たとえば、Watanabe (1955)、森川 (1959)）。石水も博士論文では宇都宮周辺を対象地域とした本格的な中心地理論の実証研究を行い、最初の奉職先の愛媛大学の紀要で論文発表している（石水1960、1961）。そして、前記の『地理学評論』掲載論文（石水1957a）も大きくは中心地理論研究のなかに位置づけられるであろう。

　しかし、日本の黎明期の中心地理論研究で果たした石水の役割は、そうした実証研

究ではなく、木内と渡辺・森川の間をつなぐ、中心地関連文献レヴューアーであったと思われる。1957 年の『都市問題』第 48 巻に相次いで発表された 2 編の論文「都市の階層的配置―その問題点と研究方法について―」(石水 1957b)、「都市の階層的配置―研究の系譜と基礎理論―」(石水 1957c) はいずれも長いものではないが、その当時までに欧米で発表された中心地（理論）研究を、要を得て簡潔に（一部石水自身の主張も折り込んで）紹介している。石水は英文学ないしは英語学への進学を一時考えたほど英語に堪能であったため、英語文献の読破にはさほど苦労することなく、大学院学生でありながらもこのような文献レヴューを容易になしえたものと思われる。1950 年代後半の『地理学評論』を手にとってみればわかるが、大学院生時代の石水はせっせと英語論文の文献抄録を投稿していたのである。私は以前に、石水と東京教育大学で大学院ゼミを共にした故中川浩一先生から、中心地理論研究に取り組んでいた石水のゼミでの発表の様子を記した手紙をいただいたことがある。それによると、中心地理論研究の理路整然とした紹介は、専門外のものには十分理解できなかったが、意義のある研究に取り組んでいるのではないかとの印象を持ったとのことである。おそらく、前記の『都市問題』に発表した 2 編の論文は大学院ゼミでの発表に基づくものであったに違いない。

　石水の英語能力は、自らの研究後半期において欧米の計量地理学の動向をレヴューした際にも遺憾なく発揮されている（石水 1972）。そのため、石水を、新しい欧米の研究動向のレヴューを得意とする研究者として位置づけるむきがあるかもしれない。新しもの好きの性格だったゆえ、石水に対するそうした評価はあながち間違ってはいないであろう。しかし、「会津盆地外出行動」論文を目にする限りでは、石水には単なるレヴューアーに留めておくことができない何かがあることを認めざるを得ない。それは当時の日本の地理学界にはみられない斬新な発想であり、その発想は、後に、石水独自の理論・計量地理学の体系化（石水 1976）を踏まえた実証研究（石水 1995）にまで受け継がれていくものである。小稿は、国内外の関連研究に照らし合わせながら、「会津盆地外出行動」論文の斬新さについてささやかな考察を加えようとするものである。

2．「会津盆地外出行動」論文の概要

　「会津盆地外出行動」論文は多少ともわかりにくい内容を含んでおり、考察が不十分であったりする。たとえば、農村住民の外出先を規制する spatial な条件（この言葉遣いは原文によるが、条件の代わりに要因と言い換えている箇所もある）とし

て、1）中心都市の配置の仕方、2）中心都市の centrality（この言葉遣いは原文によるが、本文後半では中心性の訳語が添えられていることもある）、3）村落・都市間の accessibility（この言葉遣いは原文による）、4）交通網などの regional setting（この言葉遣いは原文による）をあげているが、本文中において accessibility がどのように定義され、変数化されるかについては明確に述べられていない（英文要旨から、accessibility は道路距離で計測されることがわかる）。交通網などの regional setting については全く考察されていない。また、本文で考察されている事柄と英文要旨の内容が一致していない問題もある。本文では前記の4つの spatial な条件と農村住民の外出先選択との関係を明らかにしようとしているのに対して、英文要旨では、「より accessible で、より centrality の大きな都市に出かける農村住民が多い」という命題に対して解答を与えることが論文の目的とされている。こうした論文としての完成度の低さは、誤植の多さ（当時の『地理学評論』では、必ずしも本論文に限ったことではないかもしれない）とあいまって、推測するに、編集委員からの修正コメントに対し、本人が十分に対応しきれていなかったことと、担当編集委員の最終チェックも甘かったことに起因するものではないかと思われる。さらなる憶測を試みると、投稿論文ないしは掲載可能論文の少なさが、完成度の低い論文の掲載を促したといえるかもしれない。

　小稿は、「会津盆地外出行動」論文の完成度の低さを指摘することに目的がある訳ではなく、その斬新な点に光を当てようとするものであるので、以下では、筆者なりに論文内容をまとめ直してみることにしたい。本論文の目的は、会津盆地の農村住民の、中心都市である会津若松、喜多方、会津坂下への外出指向性を、1）農村集落から中心都市までの距離、2）都市の中心性、3）都市の配置パターン、によって説明しようとするものである。1955年に、前記3都市の間に存在する12集落（図11-1）に居住する601世帯を対象にして、3都市への外出行動を調べるためのアンケート票を配布し、584世帯から回答を得ている。外出行動は、買物・娯楽、公共機関の利用、出荷、通勤、その他について尋ねているが、論文ではそれらを一括して取り扱っている。外出先の選択行動を変数化するに当たって、外出指向性比率が定義され、この数値が具体的な分析対象とされている。

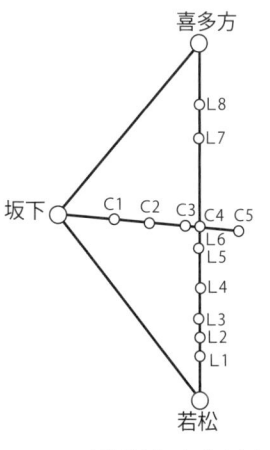

図11-1　対象地域における中心都市と農村集落の位置関係
出典：石水（1957a）第1図

外出指向性比率は、次のように定義されている。対象とする12集落ごとに、3都市各々への世帯別外出頻度を求め、3都市の利用頻度が第1〜3位のいずれであるかを特定する。そして、第1〜3位の利用世帯数それぞれに、3、2、1のウェイトを掛け合わせたスコアの合計を3都市について求め、百分率をもって外出指向性比率とする。一例として、大和田集落の外出指向性比率を求めてみると、次のようになる。会津若松を第1位・第2位・第3位外出先とするものがそれぞれ59世帯、5世帯、0世帯であるので、3種類のウェイトを掛け合わせたスコアはそれぞれ177（59×3）、10（5×2）、0（0×1）となり、合計スコアは187となる。同様の手順で計算すると、大和田集落の喜多方、会津坂下の合計スコアはそれぞれ51、57となる。これら3つの合計スコアの比率が外出指向性比率であり、若松：喜多方：坂下＝63.4：17.3：19.3となる。12集落全てについての外出指向性比率を表11-1に示してある。3種類のウェイトをかけた数値から導き出される外出指向性比率は理論的根拠が乏しいものの、石水のオリジナルな考え方に基づいているものと思われる。

　論文では、外出指向性比率（y）と、農村集落から中心都市までの道路距離（x）との関係をパレート関数で近似している。外出指向性比率は距離減衰傾向を示しており、3都市各々について求められたパレート関数は以下のようである．

　　会津若松　　　　$y = 140.6\, x^{-0.49}$　　　　　　　　　　（1）
　　喜多方　　　　　$y = 229.1\, x^{-1.11}$　　　　　　　　　　（2）
　　会津坂下　　　　$y = 230.7\, x^{-1.18}$　　　　　　　　　　（3）

　これらパレート関数のパラメータ値は、最小二乗法による単回帰分析で推定されているので決定係数が求められるはずであるが、論文では明記されていない。いずれも1％水準で有意な相関が認められたと記されているので、農村集落から中心都市までの距離が外出先選択に影響を与えていることは確証されたといえるであろう。

　ところで、外出指向性の距離減衰傾向をパレート関数で近似することは、石水のオリジナルな試みではない。すでに以前から国内外で同様なことが試みられていた。石水の身近においては、当時、東京教育大学地理学教室の教員であった有末武夫の（バス）交通圏に関する研究（有末 1953、1956）で試みられていた。そこでは、集落ごとにみた農村住民の中心集落ないしは中心都市の利用回数（集中回数と命名）、利用比率（集中率と命名）と、農村集落から中心集落ないしは中心都市までの距離の関係がパレート関数で近似されている（正確には、中心集落ないしは中心都市の近傍と遠方に分けて2つのパレート関数で近似）。この有末の試みにも手本にした先行

第11章 石水照雄の「会津盆地外出行動」論文(1957)の先駆性について（杉浦芳夫） 135

研究があった。それは、1951年のルンド大学地理学科の定期刊行物に掲載されていたGodlund (1951) の都市勢力圏確定論文、Bergsten (1951) の人口移動論文である。Godlund (1951) はパレート関数の援用を示唆しただけであるが、Bergsten (1951) はパレート関数のパラメータ値の推定を実際に行っている。さらに、これらの論文にも手本とした先行研究があった。それは、Kant (1946) とHägerstrand (1947) の人口移動研究である。Kant (1946) はYoung (1924) にならい、パラメータ値をあらかじめ2に設定した

表11-1 会津盆地における外出指向性比率（実測値）

集落		対若松	対喜多方	対坂下
L_1	上荒久田	71.5	16.4	12.1
L_2	下荒久田	84.9	5.7	9.4
L_3	上沼木	73.3	6.7	20.0
L_4	橋本	63.3	22.4	14.3
L_5	代田	51.6	24.8	23.6
L_6	西屋敷	54.5	22.1	23.4
L_7	上江	38.0	52.1	9.9
L_8	渋井	33.3	57.4	9.3
C_1	村田	37.7	10.0	52.3
C_2	勝常	39.4	12.7	47.9
C_3	八日町	51.9	15.9	32.2
C_4	西屋敷	54.5	22.1	23.4
C_5	大和田	63.4	17.3	19.3

出典：石水照雄（1957a）第3表

パレート関数を用い、Hägerstrand (1947) はパラメータ値を最小二乗法で推定している。エストニアからの亡命地理学者KantはHägerstrandの事実上の師であり、アメリカの計量地理学者たちに影響を与えたルンド学派の礎を築いた研究者である（杉浦1986）。石水は、1957年に発表した3編の論文（石水 1957a・b・c）で有末（1953、1956）の論文を一切引用していないが、教員と院生という身分の違いはあるものの、同じ地理学教室の教員が発表した論文ゆえ、読んでいた可能性は高いと思われる。そのことの詮索は別にしても、石水（1957b）ではKant (1951) とともにGodlund (1951) を引用し、後者については中心地の立地変動に関する注目すべき見解を提示したものとして評価している。

次に、外出行動と都市の中心性との関係についてみると、以下のような考察を行っている。すなわち、図11-1に示した12集落について、L_1（上荒久田）からL_8（渋井）までのL系列のグループと、C_1（村田）からC_5（大和田）までのC系列のグループに分け、前者については3都市各々の外出指向性比率と会津若松からの道路距離との関係を、後者については同じく会津坂下からの道路距離との関係をグラフにプロットした結果（図11-2）に基づいて、都市の中心性との関係を議論している。まず、L系列のグループについては、もしも会津若松と喜多方の中心性が同じならば、会津若松指向性比率曲線（①）と喜多方指向性比率曲線（②）は真ん中で交わるはずである

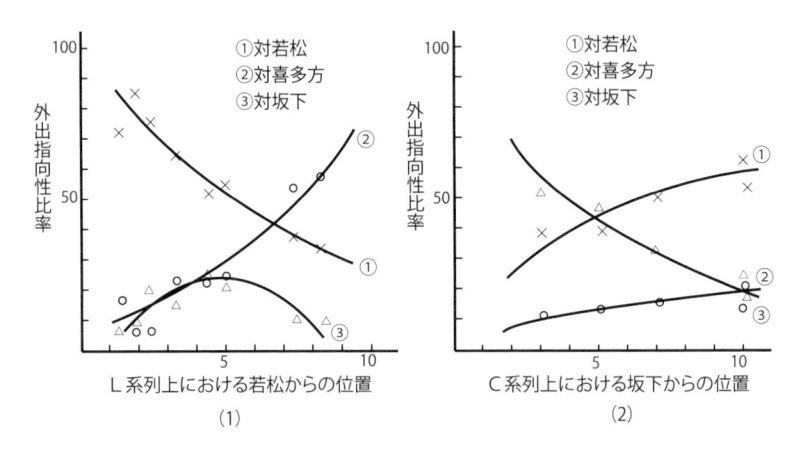

図 11-2　中心都市からの距離と外出指向性比率
出典：石水照雄（1957a）第 4 図を一部修正

が、交点は喜多方の方へずれている。すなわち、現実には喜多方よりもはるかに中心性の大きい会津若松の勢力圏が喜多方のそれを蚕食しているのである。次に、C 系列のグループについても、会津若松と喜多方の中心性が同じならば、会津若松指向性比率曲線（①）と喜多方指向性比率曲線（②）は似た形状を示すはずであるが、前者の曲線は後者のそれをはるかに上回っており、現実には中心性の大きい会津若松の方が喜多方よりも多くの農村住民を吸引していることが明白である。さらには、C_2（勝常）、L_6（西屋敷）、L_8（渋井）がそれぞれ会津若松、喜多方、会津坂下から 9.5km の位置にあることに注目し、それぞれの会津若松指向性比率、喜多方指向性比率、会津坂下指向性比率と、対応する 3 都市の中心性（z）との関係が次式で示されることを明らかにしている。

$$y = 10.2\, z^{0.7} \tag{4}$$

サンプル数が 3 と少ないので、有意な関係といえるかどうかはわからず、しかも注記の形でしか示されていないが、外出指向性比率が都市の中心性と関係していることを主張したがっていることは確かである（英文要旨では、本文とは異なり、距離減衰傾向を示すパレート関数と同列扱いとなっている）。

なお、図 11-2 の外出指向性比率曲線は、中心都市の側に視点を置けば、中心都市の勢力圏を 1 次空間上で表現したものにほかならない。有末（1956）では集中率に

ついて同様のグラフを描き、交通圏の境界を特定している。しかし、いずれも元をただせば、Godlund (1951) が描いた類似の模式図にヒントを得たものと思われる。

ところで、石水は気づいていないが、第 (1) ～ (3) 式の道路距離のパラメータ値を比較してみると、3 都市のなかでは一番中心性が大きい会津若松の距離パラメータ値が最も大きく（距離の摩擦が最小）、中心性が最も小さい会津坂下の距離パラメータ値が最小（距離の摩擦が最大）であることがわかる。これの意味するところは、中心性の大きな都市ほど、より遠くから利用者を吸引するということである。つまり、パレート関数の距離パラメータの大小から外出行動に及ぼす都市の中心性の影響を議論することは可能だったのである。青森県から新潟県までの日本海側寄りの 7 地域を対象に、中心集落ないしは中心都市への集中率・集中回数と（道路 ?）距離との関係をパレート関数で近似すべく、両者の関係をグラフ上に描いた有末 (1956) では、距離パラメータに相当する「傾向線の勾配」は、大都市ほど緩やかで小都市ほど急であることを指摘している。しかしもう一方で、こうした一般的傾向からはずれるケースもあり、対象中心都市の近隣における競合する中心都市の有無が「傾向線の勾配」（距離パラメータ）に影響を与えていることも指摘している。

「会津盆地外出行動」論文では、有末 (1956) の上記 2 番目の指摘を距離パラメータの解釈をめぐる議論のなかに押し込めることはせずに、中心都市の配置の仕方、つまり中心都市の配置パターンが外出行動を規制する 1 つの条件ないしは要因として重視している。残念ながら、この点についても本文中では正面から取り上げることはせずに、図 11-3 のような 3 都市からなる仮想地域での簡単な議論で終わっている。そこで言わんとすることは、同一規模の都市でも全体としての配置パターンが異なれば、都市圏の重なり具合も違い、都市圏内住民の各都市への外出指向性に影響を与えるであろうということである。ちなみに、対象地域における 3 都市（圏）の関係は、表 11-1 に基づきながら、（都市規模の違いを無視したとして）都市圏が大きく重な

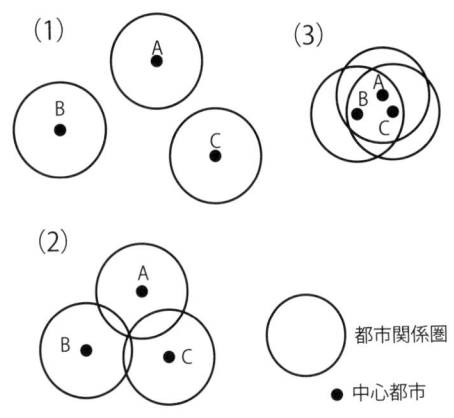

図 11-3　仮想上の中心都市の配置パターン
出典：石水照雄（1957a）第 2 図を一部修正

り合う 3 番目のタイプに合致するものであるとしている。図 11-3 に示されている単純な場合でも、3 都市の規模が異なれば議論が複雑になってくるであろうことは容易に察しがつく。本文の最後で今後の問題として石水が論じているように、「会津盆地外出行動」論文の本当のねらいは、規模の異なる都市の配置パターン（都市の階層的配置）が外出行動にどのような影響を与えているかを明らかにすることにあったのではないかと思われる。それは異なる都市の配置パターンをもつ地域における比較研究を通してなし得るものであろうが、その後、続編論文が石水によって書かれることはなかった。

3．「会津盆地外出行動」論文の評価

　これまでの考察から、「会津盆地外出行動」論文は、Godlund（1951）、有末（1953、1956）から何がしかの影響を受けていることが明らかとなった。その意味では100％オリジナルな論文とは言えないかもしれない。しかし、「空間」という用語を使用していることが当時の日本の人文地理学の論文としては珍しい。副題中の言葉「位置関係」は、英文要旨では spatial relationships と表現されている。英語圏の 21 の地理学雑誌において 1950 年代以降掲載された論文を対象にして、spatial の用語を用いている論文の数をカウントしてみると、1950 年代には非常に少ないことがわかっている（Gould 1985）。Spatial という用語が頻繁に使用されるようになるのは計量革命以後のことであり、計量革命とは地理学における Spatial Turn でもあったのである。

　石水が「空間」という用語を使用するに至った背景には、経済立地論からの影響があったと思われる。欧米の中心地関連文献をレビューした第 2 論文（石水 1957c）では地域科学の Isard（1956）を引用し、関心の有り様が似ていることを示唆している。図 11-3 に示した 3 都市を総称して locational triangle と呼んでいることは、Weber の工業立地論の立地三角形を意識したものであろうか。また、地域の等質性が比較的よく保たれている理由から会津盆地を研究地域に選んだこと、さらには、作業仮説を立てて、そこでの仮定を 1 つずつ取り去って議論をしようとしていることなど、経済立地論からの影響を看て取ることができる。

　しかしながら、以後の石水が経済立地論を指向することはなかった。日本における計量地理学の普及に大きく貢献した髙橋潤二郎は経済学を専門にしていたし、石水の後輩の奥野隆史が経済立地論の専門家の西岡久雄と二人三脚で計量地理学を世に広めていったことなどから、日本の黎明期の計量地理学は経済立地論と関係が深かったが、

石水はそうしたこととは一線を画していた。独立科学としての地理学を追究した石水が唯一関心を寄せた人文・社会科学は、一時専門とすることを考えた心理学であった。後年提唱する「地理的場」（地理的空間が特定の地表事象を形成し規定する作用空間）の考え方（石水 1995）も、ヒントを得たのは心理学者 Lewin の「場の理論」からである。

「会津盆地外出行動」論文が発表されたほぼ同じ頃、計量革命を先導した Garrison (1956) がシアトルの東部に広がる地域において、農村住民の外出行動を分析している。ようやくアメリカで普及し始めた大型計算機を用いて、外出頻度と道路距離の関係の回帰分析が試みられている（その場合の道路距離として、舗装道路距離、砂利道距離、未舗装道路距離の 3 変数が用いられているので、正確には重回帰分析である）。外出目的・対象地区・住民タイプ別に合計 18 通りの重回帰分析が試みられたが、殆どの場合で良好な結果は得られなかった。結果は芳しくなかったものの、社会の空間組織ないしは空間構造が外出行動に影響を及ぼしていることが前提にされている（Garrison 1956）。この前提が「会津盆地外出行動」論文の考え方と通底していることは明らかである。

「会津盆地外出行動」論文は、Spatial Turn を経験した現代地理学の言葉で述べれば、中心都市の選択という空間的行動に対する都市群の空間構造（都市の配置パターン）の影響を解明しようとするものであった。1950 ～ 1960 年代当時の日本の人文地理学では他に例を見ないユニークな研究であり、後の計量地理学、行動地理学で関心を呼ぶ研究テーマを時代的に先取りしていたといえよう。それは、地図パターン問題をめぐる議論の先取りと言っていいかもしれない。空間構造と独立した中心都市に対する買物客の選好構造を抽出しようとして、顕示空間選好モデルを提案した Rushton (1969) は、買物行動の分析に援用されるパレート関数の距離パラメータ値が、購買機会の組合せについての買物客の選好を反映すると同時に、選択可能な購買機会の分布ないしは密度も反映していることを指摘している（杉浦 1981）。また、発地固定型空間的相互作用モデルの真の距離パラメータ値を得ようとした Fotheringham (1983) は、空間的相互作用に対する空間構造（この場合は、着地の分布パターンのことであり、具体的にはポテンシャル型近接性である）の影響を取り込んだ競合着地モデルを提示している。空間的相互作用モデルでの地図パターンとは、特定の発地と着地の組合せからなる空間的パターンを意味しているが、対象地域全体の発着地点の分布パターンとみなして差し支えないであろう。10 年以上後に発表されるこれらの研究との比較において、論文自体の実証力や完成度は別にしても、少なくとも発想の点で、「会津盆地外出行動」論文はそれら研究の先駆として位置づけられるであろう。

4. 小結

　石水は晩年、「地理的場」をポテンシャル型近接性で定義し、それが都市の人口増減、都市間人口移動、都市内人口移動に及ぼす影響を分析している。それら一連の研究は、石水の退官記念論文集に相当する『都市空間システム』(石水 1995) に加筆修正して再録されている。そして、驚くべきことに、「会津盆地外出行動」論文も、「地理的場としての都市配置」というタイトルで加筆修正の上、再録されているのである。このことからも石水の「会津盆地外出行動」論文に対する思い入れの強さがうかがえる。自身の研究テーマは都市地理学から理論・計量地理学に移行しても、空間構造の人間行動に対する規制の仕方という、石水の学問的関心の有り様は終生変わらなかったといえよう。その是非はともかくとして、空間の効果を独立した現象として識別し、分離し、評価することが可能であるとする空間分離主義 (Sack 1974) の立場に立つのが、石水の地理学であったのである。

　　本稿の骨子は、2006 年 5 月 13 日に名古屋大学で開催された「石水照雄先生をお偲びする会」で発表した。筆者は名古屋大学大学院文学研究科博士課程 2・3 年在学時の 2 年間に、赴任直後の石水照雄先生からご指導を賜った。とはいえ、当時は今と違って、指導教員は名目上の存在にすぎず、特段、個人指導のようなことはなかった。研究上の指導は、院生が全員出席する大学院ゼミでの年 2 回の発表の場以外には基本的になかった (ゼミには石水教授以外にも、井関弘太郎教授と石原　潤助教授が出席し、ゼミのイニシアチブは最年長の井関教授がとられていた)。これ以外には、投稿論文に対する文章添削を 3 先生にはお願いし、とりわけ石水先生は英文要旨をしっかりと添削してくださった。良くも悪くも自由放任の時代であり、個々の院生は独自の発想で論文執筆に取り組んでいた。本稿には、注として明記することなく、折々の談笑する機会に、石水先生から直接うかがった話が散りばめられている。

引用文献

有末武夫　1953「伊豆半島のバス交通—奥伊豆における住民のバス利用について—」地理学評論, 26.
有末武夫　1956「裏日本北部における地方都市周辺の旅客交通」地理学評論, 29.
石水照雄　1957a「会津盆地における村落から都市への外出の指向性—集落の位置関係の研究—」地理学評論, 30.
石水照雄　1957b「都市の階層的配置—その問題点と研究方法について—」都市問題, 48.
石水照雄　1957c「都市の階層的配置—研究の系譜と基礎理論—」都市問題, 48.
石水照雄　1960「都市の中心地的機能とその空間的展開—関東地方の諸都市, 主として宇都宮を中心とする都市群について—(1)」愛媛大学紀要　第四部　社会科学　第 3 巻第 3 号.
石水照雄　1961「都市の中心地的機能とその空間的展開—関東地方の諸都市, 主として宇都宮を中心とする都市群について—(2)」愛媛大学紀要　第四部　社会科学　第 3 巻第 4 号 (第 3 分冊).
石水照雄　1972「計量地理学—地理的空間の理論構成について—」人文地理, 24.
石水照雄　1976『計量地理学概説』古今書院.
石水照雄編　1995『都市空間システム』古今書院.
木内信蔵　1951『都市地理学研究』古今書院.

杉浦芳夫 1981「消費者の顕示空間選好（Revealed space preference）をめぐる諸問題」中村和郎編：『理論地理学ノート '80』空間の理論研究会．
杉浦芳夫 1986「計量革命と統計学」野上道男・杉浦芳夫『パソコンによる数理地理学演習』古今書院, 187-216.
名古屋大学地理学教室 2006『石水照雄先生と地理学』名古屋大学地理学教室．
森川 洋 1959「広島県における中心集落の分布とその遷移」地理学評論, 32.
Bergsten, K. E. 1951 Variability in intensity of urban fields as illustrated by birth-places. *Lund Studies in Geography, Ser. B Human Geography* No. 3, Department of Geography, Royal University of Lund, Lund.
Fotheringham, A. S. 1983 A new set of spatial-interaction models: the theory of competing destinations. *Environment Planning A*, 15.
Garrison, W. L. 1956 Estimates of the parameters of spatial interaction. *Papers and Proceedings of the Regional Science Association*, 2.
Godlund, S. 1951 Bus services, hinterlands, and the location of urban settlements in Sweden, specially in Scania. *Lund Studies in Geography, Ser. B Human Geography* No. 3, Department of Geography, Royal University of Lund, Lund.
Gould, P. R. 1985 *The Geographer at Work*. Routledge & Kegan Paul, London.
Hägerstrand, T. 1947 En landsbygdsbefolknings flyttningsrörelser: studier över migrationen på grundval av Asby sockens flyttningslängder 1840-1944（The movements of a rural population. Migration studies on the basis of the parish registers of Asby 1840-1944）. *Svensk Geografisk Årsbok*, 23.
Isard, W. 1956 *Location and Space-Economy*. MIT Press, Cambridge, Mass.
Kant, E. 1946 Den inre omflyttningen i Estland i samband med de Estniska städernas omland（About internal migration in Estonia in connection with complementary areas of Estonian towns）. *Svensk Geografisk Årsbok*, 22.
Kant, E. 1951 Umland studies and sector analysis. *Lund Studies in Geography, Ser. B Human Geography* No. 3, Department of Geography, Royal University of Lund, Lund.
Rushton, G. 1969 Analysis of spatial behavior by revealed space preference. *Ann. Assoc. Amer. Geog.*, 59.
Sack, R. D. 1974 The spatial separatist theme in geography. *Econ. Geogr.*, 50.
Watanabe, Y. 1955 The central hierarchy in Fukushima Prefecture: a study of types of rural service structure. *Science Reports of the Tohoku University, Seventh Series (Geography)*, 4.
Young, E. C. 1924 *The Movement of Farm Population*. Cornell University Agricultural Experiment Station Bulletin, No. 426.

菅野峰明

第12章 アメリカの都市地理学を学ぶ
―個人的な経験―

1. 都市地理学研究の開始

　私が大学に入学したのは1963年で、この頃、日本は高度経済成長期にあたり、日本各地から東京をはじめとする大都市圏に人口が流入していた時期であった。出身地の岩手県からも中学の卒業生が集団就職の形で東京大都市圏に多数移動してきていた。これらの若い労働力の需要がどのようにして生じたのかを知ったのは大学で地理学を学び始めてからのことであった。地方から労働力として東京大都市圏に流入した人びとは東京だけではなく、周辺の県に住みつき、そこで都市化が進展するということも大学で学んだことであった。何が大都市に人口を流入させ、流入した人口が住みつく地域にどんな変化が起こるかが私の関心事となり、大学では都市地理学を学ぶことにした。私の学んだ東京教育大学（現筑波大学）理学部地理学専攻では授業で都市地理学を教えていたのは非常勤の正井泰夫先生（当時お茶の水女子大学）であった。先生はアメリカ留学の経験を踏まえて日本の都市だけではなく、アメリカの都市の特色もよく説明してくれた。

　学部学生の時代には少ない知識を増やすために、都市地理関係の本を多く読んだ。都市化が急速に進展する時代のなかで多くの分野で都市に関係する本が出版されていた。都市地理学の教科書として役立ったのは、山鹿誠次の『都市地理学』（1964）であった。この本は第1部と第2部に分かれ、第1部では都市の定義、都市の発達と機能、都市の構造と都市圏を扱い、第2部では都市地理の諸問題として、主として大都市を例にして副都心の形成、大都市近郊の都市化、衛星都市の形成などを扱って、都市の一般的な特色と都市地域における現象の具体例を説明したものであった。

　日本の都市地理学の研究成果をまとめた『日本の都市化』（1964）も都市地理学研究の内容と方法を理解するためには良い教科書であった。この本は都市化、都市化の概念、都市化研究の展望から始まり、都市化の諸現象として人口の都市集中、都市域の拡大、大都市地域の形成等、大都市の都市化として首都圏、中京圏、近畿圏等、そ

第 12 章　アメリカの都市地理学を学ぶ（菅野峰明）　　143

写真 12-1　日本地理学会春季学術大会後の巡検（1982 年）
前列左から 2 人目は正井泰夫、3 人目は山鹿誠次（菅野峰明提供）

して地方都市の都市化、都市化の問題点が研究例を基にして記述されていた。この本の題名にもなっているように 1950 年代後半から 60 年代にかけては、都市への人口集中とその結果としての都市化が都市地理学者の主要な関心事であった。

　都市地理学を学ぼうと決めて、卒業論文では都市構造の理論とモデル化についてまとめた。これまで都市の構造についてどんな理論があり、それがどのように発展、展開されてきたかを日本語と英語の論文を読みながら、まとめた。当然のことながら、今では古典的な理論と言われる、欧米の都市についてはバージェス、ホイト、ハリス・アルマンそしてデッキンソンのモデルが中心であったが、日本の都市については田辺健一のモデルであった（Tanabe 1959）。これらのモデルをまとめる過程で、日本の都市も欧米の都市と歴史が異なるにもかかわらず都市構造では類似点があるということを認識した。

　東京教育大学大学院修士課程と博士課程では山本正三先生、奥野隆史先生の指導で静岡市の土地利用を調査して、都市構造のモデルを構築しようとした。しかし、この研究には一筆ごとあるいは建物ごとの用途別のデータが必要であったが、このようなデータは存在しなかった。そこで、データが無いなら、自分でデータを集めようとい

うことになり、静岡市内を歩き回って自分で大縮尺の地図に建物の用途を調査することにした。1人ではとても不可能なので、同僚の院生や友人にも依頼して、土地利用調査に協力してもらい、実地調査でデータを収集した。それでも、修士課程の在学中には静岡市街地全域を調査することはできず、修士課程の時にはほぼ東海道線の北側の市街地だけであり、この地域を対象にして市街地の土地利用の実態と構造を分析した。

博士課程在学中に東京教育大学地理学教室の人文地理学では大学院生の実地調査の訓練を兼ねて、変貌著しい伊豆半島を対象にした研究調査が行われた。この研究調査において私は高橋伸夫先生、小林浩二さんとともに下田市の都市化を調査した。伊豆急が下田まで開通することによって下田市が急速に観光地化していったことをテーマとしたのである。この時には実地調査に基づく分析ということで、都市化の現象を都市的土地利用の拡大と捉え、農地転用の申請書をデータとして利用することにした。周知のように農地転用申請書には転用する目的が記載されているので、これで実際の土地利用変化の状況を把握しようとした。山地が海岸に迫っている伊豆半島では平坦地の場所が限定されるので、下田市の景観的都市化が顕著な場所は伊豆急線が走る、稲生沢川から伊豆急下田駅の間の本郷たんぼと呼ばれる地区であった。景観的な都市化とともに民宿の増加もあり、海岸部での民宿の増加も調査して「地方小都市の観光化に伴う都市化—伊豆下田市の事例—」として発表した（高橋伸夫・菅野峰明・小林浩二 1974）。

2. アメリカ合衆国で都市地理学を学ぶ

（1）ジョージア大学大学院での研究

1972年の夏からフルブライト奨学生としてアメリカ合衆国ジョージア大学大学院で地理学を勉強することになった。ジョージア大学は第二次世界大戦後に地理学の博士課程を創設した比較的新しい地理学教室であった。大学院博士課程を創設した時の主任教授は、南部の農業と地誌を研究していた Prunty であった。大学院博士課程創設の初期には後に文化地理学で活躍する Zelinsky や農業地理学のフィールドワークで多くの業績をあげる Hart もこの地理学教室に所属していた。ジョージア大学の地理学教室は特定の分野の研究が優れているというよりも地理学のほとんどの分野を教員20人ほどでカバーしているオーソドックスな教室であった。つまり、人文地理学では農業地理、都市地理、経済地理、工業地理、歴史地理そして交通地理、地誌学では北アメリカ、アメリカ南部、南アメリカ、ヨーロッパそして中国、自然地理学では

地形学、気候学、気象学、水文学、リモートセンシング、さらに、地図学などの分野を専門とする教員がいた。

　私が大学院で研究を始めた頃には、後にジョージア大学地理学教室に大きな影響を与えることになる3人の若い先生が着任して間もない頃であった。その3人とは、都市地理学・交通地理学・計量地理学を担当する James O. Wheeler、中国研究と都市地理学研究が専門の Clifton Pannell、そしてリモートセンシングが専門の Roy Welch であった。彼らの研究活動は活発であり、その成果は大学院生に大きな影響を与え、大学院生の興味関心を広げたのであった。

　私はジョージア大大学院に入学前からコンタクトがあった James B. Kenyon 先生を指導教官にお願いして大学院の研究生活を始めた。アメリカ合衆国の大学院のシステムは日本のそれとは異なり、大学院でも定められた科目数を履修して単位を修得しなければならない。必要な単位数を修得してから、preliminary examination と呼ばれる筆記試験と口頭試問を経て、Ph.D. candidate（博士論文提出資格者）になり、ここから論文の執筆に取りかかる。したがって、学位取得には最短で科目と演習の履修に約2年間、その後論文執筆に1年間という期間が必要であった。

　Kenyon 先生の都市地理学の授業では当時アメリカの多くの大学で使用されていた Murphy の The American City: An Urban Geography と Yeats and Garner の The North American City の2冊が教科書であった。アメリカの大学では教科書を授業の前に読んでいくことが前提であり、読んでいかないと授業についていくことができないのである。在学1年目の私の英語の理解力は決して十分ではなく、授業での議論に参加することは少なかったが、日本ですでに学んでいた都市地理学の知識と授業の教科書があったおかげで授業中に何が議論されているかは理解することができた。Kenyon 先生は、ジョージア大学に来る前にニューヨークのポートオーソリティ（港湾局）に勤めていたことがあり、その時にアメリカ各地の都市を調査した経験があるということで、教科書の内容にアメリカの各都市の景観や都市計画の話を追加しながら授業を進めた。

　Wheeler 先生の計量地理学の授業は初心者を含めての授業だったので、King(1969) の Statistical Analysis in Geography を用いて、初歩の統計学入門から始まり、多変量分析にまで進む体系的なものであった。アメリカの大学院に留学する目的の1つが計量地理学の勉強であったので、この授業には期待していたし、ここでの term paper を作成する過程で、大学のコンピュータセンターを利用する方法を学んだ。大学のコンピュータセンターには当時のコンピュータとしては最新の IBM360 というシステムが稼働していたが、データ入力は IBM カードと呼ばれるカードに打ち込む

方式であり、使用するソフトも十分ではなかった。しかし、地理学教室には統計・計量分析を行うためのソフトがあり、それを研究目的に合わせて修正して利用することができた。しかし、そのソフトも IBM カードからなり、自分の研究に利用するためにはソフトの一部修正が必要であった。これはフォートランを用いて行った。1つのコマンドを1枚のカードにパンチするので、ソフトのカードとデータを合わせると相当のカード数になる。また、当然のことながら、","と"."、";"と":"を誤ったり、コマンドのスペルを間違えると、コンピューターは結果を出してくれない。ソフトとデータを合わせたカードを一緒にしてコンピュータセンターのカードリーダーに読ませ、コンピュータのアウトプットを待つ。24時間稼働のコンピュータセンターに、深夜でもアウトプットを取りに通ったものである。

　大学院の生活は厳しいものであった。留学1～2年目は言葉のハンディキャップがあったし、アメリカの大学院のシステムに慣れていないことから、授業についていくことに必死であった。授業のアサインメントの量も、1つの科目で1週間に1冊の本を読んで書評を書き、また学期の最後には科目ごとに term paper を書くのが普通であったため、英語に慣れていない者にとっては大きな負担であった。土曜・日曜日は授業の遅れを取り戻すのに利用し、学期中はほとんど休みもないような生活であった。このほかにティーチングアシスタントとしての仕事もあって、実験・実習の監督をし、教授の仕事を手伝うこともあり、1週間が経つのは速かった。さらに、このティーチングアシスタントの仕事は学期ごとの成績の平均が5段階評価でB以上でないと打ち切りとなることから、自費で留学生活を続けることのできない貧乏学生の私にとっては、学期ごとの成績維持も大きな課題であった。まさに身体がやせてしまうほど勉強した。

(2) アメリカの都市の観察

　大学院在学中に学期の間の休みを利用してアメリカ各地を旅行した。留学1年目のクリスマスの休みにはグレーハウンドのバスを利用して南部のバーミングハム、ニューオーリンズ、ダラス、ヒューストン、サンアントニオ、エルパソ、アルバカーキー、サンタフェ、オクラホマシティ、リトルロック、メンフィス等の都市を見学した。南部の代表的な鉄鋼業都市、バーミングハムで「同じ場所に原料（鉄鉱石）と動力（石炭）がある唯一の地」という看板を見たり、ニューオーリンズではラテン文化の残るフレンチクオーターを歩き、サンタフェではサンタフェ街道の起点となるマイルストーンやスペイン起源のプラザを見たり、アメリカの都市の違いを実感した。

　さらに2年目の夏休みには北東部のメガロポリスの都市を中心として、ワシント

ンD.C.、ボルチモア、フィラデルフィア、ニューヨーク、ボストン、カナダのケベック、モントリオール、トロントを経由してバッファロー、クリーブランド、デトロイト、シカゴ、セントルイス、ナッシュビルと回った。都市地理学の教科書に出てくるアメリカの大都市がどのようなものかを実際に体験するのが目的の旅行であり、ワシントンD.C.ではホワイトハウスからあまり遠くないところに低所得層の住む地区があるのを発見し、ニューヨークではすでに悪評の高かったハーレムのスラム街を1人で歩き、シカゴではバージェスの同心円地帯モデルを思い出しながらループと言われる中心部と南部の黒人住宅地帯を歩いた。

　さらに、2年目のクリスマスの休みには南部の都市を巡った。マスターズゴルフの開催されるオーガスタ、チャールストン、そしてフロリダ州のジャックソンビル、デイトナビーチ、オーランド、マイアミ、マイアミビーチ、キーウエスト、タンパ、セントピータースバーグを見学した。南部のこれらの都市は観光的性格の強いところであり、マイアミビーチの巨大なホテル群、オーランドのリゾートホテル群、キーウエストの南国的な場所に地域と都市の性格を感じた。

　前述したように、アメリカの大学院博士課程ではPh.D.論文を書く前に、preliminary examinationと呼ばれる、履修した科目ごとの筆記試験と指導教員コミティーによる口頭試問に合格しないといけない。この試験に合格してPh.D. candidate（博士論文提出資格者）となる。この試験は、1日1科目3時間の試験を5日間続け、筆記試験に合格した段階で指導教員コミティーおよび地理学教室の教員による口頭試問が行われる。口頭試問は大学院の公式行事となり、大学院所属教員は所属教室の制限なく誰でも自由に出席することができる。私はこの試験に合格してから、アメリカでの実地観察と大学院での授業および研究内容を踏まえてPh.D.論文のテーマを考えた。1970年代のアメリカの都市地理学の関心としては、①都市システムの発展の理解、②大都市地域の内部構造を見つけ出してモデル化すること、③統計データの多変量分析の応用による仮説の検証があった。

　そこで、計量的側面とモデル化に関心があった私は、日本の大学院時代にデータを収集していた静岡市の土地利用を分析してモデル化しようと思った。さらにせっかくアメリカにいるのだからアメリカの都市も研究することにして、ジョージア州の州都アトランタを研究対象に考えた。静岡市の土地利用のデータとしては日本の大学院在学中に調査した、建物ごとの詳細な土地利用図があったので、これと同等な土地利用データをどのようにして入手するかが次の課題となった。アトランタ市役所都市計画課を訪問して尋ねると、詳細な土地利用図があるということがわかったが、これは貸し出しができないと言われ、市役所の一室で大縮尺の土地利用図から土地利用データ

をセンサス地区ごとに集計して利用することにした。しばらくアトランタ市役所に通って、この作業を続け、アトランタ市の土地利用データを取得した。

3. アメリカ合衆国での都市研究の成果

（1）アメリカの主要大都市圏における物資流動と社会経済構造の正準相関分析

Ph.D. 論文では静岡市とアトランタの土地利用データを多変量分析で解析して、都市構造をモデル化するのが目的であった。そのような研究をしていたところ、Wheeler 教授から彼の演習の term paper として提出したものを論文として投稿したらと勧められ、アメリカの大都市圏の社会経済的構造と物資流動の関係についての論文を手直しすることにした。この論文を書く動機は、統計学的手法を用いて社会現象と空間的現象との関連の度合いを測定しようというものであり、大都市間で物資流動の多いのは、大都市の社会経済構造が異なることに関係しているという仮説を検証してみることであった。幸いにも大都市間の物資流動のデータは得られたし、大都市の社会経済構造のデータはセンサスから得られたので、統計的方法としては正準相関分析を使用することにした。

2つの異なる社会現象の間にどんな関係が存在するかを統計的方法で測定すると、大まかには社会経済的構造の異なる大都市間で物資流動が多いという関係が測定できた（Kanno 1976）。この論文は多変量のデータに統計的方法を用いて仮説を検証するという、その当時の都市地理学の大きな流れのなかにあるものであり、研究の潮流の1つと位置付けることができる。正準相関分析を用いての研究は例が少なく、野尻亘はこの論文を三橋節子とともに日本における物資流動の先駆的研究と評価し、その後の日本の物資流動の研究に大きな影響を与えたと述べている（野尻 1997）。

（2）ジョージア州における円形の自治体境界

大学院在学中にジョージア州の地図を見ていて、市町村の境界が特殊な幾何学的形態になっているのに気がついた。長方形になっているのは緯度と経度を利用していると理解できたが、円形と円の一部の弧が境界の一部となっているものをどう理解すれば良いか迷った。円形の境界を扱った論文があるかどうかを学会誌で調べても、主要な学会誌には無いことがわかった。ジョージア大学の図書館で検索して修士論文のなかに、円形境界を扱った論文があることを発見し、その論文を見ると、円形境界はアメリカ合衆国南東部諸州に見られる現象でとくにジョージア州に多いことが記述されていた。なぜ、ジョージア州に多くて、これらがどのようにして形成されたかを歴史

的に検討することにした。ちょうど履修していた、DeVorsey 教授の「南部の歴史地理学」演習のなかでこの問題を扱うことにして DeVorsey 教授に相談すると、ジョージア州の史料はここにあると言って、Georgia State Archive（州公文書館）に連れて行ってくれた。

　ジョージア州の自治体は州の法律で認可される。したがって、自治体の範囲は法律にすべて記載されていることから、ジョージア州の自治体を認可した法律をすべて読んで、自治体の形態を確認して円形の境界を判断した。円形の自治体は、一般には、その範囲を「〇〇を中心として半径〇〇マイルの範囲を自治体の範囲とする」と定めている。これらの法律を読んで、円形境界を採用する自治体がどのように伝播していったか、円の中心となる場所が時代とともにどう変化したか、半径は人口の大きさとどのような関係にあるか等を分析した。その結果、円形境界採用の大きな理由は、自治体境界を設定する際に大がかりな測量をする必要はなく、簡単にその範囲を設定できることであるとわかった。これは、ジョージア州における自治体設立に必要な人口が 500 人であり、自治体の財政規模が小さく、自治体設立の費用を抑えたいという自治体の要望があったことと関係があった。

　さらに、円形の中心となる場所は、自治体数の少ない初期には郡裁判所が圧倒的であり、これは開拓初期の郡裁判所の役割を物語っている。また、鉄道網が広がると、鉄道の駅が円形境界の中心となり、道路網が整備されると、主要道路の交差点が中心となり、商業活動が自治体の主要機能となると、ダウンタウンの中心が円形の中心となるなど、自治体の果たす主要な機能の場所に中心が置かれる傾向を把握することができた。円形境界に使用される半径の長さは自治体設立当時の人口規模とはほとんど関係ないこともわかった。半径の長さは、その自治体が今後発展していくだろうという予測も含めて決められていることも明らかになった。

　このようなことをまとめて「ジョージア州における円形の自治体境界」としての論文を発表した（菅野 1977）。ジョージア州を中心に自治体の円形境界が存在していることを指摘した論文は、日本語としては最初であり、このことを知った日本の地理学者から反響があった。円形の自治体境界が存在することを初めて知ったというものから、なぜ円形の自治体境界にこれまで気がつかなかったのだろうかというものまであった。これは、私が現地での観察によって気がついたことであり、現地調査の重要性と関連している。アメリカ南部へ行く日本の地理学者がそれまで少なかったし、他の専門分野の研究者はこの現象に気づくことが少なかったのである。アメリカ国内では行政制度として郡（カウンティ）のなかに自治体があるのは当然で、自治体は郡から独立して行政を行うので、住民の自治のために円形や長方形の自治体があっても何

ら不思議ではなく、自治体はその行政範囲のなかで住民のための物事を決定しているのである。

(3) アメリカ合衆国における都市地理学の発達

そもそも、私がアメリカ合衆国の大学院で都市地理学・計量地理学を学ぼうと決めたのは、1960～70年代初頭にアメリカの都市地理学研究が先進的な内容であったためである。そこでジョージア大学大学院で都市地理学を学んでいる間にアメリカ合衆国の都市地理学が世界の都市地理学をリードしている背景を考察して、日本に帰国してから論文をまとめて発表した（菅野1982）。

アメリカの都市地理学は計量地理学と法則定立的な研究が増加するにつれて発達したが、これは地理学の内部だけに生じた傾向ではなく、社会科学全般に起こった流れのなかで生じたものである。つまり、経済学、心理学、社会学、統計学等の隣接の関係分野の計量化の進展によって、地理学の計量化の舞台も準備されたことになる。さらに計量化はコンピュータとそこで利用できるデータ、つまりセンサス（国勢調査）の存在によって可能となったのである。センサスでは都市内のブロックデータの使用が可能となり、都市内のさまざまな現象の分析が行われた。また、1960年代にはアメリカ国内では郊外化が進展し、それに伴って人口分散が進み、インナーシティと郊外の変容が注目されるようになった。同時に都市への関心が高まり、都市内の人種問題、貧困問題、都市再開発、都市内の土地利用と交通、環境汚染等が研究対象となって、多くの研究成果が発表された。

しかし、1970年代になると、行動科学的な研究も出現した。形態論的視点からの空間パターンの研究から行動論的視点からの空間的プロセスの研究へと移行してきた。このような研究動向に影響を受けて、消費者行動とメンタルマップに関する研究も進んだし、さらに1970年代には研究対象が多様化するようになった。研究対象が多様化する中で計量的手法が万能ではないことが指摘され、形態的・統計的抽象化のみが一般化を行う方法ではないという観点が生じてきた。そして、都市社会地理の研究が増加し、歴史地理学やラディカル地理学による都市地理学研究も生じてきた。これらは、アメリカ社会の抱えている人種問題や人種による居住地区の分離、マイノリティ問題を取り上げ、社会的不平等を指摘するものもあった。こうした研究はアメリカ社会の大きな変化に関心をもつ研究者の研究態度と関連していると指摘した。

(4) 都市地理学の教科書の執筆

アメリカの大学院で体系的な教育を受けたことによって、日本の大学でも教育科目

をしっかりと体系的に教えることの必要性を痛感した。ともすれば、担当教員の裁量に任せてしまうことの多い、日本の大学教育の中身を教科書の使用によって修正したらどうかと考えるようになった。幸いにも筑波大学の高橋伸夫先生も同じ考えであったので、日本大学の永野征男先生も加わり、大学レヴェルの都市地理学の教科書を執筆することになった。都市地理学の教科書であるので、これまでの研究成果を含むことはもちろんであるが、それぞれの章では用語や概念の説明を必ずすることにして、読んで理解できる内容にするようにした。

したがって、本の構成は、アメリカ合衆国の大学で使用されている都市地理学の教科書の内容を検討して、都市の概念から始まり、都市地理学研究の展望、都市の分類、都市システム、都市圏、都市の内部構造、都市化、都市空間の知覚と行動、都市計画とし、それぞれの章のなかにこれまでの研究成果を取り入れて紹介した（高橋・菅野・永野1984）。

この本が出版された当時は、さまざまな分野から都市の分析が行われていた。都市地理学の分野でも多くの研究成果が出版されている時期でもあったが、専門の研究書として出版されるために、それらを読みこなすことは難しかったのである。そこで都市地理学の入門者が都市地理学の内容を理解できるようにと概念や用語の説明から入って、現象の分析視点や最新の研究成果を含めて記述するように試みた。幸いにも、本書は大学レヴェルの都市地理学の教科書として好評を得て、多くの大学で採用され、今でも需要があると出版社からは報告を受けている。

引用文献

菅野峰明　1977「アメリカ合衆国ジョージア州における円形の自治体境界」人文地理，29.
菅野峰明　1982「アメリカ合衆国における都市地理学の発達」地学雑誌，91.
木内信蔵・山鹿誠次・清水馨八郎・稲永幸男共編　1964『日本の都市化』古今書院.
高橋伸夫・菅野峰明・小林浩二　1974「地方小都市の観光化に伴う都市化―伊豆下田市の事例―」地理学研究報告，18，東京教育大学理学部地理学教室.
高橋伸夫・菅野峰明・永野征男　1984『都市地理学入門』原書房.
野尻　亘　1997『日本の物流』古今書院.
山鹿誠次　1964『都市地理学』大明堂.
Kanno, M. 1976 Canonical Analysis of Commodity Flows and Socio-Economic Structure in Major U. S. Metropolitan Areas, *Geographical Review of Japan*（地理学評論），49.
Tanabe, K. 1959 Development of Areal Structure of Japanese Cities in the Case of Castle Towns—As a Geographic Contribution to the Study of Urban Structure, 東北大学理科報告第7輯（地理学），8.
King, L. J. 1969 *Statistical Analysis in Geography*, Prentice-Hall.
Murphy, R. E. 1966 *The American City: An Urban Geography*, McGraw-Hill.
Yeats, M. H. 1971 *The North American City*, Harper & Row.

山田　誠
第13章　都市地理学研究を志したころ

1. はじめに

　都市地理学の研究を長く続けてきた世代の研究者に、都市地理学の研究を志した契機やその後の研究の展開過程を回想してほしいというのが編者からの求めであった。読者の立場としてはたいへん興味深い本になりそうである。近現代の地理学史にも関心を抱き、その分野でもわずかながら小論を公表したことのある私としては、諸先生方がお書きになる本書の論稿には、とりわけ期待がもたれる。しかしいざ書く側に回るとなると、これはなかなか難題である。そもそも、まだ引退というつもりはなく、今少し現役の研究者でいたいという思いが今の私にはある。しかしこの点に関して言えば、すでに国立大学での定年を過ぎたという事実は、こうした回想文を求められても致し方ない年齢に達している証拠なのであろう。一方、私自身の研究生活を振り返ってみて、必ずしも一貫して都市地理学の研究者であり続けてきたとは言えないのではないか、その意味で、本書の執筆に適任とは言えないのではないかとの思いもなくはない。こうした点をあらかじめお断りしたうえで、以下、私の20歳代、30歳代のころの都市地理学研究を振りかえってみたい。

2. 卒業論文への取り組み

　私が京都大学文学部の4回生（回生というのは近畿地方特有の用語で大学での学年を意味する）として卒業論文を書いたのは1967年度である。京大文学部では専攻に分属するのは3回生からで、史学科人文地理学専攻の専攻生受け入れ上限枠は、当時は10名とされていた。ただ、10名を超える志望者があった年はなく、逆に1人も専攻生がいない学年もなかったといううわさを聞いていた。私が在学していた前後は毎年6～8名程度の専攻生で、私の学年は確か6名であった。そのように少人数の専攻生であったから、学生にとって演習（ゼミ）選択の余地はなく、3回生時には藤岡謙二郎先生（教養部）の演習、4回生時には文学部の専任教官であった織田武

雄・水津一朗両先生の共同担当の演習が、ともに専攻生全員の必修科目であった。したがって、規模の大きな地理学科の場合にしばしばみられるような、3回生(あるいは2回生?)からのゼミの選択によって卒業論文の分野が方向づけられるということはなかった。

　卒業論文でどういうテーマに取り組みたいかということは、多分全員が4回生ゼミの早い段階で発表し、それについて先生方からのご指導があったと記憶する。しかし、その後しばらくの4回生ゼミの主な内容は、卒業論文とは直接関係のない外国語雑誌論文の要約・紹介であった。夏休みの直前の4回生ゼミの席上でテーマ再確認の機会があったが、実質的な卒業論文中間発表は夏休み明けになってから行われたように思う。

　もちろん各個人のレベルでは、卒業論文のテーマをもっと早くから考えていたはずである。私の場合は、3回生の終わりごろから卒業論文のテーマについていろいろと考え始めた。候補に上がったものとしては、城下町の明治以降の変容過程とか、炭鉱町の形態と構造などがあったが、最終的には当時大流行のテーマだった地方中心地の構造に関する実証研究を、出身地の札幌から遠くない石狩川中下流域で行うということに決めた。歴史地理プロパーのテーマについては、高校で日本史を履修する機会がなかった(われわれの世代では、日本史・世界史・人文地理から2科目を選択するというのが通例であった)こともあって一歩踏み込むのがためらわれたし、第一次産業の経済地理、あるいは村落地理に関するテーマについても、私自身のそれまでの生活体験からは大きく隔たった世界であり、ぜひとも取り組んでみようという気にはなれなかった。また、民族地理・文化地理的なテーマについても、そういうテーマに取り組んでおられた先輩方が、探検部に属するなどして長期間のフィールドワークを早い時期から経験しておられたらしいといううわさを耳にすると、自分にはとても向いていそうもないと考えるほかなかった。

　こうした消去法的な方法で都市あるいは都市的産業の分野というあたりまで絞り、さらに自分自身の興味に基づいて、上記の3つのテーマまで絞り込んだわけである。最終的に城下町の近代の話や炭鉱町の話がお蔵入りした理由は、今となっては判然としない。おそらく、城下町の近代というテーマについては、藤岡先生はじめ多くの先生方・先輩方のご業績があり、多少なりともオリジナリティのある成果を生み出すことが困難ではないかと考えたことによるものと思う。今にして思うと、城下町の近代について取り組むべき未解明のテーマはいろいろあったはずなのだが、当時は適切なテーマを見つけられなかったのである。また炭鉱町については、ほとんど唯一といってもよさそうな先行研究として山口彌一郎先生の『炭礦聚落』(1942)のあることが

わかったのに、それを手近で目にすることができなかったために、どこかの段階で放棄したように記憶している。

　地方中心地の配置ないし構造を理論的あるいは実証的にとらえるというのは、当時きわめて多くの研究者を引き付けていたテーマであった。もちろん、このテーマの基礎にはクリスタラーの中心地論が存在するのであるが、私の学部生当時はまだクリスタラーの日本語訳はなく、英訳書も研究室で購入されたかどうかという段階であった。ドイツ語原書は所蔵されていたが、読み始めたのは卒業論文を書き終えてからだったように記憶している。という次第で、基礎的な学習も十分ではないままに、日本語（と若干の英語）文献を頼りに現地調査にとりかかったというのが正直なところである。現地調査とはいっても、対象地域が、西南端は江別市、東北端は深川市とかなり広かったために、自ら商圏・サービス圏などのアンケート調査を行うことは現実的ではなく、各役場や商工会事務局などを訪ねて商圏調査の資料をいただいたり、また低次中心地に立地する事業所の業種構成の確認を行ったりするのが主な内容であった。各中心地に立地する事業所の種類と数を把握するには、主として職業別電話帳（今の言い方ではタウンページ）を利用した。何冊か購入したが、当時はずいぶん安価で購入できたので助かった。

　私の親は、私が2回生のころに札幌を離れ、先祖代々の地である京都に転居した。しかし当時はまだ札幌にも旧宅が残っていたので、調査はそこをベースに行った。また当時兄の一人が砂川に居住していたことから、兄の家にも何日か泊めてもらったことがある。京都でもいろいろと用事があったために、夏休み中ずっと北海道で過ごすことはできなかったし、何分遠方だったので、京都と北海道の間を何度も往復することもできなかった。そのために、秋ごろから論文を書き始めていく段階で、どうも対象地域が1つの論文のフィールドとしてはあまり適切ではないのではないか、むしろ、十勝平野のような明瞭なまとまりをもつ地域の方がよかったのではないか、という疑問が浮かび上がってきたのに、その時点では十勝平野の現地調査を行うこともできなかった。その点の不十分さを補うために、手元の資料に基づいて十勝平野に関する若干の分析を行ったり、あるいは海外での研究事例との比較を行ったりと、やや苦し紛れの取りまとめを行わざるを得なかった。そんなことを友人相手にぼやいていたら、「修士論文のフィールドがもう決まったんだからいいじゃないか」と励まされた。残念なことに、この友人が誰であったのか今となっては思い出せないが、いずれにしてもプラス志向の助言はありがたかった。実際、大学院では十勝平野が修士論文のフィールドとなった。

　こうした次第で補充調査がまったく行えなかったため、所々に自信のない部分を含

む論文ではあったが、何とか締め切りの1月中旬（たしか17日）に提出することができた。この卒業論文は、主査：織田先生、副査：水津先生、西村睦男先生（当時教養部教授で、直後に奈良女子大学に転出された）、赤松俊秀先生（日本古代・中世史がご専門で私の論文とは関係なさそうに思えたが、ご出身が拙論のフィールドの隣接地である北海道旭川近郊とのことで、進学希望者の卒業論文審査には副査として他専攻の教官を含めることとの申し合わせの関係で織田先生が依頼されたとお聞きした）による試問を受けた。何点を付けていただいたのかは知るよしもないが、当時の（あるいは今でも？）京大文学研究科では、筆記試験の結果に加えて80点以上の論文であることが合格の必要条件と聞いていたので、卒業論文試問直後に行われた院入試で何とか合格させていただいたところをみると、80点以上ではあったのだろう。

3. 大学院生の時期

　修士課程の2年間は、その前半と後半とで自分自身の（そして周囲の）状況が大きく変わった。修士1回生の、とりわけ4月から翌年1月半ばまでは、講義・ゼミへの出席や文献調査に加えて、研究室内の調整で割り当てられたアルバイト（奈良のある私立中学での週2日、計9時間の非常勤講師）もあり、忙しい半面きわめて充実した時を過ごした。夏には北海道を訪れ、北大図書館、帯広市役所、同市立図書館等で基本的な資料の収集に努めるとともに、十勝平野一帯を見てまわった。また早くから課題が与えられていた水津先生の特殊講義のレポートのデータも、道内のいくつかの機関で集めた。さらに、卒業論文を縮めて『人文地理』誌の「研究ノート」として投稿する準備も行った（修士2回生の秋に掲載された）。

　修士1回生がそろそろ終わろうとする時期になって、それまでは東大や日大だけの話のように思えていた大学紛争（積極的にかかわっていた人々の用語法では学園闘争）が京都大学にも波及してきた。3月には文学部地理学教室の置かれていた文学部東館が全面封鎖となり、その状況は半年以上も続いた。新学年の授業の開始は11月下旬までずれ込み、その間、文学部の図書、雑誌、地図類もまったく利用不可能となった。ただ幸いなことに、附属図書館や教養部人文地理学教室は紛争中もほとんどの期間正常に機能していたので、修士論文作成のための勉学は何とか続けることができた。院生仲間での研究会もほぼ定期的に開かれていた。むしろショックだったのは、夏休みになって北海道に調査に赴いた際（この年度も、時間数は減ったものの中学の非常勤が続いていたため、大学の授業はなくても、中学が夏休みに入るまでフィールドに出向くことはできなかった）、北海道大学の附属図書館があるセクトによって封

鎖されていて、北海道の歴史地理的な事象を研究する上での宝の山ともいうべき同館北方資料室が利用不能だったことである。北大で利用できなかった分は、北海道立図書館や帯広市立図書館等で補ったが、中には補いきれないものもあったはずである。今ならインターネットで調べるなり、電話で問い合わせるなりして北大図書館の状況を容易に知ることができるのだが、当時は京都の拙宅にまだ電話がなく（当時は電話の一般家庭への急速な普及期で、電電公社に申し込んでから回線が引かれるまでに2、3年待たされるのが通例だった）、またうかつなことに手紙で問い合わせることも思いつかなかったのである。

　このような書き方をすればおそらくご理解いただけるであろうが、私はこの時の「闘争派」の人々の生き方、考え方にはほとんど賛同することができなかった。一般的な位置づけからすれば「ノンポリ」で、「闘争派」からの見方では「右翼秩序派」とされる中に含まれていたのであろう。

　十勝平野をフィールドとするこの修士論文は、都市地理学の中心的なテーマからはかなり離れて、いわば農業・農村地域を対象とする歴史地誌とも言えそうな内容のものになった。後に修論に若干手を入れたものが『人文地理』(1971)に掲載されたが、その論文が翌年の同誌の学界展望欄では「都市」の項目よりも「第一次産業」の項目でかなり長く論評されたのは、そのことをよく示している。しかし、私自身としては、たとえ小規模でも都市的集落を主に研究しているという意識をもち続けていたし、また周りの先生方や先輩方からも、「山田の専門は都市」というように認知されていたことは間違いなさそうである。藤岡先生が主宰されるいくつかの共同研究プロジェクトに加えていただいたり、先生の編集で刊行される書物の一部を分担執筆させていただいたりする機会が大学院在学中から何度かあったが、そうした機会での私の担当は多くの場合、都市地理そのもの、あるいは人口・商業といった都市関連テーマであった。また、先輩の小森星児先生からのお誘いで近畿圏整備事業とかかわる委託研究のグループの一員に加えていただき、近畿圏の都市の中枢管理機能分布の調査を行ったのも、大学院在籍の終わりごろだったと思う。

　ただ、当時の京大地理学教室（というよりも京大文学研究科全体）では、博士課程に3年以上在籍しても、それが直接博士の学位の取得に結びつくということはなく、その一方で、当時の京大地理学教室では院生の大学への就職状況がたいへん恵まれていたために、博士課程進学後は自分自身の研究テーマに没頭するというよりは、いずれ大学で教えることになった際に困らないように、地理学（正確には人文地理学と地誌学）の幅広い領域に目を向けて勉学を続けるという態度に傾きがちであったように思う。少なくとも私自身はそうであった。かれこれ40年も経過した今になって思うと、

どうやらこのころから「浅く広く」の学問になってしまったようで、反省しきりである。

また、就職状況に恵まれていたことのもう1つの副作用として、当時の京大地理学教室では、大学院在学中に海外に留学しようとする雰囲気がきわめて乏しかったことを指摘しなければならない。いずれ就職できたら、そこで文部省在外研究員制度あるいは公立・私立の同種の制度を利用して1年間留学するチャンスがいずれ巡ってくるだろう、との期待を多くの院生がもっていたように思い起こされる。私もその例外ではなかった。私の場合、早く就職できた（DC在学2年で中退、助手就任）ことはよかったものの、その後勤務したいろいろな大学のいろいろな事情から、結局「留学」という経験を、国内・国外を問わずもつことができないままに終わってしまった。もちろん、基本的には私自身の積極性の乏しさから生じた結果なのだが、後悔先に立たずとはまさにこのことである。

4. 若手教員のころ

人文地理学会では院生のころにも例会発表をした記憶があるが、日本地理学会での最初の発表は、京大文学部助手に就職した年（1972年）の秋の大会であった。開催地は山形で、そこで行われた「中心地としての地方の都市」というシンポジウムでの発表であった。オーガナイザーのお一人が西村先生（ただし大会には本務校公務のためご欠席）で、先生からの推薦で発表者の一人に加えていただいたと記憶する。修士論文でとりあげた十勝支庁域とそれに隣接する網走支庁域について、それぞれの中心都市である帯広と北見の比較を中心として話をした。そのなかに、「帯広が十勝の唯一（あるいは単一）の中心地」というような表現があったのを、質疑討論の際に青野寿郎先生から厳しく訂正された。私としては、網走支庁の場合が、行政中心の網走と社会・経済の中心の北見という「複核」であることとの対比のつもりだったので、その時には上記の表現が誤りとは思えず、あるいは何か反論をしたかもしれない。しかし、よく考えてみると十勝にもより低次の中心地はいくつもあるわけで、むしろそうした点の解明が修士論文のテーマだったことからすれば、「唯一の中心地」というような私の表現は確かにかなり問題含みと言わざるをえなかった。

京大の助手を1年9カ月で終え、1973年11月に愛知県立大学に転出した。早速、後期分の講義として2科目（教職の地理学と教養の地理学）を担当したが、前任の応地利明先生が担当された前期分の講義内容と重複しそうなテーマは避けなければならない。そこで私は、教職の地理学では都市地理学概論、教養の地理学では日本の歴史地理を、それぞれ講義することにした。都市地理学の講義ノートのベースとしては、

当時の都市地理学の概説書としてほぼ唯一というべき山鹿誠次先生の『都市地理学』を用い、それに適宜、他の文献や私自身のそれまでの調査結果などから取り入れた内容を加えて半年分の講義ノートとした。その時作ったノートは、多少の修正を加えつつ、非常勤で出講した愛知教育大学、1978年7月から勤務することとなった大阪教育大学などでも利用した。

愛知県立大学から大阪教育大学への異動の前後に活字になった3編の拙文が、私自身の都市地理学研究者としてのキャリア形成に大きな意味をもったように思われる。

3編のうち最初に出たのは、木村辰男・坂本英夫・高橋正という3先輩（高橋先生には、4回生のときにフランス地理書講読を受講したので恩師というべきであるが）が共同編集された『現代地理学の基礎』（1977）の一部として、都市地理学関係のいくつかの項目（ほかに計量地理学論の項目も）を書かせていただいたものである。都市に関する章のうちで私が担当したのは、「都市の概念」「都市の機能」「クリスタラーの中心地理論」「中心地理論の展開」の4つの節で、ほかに成田孝三先生（3回生のときに地理実習を受講した）が3つの節を執筆された。上記の、山鹿先生のご著書をベースとした講義ノートから少しずつ発展させていった、その中身が、この書物での私の分担執筆内容となった。

次いで世に出た思い出深い作品は、当時はいずれも筑波大学にお勤めの高野史男・山本正三・正井泰夫の3先生が共同編集された『日本の生活風土 Ⅱ 東日本』（1978）のなかの「北海道の都市発達」である。それ以前に私が分担執筆させていただいた書物は、いずれも私の恩師や先輩の先生方の編集されるものであった。それが、この『日本の生活風土』は直接教室でご指導をいただく機会のなかった先生方の編になる書物であり、私も北海道をフィールドとする都市地理学研究者のはしくれとして何とか全国的に認知されたのか、という思いを強くした。その意味で、この原稿の執筆依頼が出版社から届けられた時にはたいへん感激して、すぐに「承諾」の返事を出したと記憶している。その一方で、1977年に出た藤岡謙二郎編『日本歴史地理総説　近代編』に寄稿した内容と重複しないよう、執筆にはかなりの工夫を必要としたことも思い起こされる。

3点目は日本史研究会の機関誌『日本史研究』の200号を記念して編集された都市史特集号（1979）に、依頼論文として掲載された「都市研究と地理学」である。日本史研究会の会員による論稿に加えて、たしか西洋史、考古学、それに地理の諸分野から各1編の原稿を集めるという趣旨の企画だったようで、直接私に声をかけてくださったのは、当時滋賀大学の小林健太郎先生であった。先生は日本中世の歴史地

第 13 章　都市地理学研究を志したころ（山田　誠）

写真 13-1　IGU プレコングレス　仙台市役所 1980 年 8 月 29 日

理をご専門とされた関係で、日本史研究者の方々との交流が多くおありだったようで、どうやら先生のところにあった執筆話が私にまわってきたらしい。この論文では日本の都市地理学研究史をフォローするとともに、都市の歴史地理的な研究にあたっての地理学研究者と歴史学研究者の関係の在り方についても、多少の見解を述べた。私自身に限れば、この論文の執筆・公刊後、四半世紀近くにわたって歴史学研究者と共同の研究に従事する機会はなかったが、幸いにも最近 10 年ほどの間に、日本近代史の研究者を含む他分野の研究者との共同研究に参画する機会ができた。そうした折に私のこの旧稿が話題になることがあり、感慨深いものがある。

　1970 年代後半から数年間、私はそれまで行ってきた北海道の中心地システムの形成・発展過程の研究を、都市システム論のなかで再構成するという方向を模索した。その発端は、当時宮城教育大学にお勤めであった田辺健一先生が、先生が代表者となって申請される 1978 年度の科研総合研究「日本における都市システムの研究」に、私をメンバーの一人として誘ってくださったことである。その研究プロジェクトは、1980 年に日本での開催が決定済みであった国際地理学会議（IGC）の一環として行われる国際地理学連合（IGU）の国土集落システム研究委員会のシンポジウムの準備

を実質的な目的とするものであった。田辺先生の下に当時の中堅・若手都市地理学研究者が多数参加して、各自の研究テーマに取り組むとともに、1980年夏に札幌と仙台を舞台として開催されるシンポジウムでの発表の準備をも併せ行った。この科研費をいただいての北海道調査に際して田辺先生から、札幌に行ったら同じくメンバーの北大の羽田野正隆・谷内達両先生のもとを訪れて研究テーマの調整をするように、とのご指示をいただき、それを機に、両先生との交流の機会をもつことになった。羽田野先生とは上記シンポジウムで共同発表をすることになったし、谷内さんとは、その後今日に至るまでいろいろな機会に旧交を温めている。

その後刊行された田辺先生の編になる『日本の都市システム』(1982)や、田辺先生ともども上記シンポジウムのオーガナイザーを務められた山口岳志先生の編の『世界の都市システム』(1985)にも寄稿することが許されたが、1980年代後半から90年代前半にかけて、田辺・山口両先生が相次いで世を去られたことも関係してか、日本の都市システム研究はその後やや研究の活力が低下したように思われる（村山祐司さんの業績はめざましいものではあるが）。少なくとも私自身は、この時期以後、都市システム研究に関して、教科書的な書物の分担執筆を別にすれば、研究成果を公にしたことはない。

1980年前後には、私は以前から関心をもっていたカナダやアラスカ、さらには北欧といった北方圏諸地域の都市に、多少とも真剣に取り組むようになった。いずれ機会が得られれば長期間現地に滞在した上で本格的な調査を行う心づもりであったが、結局そのチャンスには恵まれず、予察的な報告をいくつか勤務校関係の出版物に掲載した程度で終わった。

5. 多岐亡羊

本書の趣旨からいって、私の中年期以降のことにふれるのは必要ではなく、またあまり適切でもないだろう。それを承知のうえで若干の客観的事実を記すと、私は1988年に、約10年勤めた大阪教育大学を離れて京都大学教養部に転勤した。その初年度から文学研究科・文学部共通の特殊講義を担当する機会を与えられたが、そこでのテーマ選定はまったく自由であり、自分自身で決めることができた。たしか「辺境地域の都市」とか「北方新開地の都市」といったテーマで、北海道やカナダ北部の都市の話を2～3年にわたって講義したと思う。ところが、それからしばらくして教養部改組の話がもちあがってきた。結局1992年秋から総合人間学部に所属しつつ大学院人間・環境学研究科にも協力講座教官としてかかわるということになった。当

初私が参加した人間・環境学研究科の協力講座の名称は「日本文化環境論」というもので、担当する講義の名称は「近代化論特殊講義」であった。この科目名では現代都市の話、あるいはカナダの話を中心にすることは憚られ、勢い、日本近代の都市の話に集中することになった。この時期以後何回かいただくことのできた科学研究費も、すべて日本の近代の都市に関係するものである。もっとも、人間・環境学研究科や総合人間学部ではその後も改組が続き、私の所属は二転三転した。私にとっての最後の改組になった2003年改組から2009年3月の定年退職までは、人間・環境学研究科共生文明学専攻文化・地域環境論講座地域空間論分野に所属し、総合人間学部文化環境学系を兼担するという立場であった。大学院の講義科目は「地域形成論1」と「同2」(いずれも半期2単位)を隔年で開講という仕組みだったので、一方を日本、他方をカナダというように割り振ることができ、好都合であった。

　こうした次第で、手掛けたテーマの数はずいぶん多くなったが、私の場合、どれも今のところでは中途半端に終わっていて、まとまった成果を生み出すには至っていない。まさに多岐亡羊の感がある。そうした意味で、本稿は都市地理学の研究を志す若い研究者、あるいは学生諸君にとって、あまりお役に立つものとは言えそうもない。あるいは、反面教師としての役割くらいは多少とも果たせるであろうか。

　なお私は以前、本稿の内容と多少とも関係する小論を公にしたことがある（山田「1960年代までの京都大学における都市地理学の研究状況」理論地理学ノート14 2004)。あわせご参照いただければ幸いである。

引用文献

田辺健一編　1983『日本の都市システム―地理学的研究―』古今書院.
藤岡謙二郎編　1977『日本歴史地理総説　近代編』吉川弘文館.
山鹿誠次　1964『都市地理学』大明堂.
山口岳志編　1985『世界の都市システム―新しい地誌の試み―』古今書院.
山口彌一郎　1942『炭礦聚落』古今書院.
山田　誠　1969「石狩川中下流域の中心集落」人文地理, 21.
山田　誠　1971「十勝地域の形成過程と中心集落―地域の動態的考察への一試論―」人文地理, 23.
山田　誠　1977「都市の概念」,「都市の機能」,「クリスタラーの中心地理論」,「中心地理論の展開」, 木村辰男・坂本英夫・高橋正編『現代地理学の基礎』大明堂, 所収.
山田　誠　1978「北海道の都市発達」高野史男・山本正三・正井泰夫編『日本の生活風土　II　東日本』朝倉書店, 所収.
山田　誠　1979「都市研究と地理学」日本史研究, 200.
山田　誠　2004「1960年代までの京都大学における都市地理学の研究状況」理論地理学ノート, 14.

小林浩二
第 14 章 私の都市地理学

1. 都市地理学への興味

　私の専門は、外国の地域研究ならびに農業・農村地理学である。とはいえ、東京やドイツのハンブルクなど都市近郊を対象にした研究を行ってきたので、私の研究は都市地理学とも少なからず関係している。そもそも、都市近郊を研究対象地域にするようになったのは、学生時代に都市地理学に興味をもつようになったからである。

　私が東京教育大学地理学教室に入学したのが 1965 年、それから 1970 年代初めまでの 7 年余りを学部学生及び大学院で過ごしたが、その時期はまさに日本の高度経済成長期、私は、その時期の真ったださなかで学生生活を送ったのである。中流意識、都市化、工業化、過疎と過密、水俣病などの公害。周知のように、高度経済成長期は、経済の急成長によって生活が豊かになった一方で、都市化や工業化による地域の急激な変貌、伝統的な生活様式の変化、それに伴う問題が顕在化した時期であった。

　今振り返ると、このような時期を経験した私が都市地理学に興味を抱いたのは当然だった。本稿では、私の学生時代ならびに大学院時代における都市地理学とのかかわりについて回想してみよう。

2. 都市化と都市地理学

　私は、大学入学当初から埼玉県飯能市から西武池袋線を利用して東京・大塚にある大学に通学していた。私にとって、往復の車窓から見る東京西郊の景観はきわめて面白いものだった。家と家の間にある小さな集約的な野菜畑が数週間のうちに住宅や事務所、あるいは駐車場に変わってしまうのである。農地が虫食い的に蚕食される様は、きわめて印象的だった。野菜を栽培している人はどのような人だろうか。どうして農地を住宅に変えてしまったのだろうか。それとも農地を売却したのだろうか。だとすれば、農地の売却金はどのように利用したのだろうか、あるいは、どのように利用する計画を立てているのだろうか。農地を購入した人はどのような人だろうか。農地転

用によって、どのような問題が生じているのだろうか……、車窓をながめながら、私はこんなことを想像していたことを思い出す。

都市化が華やかりし時代。都市地理学を専門にし、学会の内外で活躍される諸先生も多かった。田辺健一、清水馨八郎、山鹿誠次、高野史男、服部銈二郎、正井泰夫、石水照雄といった諸先生、当時の日本地理学会では都市地理学を専門とする研究者が多かったせいもあるだろう。これらの諸先生の学会での言動や発表が目立っていた。当然、私も先生達の言動や発表に触れ、大いに啓発を受けたことを忘れることはできない。

3. 農村からの調査

学部3年の終わりになって、私たちは、所属する研究室を決めなければならない時期になった。卒業論文を指導していただく指導教員、いわゆる所属教室を決めるのである。私は、都市化とともに農業・農村に関わりたいという意図を持っており、それらのテーマを含んだ卒業論文を書こうと思っていた。そこで、農業地理学の大家でいらっしゃる尾留川正平教授・山本正三助教授の教室（人文地理学第一講座）に所属することになった。

私が学部4年になったのは1969年、学生運動の最も盛んな時期であった。東京教育大学は、学生運動の拠点となっており、大学は封鎖され、授業がほとんどできない状況だった。4年生でのゼミは、ほんの数回開催されたに過ぎなかった。にもかかわらず、とりわけ、山本先生、当時助手をされていた高橋伸夫先生の適切なご指導により、何とか卒業論文をまとめることができた。私の卒業論文は、都市地理学の現状と課題を、主要雑誌に発表された論文を中心にダイジェストするかたちでまとめたものである。私は、大学院に進学することを決めていたので、欧文との接触機会を多く持てるようにと、先輩の大学院生達が提案してくれ、私もそれに従ったのだった。幸い、大学院修士課程の入学試験に合格、1971年4月修士課程に入学し、研究の第一歩が始まった。修士論文のテーマは、学部時代からの念願である都市化に近郊農村がどのように対応するかであった。フィールドとして、私は通学路でもある東京西郊を選択した。

4.『帝都と近郊』

修士課程に入ると、さっそく修士論文の指導を本格的に受けるようになった。修論

の構想を山本先生に話すと、先生は、さっそく『帝都と近郊』を紹介してくださった。『帝都と近郊』は、小田内通敏によって大正7（1918）年大倉研究所より刊行された名著である。

　本書の特徴は、次の4点にまとめることができるだろう。

1) 地域を取り巻く自然環境と地域住民の活動との関連をさぐる。「各地の地質なり土壌なり地形なり気候なり生物なりが異れる結果、其所に営まるる住民の生活即ち生業なり衣食住なりが如何に影響されているかを知りたいからである（本書自序1ページ）」

2) 都市的発展に伴う農村の変化を明らかにする。その際、中心からの距離を重要な考察の視点とする。「東京市の圍繞（いじょう）地帯、即ち都市的地域たる特殊農村に就きて地理学的考察を遂げ、以て東京の都市的発達に伴える外延的発展が、如何に其圍繞地帯の農村を都市化しつつあるかを窺わんとするものなり（緒説第1章3ページ）」「實地を踏査して其現状を観るに、住宅地區の分布も、蔬菜栽培地帯の範圍も、東京市の中心を距る等距離圏に依って、支配させらるるに徴すれば、之に依って郊外地帯を決するも過當にあらざるべし（同23ページ）」

3) 東京の近郊農村（郊外地帯）を多面的にとらえる。本書では、東京の近郊農村を日本橋より直径約5里とし、自然的環境、住民と其居住、土地と其利用、農業、工業、交通機関から捉えている。「是本書が東京市の郊外地帯の限界を中心日本橋より直径約五里に置ける所以にして、其範圍は総圖に示せるが如く、東京府下より千葉・埼玉二縣に及べり（同23ページ）」及び（同目次1～6ページ）。

4) 丹念なフィールドワークに基づいた地誌書である。「著者自ら或は雨露を犯し或は泥濘を踏み、日々徒歩にて研究地域を踏査し、自ら其物を撮影し、地圖の如きも多くは臨地制作し、かくして蒐集した資料を整理したもので、其辛苦は歴々文章のなかに現われて居る（同序新渡戸稲造12～13ページ）。

　山本先生は、こうしたアプローチを私に要望・期待したのであろう。しかしながら、結論的にいえば、私の修士論文は山本先生の期待に添うものではなかった。山本先生の叱咤激励は、きわめて厳しいものだった。今思い起こすと、先生の激励が重荷になり、焦燥感や自信喪失につながり、結果的にフィールドワークの怠慢につながってしまったのだと思う。こうした状況から、私の修士論文は、農業的土地利用についてのみ、東京西郊の特徴を捉えるというものにならざるを得なかった。東京近郊農村を総合的に捉えた『帝都と近郊』とは縁遠いものになってしまった。

　1967年にSinclair R.が「フォン・チューネンとアーバンスプロール」をAAAGに

発表した。この論文に注目して東京西郊の農業的土地利用と都市化との関連を調査してみると、都心から10～30km圏に注目すべき現象が展開していることが明らかになった。土地生産性からみると都心に近い地域が高く、土地利用の集約度からみると、逆に都心に近いほど低くなる傾向である。この圏域には、とりわけさまざまな農家が存在し、それゆえきわめて多様な経営がみられることが、こうした現象を生んでいるのではないかとの結論に達した。何とか修士論文を完成させることができたのは、尾留川、山本、高橋の各先生ならびに先輩・後輩の骨身を惜しまぬ援助のたまものである。

5. ハンブルク周辺の調査研究

1971年4月、私は博士課程に進学した。博士課程に行こうと決めたのは、修士論文の出来映えが満足いくものではなかったこと、それゆえ、自分の納得できる博士論文を書きたいと思ったからだった。また、外国へ留学したい希望を持っていたことも大きな要因だった。

山本先生は、日頃から私たち大学院生に留学を奨めてくださっていた。外国留学の効用については具体的には述べられなかったが、「外国への留学試験に挑戦してみなさい」というのが口癖だった。山本先生自身は留学の経験はなかったが、若いときの留学経験が将来の地理学研究にプラスになることを確信していたのだと思う。こうした研究環境だったゆえだろう。私たちの講座では、外国への留学がすでに伝統になりつつあった。アメリカ合衆国、フランス、ドイツへ留学したり、留学している先輩がいたし、同僚や後輩には私のように、政府の留学試験に備えて語学の勉強をしているものも少なからずいた。

1970年代初期は今と違い、とても自らのお金で留学することなど考えられなかった。幸運にも、私はDAAD（ドイツ学術交流会）の試験に合格することができた。1972年秋のことである。翌年の1973年6月にドイツに向けて出発、4ヶ月ドイツ語研修を経て、10月から約2年間ドイツ、ハンブルク大学地理学教室に籍をおき、地理学の調査研究に従事することができたのである。

ドイツ、ハンブルク大学での調査研究は、私にとって大きな転機だった。ドイツに滞在した2年間は、私のこれまでの人生にとって最も実りある時期だったと思う。何よりもよき師、よき友人を得たからである。私の師は、Kolb A. 教授で、自然地理学（地形学）ならびにアジア研究の大家であった。『東アジア、中国―日本―朝鮮』（Ostasien, China-Japan-Korea）、『東アジア、中国―日本―朝鮮―ベトナム』（Ostasien, China-Japan-Korea-Vietnam）、『太平洋世界』（Die Pazifische Welt）は、彼の代表作

写真 14-1　Jaschke 夫妻（1985 年撮影）

である。Alfred Hettner（1859-1941）は、自然、人文を統合する地誌学の創始者として有名だが、Kolb 教授は Hettner の愛弟子だった。Kolb 教授は地形学が専門だったが、Hettner の影響であろう、地誌学、とくに日本を含むアジアの地誌学の研究を精力的に行っていた。ハンブルク大学で最初にお会いしてから先生のなくなるまでの 15 年余りの間、Kolb 教授は、私をやさしく見守ってくださった。

　よき友人はたくさんできたが、なかでも Jaschke D. 教授は最も尊敬する親しい友人だった（写真 14-1）。当時は、Kolb 教授の助手で、専門は集落地理学、ハンブルク郊外の集落構造の研究を行っていた（『ラインベク―ハンブルク周辺地域の構造変化に関する研究―』(-Reinbek- Untersuchung zum Strukuturwandel im Hamburuger Umland)。専門が近いということで、Kolb 教授が私に Jaschke 教授を紹介してくださったのが、彼との最初の出会いである。Jaschke 教授は、彼の妻ウーテともども地理学のみならず私的な相談に気軽に乗ってくださった。Jaschke 教授の鋭い目とやさしい笑顔は、今でも私の脳裏に焼きついて離れない。

　ハンブルク周辺には、集約的な農業地帯が広がっている。北西部を中心に苗木・植木の栽培、南東部のフィア・マルシュランドには野菜栽培と花卉栽培、南部のアルテスランドには果樹栽培である。私は、Kolb、Jaschke 両先生の指導のもとで、こうした集約的農業地帯の調査研究を行った。私は、小田内の『帝都と近郊』のように、ハンブルク周辺に展開する集約的な農業をハンブルクの発展との関係で捉えたかったのである。その後数回にわたって、ハンブルク大学で調査研究を続け、1992 年にハン

ブルクの都市発展とその周辺に広がる集約的農業の特色を明らかにした『都市と農業の共存』(大明堂)を刊行することができた。

6. おわりに

　私は、これまで農業及び農村を対象にして調査研究を行ってきたが、都市との関係で捉えることを主な研究視点に据えてきた。これは、都市との関係を考慮せずに、農業や農村の特徴を捉えられないからであるが、学部及び大学院の時代に都市地理学に興味をいだいたことがその背景になっている。学生及び大学院生時代を振り返ると、当時の調査研究やそれに伴う体験が、その後の自らの興味・関心や研究に大きな役割を及ぼすことを改めて実感する。多様な知識を必要とする地理学ゆえに、さまざまな学問分野・地域に興味を持ち、それらについての知識を深めることの重要性を感じる今日この頃である。

引用文献

小田内通敏　1918『帝都と近郊』大倉研究所.
小林浩二　1992『都市と農村の共存』大明堂.
Jaschke, D. 1973　*-Reinbek- Untersuchung zum Strukturwandel im Hamburger Umland*, Institut für Geographie und Wirtschaftsgeographie der Universität Hamburg, Hamburg.
Kolb, A. 1963　*Ostasien, China-Japan-Korea, Geographie eines Kulturerdeteils*, Quelle & Meyer Verlag. Heidelberg.
Kolb, A. 1971　*Ostasien, China-Japan-Korea-Vietnam, Geography of a Cultural Region*, Methuen & Co. Ltd., London.
Kolb, A. 1981　*Die Pazifische welt Kultur-und Wirtschaftsräume am Stillen Ozean*, Dietrich Reimer Verlag, Berlin.
Sinclair, R. 1967　Von Thünen and Urban Sprawl, *A. A. A. G.*, 57.

富田和暁

第15章 郊外化、中心地理論、情報サービス業の立地

1. 大都市への人口移動と郊外化

　日本の農山村から大都市への大規模な人口移動が始まったのは1950年代以降のことである。人口が大量に流入した東京などの大都市圏では、人口の郊外化が急速に進展し、大規模なニュータウンの建設が始まった。1962年には大阪府の千里ニュータウンへの入居が開始された。大都市中心地区から郊外への人口流出も始まった時期である。第二次世界大戦前から住宅の郊外化はみられたが、戦後の郊外化は戦前のそれとはその規模と速度において大きく異なる。

　私が地理学を志して名古屋大学に入学したのは1965年4月であり、同大学文学研究科地理学専攻修士課程に入学したのは1969年4月であった。だから私の学生(院生)時代は上記のような本格的な郊外化の時代であり、私が修士課程3年目の1972年1月に提出した修士論文のテーマはこのような社会情勢を背景にしたものであった。

　修士論文の題目は「わが国主要都市圏の最近における産業別就業者の動向について」である。修論では、人口や製造業のドーナッツ化現象はどの都市圏でもみられるのか、また製造業とサービス業などの産業による郊外化の違いはあるのだろうかという疑問について検討するために、全国の主要都市を中心都市としてその日常生活圏としての都市圏を独自に設定して、国勢調査報告をおもな資料として分析した。

　この修士論文を基に検討を加えて、初めて学術雑誌『地理学評論』に投稿したのは1975年1月のことであり、同年5月に掲載された。修士論文を提出後、投稿まで実に3年間を要したことになる。この3年間のうち約1年間は、博士課程進学の受験のためのいわば浪人の時期であり、博士課程の受験勉強(ドイツ語と英語の勉強)中心の生活をしていて、投稿論文の作成は進まなかった。投稿論文の要旨を、1975年4月に専修大学で開催された日本地理学会春季学術大会で口頭発表した。これが全国的な学術大会での私の初めての口頭発表であった。投稿に際しては、当時の大学院の指導教授であった井関弘太郎先生に懇切丁寧な指導をしていただいた。

第 15 章　郊外化、中心地理論、情報サービス業の立地（富田和暁）　　　169

　私が Blumenfeld（1954）の研究を参考にして、この論文のなかで考えた大都市圏の人口変動の推移モデルは図 15-1 のとおりである。この推移モデルは、人口の郊外化が中心都市から外方へと進展するというものである。1960 年代から 70 年代初頭は、大都市圏における人口分布はいわばドーナッツ化が進展し、郊外化がいつまでも続くと考えられていた時代であった。だからバブル経済崩壊後の 1990 年代後半以降にみられた、大都市の都心地区における人口増加や郊外から都心地区への人口移動は想定できなかった。

　1960 年代の大都市圏における人口変動を図 15-1 の推移モデルに当てはめると、東京圏のみが離心型を示し、名古屋圏は初期離心型に、福岡圏や札幌圏などは集心型を示した。このような違いは、中心都市における都市的諸機能の集積量、すなわち中心都市の都市階層の差であると論じた。

　また、諸産業の郊外分散過程については次のように考えた。一般に製造工場の郊外分散が始まり、続いてあるいはこれより先に住居機能の郊外分散が生じる。これらに牽引されて低次小売業・サービス業が大都市圏の周辺地域に立地する。周辺地域にさらに諸機能の集積が高まると、金融・保険業および高次な小売業・サービス業が立地し、さらに居住機能などを集めて周辺地域の都市化が進展して、大都市地域を形成する。このような分散過程は上記のように都市階層が上位の中心都市ほど時期的に早く現れ、また分散の程度が強いと考えられる。

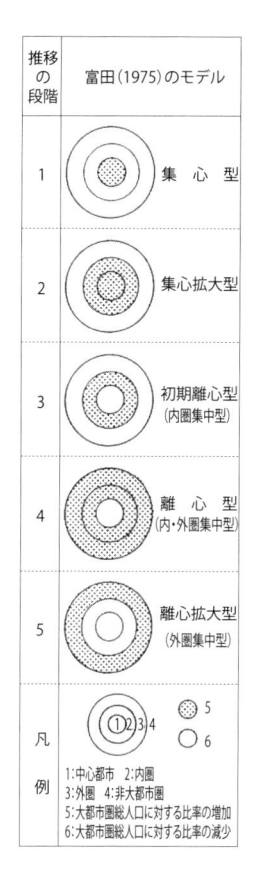

図 15-1　大都市圏における
人口変動の推移モデル
出典：富田和暁（1975）
第 1 図 a

2.　大都市圏における小売業・サービス業の立地動向

　前記の投稿論文では、産業間の郊外化の進展の差異を明らかにし、同一産業のなかでも業種による違いが大きい産業として小売業とサービス業の存在を指摘した。次の研究として、この業種による違いを名古屋大都市圏において検討しようと考えた。この検討に際して、小売業とサービス業の業種間の差異を理論的な枠組みのなかで考え

ようとした。その理論として中心地理論の概念を用いた。中心地理論は小売業とサービス業の立地理論としても有用であることは認識していた。具体的には小売業とサービス業に属する業種を中心地理論の財の到達範囲の概念を用いて高次、中次、低次の3つに大きく区分することを考えた。

　当時は日本の地理学界において、中心地理論の研究は大いに進展しつつあった時期であった。クリスタラーの中心地理論の日本語の全訳が1969年に大明堂から出版された意義は大きかった。私が大学院生時代に大きな影響を受けた著作や研究論文は、このクリスタラーの中心地理論のほか、ゴットマン（1967）や国松（1970）、石水（1974）、森川（1974）、成田（1977）、沢田（1978）などのものであった。

　上述の検討のために、小売業・サービス業の市町村別の業種別事業所数などのデータ収集をした。この収集のために愛知県庁や三重県庁などの統計課および東京の当時の総務局統計課を訪問した。こうして収集したデータを分析した論文は1977年10月に『地理学評論』に掲載された。この論文の結論の要点は下記のとおりである（富田1977）。

(1) 中心都市である名古屋市のCBDでは、高次な階次の機能ほど名古屋大都市圏域全体の事業所数・従業者数の増加に対する寄与率が高く、都市圏の周辺地域では高次な機能の増加寄与率はわずかであり、低次機能では寄与率が高い。したがって、中心都市（CBD）はいっそう高次な機能の集積地となり、低次な機能は需要（人口）の空間的分布変動と大局的には均衡した立地動向を示している。

(2) 名古屋大都市圏における副次中心地である瀬戸市、津島市、半田市、桑名市では、高次・中次サービス業と高次小売業の絶対的あるいは相対的な機能の低下がみられた。この低下要因として、周辺地域（副次中心地やその周辺地区）住民の中心都市・名古屋市における高次小売財などの購買率の上昇が推察される。

3. 大都市近郊に居住する消費者の中心地選好

　当時の都市地理学の研究論文の多くは、特定の地域を詳細に調査してある実態や変化を明らかにはするが、なぜそのような実態や変化が生じるのかということを究明しようとする論文はあまりみられなかった。こうしたなかで、地理学はなぜそうなるのかという説明をしなければ、科学としての存在意義は大きくならないと私は考えていた。だからできるだけこの究明をしたいと考えていた。

　このような意識もあり、次の研究課題として前述（2）の推察を実証することを考えた。すなわち、消費者の中心地選好の実態とその時間的変化をアンケート調査によ

って把握することによって、前述の論文で推論した仮説の検証、すなわち時間的変化の理由の究明を試みたのである。

この調査対象地域として、名古屋市の西に位置する愛知県津島市の周辺地域である当時の海部郡佐織町（現在は津島市の一部）を選定した。1977年3月～4月にこのアンケート調査を佐織町内の8つの地区で行い、計379世帯から回答を得た。この調査結果を分析した論文を『経済地理学年報』へ投稿した。投稿して数ヵ月後に、査読者からのコメントが郵送されてきた。そのコメントの要旨は、分析を主観的でなく客観的にしてほしいというものだった。私はこの時、神戸大学文学部に任期付き助手として勤務していた（1977年8月に就職）。

学術雑誌への投稿で大幅な修正を求められたのはこれが最初（かつ最後）であった。これ以前の2回の『地理学評論』への投稿では、割と簡単な加筆修正を求められたので、投稿から掲載までの期間は数ヵ月から半年ほどだった。ところが今回はいわば根本的に書きなおしを求められたのだ。このことについて少し詳しく述べたい。

私は上述のアンケート調査結果の分析として、調査時（1977年）とその10年前の財（贈答品などの財）を購入する中心地指向（選好）率の違いを、次のように％の差によって主観的に判断していた。たとえば10年前は「津島市50%、名古屋市20%、その他30%」であったが、調査時は「津島市30%、名古屋市50%、その他20%」であるとしたら、津島市指向は減少したのに対して、名古屋市指向は上昇したと判断したのである。この％の差が10ポイントほどであれば違いがあり、わずか（5ポイント以下くらい）であれば違いはないと考えた。ところが査読者の奥野隆史先生（当時筑波大学）は、統計学的な手法で客観的に検討すべきと指摘されたのである。

この指摘を受けてから、統計学の書籍を購入して学習をしたり、統計学の先生（名古屋大学教育学部の内田教授）の指導を受けた。この時に比率の差の検定などの統計学的検定を実質的に知った。実質的というのは、学部生時代に統計学の講義は受講していたが身についていなかったのだ。また林の数量化理論を知り、集めたデータをこの数量化理論第Ⅱ類に適用して分析した。この論文で数量化理論を用いた目的は、高次財の中心地選好についての消費者の諸属性の関与の程度を把握することであった。

こうして再投稿したのは前記のコメントを受けとってから約1年後のことだった。時間を要したが、この論文作成はその後の研究と教育に大いに役立った。教育面では、大学の教員として卒業論文や修士論文を指導する立場にたってからは、上記の私のような分析が見られる場合には、客観的に判断する手法として比率の差の検定などを紹介するようになった。

学術雑誌の査読者は匿名であるのに、なぜこのときの査読者が奥野隆史氏であると

わかったのか。それは、氏の書体がきわめて個性的であり、一度見たら忘れないというような書体だったからである。当時はワープロでなく手書きでコメントが書かれていた！氏の書体は、このコメントを見る前に見たことがあったのだ。それは奥野氏が名古屋大学で集中講義をされた時である。

ところで、定性的な属性データを定量的に分析する画期的な分析統計手法である林の数量化理論を前述のように、消費者の空間行動（選好する中心地）に適用して分析したが、これは地理学の分野で最も初期の研究だったと思われる。この論文が掲載された半年後に荒井（1979）の論文が発表された。これは「地方中心都市周辺地域における購買行動の要因分析」を林の数量化理論を用いて分析した論文である。当時は社会科学の研究分野において、このような分析が適用され始めた時期であり、地理学界における計量地理学の台頭と関係していた。

この論文で得た、前述の仮説に関する結論、換言すれば名古屋大都市圏における副次中心地のひとつである津島市周辺地区に居住する消費者の中心地選好の時間的変化の結論は次のとおりである（富田 1978）。

高次小売財は津島市指向から名古屋市指向へ、中次小売財は津島市指向へ、低次な小売財とサービス財は自地区充足へと変化した。これらの変化は 1968 年以後に佐織町に名古屋市などから転居してきた新住民の影響が大きく、旧住民の統計学的に有意な時間的変化として認められたのは低次財についてのみであった。つまり、こうした中心地選好の変化は新住民の選好による影響が大きく、旧住民の選好の時間的変化による影響は少ないことが判明したのである。したがって、既述の「周辺地域住民の高次中心地における高次小売財の購買率の上昇」という仮説は実証できたといえる。

4. 大都市における情報サービス業の立地

上述のような消費者の空間行動への私の関心は、その後も持続したが、研究の中心は大都市都心地区に集積する高次サービス業としての情報サービス業の立地に移行していった。1970 年代の情報サービス業は成長が著しく、社会的にも注目されていたが、その立地や集積の実態についての研究はほとんどなかった。

この研究を始めることになったきっかけは、神戸大学文学部に勤務していた時に大阪市経済局による事業所サービス業の調査に加わったことである。この調査は大阪市内の情報サービス業などの対事業所サービス業の実態を調査するものであった。大阪市内の当該事業所に対するアンケート調査に際しては、私の研究上の関心から「売上高の空間的分布」なども調査項目に入れてもらった。このアンケート調査結果の分析

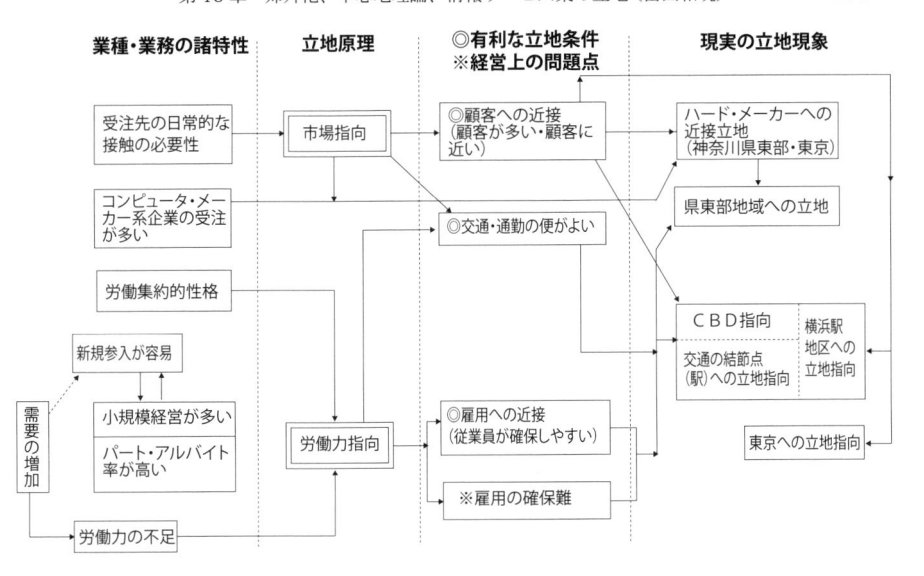

第 15 章　郊外化、中心地理論、情報サービス業の立地（富田和暁）　　　173

図 15-2　ソフトウエア業の諸特性と立地現象との関連（神奈川県の場合）出典：富田和暁（1986b）

から、大都市都心地区に集積する情報サービス業の立地要因を検討した。

　その後、私は神戸大学から横浜国立大学教育学部へ 1980 年 1 月に転勤した。横浜へ転勤してまもなく、横浜市立大学経済研究所による神奈川県内の情報サービス業の実態を調査する研究会に参加する機会を得た。

　この研究会が 5 〜 6 年の間に神奈川県で実施したいくつかのアンケートやヒアリングによる実態調査の結果を分析して、情報サービス業の実態に関する報告書や論文を書いた。これらのなかで、私が得た情報サービス業の立地に関する原理の要点は下記のとおりである。

　高次サービス業としての情報サービス業の財とサービスの供給形態や顧客の数などは、都心地区に同様に集積する高次小売業のそれと大きく異なるが、その立地に際して「主要な顧客との近接」、換言すれば「需要空間の中心への近接」を重視するという点では同じであることがわかった。そして、神奈川県における情報サービス業の代表的な業種であるソフトウェア業の立地動向をアンケート調査などから分析して、その立地現象を論理的に考えた。その要点は図 15-2 のとおりである。2010 年代の現在の状況とは異なるところもあろうが、当時のソフトウェア業の立地は大きく市場指向と労働力指向の 2 つの原理によって規定されていることを明らかにした。一方の

高次小売業の立地は市場指向原理のみに規定されるといえる。

　上記の研究と並行あるいは前後して、中心地理論の財の到達範囲の概念を用いて、大都市圏における小売業・サービス業の立地展開を理論的に考察し（富田 1979）、卸売業と小売業の立地原理の違いを論理的に検討した（富田 1986a）。

　以上の私の大学院生時代（20 歳代後半）から 30 歳代までの期間の都市地理学研究は、下記のように概括できる。

　日本の大都市圏における人口と産業の郊外化に関するマクロな分析から始まり、次に中心地理論という理論的なものに依拠しながら大都市圏における小売業・サービス業の立地動向を考察し、次の段階として、そこから推論された仮説を実際の消費者の行動面から実証した。そして次に、大都市に集積する産業としての情報サービス業の立地の実態と原理を検討した。こうした私の研究の課題や方法は既述のように、当時の日本の社会経済的な情勢や学会の動向の影響を受けていたのである。

引用文献

クリスタラー　1969『都市の立地と発展』江沢譲爾訳，大明堂.
ゴットマン　1967『メガロポリス』木内信蔵・石水照雄共訳，鹿島出版会.
フーバー，バーノン　1965『大都市の解剖』蠟山政道監訳，東京大学出版会.
荒井良雄　1979「地方中心都市周辺地域における購買行動の要因分析―新潟県豊栄市の事例―」経済地理学年報，25.
石水照雄　1974『都市の空間構造理論』大明堂.
国松久弥　1970『小売商業の立地』古今書院.
沢田　清　1978『日本の都市圏』古今書院.
富田和暁　1975「わが国大都市圏における人口・産業の動向とそのパターン」地理学評論，48.
富田和暁　1977「名古屋大都市圏における小売業・サービス業の立地動向」地理学評論，50.
富田和暁　1978「名古屋市近郊佐織町における消費者の中心地選好」経済地理学年報，24.
富田和暁　1979「大都市地域における中心地機能の立地動態の基礎モデル」神戸大学文学部 30 周年記念論集.
富田和暁　1980「京阪神大都市圏における小売業・サービス業の立地動向」横浜国立大学人文紀要，第 1 類 26 号.
富田和暁　1982「大阪市における情報サービス業と広告業のサービスエリアと立地地区」経済地理学年報 28.
富田和暁　1986a「流通諸機能と中心地機能―卸売業を中心として―」西村睦男・森川洋編『中心地研究の展開』大明堂，15-29.
富田和暁　1986b「神奈川県情報サービス業の立地展開」経済と貿易，143.
富田和暁　1987「神奈川県におけるソフトウェア産業の立地展開」経済地理学年報，33.
富田和暁　1995『大都市圏の構造的変容』古今書院.
成田孝三　1977「郊外化と中心市」経済学雑誌，76.
森川　洋　1974『中心地研究―理論，研究動向および実証―』大明堂.
Blumenfeld, H. 1954 The tidal wave of metropolitan expansion, *Jour. Amer. Inst. of Planners*, 20.

戸所　隆
第16章　都市空間の立体化研究・商店街研究から都市政策研究への展開

1.　時代背景・生活環境による都市への興味

　私は第二次世界大戦後間もない1948年6月に前橋市と利根川を挟んで隣接し、群馬県庁舎を望む群馬県群馬郡総社町に生まれた。総社町及びその周辺は多くの古墳や上野国府・国分寺跡や総社神社などの集積する古代東国文化の中心地である。また、酒井・松平の前橋藩ではなく、多数の老中を輩出した秋元氏の総社藩として自立した城下町の歴史をもつ総社は豊かな町であった。しかし、私の生まれた時代は敗戦後の混乱期で、総社町に近い榛名山麓にアメリカ軍が進駐しており、今のイラクやアフガニスタンのような様相を呈していた。目の前に展開するアメリカ人の豊かさと強権、日本人の貧しさと米兵への恐怖心が小学校入学頃までの記憶である。

　他方で、空襲で灰燼となった前橋市街地は、戦災復興都市計画事業によって4車線道路の建設が進み、中心商店街も急速に再生しつつあった。年々商品構成が豊かになる中心商店街は私にとって楽園のような場所であった。幼稚園の頃、何も買わなくてよいからおもちゃ屋に連れて行って欲しいと母に懇願したことが想い出される。小学校の頃には、友達と長時間おもちゃ屋や本屋で過ごすことがあった。そうした夢のある中心商店街をもつ前橋市との合併で総社町が1954年に前橋市になった時は、何か嬉しさを感じたものである。また、私の小学校高学年から高等学校時代には自宅周辺に工業団地や問屋団地ができた。私は都市化する地域の姿を、暇さえあれば自転車で見て回り、記録していた。

　敗戦後の廃墟・食糧難時代から復興期・高度経済成長期という地域変貌の著しい時代に幼児期から少年期を過ごした。しかも、首都圏の県庁所在地に生まれ、進駐軍の文化に触れた時空間的巡り合わせが、私に「都市＝豊か・善」とのイメージを創り、ダイナミックな都市形成への関心を高めたといえよう。また、今想えば父の影響もあったかと思う。父は32歳で公立学校長となり、物心がついた時は教育行政職にあった。そのため、父が学生時代地理学を専攻していたことは大学入学後まで全く知らなかった。多忙な父との外出は数回しか記憶にないが、5歳時に父と歩いた東京の印象は強

く、地域を見る目、都市への憧れがそこから生まれたように感じる。

2. 過疎問題研究から都市地理学研究へ

　私は1968年に立命館大学文学部地理学科に入学し、先輩達から大学公認の学術サークル「地理学研究会」を勧められて入会した。立命館大学地理学研究会は旧制大学時代からの伝統があり、多くの人材を輩出してきていた。主な活動は年間テーマに基づき地域調査を実施して100頁前後の報告書を発行することである。私の入学した頃の日本は、食糧難時代を脱却して高度経済成長を突き進む時代となっていたが、地理学研究の中心は農業・農村研究であった。地理学会誌の掲載論文も都市関係は少なく、私が都市研究をしたいと言うと先輩達から、地理学では都市研究は難しいなどと言われたものである。なぜ難しいのか、その理由は良くわからなかった。当時、都市地理学は計量地理学との認識をもつ人が多く、数学に強くなければとの思いや、工学系の研究者が都市研究の中心との思いからかも知れない。

　私が一回生時における研究会のテーマは、京都府北桑田郡美山町における人口流出・過疎問題であった。1960年代になると工業化・高度経済成長の煽りを受けて、農山村から都市への人口流失が顕在化し、廃村も現れてきた。全国スケールで見た過密・過疎の要因は資本主義社会の矛盾と言えるが、地域スケールでの要因は多様で、美山町の場合、化学繊維による養蚕の衰退やエネルギー革命による薪炭需要の激減など生活様式の変化によってダメージを受けていた。そのため私はその実態や変遷を調査すべく、京都北山の山村を歩き回った。また、地理学教室恒例の研究旅行では、三陸海岸における津波被害による集落・人口移動と農林漁業との関係を調査した。

　農山漁村調査では都市調査では味わえない地域社会の人達との交流や人情に魅力を感じた。そのため、農林漁業や農山漁村研究にも強く惹かれたが、他方で都市化の時代には農山漁村の問題解決に都市との関係が無視できないことをも認識した。三陸海岸で4年生と農山漁村の在り方を議論した際、地理学の都市研究など無意味と言われ、逆に都市研究への思いを強くもったことを思い出す。その時私は、広く農山漁村研究をしつつ、都市地理学を中心に行おうと決意し、それをフィールドノートに書き付けている。

　私はその後、今日に至るまで都市地理学研究を中心に行ってきたが、多くの農山漁村調査も実施した。たとえば、1970年に地理学研究会で行った瀬戸内海の「粟島」に関する総合調査は、その後も科学研究費で1990年に、2009年には福武学術文化財団の助成を受けてほぼ20年ごとに継続的に調査研究してきた。農漁村や離島から

見た都市は、都市から見た都市とは全く違って見える。そのことが私の都市地理学研究にも、そして後の都市政策研究にも役立っている。

3. 日本都市学会入会と長老都市研究者との交流

　私の都市研究において谷岡武雄・小林博・藤岡謙二郎の3先生の存在はことのほか大きい。また、日本都市学会への入会が人的交流を飛躍的に広げるのに役立った。都市学会へは友人・先輩に誘われて、学部一回生の5月に大会受付を手伝う形で初めて参加した。その際、指導教授の谷岡・小林両先生から京都大学の藤岡先生を元立命館大学教授として紹介された。これを機に、藤岡先生の主宰する巡検の会「野外歴史地理学研究会」FHGにも幹事として参加することになり、京都大学の教員・学生の方たちとの今日に至る交流が始まった。

　学部2回生の1969年には日本都市学会の本部を京大の藤岡研究室が引き受けることとなり、その後暫くの間、青木伸好先生を中心に水田義一・山田誠・金坂清則氏などと幹事として本部事務に携わった。毎週1回京大で行われる事務処理時の会話や議論、多分野にわたる全国の著名都市研究者との直接交流の機会は、私の都市地理学研究への大きな糧となっている。また、昼食時などには京都大学の浮田典良先生や足利健亮先生とも親しく会話して頂けた。考え方や知識の幅を広げることができた。

　この1970年前後は、いわゆる大学紛争の激しい時であり、学内外で学生と機動隊との衝突が日常化し、休講も多く、教員と学生との関係も難しい時であった。それ故に学会運営を支援する大学院生や助手が少なく、学部生の私が全国の長老都市研究者から一人前の研究者のように親切にお付き合い頂けたようである。地理学者では木内信蔵・山鹿誠次・服部銈二郎・田辺健一・清水馨八郎・井関弘太郎先生など、そして当時では若手研究者の小森星児・伊藤達雄・北川建次・森川洋先生、地理学以外では中澤誠一郎・嶋本恒雄・三輪雅久・磯村英一・幸島礼吉・大道安次郎・神崎義夫・小古間隆蔵・吉富重夫・黒沼稔・近藤公夫・米谷栄二・米花稔先生などのお名前が浮かんでくる。

4. 都市地理学の応用研究への誘い

　指導教授の谷岡武雄先生は、学内的にも国際的にもめざましい活躍をされている時であった。パリ地理学会名誉会員になられた頃で、国際地理学連合IGUの応用地理部会で地理学の社会的貢献を推進されていた。そうした成果を谷岡先生は1969年刊

行の朝倉地理学講座・第 13 巻『応用地理学』での「地理学と国際協力」と、1961年大明堂刊の清水・谷岡・西村共編の『応用地理学とその課題』で「応用地理学の意義」を論じている。

　谷岡先生は 1969 年夏に、京都の「まちづくり構想」に基づき京都市営地下鉄を造るための基礎調査を受託し、私は同期生数名と一緒にその調査を手伝った。この調査は京都大学の上田篤研究室との共同研究であり、工学系の思考・方法と地理学の方法論との違いを学ぶことができた。また、都市地理学なくして都市工学は存在し得ないとの認識を持てた。さらに立命館大学の日下雅義先生が自然地理学の側面から調査研究され、ご指導頂いたことで、都市づくりにおける自然現象の重要性を学ぶことができた。日下先生や辻周・坪井利一郎・中野秀治・福井一良・三坂廣介君などと基礎研究と応用研究の在り方を議論しつつ京都都市圏を調査で歩き回った日々は楽しい想い出にもなっている。

　他方で、当時立命館大学地理学教室の都市地理学教授であった小林博先生からも大きな影響を受けた。神戸三宮に完成した地下街・サンチカタウンが三宮センター街や元町商店街に与えた影響を、1968 年夏に小林先生と神戸に一週間ほど泊まり込んで調査した。

　また、1969 年の東京銀座の歩行者天国の成功を受けて、1970 年 11 月 3 日に京都・四条通りでも歩行者天国でまちを活性化する社会実験が行われた。都心のメインストリートを交通遮断することは周辺地域に大きな影響を及ぼすため、歩行者天国を継続的に実施するか否かの判断資料が必要となり、小林先生が京都市からその作成を求められた。そこで、当日の来街者意識調査と後日における都心に立地する事業所への影響調査を小林先生の指導の下、私たちのグループが中心になり実施した。結果として、交通規制にあたる警察の負担が重すぎることや周辺地域での交通渋滞が経済活動にもたらす影響も深刻なため、継続的な歩行者天国は行わないことになった。こうしたまちづくり政策に直接・間接に係わることで、私は社会における地理学の有用性を経験することができた。

5. 中心商店街・中心商業地研究への取組み

　私の学位論文は主論文が『商業近代化と都市』(1991) で副論文が、『都市空間の立体化』(1986) である。

　中心商店街や中心商業地への関心は、幼児期からの華やかな都市への憧れによるといえよう。高等学校の頃は、漠然とではあるが、自分の住む前橋・群馬を東京のよう

にしたいと思っていた。また、私にとって中心商店街や百貨店巡りは、歴史遺産を集積したいわゆる博物館見学より遥かに魅力的であった。私にとって中心商店街や百貨店は、無料で楽しめる刺激的な「現代文化の博物館」といえる。中心商業地の構造や動向の解明は、現代都市研究の核心に迫れるとの思いから、中心商店街や中心商業地研究を始めている。

中心商店街研究を始めて最初に出会ったキーワードは、杉村暢二先生の「都市の顔」としての中心商店街、それに樋口節夫先生による「商業地理研究の2つの柱—商圏と商業地域」である。「都市の顔」で中心商店街・中心商業地研究には現代都市解明の糸口があり、都市構造のみならず都市と周辺との関係をも研究できるとの確信が得られた。

その後は、小林博先生のご指導の下、服部銈二郎先生の『大都市地域論』(1969)などを参考に、前橋・高崎・水戸・神戸・京都の主要商店街などを悉皆調査するなど、若さに任せて精力的に活動したことが想い出される。とくに、学部学生の4年間に、那覇と札幌を除いて全都府県庁所在都市の中心商業地及び人口20万以上の都市を踏破することで、概ね日本における商店街構造やその動向が把握できた。同時に、中心商店街に関する地理学研究は少なく、やり甲斐のある研究分野と確信できた。なお、小林先生の提唱された商店街間の「共利共棲」理論は私の研究の底流となっている。

私は全国の商店街を踏査する中で、商店街に2つのタイプ、すなわち幹線自動車道路に面した商店街（メイン・ストリート型　MS型）と全蓋アーケードなどをもつ歩行者専用空間の商店街（サブ・ストリート型　SS型）があり、その構造が都市構造をも規定するとの仮説を得ることができた。すなわち、SS型商店街をもつ都市ではそれに平行して業務街の形成が見られるなど、都市規模に比して機能地域分化が進みやすい。他方で、MS型商店街が発達した都市では中規模都市クラスでも商店街と業務街の混在が見られ、SS型よりも商店街の高層化が著しいことを見いだした。こうして、私の中心商店街・中心商業地研究は展開を始めたといえる。

6.　都市空間の立体化研究と都市化・都市構造研究との関係

私が中心商店街や中心商業地研究を始めた頃は、大都市を除いて店舗の多くは木造1～2階建てであった。そのため、商店街研究に建物構造を取り込んだ研究は皆無に等しかった。しかし、1960年代後半になると日本の都市も高度経済成長の結果として高層立体化が顕著になってきた。高層立体化を無視して前述の商店街の2つのタイプを研究することは難しい。商店街の平面構造や機能配置のみの研究ならば高層立

体化現象を無視できようが、地理学研究としての商店街研究では都市構造全体との関係をも解明する必要がある。とくに、新しい商業施設として中心商業地に影響をもたらしてきた地下街や高層大型店のある商店街は、3次元的研究視点をもたない限り、その存在理由や都市構造との関係を説明できない。また、立体的表現力なくして都市空間への地下街の地図化も不可能となる。

他方で、当時の都市地理学研究の中心は都市化と都市構造研究にあった。また、通勤圏や商圏の拡大をテーマに都市圏研究も盛んになっていた。さらに、計量地理学的手法が用いられるようになり、中心地理論の視点から都市化・都市構造・都市圏研究を進める動きも活発化していたと思う。こうした研究環境のなかで、私は商店街を中心に都市空間を立体的視点から研究することを模索するようになった。しかし、それを研究する過程では全く先行研究を見いだすことができず、小林博先生にさまざまな質問をさせて頂いたり、議論をさせて頂いていた。

学部卒業論文では2つのタイプの商店街と都市構造との関係を研究するべく、MS型都市として水戸、SS型都市として前橋、両方のタイプをもつ都市として高崎を選定して現地調査に入った。この時点では、立体的視点をどう取り入れるか全く不明であった。そのため、ともかく3都市における3階建て以上の建造物データを収集することも併せて行った。なお、先行研究がなかっただけに、どこに必要とする資料があるのかわからず、それを探し出すまで苦労の連続であった。

消防本部の建築確認同意文書に必要事項があることを見出し、現存建物全ての膨大な建築確認同意文書綴りから3階建て以上の建物のデータを抜き出し、必要事項を転記する作業を一夏をかけて行う過程で次の仮説が浮かんできた。すなわち、当時の中高層建造物は数は少ないが規模が大きく、多額の資金を必要とし、耐久年数も木造より長かったため、建設地の現在および将来の代表的土地利用を表象しており、その立地形態から都市構造が読み取れる。また、都市内部の高層立体化は再開発であり、既存の都市的土地利用をより高度化する都市化となる。他方で郊外への中高層建造物の新規立地は、その地域を農村的土地利用から都市的土地利用に転換させる先導的役割を果たしていると考えた。そのため、中高層建造物の立地動向を丹念に追うことで、それまで別々に研究されてきた都市化と都市構造の研究を動態的に一体として把握できるのではとの仮説を得た。

以上の仮説は概ね実証でき、卒業論文として主論文「中規模都市における中心商店街の2つの形態－前橋・高崎・水戸を例に－」（1973a）を、副論文「高崎市における中高層建造物の立地」（1973b）を立体化に関する研究として提出した。この研究はさらに修士論文作成で、立体化の進展によって都市空間の機能分化を水平と垂直の

両面から見る必要があるとの仮説をたて、立体化の視点から地下街の発生やその発達要因、都市構造上の整合性を実証している。その成果は「名古屋における都心部の立体的機能分化」(1975) と「名古屋における地下街の形成― 都心立体化の一形態 ―」(1979) に公表した。また、その後の研究を集大成して前述の学位論文『商業近代化と都市』(1991)・『都市空間の立体化』(1986) にまとめることができた。

7. 都市地理学の応用・政策研究への展開

　私は現在、地理学の応用・開発研究としての地域政策学と都市政策学を研究教育している。30年間生活した立命館大学地理学教室で定年まで勤務することが私の理想であった。両親も私が京都で充実した研究・教育生活を送っていることに満足していた。しかし、大学・大学院を卒業したら故郷へ帰ると約束して京都へ出たまま30年、その間に両親も亡くなり、旧家の我が家も10年も空き家にしておくと荒れだした。両親の看病など約20年間は、京都で研究教育にあたるか、故郷で墓守をしつつお家再興を図るか迷い続けた。しかし、物心ついた頃から祖父母をはじめ周囲の人々から長男教育を受けてきた身には、故郷の荒廃を見捨てられなかった。そうした状況のなかで郷里群馬の高崎経済大学から、日本で最初の地域政策学部を創るにあたって協力して欲しい旨の依頼を受けた。後ろ髪を引かれる思いのなかで苦渋の決断をして、郷里で新たな研究の展開を図ることにした。

　高崎経済大学地域政策学部は社会科学系で実験実習系の地理学教室とは施設面・人員配置面で全く異なっている。そのため、都市地理学を基礎とした応用・開発研究としての都市政策学の確立が求められる。高崎経済大学から私に依頼が来たのは、私がすでに地域政策研究の実績を積み上げていたことによる。立命館大学在職時の私は恩師の影響もあり、たとえば近くの京都大学と同様の地理学研究ではなく、立命館独自の学風を樹立すべく努力した。その1つが書斎はもとより野外を重視することであり、基礎研究と共に応用研究・開発研究を行うことで、地域の目線で地域社会に役立つ地理学研究を目指した。その結果として、個人的には京都市や草津市・大津市・滋賀県など多くの自治体の地域づくり・まちづくりに係わり、国の首都機能移転や経済計画に関する審議会委員などでも活動させて頂いた。高崎経済大学地域政策学部は都市地理学のこのような成果を活かす場と考えている。

　私も重箱の隅をつつく基礎研究をいくつもしてきた。中心商業地の建物悉皆調査など詳細なオリジナルなデータも作ってきた。しかし、その調査研究をする時も常に、現実の地域社会の問題解決にいかに役立てられるか、人々が幸せな生活を送るために

どうしたらよいかを考えていた。公的機関から依頼された仕事に積極的にかかわったのもそのためである。同時に、自治体などの仕事の結果、通常では得られない情報を得ることも多い。だが、社会的活動で良い成果をあげるには、オリジナルなデータづくりや内発的探求心から来る研究を持続的に行い、基礎的研究の裏付けをもつことが不可欠である。

　私にとって、1990年代初頭に氷見山幸夫氏らと共同研究した日本全体の土地利用研究はさまざまな研究の基礎となっている。数千枚の5万分の1地形図に40×40のメッシュをかけ、明治から現代までの3ステージの都市的土地利用化をデータベース化した。地道な作業で得られたさまざまな知見は都市政策提言の際に役立つ。自戒を込めて、それなくして変化の激しい時代を生き抜く地域政策研究はできないと思っている。

　ところで、地理学からの地域政策研究はまだそれほど活発ではない。一般に、多くの地理学研究は「過去・現在・未来」のうち「過去・現在」を中心に調査・研究を行ってきた。すなわち、現状や過去の実態を捉えることによって地域の構造や変化過程に関する記述や法則の定立が中心になり、地理学研究の研究対象も研究目的も過去と現在が主体となる。地域政策は地域を如何に管理・運営するかの術である。そこでは過去から現在の過程で生じた問題を検証し、その問題を解決し、あるべき地域像を実現することが目標となる。すなわち、地域政策研究の考察は過去から未来までを視野に入れねばならず、最終的には未来の考察が重要となる。未来については誰も確かなことはわからない。そのため、地域政策研究は仮説を重要視するが、地理学研究は記述に長けるものの仮説を立てての論証には弱いようである。

　さまざまな現実社会を地域現象を見るなかで、私は自然に仮説が発想されるように思う。同時に、地域を見る際のその人なりの哲学が必要となる。私は地域政策との関わりにおいて、地域に大小・中心周辺があろうとも上下関係はないという認識をもつ。それは中央や大都市が上で、地方や中小都市は下との日本人に根強い考えが分権化を妨げ、さまざまな地域間差別を生んできたと考えるからである。そうした地域社会を是正する地域論として「大都市分都市化型地域政策」を仮説として提唱している。

　政策関連で活発な学問の多くは、必ずしも十分な実態検証をせずに政策立案している。実証研究を積み重ねた地理学者には、地域の将来を見据えた時、あるべき姿へと誘導する仮説が発想されよう。都市地理学者は自信を持って、都市政策分野に進出すべきである。

引用文献

谷岡武雄　1966「応用地理学の意義」清水馨八郎・谷岡武雄・西村嘉助編『応用地理学とその課題』大明堂.
谷岡武雄　1969「地理学と国際協力」朝倉地理学講座編集委員会編『朝倉地理学講座13　応用地理学』朝倉書店.
戸所　隆　1973a「中規模都市における中心商店街の2つの形態―前橋・高崎・水戸を例に―」立命館文学，通号331～333.
戸所　隆　1973b「高崎市における中高層建造物の立地」人文地理，25.
戸所　隆　1975「名古屋における都心部の立体的機能分化」地理学評論，48.
戸所　隆　1979「名古屋における地下街の形成―都心立体化の形態―」人文地理，31.
戸所　隆　1986『都市空間の立体化』古今書院.
戸所　隆　1991『商業近代化と都市』古今書院.
服部銈二郎　1969『大都市地域論』古今書院.

高山正樹

第 17 章 都市地理学研究者への道程

1. はじめに

　本書刊行の編者の意図は、筆者の理解するところでは、都市地理学研究を志す若い研究者を主たる読者と想定し、各執筆者が研究生活に入った当時の経験を語ることで、彼らが研究を進めるうえで、先輩の経験や考えを参考にしていただくとともに、結果として、それらの語りが日本の都市地理学の展望に繋がるとの考えであろう。研究者はそれぞれに置かれた状況があるので、ある研究者の経験が若い研究者にとって共通に参考となるとは思わないが、編者の言葉にのせられて、とるに足らない経験と思いではあるが紹介したい。

　また、編者の意図は、1950～2000年ぐらいの期間を対象として、各執筆者が若手研究者として育ったそれぞれの10年ぐらいの期間でその経験を語ってほしいということである。この点でも編者の意図とは、若干異なる内容になるがお許しを頂くこととして、若い研究者の参考となるのではないかとの思いから、以下のようなことを考えてみた。

　まず、最初に述べておきたいことは、次の点である。筆者は地理学研究者であり、具体的研究内容からすれば、筆者の研究領域は経済地理学、都市地理学であろう。また、研究地域は日本や海外の都市域をはじめ東南アジア地域を研究対象としてきた。しかし、自身に都市地理学者というラベルを貼って研究をしている訳ではないということである。そこで以下の内容は、必ずしも都市地理学研究に収斂した語りではないということである。

　このような点を考えると、筆者は、若い研究者に自信を持って都市地理学の何たるかを語る資格も経験も持っていない。また、編者が意図するような初学者の頃の学界の熱気を伝えることもできない。ただ、筆者自身、都市を対象として学び、研究をしてきたことも事実であるので、若い研究者が研究を進めるにあたって参考になると思われることを、以下の順で語りたい。まず、①筆者を研究者として育てていただいた大学院生（1975～1985年くらい）時代に関する事柄、②地理学、とくに都市地理

学に対する見方、③現下の大学や都市地理学を取り巻く状況、に触れることにしたい。改めて申し上げれば、このような内容は編者の意図とは異なるかもしれないが、どうぞ、ご海容をいただきたい。

2. 初学者として

　大学における地理学との出会いは、先輩が主宰していた読書会で、そのテキストは入江敏夫ほか著『現代の地理学―人文地理・経済地理―』(1965)であった。同じころ、理由は記憶していないが、上野登『経済地理学への道標』(1968)を書店で買い求めた。これらの図書は必ずしも都市地理学ではなかった。都市地理に関心をもつようになったのは、坂口良昭先生（現香川大学名誉教授）のゼミ生として卒業論文で都市化研究をテーマにしたことであると思う。ただ、学部生時代は地理が好きという程度で学問の何たるかをわかっていた訳ではない。それなのになぜ、大学院に進み研究者への道を選んだか。そこに明確なものがあるわけではないが、高校時代の友人2人（現在、明治大学と関西大学で教員をしている）が、筆者とは研究分野は異なるが、ともに大学院への進学の意志を示していたことと関係があるかもしれない。筆者は、結果的に大阪市立大学地理学教室の大学院へ進学した。その理由は、すでに存じ上げていた秋山道雄先輩（滋賀県立大学教授）が院生として在籍していたこともあるかもしれないし、谷岡武雄先生の集中講義を受講した際、先生からのアドバイス（大学院入学後も学会などでお気遣いいただいた）があったことも影響しているであろう。大阪市立大学大学院が筆者にとって良かったかどうかは、他との比較ができないのでその判断はできない。ただ、結果的には大阪市立大学は、地理学という学問はもとより、多くのことを教えてくれた。

　筆者が大学院入学当時の地理学教室の教員には薮内芳彦、小林博、春日茂男、服部昌之、中村泰三、平野昌繁の先生方がいた。筆者は、すでに都市化をテーマに卒業論文を書いていたこともあり、大学院での研究領域は都市地理学で、指導教員は小林先生であることになっていた。もちろん、それに不満はなかった。大学院入学後、まもなく行われた近畿都市学会春季大会について、小林先生から近畿都市学会への出席はもちろんのこと、今後、学会の幹事役を担当するように指示があった。そのことがさらに都市研究へと進むきっかけになったことはいうまでもない。当時は藤岡謙二郎先生が近畿都市学会会長（後に日本都市学会会長）をされていたように思う。その後、小林先生が近畿都市学会会長に就任後は事務局業務を担当することになり、幹事として本格的なお手伝いをさせていただくとともに多くの都市研究者、関係者との出会い

を作っていただいた。現在、近畿都市学会や日本都市学会の役員を務めさせていただいているが、小林先生の下で都市学会に入会したことがきっかけである。

また、筆者が大学院に入学した当時、大阪市立大学内には経済学部に川島哲郎先生、商学部に山名伸作先生、経済研究所に古賀正則先生、成田孝三先生らがおいでになった。いずれの先生からも直接指導を受けた訳ではないが、経済地理学会や経済研究所のセミナーなどにおいてご指導をいただいた。これらの先生方から、筆者が都市地理学に関心をもつとともに、経済地理学の領域について関心をもつきっかけを与えていただいた。

では、都市地理学に話を戻したい。筆者が卒業論文のテーマに都市化を選んだ理由は、指導教員であった坂口良昭先生の影響が大きい。当時、日本の都市地理学は、都市化研究を最重要テーマとして取り上げていた。すでに、1958年に日本地理学会内に都市化研究委員会が設置され、研究が進められていた。その成果は木内信蔵・山鹿誠次・清水馨八郎・稲永幸男共編の『日本の都市化』(1964)として公刊されている。もちろん、坂口先生も都市化研究グループのメンバーであった。都市化研究はその後もその内容を深める形で長い間多くの研究者の関心を集めてきた。ただ、筆者が大学院に進学した1970年代半ばには、都市地理学の主要テーマは都市化研究から都市構造論や中心地研究へと移っていた。

修士課程2年生のときであったが、日本地理学会秋季大会(神戸大学1975)で都心周辺部に関するシンポジウムが開催された。小林博先生から、その報告者として先生と連名でエントリーしたことを伝えられ、そのために準備をするように指示された。筆者は大阪都心部周辺の研究成果を報告するということで、小林先生の指導のもとで、大阪の船場を中心に実態調査をし、日本地理学会で報告した。この成果はのちに大阪市立大学文学研究科大学院生の論集(「大阪都心縁辺部の変化―土地利用と土地所有を中心として―」『人文論叢5・6合併号』大阪市立大学文学研究科1978)に掲載していただいた。

その後、院生時代には都市研究を中心として自ら選んだテーマのみならず、先生方から与えられたテーマをもとに、人文地理学会、経済地理学会や都市学会などを中心に研究成果を報告し、各学会誌に拙論を掲載して頂いた。ただ、都市の研究をしているが、都市地理学者だとの意識はなかったし、今日までそのように思って研究を進めている訳ではない。

大阪市立大学地理学教室では、大学院生は自由な研究活動をすることが許されていた。そのため何事も自身で考えざるを得ない環境であった。ただそのなかにあって、春日茂男先生のゼミの一環としてゼミ生数名が泉州地域の繊維産業の研究を長年にわ

たって進めたこと、また、当時の院生仲間で読書会や共同研究を定期的に進めたことは、都市地理学という領域とは直接的には関係ないが、地理学や学問を考える上で非常に大きな結果を与えてくれた。読書会で最初に選んだ書物は Harvey, D.（1969）Explanation in Geography, Edward Arnold であった。ゆっくり議論をしながら読んだこともあり、読み通すのに数年を要した。また、共同研究では淀川右岸の工業化研究をこれまた数年を費やして行った。この成果は大阪市立大学文学部地理学教室都市構造研究会（1980）『工業地域の成立と再編成―大阪府淀川右岸地域の実証的研究―』に纏められた。

　筆者をはじめ院生仲間はなかなか就職が決まらないこともあって大学院でも長い付き合いをさせていただいた。幸か不幸か、筆者の場合、院生（研究生を含む）として10年間在籍した。長いと思われる期間の割には、出した成果は少なかったかもしれないが、地理学教室の先生方はもとより、他大学、他の領域の研究者からも大いに学んだと思っている。小林博先生や経済研究所の先生らの調査の手伝いを何度かさせていただいたが、そのことも筆者を研究者として育ててくれた。

3. 都市地理学を考える

　研究領域に関わらず、その科学の対象と方法を考えることは必要である。そのことを大学院生時代以来、先生方や先輩方から教えていただいた。筆者は「地域研究と野外調査の意味―地理学研究の視角から―」（池田修監修『世界地域学への招待―大学院への研究案内―』1998）という拙論を書いているが、そのなかで科学の意味に触れたことがあるので参考にしていただきたい。

　では、都市地理学とはどのような科学（学問）であろうか。これについて日本地誌研究所編『地理学辞典』（1973、558頁）では「地理学の立場から都市を研究する学問。都市は多様な機能と複雑な構造を持ち、その解明には多方面の科学の力が必要である。すなわち、地理学・歴史学・社会学・経済学・政治学など、各分野から都市は研究されている。このなかにあって地理学は都市を地域の立場から研究する。（中略）地域的観点に立って都市の形態・立地・構造・機能・配置などを研究するのが都市地理学である」と書かれている。また、藤岡謙二郎編『最新地理学辞典』（1971、312頁）には「地理学としての都市研究は、①都市の位置（立地）、分布と自然環境との関係、②都市の発生と歴史地理、③都市の機能と都市の経済活動、④都市域の地域区分と都市の将来計画など少なくとも4大部門の研究が必要である。その研究に当たっては従来の定性的な地域研究のほか、近年では産業連関表を用いる定量的な方法も盛んで

ある」と記されている。さらに、浮田典良編『最新地理学用語辞典[改訂版]』(2003、210頁)には「人文地理学の分野の1つで、都市に関わる諸現象を対象とするもの。20世紀前半までは欧米・日本とも集落地理学の一部と見なされていたが、都市化の急速な進展という事実に対応して都市研究が活発化し、それとともに都市地理学という分野も確立した。(中略)今日における研究の焦点は、都市化、都市システム、都市の地域構造などであり、以前には研究の中心的地位を占めていた都市形態などは、今日では研究がやや下火になっている」と述べられている。

これらの説明を読んで、都市地理学は都市を研究するということは理解できても、必ずしも、研究対象の広がりや研究方法が理解できたとも言えないであろう。それは「都市」という言葉と「地理学」という言葉に内在する理解の困難さに起因しているとも言えるであろう。J. ボージュ・ガルニエ、G. シャボー(木内信蔵・谷岡武雄訳)『都市地理学』(1971)の序章2節に「都市:その定義」(21頁)がある。そこには「地域により時代に応じて、都市についての観念は変わる。(中略)都市の概念は文明のそれぞれの形態に相応じている」(21頁)と書かれている。その後、ラッツェルやフォン・リヒトホーフェンら高名な地理学者の都市についての見解を紹介しているが、最後に「都市の定義はすべての時代を通じ、すべての国にとって、同一ではありえない。」(28頁)とも述べられている。

また「地理学」とは何かという問いに答えることもこれまた難題である。斯学の歴史を紐解けばわかるように、その研究対象や方法の確定に悩み続けてきた。伝統的地理学からみれば、ヘットナーからハーツホーンによって示された考えということになるのであろうが、それに満足しない地理学者も多いであろう。しかし、それに代わる地理学というものを示すのも困難である。ある意味、時空を超えた普遍的な学問を考えることにそれほど大きな意味はないとも言えるし、その説明も総合的、抽象的にならざるを得ないものかもしれない。つまり、学問自体が歴史のなかで成立し、学問と考えられるものはそれらの間で生存競争をし、その結果として現実のなかに存在している。その意味で学問も時代のなかの生き物で、その時代の要請に応えることができれば十分役割を果たしているとも言えるかもしれない。

少し話が広がりすぎたようなので、改めて都市地理学について考えたい。都市地理学の対象が都市であることは疑いようがないが、既述のように、そもそもどのような実態を都市と呼び、また、その広がりをどのように考えるべきかという問題とともに、都市のもつ実態(諸現象)全てを同時に扱うことはできない。したがって、都市地理学は都市と呼ばれる地域で生起する現象を地理学的に扱う学問なのか、都市総体(このような表現が可能かどうか疑問ではあるが)ないし都市のもつ何らかの特徴(形態

や機能など）に注目して地理学的に扱う学問なのかということであろう。このようにさまざまな曖昧さゆえに、『人文地理』誌の都市の展望欄には多様な研究が取り上げられるとともに、「方向性が見失われている」とか、「混迷」、「多様化」、「過渡期」などの表現がしばしば見られる。

　では、筆者が大学院生として在籍していた1975～1985年頃について都市地理学ではどのような研究が行われていたのであろうか。この点を日本地理学会のシンポジウムや発表内容をひとつの目安に考えたい。

　すでに述べたように筆者は修士課程2年生の折に日本地理学会秋季大会（神戸大学 1975）のシンポジウム「都市地域の都心部周辺地帯」で小林博先生と共同報告をした。翌年の秋季大会（弘前大学 1976）では「都心地区周辺部における諸現象」というシンポジウムが行われている。すでに1960年代の都市化研究への関心は下火になり、都市構造研究のなかでBurgessの指摘する遷移地帯としての都心周辺部に光が当てられた。同時期に英米ではいわゆるインナーシティ問題が関心事となっていたことを考えればタイムリーなテーマであったと言える。その後、1985年までの日本地理学会の大会において、都市に関わるシンポジウムとしては「交通変革と地方都市」（愛媛大学 1977）、「行政区域の広域化と地方自治の問題―独立町村を中心に―」（新潟大学、1978）がある程度である。ただ、シンポジウムではないが、1980年の春季大会（立正大学）や1984年の春季大会（お茶の水大学）では都市システムというまとまりで多くの研究報告がなされている。つまり、1975年以降、都市構造研究や中心地理論やとくに中枢管理機能をめぐる議論のなかで、都市システムという形へと研究が進められてきたのである。この研究成果は田辺健一編（1982）『日本の都市システム』、山口岳志編（1985）『世界の都市システム』として公刊されている。もちろん、個々の都市地理学者は、それぞれのテーマで多くの研究報告をしている。このことは日本地理学会や人文地理学会などの大会発表題目を見れば十分理解できるであろう。ここ30年余の都市地理学の研究動向を大枠で考えれば、都市（圏）構造、都市システム、都市の特定産業研究から、人間行動、社会問題、都市問題を意識した研究が増えてきたのではないかと思われる。

　言うまでもないことであるが、都市研究は地理学の専売特許品ではない。多くの科学が都市研究をしてきた。科学の役割の1つとして問題解決への取り組みがある。具体的には都市問題の原因をさぐり、その解決の処方箋を描くことである。この点では都市地理学は常に遅れをとってきた。それは都市地理学にそのような役割を担わせてこなかったことが大きな要因であろう。また、都市地理学はそのようなことに積極的に関わるべきではないと考えてきたのかもしれない。ある意味、地理学は純粋科学

に徹してきた。この点は今日でも地理学界の意識として基本的には変わっていないのではないであろうか。科学の意味を問題解決的研究のみに限定することは疑問と思うが、それに全く関心を持たないのも問題であろう。その意味でその関わり方は大いに議論が必要かもしれない。ともあれ、多くの社会科学では公害をはじめ、さまざまな都市問題へアプローチをしてきた。

都市地理学でもこれまで公害問題、交通問題、住宅問題や近年では福祉問題など時代とともに変わりゆくさまざまな問題に関心を抱き問題解決へのアプローチをしてきた研究がないわけではない。しかし、具体的研究成果を提示しないが、都市問題については経済学、財政学、行政学、建築・都市計画学など他の社会諸科学や工学が中心に関わってきたと言ってよいであろう。ただ、地理学を含めいずれの科学も常に他の科学の研究を意識しながら、研究に取り組んできたとは言えるであろう。

もう1つ付け加えておきたいことは、社会・経済のグローバル化は、いずれの科学においてもおのずと研究領域を海外に広げてきたことである。もちろん、海外研究地域は、戦前から研究者の留学先である欧米を中心に選択されてきたが、1980年代以降には研究者の留学とは関係なく海外研究が進められている。それは欧米からアジア、そしてその他の地域へと研究は広がりを見せていると言ってよいであろう。筆者のことで言えば、関西の地理学者を中心に1984年以降アジア地理研究会を組織、参加し、とりわけ東南アジアの調査研究を行ってきた。その成果はアジア地理研究会編（1990）『変貌するアジア―NIEs・ASEANの開発と地域変容―』としてまとめられている。また、筆者はロンドン大学へ研究留学後、ロンドンやイングランドのことに関心を持っている。

地理学で組織的に海外研究を行ってきたのは広島大学のインド研究や筑波大学のブラジル研究などであろう。それ以外でも特定の大学ではないが、研究者の共同研究として科学研究費による海外調査研究が進められてきた。都市地理学もこのような流れのなかで海外研究へと研究地域を広げてきたことは、学会誌で海外都市研究が取り上げられることが多いことを見れば十分理解できるであろう。

4. 大学の現状と地理学、都市地理学の課題

近年、わが国の人口構造の変化（いわゆる少子高齢化）、経済・社会のグローバル化が進展する中で、さまざまな制度・仕組みの見直し、調整が求められている。大学もそのような状況から逃れ得ない。第二次世界大戦後、新制大学が誕生しすでに60年以上の歳月を経て、なにがしかの調整が必要なのは当然かもしれない。

筆者が大学院に入学した1974年はすでに日本経済の高度成長は終焉し、低成長へと向かっていた。1980年代後半のいわゆるバブル経済期はあったが、基本的には国民経済は脱工業化社会への再編へ向かっていた。また、同時に80年代以降の世界的市場原理の潮流は、中国の改革・開放政策、ソ連の崩壊、95年のWTOの創設などとともに一層、深化してきたように思われる。この潮流は大学をも席巻し、大学・研究者間の競争を激化させている。また、各大学や研究活動は競争に勝ち抜くため（いわば勝ち組になるために）いわゆる無駄を省く（経済的な効率）ことを中心に財政的縮減が進んでいる。このような動きは国家の将来にとって妥当な選択かどうか疑問である。ただ、それは直接的には政治的判断によることになるであろう。

　大学や研究者は、このような国民経済・社会の変化のなかに存在してきた。戦前から戦後まもなくまでは、大学生は同世代のほんの一部であった。ある意味エリートでもあった。しかし、戦後、先進国になるにつれて高等教育を受けた労働者を必要とするとともに、教育の大衆化が進んだ。高度成長期はまさにそれを進めた時代であった。全国各地に新たに大学が誕生した。また、既存大学は学部・学科の新増設により規模の拡大をしてきた。ちなみに、わが国の国立・公立・私立の大学生総数（短期大学は含まない）は1950年の224,923人から1960年の626,421人、1970年の1,406,521人、1990年の2,133,362人、2000年の2,740,023人、と増加し、2005年の2,865,051人をピークに2008年2,836,362人となっている。また、大学院生数は1950年の189人から1960年の15,734人、1970年の40,957人、1990年の90,238人、2000年の205,311人、2008年の262,686人となっている。その激増ぶりが理解できよう。また大学数（短期大学は含まない）は1950年の201から、1970年の382、1990年の507、2000年の649、2008年の765へと増加している。教員数（短期大学は含まない）は1950年の11,534から、1970年の76,275人、1990年の123,838人、2000年の150,563人、2008年の169,914人へと変化している（文部科学省『データからみる日本の教育2008』）。現在まで大学数や教員数は必ずしも減ってはいないが、学生数の減少とともに、今後、閉校となる大学が現われることや教員数も減少へ向かうことは避けられないであろう。すでに、どの大学でも経営的観点から非常勤職員や任期付教員の採用が増加している。

　かつて、高度成長期には新設大学が次々と誕生し新たな大学教員を必要とする一方で、まだ大学院の設置は限定され、少数の大学院生しかいなかった時代であった。一定の業績をもつ大学院生であれば、大学に職を得ることはそれほど困難でなかったであろう。筆者が大学院に入学した時点はすでに高度成長も終焉していた。しかし、先ほどの数字が示すように、20世紀までは学生数も大学数も増えつづけていた。しか

も今日に比べればまだ院生の数も限られていた。

　かつて大阪市立大学文学研究科大学院地理学専攻は博士前期課程（修士）の定員は4名（1・2年次合わせて8名）、博士後期課程（博士）は2名（3年次合計6名）で、総計14名であった。ちなみに私が修士課程に入学した時点では修士4名、博士3名の7名が在籍していた。どこの大学院も定員以下の学生しかいないのが普通であった。しかし、今日の大学院は、その後の大幅な定員の増加と定員通りの学生、あるいはそれ以上の学生が在籍している。学生が定員に満たないことは大学院の存亡に関わる一大事となっている。このように戦後作りあげられてきた大学や大学院の仕組みや個別の科学は、今、再編を余儀なくされている。

　では地理学の現状はどうであろうか。大学生数が増加するということは地理学教室や地理学専攻生が直接的に増えることを意味していないが、どの大学でも教養課程があり、また、中学・高校の教職科目を提供している大学では地理科目は必須である。その意味で大学の地理教育はこの2点で必要科目であった。ところが、先年の教養課程の廃止のなかで地理学の存在意義が薄れるとともに、大学内で教員の再配置が行われた。筆者自身もまさに大阪外国語大学の教養課程の地理学担当教員として採用されたが、数年後には教養課程の廃止のなかで、筆者らは開発・環境専攻という専攻を創設し、そこに所属し、この専攻に入学してきた学生の指導が始まった。このように大学再編のなかで地理学教員の存在意味が薄れていった。また、年少人口の減少のなかで小・中・高校教員の余剰と採用の減少、それにともなう教職科目履修者の減少のなかで、教職科目の専任担当者が不要になることも地理学教員の需要を減少させたと考えてよい。さらに、既存の地理学教室は大学内での存在意義を示すために、（多くの受験者、学生を集めるために）看板を書きかえることもしばしば見られた。これらの状況は地理学にとって残念な状況である。地理学の活路を如何に見出すかは学界全体の課題である。

　では、このようななかで都市地理学はどのような方向に進むべきなのであろうか。研究者がどのような問題に関心を示すかは全く自由ではある。伝統的役割としての地理教育や一般教養を広めるということは当然の役割と考えたうえで、さらに都市地理学の発展を考えれば、一般社会から広く支持を得ることは欠かせない。この意味で社会的認知を得るためには、実用的、実践的であることを示すことが必要だと考える。これは純粋科学を志向してきた学問としては抵抗があるかもしれないが、より活力をもつためには今日的課題である少子高齢化に伴う医療、福祉、教育や環境などの実践的課題に対して発信していくことや、これまで地理学の領域ではないと考えられてきた領域へ都市地理学も踏み込む必要があろう。当然、他分野との競争が生じるであろ

うが、切磋琢磨するなかで学を磨いていかざるを得ない。そのためにはますます他分野に関心をもつことも必要となってくるであろう。

　最後に、手前味噌の事柄を付け加えておきたい。研究者は、都市を取り巻いて生起している新しい現象に鋭敏になることも必要であろう。現在、高齢社会が問題となっているが、すでに英米などでは1970年代から注目されていた事柄である。筆者が人口高齢化に関する論文「大阪都市圏の高齢化に関する若干の考察」を『経済地理学年報』に掲載していただいたのは1983年である。今日では多くの学問分野できわめて大きな関心事となっているが、当時、地理学者で関心を持っていた人は限られていたと思っている。筆者が常にそうであるとの自信はないが、都市地理学研究者は、つねに内外の都市社会の変化に注意を払うことが求められる。

5. おわりに

　既述のように日本の社会や大学の変容、また大学進学率が50%を超え、高等教育の大衆化が進んでいるなかで、地理学者はその研究のあり方を考え、学界としてそれに対応する戦略をとる必要がある。初学者は地理学を取り巻く現状を理解したうえで、どのようなテーマを研究し、どのようにアプローチしていくかを、常に他の学問に目配せしながら考えていくことが必要であろう。

　時空が存在し、国民国家がある限り、地理学が不要となることはないであろうが、これまで地理学が担当してきた役割を、今後も斯学が担当し続けることは保証されている訳ではない。学問は不断に競争をしているのである。その意味では地理学者一人一人が他の領域と考えられる領域をも視野に入れながら、地理学の役割を考え競争に挑まねばならない。

　現下の地理学や大学院の置かれた厳しい状況のなかで、筆者の取り留めのない話やささいな経験が若い研究者の役に立ったかどうか知る由もないが、本稿が何らかの刺激を与えることができたとすれば幸いである。

　もちろん、若い研究者もその置かれた状況は一様ではないので、本稿のような語りが適当であったかどうかはわからないが、筆者にとっては忘却の彼方にあった経験を思い起こすことになった。この意味でも編者に感謝して稿を閉じたい。

引用文献

アジア地理研究会編　1982『変貌するアジア―NIEs・ASEANの開発と地域変容―』古今書院.
入江敏夫ほか　1965『現代の地理学―人文地理・経済地理―』廣文社.
上野　登　1968『経済地理学への道標』古今書院.

大阪市立大学文学部地理学教室都市構造研究会　1980『工業地域の成立と再編成―大阪府淀川右岸地域の実証的研究』大阪市立大学.
木内信蔵ほか　1964『日本の都市化』古今書院.
高山正樹　1978「大阪都心縁辺部の変化―土地利用と土地所有を中心として―」大阪市立大学文学研究科　人文論叢, 5・6合併号.
高山正樹　1983「大阪都市圏の高齢化に関する若干の考察」経済地理学年報, 29.
高山正樹　1998「地域研究と野外調査の意味―地理学研究の視角から―」池田修監修『世界地域学への招待―大学院への研究案内―』嵯峨野書院, 83-96.
田辺健一編　1982『日本の都市システム』古今書院.
ボージューガルニエ, J.・シャボー, G.　木内信蔵・谷岡武雄訳　1971『都市地理学』鹿島出版会.
山口岳志編　1985『世界の都市システム』古今書院.
Harrey, D. 1969　Expantion in Geography, Edward Arnold.

日野正輝

第 18 章 都市群システムと企業の支店配置に関する研究

1. はじめに

　近年、都市の振興策において創造都市の概念あるいは文化産業の存在がクローズアップされている（Kong & O'Connor 2009）。そのなかで、創造的活動を生み出す場所の特性および創造的活動を担う人々が選好する場所に関する議論に関心が注がれている。Innovative Milieu なる概念も散見される。研究活動も創造的活動であり、周りの環境に影響されるところが大きい。その意味で、創造的あるいは個性的な活動を導く場所の雰囲気というものがあるように思う。そして、それは決して物的な環境整備によってだけ生まれるものではない。

　私が名古屋大学文学部地理学教室に進学した 1972 年当時、日本の都市地理学研究の動向を画するような新しい動きが現れていた（日野 2010）。1950 年代にアメリカで起こった理論計量地理学が日本において普及を始めていた（石水・奥野 1973、石水 1976）。また、1950 年代にすでに中心集落の階層区分においてオリジナリティの高い研究（Watanabe 1955）を生んだ中心地研究の分野においては、理論的研究が始まっていた（森川 1974）。さらに、中枢管理機能に関する議論が広域中心都市論と一体となって広く注目を集めていた（木内・田辺 1971、北川 1976、阿部 1973、吉田 1972）。また、時期は少し遅くなるが、経済地理学の分野では、若手研究者が中心になって産業配置の解明を中軸にして全国スケールで経済地域の摘出を目指して地域構造研究会が組織されていた（北村・矢田 1977）。

　進学した当時の私はそうした当時の学界の動向を全く知らなかった。正しくは全く勉強していなかった。それでも学部 3 年のときに多変量解析に関する授業を受講できた。それは、当時教室の主任教授であった松井武敏先生が学生の計量地理学に対する関心の高さを考慮して、個人的に教育学部で統計学の講義を担当されていた内田先生に講義を依頼されたものであったと思う。受講生は少なかったが、私の 1 学年上の久保幸夫さん（東大の大学院に進学）は熱心に勉強されていた。また、当時、経済立地論、とくに中心地理論に関心を向ける大学院の先輩たち（石黒・林・吉津

1973)がいた関係で、クリスタラー、レッシュといった名前も耳学問よろしく覚えた。また、阿部和俊さんは卒業論文で取り上げた主要都市の中枢管理機能の管轄地域および集積量の評価を地理学評論に発表されるなど(阿部 1973)、院生たちの間では研究成果を積極的に学会誌に投稿する雰囲気が醸成されていた。

　私は不勉強も甚だしく、先輩たちの研究内容を理解することはなかったが、教室で楽しげによく意見交換する先輩達に接することで、大学院進学を希望することができた。以下、私がなぜ都市群システム研究のなかで企業の支店配置の問題に焦点を当てて分析するに至ったかを紹介し、研究の過程でどんなに多くの方々から教示を頂いてきたか、換言すれば環境(教室内外の社会関係)の恩恵に浴してきたかを述べたい。

2. 都市群システム研究への取り組み

　私は卒業論文で金沢城下町の明治以降の地区別の人口動向を検討した。しかし、その成果ははなはだ不十分な出来で、井関弘太郎先生から厳しく叱られた。現在の私を当時の井関先生の立場に置いたとしても、私の卒業論文は簡単に受理できない内容であった。ただ、私は基本的に楽天的な性格であって、大学院に進学した時には、すでに卒業論文とは別のテーマで修論にチャレンジしようと考えていた。そして、先輩方の中心地研究やフランス語の文献講読(当時、愛知県立大学に勤務されていた応地利明先生が担当されていた)のなかで知った都市網の概念に興味を覚え、都市内部の地理から、都市群の問題に関心を覚えるようになっていた。

　どのような経緯であったかは思い出せないが、大学院1年の前期に、1学年上の杉浦芳夫さんから一冊の洋書を「読んでみてはどうか」と言って貸していただいた。それは、トロント大学の地理学教室から出版されたボーンとマッキンノンにより編集された中央カナダの都市システムの発展を扱ったものであった(Bourn & MacKinnon 1972)。ランクサイズ分布や主成分分析などを用いた分析結果などが収録されていた。英語の本を一冊読むようなことはそれまでなかったが、その本の内容に何か自分にもできそうな感じがして、自分には珍しいことであるが、本全体に目を通し、それを手本にして日本の戦後の都市群システムの研究をしようと考えた。本来ならば、研究テーマは大学院進学前に定め、それについての研究計画をもって大学院に進学するのが通例であるが、私の場合は、進学後にテーマを探す有様で、不安があった。しかし、テーマ探しの問題は幸いに上記のような経緯で短期間に解決した。

　修士1年の夏休みに、林上先輩(当時D3)に誘って頂いて長野県阿南町新野高原の学生村に1週間ほど滞在した。林先輩は洋書の全訳に取り組んでおられた。私は

先輩になぜ全訳までする必要があるのかと質問した時に、先輩は筑波大学の奥野隆史先生に倣っていると言っておられた。私は、その時、『人文地理』に発表された林先輩の東海地方の中心地体系に関する論文（林 1973）を手本にして論文の書き方を学ぶとともに、戦後の日本の都市のランクサイズ分布を計測する作業をした。電卓での作業であり、結構な作業であったと思う。その甲斐あって、夏休み明けの教室のゼミでは、ランクサイズ分布の変動について報告できた。

　ランクサイズ分布の分析では、先行研究についても結構な数の文献を収集して勉強した。しかし、当該分野の理論的研究に少し魅力を感じたが、残念ながら説明にイメージが伴わなかったために、深入りしなかった。それと、私は、都市群システム研究として、主成分分析を使った都市次元の時系列的な分析を修士論文の主要部分に考えていた。それで、主成分分析の数理について理解するために、線形代数を学習するとともに、システムの考え方について理解することに努めた。システム論に関係した本を数冊買って勉強した。単純明快な説明を好む私にとって、最もわかりやすかったのが松田の著書（1973）であった。

　松田の説明では、集団は構成要素の集まり方によってシステムとケオスに分類され、システムは構成要素が相互に関係し、各要素の動きや性質も要素間の相互関係を通じて全体に集積し、その結果集団全体があたかも1つの個体であるかのように特定の動きや性質を示す秩序集団であるとされた。地域の概念に通じる考え方である。しかも、システムは集団を構成要素の集まり方の側面から認識しようとする見方であると説明していた。さらに、システム分析の問題提起は「ある特定の性質を示す全体がある。その性質はいかなる特性をもつ部分のいかなる結合様式によってあらわれるか」に答えることであるとする。実に明快な説明であった。私は、松田の説明をそのまま都市群に当てはめて、都市群システムの分析課題として、特性分析、機能分析、構造分析、動態分析の4分野を設定した。そして、修論の課題は特性分析であるとした。

3. 修論の成果と課題

　私が日本の都市群を対象にして都市次元の時系列比較を行うことを決めて、主成分分析のプログラムを探していたとき、名古屋大学の大型計算機センターにはすでに社会科学の統計パッケージ（SPSS）が用意されていた。私がどのような経緯で SPSS の存在を知ったかを自分でも思い出すことができない。ただ、計算機センターには相談員がいて、利用者の種々の相談に応じていた。私も何度か訪れ、プログラム作成上の問題について相談していた。そのことからすると、SPSS はそこで教えて頂いたのか

も知れない。

　主成分分析の魅力は大量のデータを処理できるところにあった。多数の都市を対象にしながら種々の変量のデータを集約し、都市間の差異は主にどのような変量（次元）によってもたらされるかを判定できると同時に、都市の特性比較もできた。したがって、分析結果の説明は都市のランクサイズ分布の分析に比べると内容豊かなものになった。修論の主成分分析の結果の部分だけをまとめ直して、『地理学評論』に投稿した（日野1977）。幸い、1回だけの修正作業で採択された。奥野隆史先生が私の論文の編集担当者であったのか、先生の署名入りの査読結果を知らせる手紙を頂戴した。それは指導者としての気遣いを感じさせる文面であった。また、査読は東大の山口岳志先生が担当して下さったようであった。山口先生はすでに主成分分析を使った都市の機能分析を手掛けられ、また、主成分分析の手法についても解説されていた（山口1972）。

　主成分分析の結果は多くの事を教えてくれるものであったが、いずれも先行研究によってすでに指摘されていた事柄であった。そのため、分析結果を考察するなかで、戦後の日本の地域構造の変化に関係した工業配置や流通構造の変化に関係した研究成果を多く学ぶことになった。また、修論で取り扱った都市次元の時系列比較はシステムの特性分析であって、そこで把握された特性および特性の変化はシステムの構造分析の結果から説明されるものと考えていた。したがって、次に構造分析の方策を考えることになった。そのなかで流通に注目することになり、府県単位のデータであったが、当時『商業統計表』にあった仕入先および販売先別に集計された年間販売額のデータを分析した。卸売業は広域中心機能であって、多くの県では卸売販売額は県内第一の中心都市に集中する傾向が強く、府県間の卸売流通の空間的パターンは当該都市間の流通を反映したものとみなし得た。そんな理屈で、府県間の主要な流通パターンを時系列で描き、そこに見られる変化を読み取った。

　その作業結果は『人文地理』に発表したが（日野1978）、そこでも注目された結果は広域中心都市（地方中枢都市）の中心性の増大であった。それは寡占産業の工業製品の流通に顕著に表れていた。そこでは、当時すでに東北地方の卸売業の再編の状況を詳細なデータで把握するとともにモデル化した長谷川典夫先生の論文（長谷川1974）が発表されていて、参考にさせて頂いた。この段階で、大手企業の販売網を調査し、その空間パターンから商業統計に現れた広域中心都市の地方ブロックにおける中心性の増大を裏づけるとともに、流通段階に対応した都市間結合を描くことを考えた。

4. 企業の販売網の研究

　企業の販売網の研究対象として、最初に大手家電メーカーを取り上げ、その分析結果の一般性を検証する目的で複写機メーカーの販売網を調査した（日野1979、1983）。調査方法は主に聞き取りであった。丸の内の三菱電機本社を訪問したときには、厳重な警備が敷かれていて驚いた。しかし、当時の大企業の応対は実に親切で、営業部長が直々に応対に出てきてくれ、研究だから大雑把な話では困るだろうと言って、支店や地区販売会社のテリトリーを描いた地図を見せて下さり、転記を許された。こうした企業の親切な情報提供のお陰で企業単位に販売事業所の配置とテリトリーを描き、そこに地方ブロックの拠点として広域中心都市が選ばれ、県単位に地区販社が配置され、県域の中心都市に販社本社が置かれるパターンが各社に共通していることが明らかとなった。また、地区販社のテリトリーの市場規模を人口規模で評価し、企業の市場占有率との関係などを考察し、地区販社の配置には中心地理論における最少必要需要量のような基準が存在することを読み取った。

　私が、販売網の空間パターンの把握に留まらず、テリトリーの市場規模や拠点間の距離についてまで考察したことについては、教室のなかで日常的に先輩や同僚との意見交換を通して立地論的考察の仕方が身についていたためと思う。私の3年次上の先輩であった佐久間博（修士終了後名古屋市役所の勤務）さんは、修論（佐久間1974）で愛知県の車のディーラーの営業所の配置に関する問題を取り扱った。そのなかで、販売店の適正規模をテリトリーの分割が起こる時点の市場規模および営業所の従業員数などを検討することで導かれていた。私が寡占企業の販売網を研究し始めたときには、佐久間さんはすでに大学にいなかったが、佐久間さんの研究を覚えていて、その修論を紐解き多くのことを学んだ。

　1982年に東北大学理学部地理学教室助手に採用され、活動の場所を仙台に移した。そこで最初に取り組んだのは地区販社の営業拠点の配置に関する調査であった。佐久間さんは車のディーラーに限定して研究されたが、私は地区販社を配置するすべての業種を対象にして調査した。私は、業種の違いを超えて一般的な配置パターンが成立しているからこそ、個々の販売事業所がたとえ小規模であっても、それらが集積することで、都市の中心性を増大させるまでの影響を及ぼすと考えていた。したがって、業種に拘ることはなかった。また、この調査は寡占産業の販売網の末端部分の空間形態を把握することであった。仙台周辺のディーラー本店を訪問し、販売拠点の配置場所、配置年次、テリトリー、配置場所の決定に際して考慮する事項などを訪ねた。こ

の調査結果の分析においてはじめて配置のシミュレーションを試みた（日野 1983）。

そこでは、聞き取り調査およびアンケート調査の結果から、配置地点の選択基準として需要規模の大きさと、営業のための移動効率の2点が基本的評価基準にされていることがわかった。それで、前者については、各地点の需要ポテンシャルで評価し、後者については、県全域にわたって営業するものとして、営業活動の移動効率を移動頻度と移動距離の積の総和で評価した。この2基準の評価値の合計で各都市の評価値を導出した。結果は良好であった。

5. 販売拠点の立地論

地区販社の分析の後、私は主に2つの課題に取り組んだ（日野 1996）。1つは、都市経済および中心性に支店の集積がどの程度影響を与え、都市の階層分化を導いていると言えるのかどうかを実証する仕事である（日野 1986a）。もう1つは、企業の支店配置パターンを説明する一般的立地論を用意することであった（日野 1986b）。

前者については、東北地方の主要都市を対象にして、職業別電話帳あるいは商工名鑑などを使って主要都市に立地する支店・営業所等をリストアップし、アンケート調査で当該事業所の特性を把握した。東北地方の場合は、面白いほど企業の階層的支店配置と都市の中心性の格差が明瞭に対応していた。仙台に東北地方全体をテリトリーとする支店が集積し、県庁所在地には県域をテリトリーとする支店が集積していた。そして、県内の主要な地域中心都市に県内の部分地域をテリトリーとする地元企業の支店が立地していた。ただし、福島県では県庁所在地福島市よりも郡山市に県域をテリトリーとする支店が集積し、そのことが郡山の県内での中心性の増大を導いていた（池澤・日野 1992）。また、郡山に支店を配置した理由に、需要量の大きさよりも、営業活動のための移動の利便性が挙げられていた。この事実から、企業が福島県の枠組み（テリトリー）で支店の配置地点を考えていることが、支店の郡山への集中配置の前提になっていると理解した。

さらに、盛岡に立地する支店を調査したときに、北東北3県をテリトリーとする支店が多く存在することが確認された（日野 1987）。一方、秋田市および青森市に立地する支店の過半が県域をテリトリーとして、北東北をテリトリーとする支店はきわめて少なかった。その理由についてもアンケート調査結果からある程度の説明が可能であったが、それとは別に東北地方を仙台との間で二分するとした場合、盛岡に支店を配置するときの有利性は何かを考えた。その結果、盛岡に支店を置いたとき、北東北支店のテリトリーが最も広くなることに気付いた。言い換えれば、北東北支店の

潜在的需要量を最も大きくすることが可能となり、最小必要需要量の条件を満たしやすくなる。もし、秋田あるいは青森に北東北支店を配置した場合には、岩手県のかなりの範囲は移動距離の関係から仙台管轄になると考えられ、北東北支店のテリトリーの需要量はそれだけ小さくなる。この点は企業の人も気付いていない点であり、研究者としての満足感を得た。

以上の東北地方での調査結果から、テリトリーの設定と拠点の配置場所の選定のどちらが先行するかを考え、前者が先行するとの認識を強くしていた。しかし、この問題を扱った先行研究は皆無であった。むしろ、そのような問題を立てた人はいなかった。それで、独自に解答を導き出す必要があった。その時、家電メーカーや複写機メーカーの支店配置を調査していたことが役に立った。

それらの調査結果のなかで、山陰地方には県単位に支店あるいは地区販社を配置する企業がある一方で、山陰地方を単位にして配置する企業があった。そして、山陰地方をテリトリーにした支店は松江もしくは米子にしか配置されなかった。鳥取市には県域をテリトリーにした支店しか配置されなかった。このことは、鳥取と米子に限って言えば、山陰地方をテリトリーにした場合に米子が支店配置場所の候補地となり、県域をテリトリーにしたとき鳥取市が支店の有力な配置場所になることを示すものであった。

そこで、山陰地方に配置された支店を対象にしたアンケート調査および聞き取り調査を行い、上記した仮説を裏付ける結果を得た（日野 1991）。すなわち、企業の支店配置においては、テリトリーの設定が支店の配置場所の選定に先行するということである。あたり前のような結果であるが、このことがもつ立地に対する影響の大きさを考えるとき、もっと強調されてよい事柄であったと今も考えている。

もうひとつ支店の立地論で私を苦しめた問題は、配置場所の選定の基準に、①需要量の最大地指向と②移動距離の最小化（移動効率の最大化）の2つをなぜ用いる必要があるのかといった問題であった。県域をテリトリーとする支店であれば、県全域にわたって営業するのであるから、移動距離を最小化する基準だけで良さそうに思える。しかし、移動距離の最小地点よりも需要量の最大地に支店を配置する事例も認められる。したがって、この2つの基準はともに独立した基準であり、2つの側面から配置地点の評価がなされる必要があることを論理的に説明する必要があった。

この問題に気付いたのは1985年1月に神戸で開催された西村睦男先生の古希をお祝いするシンポジウムで報告した後、それを原稿にまとめる段階に至ってであった（西村・森川 1986）。考えてもなかなか答えが見つからないので、苦しんだ。そのとき需要が集積する場所とそうでない場合とでは、同じシェアの増減であっても絶対量

の変化には大きな違いがあることに気付いた。同時に、需要の集積地では営業効率が高く、投入した労働により期待できる売り上げの伸びが大きい。つまり、企業間競争の下では、市場占有率を効率よく増大させようとするのであれば、需要の集積地を重視せざるを得なくなる。この点は移動距離の最小化では測れない側面であり、需要量の最大地指向を支店の配置地点の選定基準に用意しておく必要があるとした。これが私の支店配置に関する説明であった。

6. 振り返ってみて

　私が曲がりなりにも企業の支店配置と都市の階層分化の関係を研究課題に取り上げて調査する中で、支店の立地論にまで遡って考察できたことについては、1つは、1970年代の地理学界には「説明」を求める動きがあったことが影響しているように思う。研究対象を異にしていたが、先輩の中村豊さん、杉浦芳夫さんはそれぞれメンタルマップ（1978）や拡散研究（1977）を通じて、空間パターンを生み出すプロセスに関心を寄せ、それに説明を用意しようと努力していた。行動科学の地理学への普及が意思決定過程の概念を地理学にもたらしたが、支店の分布パターンを説明しようとすれば、意思決定者の場所の認知および評価基準についての考察が必要になる。そんな考え方を私は同僚との日ごろの交流のなかで身に着けたとも考えられる。また、教室に根付いていた経済地理学的考え方が、立地論を自分なりに消化できるところまで勉強させるところがあった。チューネン、ウエーバー、クリスタラーの翻訳書を紐解き、要点をノートにまとめながら勉強したことが、私の説明力を高めてくれた。

　ただ、物事には両義性があり、一方に良いことがあれば、他方で負の面が伴う。私は、わかりやすい、あるいは説明しやすい現象に取り組んだことで、現在重視される地域の多様性に対する関心が育たなかったように思う。地域の多様性および個別具体性の説明の大切さを認識したのは随分後になってである。応地先生が、フランス地理学の等質地域の概念の説明のなかで、地理学的研究対象の独自性を次のように説明している。

　　「『一定』の地理的範域という限定を受けた、『特有』の自然環境と『特定』の人間集団とが織りなす関係性の追求である。けっして、人体生理学あるいは環境論一般が扱うような、人間集団全般と自然環境全般との関係ではない。あくまでも地理的・歴史的に形成された特定の場における両者の関係性なのである」（応地1997）

　私は、地理学の独自性の1つは、個別具体的な場所における現象をその場のシス

テムのなかで説明する点にあると考えている。私が学部生であったころ、人文地理学概論として地理学説史の講義があった。当時、喜多村俊夫先生が担当されていた。地理学に携わる者には、地理学の独自性の問題はいつまでも付きまとう。面白い学問である。

引用文献

阿部和俊　1973「わが国主要都市の経済的中枢管理機能に関する研究」地理学評論，46.
池澤裕和・日野正輝　1992「福島県における企業の支店配置」地理学評論，65.
石黒正紀・林上・吉津直樹　1973「名古屋大都市圏のサブエリア設定に関する研究」人文地理，25.
石水照雄・奥野隆編　1973『計量地理学』共立出版.
石水照雄　1976『計量地理学序説』古今書院.
応地利明　1997「風土と地域」濱下武志・辛島昇編『地域史とは何か』山川出版社.
木内信蔵・田辺健一編　1971『広域中心都市―道州制』古今書院.
北川建次　1976『広域中心地の研究』大明堂.
北村嘉行・矢田俊文編著　1977『日本工業の地域構造』大明堂.
佐久間博　1974「市場空間パターンに関する研究―自動車産業の場合―」1973年度名古屋大学大学院文学研究科提出修士論文.
杉浦芳夫　1977「わが国における"スペインかぜ"の空間的拡散に関する一考察」地理学評論，50.
中村豊　1978「名古屋市の地理的空間とメンタルマップ」地理学評論，51.
長谷川典夫　1974「東北における都市の卸売商圏と卸売機能（2）」東北地理，26.
林上　1973「東海地域における中心機能の空間的展開」人文地理，25.
日野正輝　1977「戦後日本における都市群システムの動向分析」地理学評論，50.
日野正輝　1978「わが国の地域間取引流通の空間的形態とその変化」人文地理，30.
日野正輝　1979「大手家電メーカーの販売網の空間的形態の分析」経済地理学年報，25.
日野正輝　1983a「複写機メーカーの販売網の空間的形態」経済地理学年報，29.
日野正輝　1983b「宮城県における「地区販売会社」の事業所の配置形態」東北地理，35.
日野正輝　1986a「山形県における支店の立地と都市の階層性」経済地理学年報，32.
日野正輝　1986b「都市の拠点性について」西村睦男・森川洋編『中心地研究の展開』大明堂.
日野正輝　1987「盛岡における支店の集積量と特性について」椙山女学園大学研究論集，18.
日野正輝　1991「山陰地方における企業の支店配置について」東北地理，43.
日野正輝　1996『都市発展と支店立地』古今書院.
日野正輝　2010「1950年代以降における日本の都市地理学の進展と今後の方向性」東北都市学会研究年報，10.
松田正一　1973『システムの話』日本経済新聞社.
森川洋　1974『中心地研究』大明堂.
山口岳志　1972「都市機能の空間構造」石水照雄・奥野隆史編『計量地理学』共立出版.
吉田宏　1972「広域中心都市論序説―仙台市を例として―」地学雑誌，81.
Kong, L. & O'Cornnor J. *2009 Creative economies,creative cities: Asian-European perspectives,* Springer.
Bourn, L. S. & MacKinnon, R. D. eds. 1972　*Urban Systems Development in Cetral Canada: Selected Papers,* The Univ. Toronto Press.
Watanabe, Y. 1955 The central hierarchy in Fukushima Prefecture-A study of rural service structure-. *Sci. Rep. of the Tohoku Univ. Seventh Ser. (Geogr.),* 4.

西原　純

第19章 都市から炭鉱、市町村合併へ
―研究の遍歴と時代の地理学―

1. 1970年代理学系地理教育の事情

　私が東北大学に入学したのは1971年で高度経済成長期の後半期にあたる。3年生になって学部に進学した1973年に、いわゆる「第一次石油危機」に遭遇した世代である。その頃の大学の教育システムは、前半2年間の教養・基礎的な専門教育（教養部）と後半2年間の本格的な専門教育（学部）とに分けられていた。東北大学の地理学教室は理学部地学科に所属していたので、最初の2年間は数学・物理・化学・生物専攻の学生と一緒に、5つの領域の講義・実験で最低80単位を修得しなければならず、どっぷりと自然科学の基礎に浸かっていた状態だった。

　そのため、大学入学の時に人文地理学に興味を持っていた学生は、3年生当初には興味が薄れている学生と、かえって人文地理学が新鮮に感じられる学生との半々になっていたと思う。たいへん残念なのは、教養部の人文・社会科学の授業では、当時、有名な先生（たとえば社会学の細谷昴教授、経済学の大内秀明教授）の授業も受けたはずなのであるが、私自身のなかでは理学系の多くの科目に埋もれて強い印象がない。

　3年生からの専門課程のカリキュラムは、毎日、〇〇地理学という名称の科目で埋まっていて、午前中は講義、午後は演習・実習であった。後年、大学教員としてカリキュラム設計に関わった経験から考えてみると、とくに人文地理学では、専門課程に関連の社会科学科目も組み込まれるべきではないか、と思う。地理学と同様、総合的な学問である文化人類学でも、友人（イリノイ大学で文化人類学を学ぶ）によると、専門コースとして、社会学・経済学・政治学などの基礎的科目も学んだそうである。

　当時、国立大学の予算はまだ潤沢で、とくに東北大学の場合には理学部に所属していたので、予算的には恵まれていたと聞いていた。当時の地理学教室図書室には外国雑誌が豊富で、地理学の雑誌以外に、Journal of Regional Science、American Economic Review なども備えられていた。これらの所蔵外国雑誌を活用して、毎週木曜日午後の全員出席の雑誌会で、3年生1人、4年生1人、修士課程1人、博士課程1人が順番に外国論文もしくは自分自身の研究の途中経過を紹介していた。その

雑誌会に出席していれば、人文から自然まで世界の最新の地理学の研究動向に触れることができた。今になってみると、この雑誌会はたいへん貴重な情報源だったと思う。

1970年代前半は、丁度、社会科学研究者が普通にコンピュータを活用する時代への過渡期だった。東北大学には大型計算機センターがあり、当時としてはかなり高性能の大型計算機が稼働していたが、大型計算機センターは別のキャンパスにあったので利用するのは不便だった。当時はTSS（Time Sharing System）もまだ一般的ではなく、プログラムやデータをカードにパンチして、理学部地理学教室（青葉山キャンパス）から大型計算機センター（片平キャンパス）まで持参して計算機に投入し、計算が終わるまでしばらく待たなければならなかった。同級生が気候変動の卒業研究のために、北半球100地点の30年間の気温変動について因子分析を行ったが、当時の大型計算機センターでの1ユーザーへのサービスの限界に近い計算だったそうである。多変量解析のプログラムは、芝（1972）やDavis（1973）などの多変量解析やデータ処理の教科書に掲載されていたプログラムを利用していた。一方、地理学教室には、メモリ数80、ステップ（プログラム1行分の命令）数50という制約の下で、カードにプログラムを打ち込む式の、段ボール箱大の小型計算機があった。平均値・標準偏差、相関係数の計算や単回帰分析なら、手軽にこの計算機を利用できた。

大学院に進学する頃（1975年）から、ようやく計算機メーカー提供の統計解析プログラムが使えるようになった（NEC STAT PACK）。東北大学大型計算機センターの汎用大型機はNEC製（36ビットマシン）で、IBMとの互換機（32ビットマシン）ではなかったので、SPSSやBMDPが使えなかった。これがたいへん残念だった。1990年代後半に、汎用マシンからいわゆるサーバー（OSがUnixシステム）に移行してから、ようやく計算機の種類に関係なくSASも使えるようになった。

2. 都市地理学「花形」時代の末期

私の院生時代（1975～80年）は、都市地理学が地理学の花形の時代の後半期であった（沢田1982）。この時期の研究動向やその後の停滞の経緯は、阿部和俊（2007）や森川洋（2010）の論考に詳しいが、私が日本地理学会に加入した1974年には、都市地理研究グループが組織されていた。服部銈二郎・桜井明久（1974）が1972年の都市地理学の成果（「都市地理研究グループ報告」『地理学評論』47-4）を、また、吉田宏（1976）は1年とんだ1974年の成果（『地理学評論』49-10）を報告している。研究グループとしての成果報告が、他の研究グループよりも多くのページを割いて『地理学評論』に掲載されていたことは、当時の都市地理学の勢力の大きさを象徴

している。

　当時の日本地理学会のシンポジウム（現在のように多くのシンポジウムが平行して開催されるのではなく、たとえば人文地理学分野では1本で全日を費やして行われた）のテーマにも、下記のように都市地理学のテーマが頻繁に選ばれた。日本でも都市の発展が進み、さまざまな都市問題も噴き出していて、都市地理学はあまり都市問題の解決へ寄与するという姿勢はなかったが、それなりに時代のニーズや関心に合致していたと思われる。

　1974年秋（富山大学）「地方都市における都心再開発」
　1975年秋（神戸大学）「都市地域の都心部周辺地帯」
　1976年秋（弘前大学）「都心地区周辺部における諸現象」
　1977年秋（愛媛大学）「交通変革と地方都市」

　私も、1975年、76年とも大学院生としてシンポジウム会場に座っていた。75年のシンポジウムでは、そうそうたる先生たちが発表だけでなく相次いで意見表明も行い、議論がしっかりとかみ合い、一応の結論が得られたシンポジウムであった。私もこれ以降、多くのシンポジウムに参加したが、この初めて参加した75年のシンポジウムが最も聞き応えのあるシンポジウムだった。

　しかし、1976年秋のシンポジウムは議論が全くかみ合わず、また現象を指摘し合ってもその後の議論に発展せず、期待はずれだった。田辺健一（1977）は「しかしながら、発表者・コメンテーター・座長を除くと、フロアーに都市地理学の研究者はきわめて少なく、質疑の多くは思いつき的なところも多く、本質を突けず、議論の空転が見られた。都市地理学の分野の研究者は多いように見えながら、意外に層は薄く、遺憾に思われた」と総括している。この時に伝統的な都市地理学の、とくに都市の地域構造論の凋落が始まっていたのではないかと感慨深い。私の記憶では、その後、日本地理学会で都市地理学の主要なテーマがシンポジウムテーマになったのは、2010年秋の日本地理学会（会場：名古屋大学）「21世紀の都市地理学の構築」と「新しい都市地理学の地平」までなかった。

　私たち当時の大学院生にとって、都市地理学の地域構造論・空間構造論には、その構造や空間を形成するメカニズムについての議論がなく、あっても形態変化のメカニズムに終始しており、飽き足らなく感じていたのも事実である。また、当時から、経済制度からの分析がないとか、人間の意志決定からの分析がない、と批判されていた。籾山政子（1979）『私にとっての科学』のなかの、大内力教授（経済学）との対談での大内先生の答えが印象的だった。地理学に対する見解を促されて、

　「表面的な現象を記述することはあっても、何が基本になってある地域が形成さ

れているのか、そのさまざまな特質は、何によって、どのような理論構造で規定
されるのか、そういう問題を押さえていく場合に、これまで理論としてきちんと
したものがないように思えます。もちろん一応理屈はあっても、その時々の思い
つきのようにみえて、1つの一貫した理論体系になっていないように思えます」
と述べている。理論の構築は、相互の理論構築の試みへの批判の蓄積であるはずで、
都市地理学でも、阿部和俊（2003）のような相互の批判が必要であると思う。

　そのような時に、野原敏雄・森滝健一郎編（1975）『戦後日本資本主義の地域構造』
が出版された。この本は都市地理学の本ではないが、地理現象の背後に存在する国家
制度や資本の働きを明らかにした点で、当時の人文地理学専攻の大学院生に多大な影
響を与えたと思う。

　しかしながら、都市の土地利用や地域構造の理論化の試みがなかったわけではな
い。経済学の理論を使って理論化しようとしていたのが、除野信道（1967）『経済地
理学の一般体系』、国松久弥（1969）『都市経済地理学』、国松久弥（1971）『都市地
域構造理論』だった。とくに、『都市地域構造理論』ではミクロ経済学の理論が用い
られて伝統的な都市地理学の説明原理とは異なっていた。そのため、この本の論考が
都市地理学共有の知とされなかったことがたいへん残念である。本論の「1.はじめに」
の部分で、さまざまな社会科学の基礎を地理学の基礎として学ぶ必要があると述べた
のは、このような事実から考えたことである。

3. 因子生態研究と小地域統計の誕生の頃

　1975年までの日本の都市地理学研究を欧米のそれと重ね合わせてみると、日本の
都市地理学から因子生態研究が抜け落ちていることに気づく。東北大学での1973年
当時の都市地理学の講義でも、都市内部の構造理論については言及されているが、因
子生態研究には言及されていない。木内信蔵（1979）『都市地理学原理』でも、因子
生態研究の成果は言及されていない。そのような時期に、欧米での研究とのギャップ
を埋めるように、森川（1975）が因子生態研究に関するたいへんに優れた展望論文
を発表した。

　さらに、森川（1976）は1970年国勢調査統計区データをつかって、日本で
初の本格的な因子生態分析である、「広島・福岡両市における因子生態（Factorial
Ecology）の比較研究」を発表した。その論文で森川先生は、わが国での因子生態研
究の先駆けは山口岳志（1969）による中野区に関する分析であると述べ、わが国で
因子生態研究が進まなかった理由として、小地域ごとの国勢調査データが公表されて

いなかったことを指摘されている。記述は前後するが、日本では1970年（昭和45年）の国勢調査から国勢統計区の集計結果が公表されるようになった。1973年の東北大学での都市地理学実習で、小笠原節夫先生の「これで研究が楽になるはず」との発言を覚えているが、結果的には国勢統計区は集計単位が大きすぎた。話題は前後するが、私が確認している範囲では、1970年国勢調査は国勢統計区とともに、地域メッシュデータも集計されていて、1970年はエポックメイキングな年であった。

　私は卒業研究（1974～75年）で、仙台市を研究対象に人口と居住密度の分布パターン分析をとりあげた。この問題意識は、都市内の人口密度分布に数式モデル（Newlingモデル）を当てはめることだった。現象を数式モデルで記述したいという意識は、やはり教養部2年間の理学部基礎教育が影響しているのであろうか？

　仙台市役所統計課に3ヶ月ほど通って、非掲載集計結果である1970年国勢調査の調査区別集計結果（市内で約3,000調査区、コンピュータ印刷紙にプリントアウトした膨大な資料だった）から、人口と普通世帯人員一人あたり畳数のデータを書き写した。そして、仙台市内の地図に調査区境界を書き写して、調査区内の人口を人口10人1ドットで表現した。それを自分自身の独自の200m×200mメッシュに切り直し、メッシュごとの人口を数え、1km^{2}あたりの人口密度に換算した。一人あたり畳数も、そのまま調査区の地図に値を書き入れ、メッシュに含まれる調査区の畳数の単純平均値を、電卓を使って求め（四則演算、べき乗値が求められる電卓でも3万円くらいの価格だった）、それを居住密度とした。よくいえば、因子生態研究の非常に原始的なアプローチをしたわけで、人口密度は都市化因子の指標に、居住密度は社会経済的因子の指標にあたる。

　前述の雑誌会で私は4年生の時に、「因子生態研究」の論文を取り上げて発表したにも関わらず、Newlingモデルに意識が行っていて、卒業研究で上述の調査区別集計結果を因子生態研究に用いようとする意識が弱かった。この時それでも、調査区別集計結果を用いて、人口特性からみた居住地の総合的分析をしたいと、仙台市統計課職員に話した。偶然、この職員は東北大学地理学教室の先輩であったが、「恐ろしいことを考えている」と一笑に付された。1つの調査区は、国勢調査の際に一人の調査員が担当する範囲で、30世帯が基準であった。人口と一人あたり畳数だけならまだしも、こんな小さい地区単位で社会階層を分析されては、行政職員としてはたいへん困ったと思う。

4. 計量地理学の潮流とリモートセンシングの登場

　また、1970年代の日本の地理学界は、計量革命の影響を受けている時期だった。この時期には、石水照雄・奥野隆史編（1973）『計量地理学』、レスリー・J・キング著、奥野隆史・西岡久雄訳（1973）『地域の統計的分析』、理論・計量地理学研究会・日本システム開発研究所監修（1974）『計量地理学への招待』、石水照雄（1976）『計量地理学概説』、奥野隆史（1977）『計量地理学の基礎』と、次々と教科書的な書物が出版されていた。

　ただし、理学部にある地理学教室でさえ授業科目に計量地理学の授業はなかったが、小笠原節夫先生担当の都市地理学実習には多くの計量的なトピックが取り上げられた。小笠原先生は、この頃の直前に、ハワイ大学に留学されていたと伺っている。上級生の話によると、この実習で、ヘーゲルシュトランドの空間的拡散モデルシミュレーションを乱数表を引いて実際にやってみたそうである。そのような事情もあり、卒業研究や雑誌会の外国文献紹介に、計量的手法を用いた研究が増加した。

　1977年頃から東北大学人文地理学の院生で、前述の奥野隆史『計量地理学の基礎』を教科書に計量地理学ゼミという自主ゼミを始めた。おかげで、当時の院生グループは、計量地理学の分析手法を普通の技術として共有できたと思う。しかし当時は、計量的な手法は伝統的な都市地理学と大きなギャップがあったので、計量地理学を地理学と認めない人たちもいたのである。その点では、西村嘉助先生も板倉勝高先生も計量地理学には非常に理解があった。

　しかし、すでに1970年代末には計量地理学に代わる新しい潮流も起こっていた。当時、東北大学地理学教室に客員研究員として滞在していた外国人研究者に、オーギュスタン・ベルク（ソルボンヌ大学）とリチャード・ウィルトシャー（ロンドン大学ユニバーシティカレッジ）がいた。ウィルトシャー先生とは、私が授業のアシストをしたり、英文レジュメの校閲などを依頼していて交流があったが、ベルク先生とは廊下であって、挨拶する程度でほとんど交流がなかった。当時、人文主義地理学の新しい潮流などまったく感じ取っていなかった理学系地理学教室の人文地理学専攻の院生の興味の限界を示している。

　大学院ゼミにベルク先生とウィルトシャー先生が別々に参加し、私たち院生と議論する機会があった。ベルク先生にフランスの計量地理学の動向を聞いたところ、はかばかしい答えは得られなかった。その時、一瞬、ベルク先生の能力を疑ったが、計量革命が終わり、ベルク先生は人文主義地理学の旗手になった。一方のウィルトシャー

先生もイギリスにおける日本研究の旗手となった。昔の格言に、新しい流行を作る人は、1つ前の流行に乗らなかったわずかな人であるとあるが、本当に世の中はわからないと思う。

　1970年代は、「リモートセンシング（Remote Sensing）」という新しい技術が地理学へ導入された時期でもあった。リモートセンシングは、東西冷戦体制の下、1960年代にアメリカ合衆国でとくに発達した技術であった。当時、私たちがよく活用したリモートセンシングのデータには、ランドサット衛星によるMSSデータと、航空機からセンシングしたMSSデータの2種類があった。最も普及していたランドサットMSSデータは、1ピクセルが地表で80m×80m、測定波長帯が青、緑、近赤外線（2バンド）の4バンドであった。また航空機から得たMSSデータは、1ピクセルが地表で約7m×7m、青、緑、近赤外線の他に熱赤外線を含む11バンドで、とくに解像度が高いことと地表の熱データを得られることが長所だった。

　私が大学院生の時に、長谷川典夫先生がリモートセンシング用分析機器（アディティブ・カラビューアー、マルチカラーデータシステムなど）を科学研究費補助金を活用して東北大学地理学教室に整備し、このMSSデータを使って土地利用判別などの研究を開始された。当時、同じく大学院生だった今泉俊文（東北大学）、松本秀明（東北学院大学）の諸氏とともに、私もその分析作業に参加した。東京や仙台で開催された大学・計算機メーカー・民間団体などの主催のトレーニングスクールに参加し技術を習得した。そして、上記のマルチカラーデータシステムや富士通PIAシステムを使って、さまざまなMSSデータを解析した（Hasegawa et al. 1978a、1978b、1979）。その頃、地理学の分野で実際にリモートセンシングデータを活用して研究発表を行っていたのは、筑波大学安仁屋政武教授を始め2～3人で、当時は先駆的な取組みであったと思う。

　ランドサットMSSデータの解析は、たとえば近赤外線波長帯のみのデータでその地域の植物の活性度を判定したり、複数バンドのデータを組み合わせて土地の被覆状態を判別したりするものである。地理学では主として、土地利用や植生の種類などの判別に用いられた。しかしながら、1980年代までかなり地理学で活用されたが、その後、地理学の分野ではリモートセンシングの活用や技術開発を主目的とした研究はほとんど見られなくなった。

　画像工学、土木・建築・都市計画、気象学・海洋学、農学・林学などの分野に比べて、リモートセンシングが日本の地理学で共通の技術として発達しなかった理由として、下記の点が考えられる。

1）都市地理学の地域構造研究では、目標が土地利用から場所の機能へと移り変わっ

た時期で、単に土地利用型を判別するだけではあまり意味がなかった。逆に、国勢調査・事業所統計調査などのメッシュデータが活用できるようになったので、地域の機能や特性を把握するためにはこのメッシュデータの方が有効だった。また、都市地理学の事例ではないが、気候学・気象学では地点の気温とは、たとえば地上 1.5m の百葉箱のなかで測定した気温であるが、リモートセンシングでは地表表面温度を把握することになる。このように、これまでの学問分野が必要とする計測値とやや異なった現象が捉えられるのみであったので、そのままでは活用しにくかった。

2）当時のコンピュータ性能では、画像処理のハード・ソフト技術が未発達で、ある範囲のデータを分析するにもあまりに巨大なデータ量であった。専用解析システムはまだ高価で、自前で開発するには数学・物理学・工学などの分野の多くの専門的知識が必要で、従来の地理学研究の片手間では無理だった。

3）センサーの発達で衛星画像データの 1 ピクセルの大きさがどんどん小さくなっていったが、都市地理学が必要とする解像度を上回ってしまうようになった。住宅地域を家屋密度や緑地比率でいくつかのレベルに分けたいのに、住宅 1 区画の屋根・緑の庭・裸地が 1 つ 1 つのピクセルとして判別できてしまう。その結果、さまざまな特性をもつピクセルの組み合わせ・構成で住宅地域のグループを判別せねばならず、都市地理学の分析のためにはあまりに高度な技術が必要となってしまった。

4）また、当時は GIS 技術が未発達だったので、リモートセンシング技術だけでは、1 ピクセルの地図上の位置を衛星画像データそのものから同定することができず、衛星画像と地図（たとえば国土地理院 1/25,000 地形図）と重ね合わせるのは、高度な職人技に頼らざるを得なかった。

5）ある地域の環境や土地利用の経年変化を把握するにはリモートセンシングは非常に有効であるが、比較するデータの観測時期が年のうちで少しでもずれていたり、太陽の輝度の絶対量が違うと、経年変化を把握するのに非常に高度な技術を必要とした。

6）日本では、雲で覆われていないシーンは非常に少なく、広域な地方の地表現象を分析するには異なった時期の MSS データを組み合わせる必要があることも分析を難しくした。

その後、コンピュータがハード・ソフトとも著しく発達し、まだ画像処理技術や GIS 技術が飛躍的に進化したことを考えると、人間が近づくのが危険な災害現象の把握・解析や、広大な地域で、とくに地図や地域データ（人口・経済など）が少ない発

展途上国では有効であるだけに非常に残念である。とくに、前述のように大学2年生までは数学・物理などの教育をしっかりと受けている理学系地理学学生にとっては、可能性の大きい分野であったと思われる。

5. 指定統計の活用・個票データの活用

1980年に長崎大学教育学部に赴任し、卸売活動からみた日本の都市システム研究を進めるためにどうしたらよいか頭を痛めていた。ある日、附属図書館で事業所統計調査の都道府県別冊子の末尾にある統計表種類のページをくっていると、「報告書に掲載されない集計表」のリストが掲載されていた。そのなかに、県庁所在地都市及び人口30万人以上の都市別に「本所・支所（本所の所在地別）別の事業所数・従業者数（産業中分類別）」の集計表が存在することを発見した。それまでの全国レベルの中枢管理機能研究は、本所・支所の集積量と代表的な企業における本所・支所集積量についての分析にとどまっていたが、この資料を活用すれば、日本の都市システム研究を大きく発展させることができる、とその時に考えた。

さっそく、総務庁統計局（当時）に問い合わせると、この非掲載集計表を問い合わせた人は初めてで、膨大なコンピュータ出力ページをコピーするか、磁気テープで手に入れるか、という返事であった。47都道府県・74主要都市について、96産業中分類、単独事業所・支所のある本所事業所・支所事業所（うち、本所が同一市町村内、同一県内で他市町村、他の46都道府県）別の事業所数・従業者数を、二進数で表現されたデータを、目的に合わせて読み取るプログラムを書くだけでもたいへんだった。当時はまだ、一般ユーザーを対象にした磁気テープでの提供体制が整っていなかったのである。

このデータを使った論文は、『地理学評論』（西原1990）に発表した。ジム・シモンズには、「この本所・支所による都市間ネットワークを従業者数ベースで捉えた統計データは欧米のどの国にもなく、ヨーロッパ諸国で行われた研究よりも成功している」と評価してもらうことができた。また、このデータを使った研究が発表されて（日野1995、森川1996など）、企業組織の観点からの都市システム研究が発展したと思われる。

このように、総務省統計局や通産省（当時）の指定統計の多くは、都道府県単位で集計されることが多く、都市地理学研究に活用するにはその点がネックだった。この隘路をクリアするためには、統計調査の個票データを都市単位に再集計する必要がある。指定統計の個票の再集計の許可を国から得ることは非常に難しいと、私はなかば

観念していた。しかし、隘路が突然開けたのである。

　発端は、卸売業の特性データに因子分析を適用して、日本の主要都市の卸売業の構造を明らかにしようとしていた時であった。その際、都市の卸売特性データとして、商業統計のうち卸売業小分類ごとの卸売商店数、卸売従業者数、卸売販売額の他に、三大都市圏・広域中心都市・自県内からの仕入れ比率、地方ブロック外・地方ブロック内・自県内への販売比率を使おうとした。各都道府県庁統計課に各県庁所在地都市の仕入先地域・販売先地域データの提供を個別に手紙で依頼した。いくつかの県からの回答として、通産省に商業統計の個票データ使用の申請をして、自分で再集計してはどうかとアドバイスされた。

　通産省との事前打ち合わせから正式な個票データの使用申請、許可まで、何度も書類のやりとりを重ね、約半年間の時間がかかった。許可がでて、私の名前と指定統計名・目的が官報に掲載されたが、その官報には他に約30件ほど許可が出ていた。すでに他分野の研究者は、個票データをかなり活用しているのを目のあたりにして、私たち地理学研究者も、指定統計の個票使用の制度をどんどん活用しなければ、とその時思った次第である。

　卸売事業所は流通経路のどの位置にあるかで、元卸、中間卸、最終卸、直取引卸に分類される。また、農産物・水産物、石油・セメントなどの鉱産品、鉄鋼製品などの資本財、ナショナルブランドの耐久消費財などの業種によって流通経路が大きく異なり、卸売業を分析するにもまことに複雑である。上記の商業統計調査の個票をつかって卸売事業所を1つずつ元卸、中間卸、最終卸、直取引卸に分類して、特徴的な商品の流れごとに、都市の卸売流通の階層性や結合関係を明らかにできた。根気のいる作業であったが、何とか『地理学評論』に論文を発表することができた（西原1994）。

　このように、事業所統計の非掲載集計表や商業統計の個票データを使った研究は、日本の都市システム研究の発展に多少とも寄与できたと思う。また、以前は不可能だった国勢調査の個票データを活用した研究も、最近は進められるようになり（たとえば、石川義孝2007）、非常に得難い成果を挙げている。また、石川（2010）は指定統計の個票利用の成果と意義を述べ、2007年に統計法が全面改定されて一定の条件や審査の下で、匿名データの作成・提供、オーダーメイド集計がなされるようになり、統計調査結果が広く活用できるようになったことを紹介しているので、地理学研究者が大いに活用するようになればよいと思う。

6. トロント大学地理学科への留学と欧米の主流の都市地理学

　私は文部省(当時)の在外研究員制度を使って、1995年5月から翌年の3月まで、カナダのトロント大学地理学科へ留学した。当時のトロント大学は北米でも地理学の一大拠点で、トロント中心部のセントジョージキャンパスの本校以外に、郊外のエリンデールカレッジとミシサガカレッジにも地理学のスタッフがいて、全体では約50人の教員がいた。地理学科には、地理学コースと都市・地域計画コースの2つの教育コースがあり、都市・地域計画を専門とする教員が約半数を占めていることと、逆に地理専攻の教員も、計画プログラムの主要メンバーだった。

　学科長のカール・アムルハイン(労働市場の計量分析)のほかに、ジョン・ブリットン(地域経済学、企業地理学)、ラリー・ボーン(都市システム)、ジム・シモンズ(都市システム)、メリック・ガートラー(経済地理学、フレキシビリティ)、ガンター・ゴッド(オフィス立地と情報交換分析)、エドワード・レルフ(人文主義地理学)、マイケル・バンス(農村地理学)、ジム・レモン(歴史地理学)、キム・イングランド(フェミニスト地理学)がいた。都市・地域計画には、バージニア・マクラーレン(環境評価分析、現学科長)や、ラリー・バンド(リモートセンシングとGIS)など、国際的な論文で名前を知っていた人が多かった。学生の人気でも地理学が非常に高かったように思う。

　留学中のカウンターパートナーはラリー・ボーン教授に努めてもらった。週に1度くらいの割合で、当時から分析を進めていた「就業者の収入格差からみた日本の都市・地域システム」に関する分析の枠組みや分析結果などを議論した。またボーン教授担当の授業 Urban spatial structure and growth (学部4年生対象)にも参加した。この授業は、都市空間で発生しているさまざまな現象を説明し、それを都市の空間構造と関連づけるような、都市地理学の学部教育の集大成の内容であった。また、都市計画の基本ともなるべき問題・課題も述べられ、秀逸な講義だった。この講義トピックが欧米の都市地理学の主流をなしていると、私は感じた。とくに、日本の都市地理学の講義にないトピックは、Externality という概念と公共サービスの都市圏内の自治体間格差、それにまつわる Tibout 仮説、ブルーカラー労働者

写真19-1　ボーン教授と筆者(1998年)

の居住地と従業地の空間的ミスマッチ仮説、通勤距離の長短と労働市場・職業などのトピックであった。教科書（授業を受講するための前提の書物）は、トルーマン・ハートショーンの Interpreting the city : An urban geography, 2nd edition（John Wiley & Sons）で、この本は非常に優れた内容の本である。

　なぜトロント大学では地理学が都市計画や地域計画に寄与できているのか。ボーン教授によると、カナダの都市計画・地域計画は、工学的な側面よりも社会科学的な側面が非常に重要視されているそうである。さらに、誤解を恐れずに述べると、都市計画での分析作業は、ある意味、都市・地域の土地利用、人口・事業所の立地変動、住民の意見・評価などを分析し、発生している諸問題・諸現象の現状分析が中心で、地理学の方法論と非常に似通っている。しかし、課題解決の方策を考える過程で、都市計画は地理学と大きく異なっている。これを克服すべく、地理学者が地域分析を進める際に、法制度や地域の総合計画にも気を配り、明らかにした問題点を課題に変え、その課題を解決するための方策を考える。これからは、都市計画の課題解決の方法論の学習も地理学に必要だと思う。

7.　三菱高島炭鉱の閉山をめぐる学際的共同研究の取り組み

　1980年4月から97年3月まで長崎大学教育学部に職を得ていた。地方大学に赴任した教員にとって、地理学研究者との交流はごくわずかで、日々が他のさまざまな分野の研究者との交流・切磋琢磨である。私の長崎大学時代には、精神医学・社会医学・土木工学と共同研究をする機会があった。そのなかでも一番影響を受けた経験は、1986年11月に閉山した三菱高島炭鉱閉山の影響調査を学際的共同研究として行った、社会医学、文化人類学と地方財政学の研究者との交流である。

　この共同研究では、10年間の歳月をかけて、上述の共同研究者たちと、また長崎大学教育学部・医学部学生、活水女子大学学生、長崎県保健学校学生諸君とともに、さまざまな視点・方法でインテンシブに調査した。社会医学から学んだものは、データの精度、分析方法の手堅さ、統計学的な検定、そして得られた成果をいかに地元住民に還元するかという強い姿勢である。社会医学は、地元住民の人々の協力がなくては成り立たない分野である。そのため、社会医学研究者に連れられて、私も何度も、高島町の住民検診や健康を考える懇話会などに出席した。

　文化人類学から学んだものは、社会科学の各分野に通暁している学問的な幅の広さである。そして、文化人類学者は、集めた現象に対する理論化への強い意志がある。さらに、「研究者は調査のために1つの村に村民と三年間生活をともにする」という

強いフィールドへの密着度である。ただし、研究のターゲットを、まず目立つ個人に設定し（文化人類学の景観論？）、この個人についての調査から始めるため、文化人類学的手法では最後まで高島炭鉱の最大の構成員だった「直轄鉱員」の全体像を把握することができなかったように思う。逆に、これまで地理学の調査はとかく、全体像を明らかにするのみにとどまっていたが、文化人類学との交流を基に、高島の住民たち全体をグループに分け、そのグループを構成する個人個人の特徴にまでせまるべく努力をした。地方財政学から学んだものは、地域現象のもととなっている国・自治体の行財政制度の重要性と丹念なデータ分析手法である。とくに、一つの地域プロジェクトを開始すると自治体の後年度負担がどのように生じるかという予測の確かさに、私は圧倒された。また、事実・データの確認は必ず二重の方法で確認するという慎重さと、さらに地方自治体財政への提言力が強力であった。

　この成果を『人文地理』に発表したが（西原 1998、西原・齋藤 2002）、西原・齋藤（2002）の抜刷送付お礼としてある高名な先生から次のような手紙を頂いた。

　　「共同研究の強さがでていると思います。テーマの視点が、高島炭鉱の地誌にあるのではなく、離職者の再起にかかる条件を探られていることに、一般化できる社会性を目指されていると感じました。（…中略…）かつては、このような研究は【地理】学ではない、として大先生達から忌避されていたことがありました。長年かけてミクロな地域を綿密に調べ上げ、それをマクロな問題に広く高く掲げる意識で仕上げられる仕事が、結局他学でも受け入れられるようです。」

　私の高島研究の成果がこのような評価を得たのは、何事も遠慮なく他分野の研究者と議論した共同研究のお陰と思われる。そして、高島共同研究から学んだ最大のものは、高島住民の人たちから学んだ「人間のきずなの大切さ」であった。

　私は、現在、高島炭鉱閉山の共同研究調査を踏まえて、平成の市町村合併について、地理学とともに社会学、地方財政学の研究者を加えて共同研究を進めている（西原 2007、Nishihara 2007）。市町村合併の研究は、行政制度、地域内分権、公共サービス、地域の経済活動、地域の歴史的・文化的特性、住民の地域帰属意識・価値観まで関係するさまざまな視点を必要とし、地理学以外にも、行政学・地方財政学・都市計画・社会学などからの研究が多い。隣接分野に対して地理学の独自性と力量が問われる格好の研究テーマである。現在、この共同研究を通して、もう一度、地理学のアイデンティティやその強みを考えたいと思っている。

8. おわりに

　これまでの経験から、阿部（2007）も指摘するように、都市地理学だけでなく、人文地理学は隣接分野からの成果を得て発展・進化してきた輸入超過の学問であることを、私は痛感している。都市地理学も人文地理学も総合的な学問であることを宿命とし、これからも隣接分野から新しい成果を取り入れていく必要がある。そして、学問の価値は、隣接分野の学問へどの程度影響をもたらしたかで問われるはずである。そのためには、都市地理学の成果を、隣接の社会学・経済学・都市計画に発信して行かなければならない。また、学問の価値は実際の社会でどのように役立っているかで問われる時代となった。都市地理学の成果は、一般の国民・市民に、公開シンポジウム、新聞記事、啓蒙書などを通じても還元していかなければならない、と強く私は思うのである。

引用文献

阿部和俊　2003『20世紀の日本の都市地理学』古今書院．
阿部和俊　2007「人文地理学のアイデンティティを考える―都市地理学を中心に―」人文地理, 59.
石川義孝　2007「公的統計における個票データ使用の意義―外国人移動研究の事例―」日本地理学会発表要旨集, 77.
石川義孝　2010『人口減少と地域　地理学的アプローチ』京都大学出版会．
石水照雄・奥野隆史編　1973『計量地理学』共立出版．
石水照雄　1976『計量地理学概説』古今書院．
奥野隆史　1977『計量地理学の基礎』大明堂．
国松久弥　1969『都市経済地理学』古今書院．
国松久弥　1971『都市地域構造理論』古今書院．
木内信蔵　1979『都市地理学原理』古今書院．
沢田　清　1982「随想文」田辺健一教授退官記念誌．
芝　祐順　1972『因子分析法』東京大学出版会．
田辺健一　1977「都心地区周辺部における諸現象―1976年秋季大会シンポジウム―」地理学評論, 50.
西原　純　1973「人口密度・居住密度の分布―仙台市の場合―」東北地理, 27.
西原　純　1991「企業の事業所網の展開からみたわが国の都市群システム」地理学評論, 64.
西原　純　1994「九州地方の卸売活動からみた都市間結合関係と都市群システム」地理学評論, 67.
西原　純　1998「わが国の縁辺地域における炭鉱の閉山と単一企業地域の崩壊―長崎県三菱高島炭鉱の事例―」人文地理, 50.
西原　純・齋藤　寛　2002「産業リストラクチャリング期における炭鉱閉山と三階層炭鉱労働者の帰趨―長崎県三菱高島炭鉱の事例―」人文地理, 54.
西原　純　2007「平成市町村大合併的行政現状及区域内系統重組―3種行政機構空間布局模式」国際城市規制, 22（『日本都市化研究』特集号）．
野原敏雄・森滝健一郎編　1975『戦後日本資本主義の地域構造』汐文社．
服部銈二郎・桜井明久　1974「都市地理研究グループ報告」地理学評論, 47.
日野正輝　1995「わが国主要都市における支店の集積量と動向」経済地理学年報, 41.
籾山政子　1979『私にとっての科学』蒼樹書房．

森川　洋　1975「都市社会地理研究の進展―社会地区分析から因子生態研究へ―」人文地理, 27.
森川　洋　1976「広島・福岡両市における因子生態（Factorial Ecology）の比較研究」地理学評論, 49.
森川　洋　1996「わが国主要都市における企業活動と都市システム―1981～1991年事業所統計の分析から―」地理科学, 51.
森川　洋　2010「私のみた戦後日本における都市地理学の潮流」都市地理学, 5.
除野信道　1967『経済地理学の一般体系』古今書院.
理論・計量地理学研究会・日本システム開発研究所監修　1974『計量地理学への招待』青学出版.
レスリー・J・キング　1973『地域の統計的分析』奥野隆史・西岡久雄訳, 大明堂.
Davis, C. D. 1973 *Statistics and Data Analysis in Geology*, Wiley & Sons.
Hartshorne, Truman A., *Interpreting the city : An urban geography*, 2nd edition, John Wiley & Sons.
Hasegawa, Norio, Nishihara, Jun, Imaizumi, Toshifumi and Matsumoto, Hideaki 1978a Land use classification of Morioka City and its environs based on airborne multispectral sensor data, *Sci. Rep. of Tohoku University, 7th ser. (Geogpraphy)*, 28.
Hasegawa, Norio, Matsumoto, Hideaki, Imaizumi, Toshifumi and Nishihara, Jun 1978b Landform classification by machine processing of remotely sensed data : A case study of the Sendai Coastal Plain, *Sci. Rep. of Tohoku University, 7th ser. (Geogpraphy)*, Vol. 28.
Hasegawa, Norio, Nishihara, Jun and Matsumoto, Hideaki, 1979, Generalized zoning of urbanized areas by analysis of LANDSAT MSS Data, *Sci. Rep. of Tohoku University, 7th ser. (Geogpraphy)*, 29.
Nishihara, Jun, 2007, Japan's Pro-merger Policy and New Large Municipalities: The Impacts of Three Spatial Forms of Administrative Organization, Yan and Xue eds., *Urban Development, Planning and Governance in Globalization*, Sun Yat-Sen University Press,

山本健兒

第20章 私の都市研究事始め

1. 都市への関心

　日本の地理学界で私が都市地理研究者とみなされているかどうかわからないが、私の研究関心のほぼ50%は都市にあったし現在でもある。なぜ都市に興味をもつようになったのか、今となっては忘却の彼方であるが、その背景に、私が純然たる農村、すなわち低い山々ではあるがこれに囲まれた直径で1kmちょっとという程度の盆地で生まれ育ったということがあるかもしれない。つまり、故郷とは異質の環境に憧れたのである。とはいえ、勉学対象としての都市をはっきりと意識し始めたのは、大学2年生のころだったと思う。この原稿を草するための材料を探すべく自宅の本棚を眺めていたところ、磯村英一（1968）の著書の裏表紙を一枚めくったところに「1971.8.8. 日。13.25. 読了」と万年筆でメモしてあるものを見つけたからである。私は大学生時代の一時期、それなりに感銘を受けた書物を読みきった時に上のようなメモを記していたのである。

2. 一般教育課程時代

　正直なところを言えば、大学でとくに深く学びたい研究分野を、私は受験当時も入学後もはっきりとは決めていなかった。しかし、所属した陸上ホッケー部の1年先輩たちが2年生から3年生になるころだっただろうか、どの先生のゼミに入るのか、部室で着替えながらにぎやかに話していたし、それを受けて2年先輩の人たちがゼミを選んだ時の様子を話すのを聞いていたので、私は1年生の末頃から2年生初め頃にかけて、3年生になった時に入るべきゼミを少しずつ意識するようになっていた。
　私が所属していたのは一橋大学社会学部である。今はどうなっているか知らないが、当時の一橋大学の4つの学部はいずれも細かな学科に分かれておらず、専門を表現する際にはゼミの先生の名前を挙げるのが普通だった。そして社会学部は、その名前から社会学を学ぶ学部であると思う人がいるかもしれないが、実は違っていた。それ

を初めて知ったのは、1年生の夏休みの終わり頃に2泊3日の日程で八王子市の郊外にある（財）大学セミナー・ハウスで開催された課外合宿ゼミに参加した際に、当時の学部長だった藤原彰先生の開会の挨拶によってだった。藤原先生は、一世を風靡した『昭和史』（1955）の共著者の一人であり、日本政治史を専門とする方である。先生は、社会学部の英訳が Faculty of Sociology ではなく、Faculty of Social Studies であると話され、その趣旨を述べたのである。

その意味を私が当時適切に理解したかどうか怪しいが、社会学部の学生である以上、社会学を学ばなければならないと考えて若干の書物をかじってはみたがみごとに跳ね返されていた一方で、この学部の先生方には社会思想や歴史研究を専門とする方が比較的多く、そのほかに社会心理学や教育学などを専攻する諸先生がいらっしゃり、全体としてみればあまり一体性のあるところではなく、雑然とした感じのスタッフ構成であることにすでに気がついていたので、社会学部の英訳をなるほどと思ったものである。実際、当時、Sociology を専門とする先生はこの学部にほとんどいなかったと記憶している。当時、法政大学社会学部の教授だった北川隆吉先生が専門課程での「社会学A」という講義を非常勤講師として担当されていたことに示されるように、現代社会を研究する学問としての社会学を専門とする専任教官はいなかったと思う。ひょっとしたら古賀英三郎先生が社会学を担当されていたかもしれないが、古賀先生は社会思想史の研究者だったように思う。古賀先生は、かつて高島善哉の担当科目だった「社会科学概論」を前期教育課程すなわち一般教育課程で教えていらっしゃり、それを私も受講したが、難解だったという記憶しかない。社会思想史の良知力先生の授業も難解であり、指定された参考書を購入はしたが歯が立たず、私にはとうていこのような思想に関わる勉強は向いていないと思うようになっていた。

そういう折に、当時の一橋大学社会学部は1年生向けに合宿形式での課外ゼミを企画実行しており、そのなかで、元学長であり社会学部の創設に当たって指導的役割を果たされた歴史学者の上原専禄の教育論を扱うとした教育学の藤岡貞彦先生のゼミに参加した。藤岡先生は一橋大学に赴任されたばかりであり、たまたまホッケー部の2年先輩の人が、商学部から社会学部に転部して藤岡ゼミに入り、「このゼミは面白いぞ」、と部室で話してくれたのも、数ある課外ゼミのなかで藤岡ゼミを選ぶきっかけになったのかもしれない。

この課外ゼミのための予習はしっかりやったし、ゼミの内容も興味深かった。討論にも積極的に参加したが、3年生に進学した暁に藤岡ゼミに入りたいとは、結果的に思わなかった。むしろ、冒頭に記したことが示すように、都市を研究できるゼミに入りたいと2年生になるころから意識し始めていたのではないかと思う。その具体的

なきっかけが何だったかは記憶にない。しかし、中学高校の頃から社会科が好きであり、そのなかでは歴史がとくに好きだったが、地理的分野のなかでは地域開発を扱う部分に関心を持ったことを今でも覚えているので、育った村の環境も含めて、経済的に立ち遅れた地域の開発とそこで果たす都市の役割への関心をいつのまにか高めていたのかもしれない。

　この関心を後期課程での専門的勉学につなげるためには、社会地理学の竹内啓一先生のゼミに入るしかない、と2年生の夏休み前には思い定めていたはずである。私は履修登録した講義のすべてに出席していたわけではなかったし、当時余燼がくすぶっていた大学紛争のあおりを受けて、1年間の半分は学生ストライキで授業が行われなかった。そんななかでホッケー部の練習には欠かさず毎日参加し、シーズン中の日曜日ともなればまだ正選手ではなかったが公式試合の応援に明治大学の八幡山グラウンドなどに行くという生活を送っていた。私はとくに支持するセクトがあったわけでもない典型的ノンポリ学生だったが、ストライキを決議する学生大会にはホッケー部の同級生らとともに参加し、より長いストライキ期間を提案する方に、その理由の如何を問わず賛成するという不埒な行動を取っていた。

　その一方で、部活に明け暮れてはいたが、部員の間で流行っていたマージャンには一切参加せず、さまざまなジャンルの読書を進めていた。冒頭に記した本はその一冊でしかない。実はこの本の読了直前に、大学セミナー・ハウスが主催した「地域調査」を総合テーマとする4泊5日の「夏季長期セミナー　第40回大学共同セミナー」に参加した。この共同セミナーのなかに配置された7つのセクション演習のうち、明治大学の石井素介先生と竹内啓一先生のお二人が指導役を務められた「近郊農村とその変貌」に出席した。それは、2年生になってから受講した諸科目のなかで竹内先生の「人文地理」の内容が私にとって興味深く、竹内ゼミに入るためにもう少し先生と親しくなる手はないか、と5月末か6月初め頃には考えていたからであろう。ちなみに、竹内先生の「人文地理」（通年）の内容の前半部分は地理学史であり、冬学期にはいってからは農村集落や人口を扱うことが多かったが、都市を扱った時もあり、先生が都市を「食糧生産から解放された集落」と定義していたことに妙に感心したことを覚えている。しかし、この定義も中世ヨーロッパに存在していた数多くのアッカービュルガーシュタット Ackerbürgerstadt（農耕市民都市）の存在を考えると、適切とは言い難いと、今の私は考えている。

3. 竹内ゼミでの勉学

　大学共同セミナーに参加した甲斐あって、私は正規のゼミテン（ゼミに所属する学生のことを一橋大学ではゼミナリストと称し、その複数形のゼミナリステンの短縮形としてゼミテンという語句を用いていた）ではなかったが、国立キャンパスの東校舎で開催されていた竹内ゼミの英語文献等を読むサブゼミに9月から参加した。その際に読んだのが、Wirth（1938）、Gottmann（1957）、Hauser（1965）、Sjoberg（1965）などである。高橋勇悦（1964、1966）もこのサブゼミで読んだ。

　これらの文献を、当時私が十分理解できたというわけではない。テキストの英語に四苦八苦して、当時竹内先生の研究室の助手を務められ、サブゼミにも参加されていた栗原尚子さんに、よくわからないところを教えていただいた記憶もある。それはともあれ、上の文献著者のうち、ゴットマンのみが地理学者として認知されているだろうが、他はむしろ社会学者あるいは歴史学者というべきである。したがって、自主的に読んだ和書も含めて私の都市研究は、都市地理学本流の学習からスタートしたわけではない。むしろ、後に気がついたことだが、当時の竹内先生が読みたいと思った文献を学生も一緒に読んだ、あるいは読まされたというべきであって、その範囲は地理学に限定されず、社会学、経済学、歴史学等に及んでいた。そのサブゼミに通ううちに、3年生になったら竹内ゼミに入れていただきたいとお願いしたはずである。その際、先生は、ゼミを選ぶ際に、理論を勉強したいのか、実験をすることに興味があるか、野外調査をやりたいのか、よく考えるように、とおっしゃった。これは、地理学のなかの理論、実験、調査のいずれに関心をもっているのかという意味ではなく、社会学部の諸先生のゼミのうち、いわば文献研究を中心とする理論的思考を重視するゼミなのか、南博の社会心理学に代表されるような実験的性格をもつものか、それともたとえば石田忠の社会調査論のようなゼミを選ぶのか、という意味で私に考えるようにとおっしゃったのだと思う。石田忠の社会調査論は、主として広島の原爆被害者を対象としており、ゼミ募集もそのことを謳っていたはずである。私は竹内ゼミに入りたかったので、3つの方法のなかでは調査をやりたいと答えたように記憶している。

　ところが竹内先生は1972年度の1年間、文部省在外研究員としてイタリアとアイルランドに出張されることが決まっていたため、竹内ゼミの募集はなされないことを告げられた。しかし、先生は哀れに思われたのであろう、ご自身が不在の間、学部の講義科目「社会地理学」を代講された鴨澤巌先生と、大学院の科目を代講された石井素介先生に、竹内ゼミを希望しながら入れないでいる2年生3人と、すでに竹内

ゼミの学生だった 3 年生 1 人の合計 4 人を相手に、ゼミでの指導を 1972 年度にお引き受けいただくよう、両先生にお願いしてくださったのである。

実は石井・鴨澤両先生によるゼミは正式の開講科目ではなく、いわば自主ゼミとして行われたものであり、それゆえ、両先生は、当時の一橋大学の時間割で 1 コマ 105 分だったゼミの時間に、無給で私たち 4 人を指導してくださったことになる。私たち 4 人は、必修たる演習の授業を学部長預かりということで、形式的には藤原ゼミに属したことに記録上なっているはずである。教員が在外研究等で 1 年間あるいは数ヶ月間留守をする場合、学生が自主的に勉強することを前提に、通称「トンネルゼミ」で演習の単位を一橋大学社会学部は認める風習を持っていたのである。当然、「トンネルゼミ」であるから、藤原ゼミには一度も出席しなかった。1972 年 4 月に、藤原先生に「どうぞよろしくお願いいたします」と挨拶に行っただけである。

しかし、通常の「トンネルゼミ」と違ったのは、石井・鴨澤両先生による実質的な、充実したゼミを行っていただいた、ということである。1972 年 4 月末頃だっただろうか、栗原さんもメキシコに留学されたため、東校舎の社会地理学実験室、すなわち竹内先生と栗原さんの研究室に自由に出入りできる鍵を私が預かり、ここで休講なしの自主ゼミを 2 人の先生と 4 人の学生で行った。こうしたことすべてを大学の事務課が了解していたのか知らないが、今となっては信じられないほどのことであろう。1973 年 3 月には、一橋大学名誉教授だった石田龍次郎先生も招いて、大学セミナー・ハウスで 1 泊 2 日の合宿も行った。

この 1 年間の自主ゼミの記録を保存しているので、その内容をおおむね復元できる。取り上げたテキストの多くは経済地理学という学問に関する理解や農業農村問題に関するものであって、都市については、わずかに川島 (1971) と Yasa (1966) の研究しか取り上げなかった。後者は鴨澤先生が専門とするトルコ研究に関係するもので、アンカラのゲジェコンドゥと呼ばれる簡易住宅地区あるいはスラム街を扱ったものである。前者は石井・鴨澤両先生と強い同志的つながりをもって日本の経済地理学研究をリードしていた大阪市立大学の川島哲郎先生が大阪経済の地盤沈下について論じたものである。自主ゼミで取り上げるべき文献は予め計画的に決められたわけではなく、両先生の関心が合致するか、またはどちらかお一人の関心を引くものがその都度取り上げられた。したがってゴールデンウィークの合間の 5 月 2 日から実質的に開始された最初のゼミでは松田・森滝 (1972) の論文を、秋には同年 6 月に刊行された西川 (1972) の著書を数コマ分かけて検討した。

私の都市研究にとって川島先生の論文は興味深いものだった。もっと川島先生が書かれたものを読みたいと申し出たかどうか覚えていないが、両先生が私に対して川島

先生の諸論文（1966a、1966b、1967）を読んで報告するようにという宿題を与えてくださり、これを夏休みに入る直前のゼミで、3つの論文の内容をB5用紙9枚にびっしり書き込んでかなり詳しく報告した。上の3つの論文はゼミ参加学生共通のテキストとなったわけではないので、自分で中央図書館に行き、閉架式書庫から製本された雑誌を取り出してもらって読んだ。私が自分で学術雑誌の論文を半ば他律的とはいえ、自分で探して読んだのはこれが初めてだったように思う。

　しかし、今となっては恥ずかしいことだが、当時私が作成したレジュメはレジュメの体をなしていなかったし、論文を読んでの新たな疑問の提起や私なりに考えたことを全く記載していないというお粗末なものだった。しかしそれでも、都市経済が産業立地と深い関わりをもつこと、そして衰退する都市経済や地域経済に対して、中央政府が社会政策として立案し実施するのが地域政策であるという川島先生の考え方をこのゼミで学び、これが現在の職業を選択し、研究テーマを決定する1つの重要な契機になった。

　竹内先生が1973年に一橋大学に戻られたのは4月も半ばを過ぎた頃だったはずである。4年生になった私は、竹内ゼミ参加希望の新3年生に対する説明を、3月頃の竹内先生からの航空便での詳細な指示に基づいて、同級生の2人とともに4月半ば頃に行った。その時、まだ先生は帰国されていなかったし、ゼミテン全員と先生との初顔合わせはゴールデンウィーク直前だったはずである。

　この年度のゼミは、本ゼミとは別に日本語文献講読のサブゼミと英語、独語、仏語、露語などの外国語文献講読サブゼミのいずれかひとつ、したがって週3コマ分のゼミに出席することを、竹内先生は新ゼミテン募集の際に、応募者に対して求めていたと記憶している。もっとも、先生は1966年の一橋大学赴任当初から、そんなにもハードなゼミ運営をしていたわけではない。第1期卒業生の方によれば、2人のゼミテン1期生とともに、実に和気藹々としたゼミ運営が行われ、勉強でしごかれた記憶は全くなかったし、いうなれば兄貴と弟たちがともに楽しむという雰囲気だったとのことである。それが何をきっかけにして一橋大学社会学部のなかで最も厳しいゼミの1つといわれるようになったのか、私にはわからない。それはともあれ、帰国したばかりの竹内先生は日本語文献講読サブゼミのテキストとして、ゼミテンに対して何か希望があるかと尋ねられ、それに対して私は、当時刊行され始めたばかりの『岩波講座　現代都市政策』を取り上げましょうと提案した。それを先生は容れられて、同年3月に刊行されたばかりの第Ⅳ巻『都市の経営』を夏学期のテキストに決定してくださった。この本に寄稿しているのは経済学者、行政学者、建築学者、実務家などであり、地理学者は皆無である。

英語文献講読のサブゼミで取り上げられた研究者には Handlin（1963）、Lopez（1963）、Tsuru（1963）、Gerschenkron（1963）、Schorske（1963）などがあった。地理学だけを学ぶ人にとってはなじみのない研究者ばかりだろうが、このなかの Tsuru とは都留重人のことである。経済論壇で活躍していたし、なによりもサムエルソンの『経済学』の翻訳者として知られていたのではないかと思うが（実際、前期課程での一般教育としての「経済通論」のテキストとしてわれわれは読んだ）、私が3年生の時一橋大学学長に選ばれた高名な経済学者である。最近、九州大学経済学部の学生や院生に都留重人の名前を知っているかと問うたところ、知る者はほとんどいなかった。閑話休題、上記の諸論文のなかで Tsuru（1963）はとくに興味深かった。この論文のエッセンスは、都市が経済的に意味をもつのは外部経済を内部化する場としてであるというものであり、慧眼と思う。

竹内先生がゼミで学生に読ませた論文は、上のような、地理学の世界ではなじみの薄い思想や経済、あるいは経済発展と深い関わりをもつ論文だけだったというわけではない。Wehrwein（1942）、Daggett（1928）、Berry and Pred（1961）、Valavanis（1955）、Lösch（1938）、Berry and Garrison（1958）、Berry（1965）、Smailes（1971）などの立地論の古典を解説する英語論文も取り上げられたので、正統的な都市地理学を体系的に扱うようなゼミではなかったが、経済地理学における都市論に不可欠の文献も取り上げられたのである。さらに、Tiebout（1956）のように、当時、隆盛しつつあった公共経済学と深い関わりをもつ都市論も俎上に上ったし、後にノーベル経済学賞を受賞する North（1955）も取り上げた。後者の論文は都市論ではないが、地域の経済発展の根本原理を考えるためには非常に重要な論文である。ドイツ語文献講読のサブゼミでは Bobek（1972）や Hartke（1956）を読んだ。これは都市研究のために読んだのではなく、社会地理学という講義を担当し社会地理学実験室を主宰する先生が、先生独自の社会地理学を構築するために学生とともに読むテキストとして選ばれたのだろう。後に私は、Hartke（1956）の論文を、農村が都市化する際に直面する農業生産や小スケールの地域の問題として理解するようになった。

私自身は経済発展論にも深い関心を持っていたので、サブゼミで取り上げた Rostow（1956）、Nurkse（1953）、Hirschman（1955）なども大変勉強になった。しかし、私が上にあげた英語文献をすべて読みこなせたわけではない。実を言えば、テキストのコピーをもらいはしたが、満足な予習をせずにゼミに臨んだことも一度や二度ではなかった。そのような、決して勤勉一筋ではなかった私に対して、初夏に入るころには竹内先生から東京都立大学都市研究会（編）（1968）の『都市構造と都市計画』を読んでゼミで報告するようにという指示を受け、柴田徳衛（1967）の『現代

都市論』も含めて、「日本における都市経営の系譜―東京を中心として、その現実と思想的状況―」と題する報告をゼミで行った。上の2冊のうち、柴田（1967）の著書を私は1972年10月末、つまり竹内先生が不在だった3年生のときに大学生協で買い求め、12月中旬に読了していた。同じころに宮本憲一（1967）の『社会資本論』も買い求め、これもまた、大学の中央図書館に持参して読み進めたことを記憶している。あいにく、この本の裏表紙には購入したのが1972年10月4日だったと記してあるが、読了がいつだったかは記録していない。しかし、地方財政学者による上の2つの研究書から私は大きな刺激を受けた。他方、『都市構造と都市計画』には都市地理学者の渡辺良雄が「都市の規模体系と大都市地域」を、中野尊正が「都市地域の災害と公害」を寄稿しているが、私が読んだのは、あるいは読まされたのは歴史学者である石塚裕道の「資本主義の発展と東京の都市構造」だった。

　ところで竹内先生は在外研究に赴かれる前のゼミでの合宿調査では、もっぱら山村をフィールドとしていた。また、後には離島をフィールドとするようになった。しかし、1973年に戻られた時には、山村ではなく比較的辺境の位置にある地方都市をフィールドとして約1週間の現地調査を行う年が2～3年続いた。他のゼミテンの故郷ということでの推薦もあったためであろう、われわれは和歌山県御坊市で10月9日(火)～13日（土）の4泊5日の日程で調査を行った。このとき、ゼミテン各自は関心を抱くテーマで自由に調査をし、夕食後、その日の調査で知ったことに関する報告会が行われた。ゼミテンの人数は17～18人ほどになっていたし、当時経済学研究科修士課程1年生で、社会学研究科の竹内ゼミも受講されていた礒部啓三さんも参加されたので、1人5分間の報告だったとしても2時間前後のゼミを毎晩やったのである。その際、私は、御坊市の都市政策とでもいうべきものに関心があるということを先生に話したら、議会議事録を読むとよい、という示唆を受けて、外出はせずにもっぱら議会事務局の閲覧室で議事録を読みふけった。

　せっかく調査をしたということで、ゼミテンのなかから誰が言い出したのか思い出せないが、一橋大学学生研究誌『ヘルメス』に調査をもとにしての論文を投稿しようということになり、ゼミテンのなかで私を含めて3～4人が中心となって原稿をまとめ、掲載してもらった（竹内ゼミナール1974）。この共同論文の理論的バックボーンを、North（1955）の移出ベース論に求めて御坊市の経済発展に関する可能性について論じた。地域の経済成長は、通常の経済発展論的な思考に基づいた工業立地やサービス産業の立地にあるとするのではなく、移出ベースの構築に成功するか否かにあるというのがNorth（1955）の考えである。この考え方に私は大きな衝撃を受けたし、長い期間にわたって影響を受けている。しかし、ある時期から域内向け産業の

発達もまた重要であると思うようになり、最近読んだジェイコブス（1986）によって、この認識をますます強めている。

　上の共同論文の準備と執筆に1973年晩秋から初冬にかけて、中和寮寮生であり、『ヘルメス』の編集委員でもあった竹内ゼミ1年後輩の佐藤賢司君の部屋に集まって、議論しながら執筆した。その一方で、必修の卒業論文も仕上げなければならなかった。結果的に、ドイツのルール工業地域の形成史を、ドイツ語文献や日本人の経済史研究者の著作に基づいて私なりにまとめた、という程度のものしか書けなかった。しかし、私の卒業論文テーマならばSteinberg（1965）を読みなさい、と竹内先生から湿式コピーを渡され、それを一生懸命読んだ。青字の万年筆で単語の意味をびっしりと書き込んだそのコピーを今でも所持しており、それは当時いかに私がドイツ語能力に不足していたか（今でも不足を痛感してはいるが）を如実に示している。ドイツの地域開発に関わる論文等を読むことは3年生のときから主として石井先生の示唆で始めていたが、Raumordnungという言葉の意味が理解できていなかったこと、また、これに関連して使われていたInfrastrukturすなわちインフラストラクチャーという用語を初めて眼にし、何のことかわからずに両先生から解説を受けたことを記憶している。ついでながら、1971年12月から72年9月にかけて刊行された奥田ほか編（1971）『日本列島　地方都市　その現実』、野口ほか編（1972）『日本列島　巨大都市　その現実』、西川ほか編（1972）『日本列島　農山漁村　その現実』も、自主的に購入し、すべての所収論文を読んだわけではないが、日本の都市や地方の現実を考える上で、大いに刺激された。

4. 大学院生時代の勉学

　大学院は、竹内先生の勧めもあって東京大学の理学系研究科地理学専門課程の入学試験を受けた。そのときの口頭試問で、大野盛雄先生に手厳しく批判されたことや、その大野先生が出されたと確実に推測できる小論文問題の概要を覚えている。それは、外国調査をする場合に、どのような企画をたてるか、という趣旨の問題だった。大野先生は怖い存在だった。それは、全教員・全院生が出席する院生自身の研究報告ゼミで、たいがいの院生は厳しい叱責を受けたからである。しかし、私が博士課程1年生のときに開講された先生の「調査論」（正式な科目名は失念している）に出席したところ、案に相違してフランクな先生という印象をもつにいたった。

　この授業はユニークなもので、先生が懇意にしている静岡県の茶農家に、先生の運転するホンダシビックに同乗し、途中見たものをできるだけ忠実に携帯録音機に吹

き込むというものだったり、行った先で写真をできるだけたくさん撮り、そのなかのよいものを選択させるというものだったり、千葉県あるいは茨城県にある大学の合宿所で合宿した際には、外国に現地調査に出かけたつもりになって食事を作ってみよ、というものだったりした。何を作るかは院生が考え、食材も地元で用意し、そこで作って食べるという授業である。そのとき、何を皆で作ったかすっかり忘れてしまったが、大野先生は、簡単に作ることができ、かつ栄養を確保し、しかも毎日食べても飽きないのは、具沢山のスープである、ということをあとでおっしゃっていた。私は大野先生流の調査をしたことはないが、現在単身赴任で来ている福岡では、その先生の考えを秋から春にかけて実践している。もちろん、スープの味は、その時々で変えるし、カレーもスープのうちに入れているが。

　さて、私が履修した大学院地理学専門課程の授業で都市を扱ったものはないように思う。他方で大学院進学後も竹内ゼミに出入りし、そこで英語文献を読み進めていた。先に挙げた文献のうち一部は院生時代に読まされたものかもしれない。与えられた文献のなかで最も印象深かったのは、Smith（1973）の著書である。夏休みに入る前に、先生から「ひと夏かけてこれを読み書評を書きなさい、原稿は見てあげるから」と言われたのである。この宿題を先生が与えてくださったのは、大学院に入ってから私がやりたい分野は広い意味での福祉、あるいは豊かさのことである、というようなことを話していたからだと思う。Smith（1973）には、当時私が全く知らなかった概念などもふんだんに使われていて、十分理解したかどうか心もとないが、ともかくも宿題はやり終え、先生に提出した。しかし、あまり直されることなく、経済地理学年報の書評欄に投稿することとなった（山本 1975）。400字詰め原稿用紙30枚余りの長いものであり、書評というよりは紹介というべき程度のものだったかもしれない。しかし、150ページ足らずの薄い本だったとはいえ、独力で1冊を読みきったという経験は非常に貴重だったし、ちょっとした自信にもなった。もちろん、Smith（1973）は都市の分類、厚生水準に関する都市間比較研究、都市内地区間格差問題を扱っているので、博士課程に進んでからの私の研究テーマに大きな影響があったことも確かである。

　そのほか、竹内ゼミの英語文献サブゼミで読んだものとして、Jones（1975）の著書を挙げておきたい。これに掲載されている都市内でのマイノリティのセグリゲーションに関する論文を読んだことが、後に、ドイツに留学した際に、ガストアルバイターとその家族の都市内での居住形態に関心を抱く下地になった。修士課程2年生の時に独自に買い求めて読み進めた Harvey（1973）もドイツ留学に携えて現地で再読したし、Timms（1971）や Peach（1975）なども独自に読み進めた。この3冊のうち、

Peach（1975）は留学直前の 1977 年 5 月に本郷で買い求めたというメモが残っているので、ドイツで読み進めたのではないかと思う。

　しかし、正直に言えば、ドイツ留学に当たって私が書いた研究計画書はお粗末なものだったし、また内容もセグリゲーション研究ではなかった。修士課程 1 年生時からの英語文献の講読によってしだいに関心を膨らませ、留学が決まってから読んだある雑誌の所収論文にガストアルバイターを扱った論稿があったので気にし始めていたに過ぎない。実はその当時、ガストアルバイターの新規雇用は停止されてから 4 年もたっていて家族の流入が増えていたにもかかわらず、日本ではその存在が余り知られていなかった。そうした折に、中京大学で開催された経済地理学会大会に参加し、帰京の新幹線に乗るために名古屋駅のホームに行ったところ、バッタリと鴨澤先生にお会いした。留学のことやガストアルバイターのことなどを話したところ、その前年頃だったかにトルコとドイツのルール地域に調査のため半年ずつ滞在されて、ルール地域でのガストアルバイターを調査研究されたばかりの先生から車中いろいろと教えてもらった。留学先にまで先生の論文（鴨澤 1977）や後に法政大学経済学部で同僚となる森廣正（1977）さんの論文コピーを送ってもらったりした。それなかりせば、私の最初の留学期の調査研究も、だいぶ違ったものになっていたかもしれない。

　Last but not least、留学申請に当たっては、とくに西川治先生にお世話になったことも記しておきたい。これは別のところで書いたこともあるが、ドイツに留学する地理研究者の多くが選んだルール大学のシェラー先生のところではなく、ミュンヘンに行きたいということ、その際、どの先生のところに行けばよいか、ということを 1976 年、すなわち博士課程に進んで間もないころには西川治先生に相談していた。そうしたところ、1976 年夏にモスクワで開催された IGC に参加された先生は、そこでシェラー先生に相談してくださり、ミュンヘン工科大学のハインリッツ先生のところに行くのがよいという助言を得て帰国された。留学申請に必要な推薦状も、西川先生が忙しい合間を縫って日本語とドイツ語の両方で書いてくださった。受け入れ先の指導教員予定者からも推薦状をもらうことが、DAAD（ドイツ学術交流会）の奨学金選考試験に通るためには不可欠だとわかっていたので（なくても出せるが、これを提出しないと不合格になる可能性がきわめて高い）、西川先生にお願いしてハイリンッツ先生への紹介状も書いていただいたからである。

5. エピローグ

　以上のようなしだいで、私の都市研究は、正統的な都市地理学からは遠くかけ離れ

たものである。都市の発展、地域の発展に興味があり、その一側面としてのマイノリティの都市内セグリゲーション研究へと、長い時間をかけて進んでいったということになる。しかし、この研究に特化するのではなく、生まれ育った貧しい農村での体験があるせいか、今でも私の主要関心は地域の経済発展にあり、それに関係する限りにおいての都市研究をしているというのが実情である。

　ところで、以上は私の個人的な記録でしかないが、竹内ゼミで竹内先生が学生院生等とともにどのような文献を読んできたのか、ということについて、先生自身が回顧している（竹内2001）。これを参照していただければわかるように、ここで筆者が示した文献の多くは触れられていない。それが何を意味するか、機会を見て考えてみたい。

引用文献

磯村英一　1968『人間にとって都市とは何か』日本放送出版協会.
奥田義雄・西川大二郎・野口雄一郎編　1971『日本列島　地方都市　その現実』勁草書房.
鴨澤　巌　1977「西ドイツのトルコ人出稼ぎ労働者―ルール石炭株式会社寄宿寮のトルコ人労働者を中心に―」法政大学文学部紀要, 23.
川島哲郎　1966a「イギリスの産業立地政策について（一）」経済学雑誌, 54.
川島哲郎　1966b「イギリスの産業立地政策について（二）」経済学雑誌, 55.
川島哲郎　1967「イギリス産業立地政策の課題と展望」経済学雑誌, 55.
川島哲郎　1971「産業立地からみた大阪市再開発の問題点」大阪経済（大阪市経済局）, 54.
ジェイコブス, ジェーン　1986『都市の経済学―発展と衰退のダイナミクス―』中村達也・谷口文子訳, TBSブリタニカ.
柴田徳衛　1967『現代都市論』東京大学出版会.
高橋勇悦　1964「古典生態学の都市理論（1）」立正大学文学部論叢, 20.
高橋勇悦　1966「古典生態学の都市理論（2）」立正大学文学部論叢, 25.
竹内啓一　2001「社会地理学の探求―個人的・私的な学問史―」竹内啓一編『都市・空間・権力』大明堂.
竹内ゼミナール　1974「地方都市発展の理論と現実―和歌山県御坊市を事例として―」ヘルメス（一橋大学学生研究誌）, 25.
東京都立大学都市研究会編　1968『都市構造と都市計画』東京大学出版会.
西川大二郎　1972『ラテンアメリカの民族主義』三省堂.
西川大二郎・野口雄一郎・奥田義雄編　1972『日本列島　農山漁村　その現実』勁草書房.
野口雄一郎・奥田義雄・西川大二郎編　1972『日本列島　巨大都市　その現実』勁草書房.
松田孝・森滝健一郎　1972「経済地理学の現代的課題と方法」経済, 97.
宮本憲一　1967『社会資本論』有斐閣.
森　廣正　1977「資本主義と移民労働者」研究年報（法政大学短期大学部学会）, 11.
山本健兒　1975「書評　Smith, D. M.　1973 The Geography of Social Well-being in the United States. An Introduction to Territorial Social Indicators. McGrow-Hill Inc.（スミス著：アメリカ合衆国における社会福祉の地理学）」. 経済地理学年報, 20.
Berry, Brian J.L. 1965 Research frontiers in urban geography. Hauser, Philip M. and Schnore, Leo F., eds. *The Study of Urbanization,* New York: John Wiley & Sons, Inc.
Berry, Brian J.L. and Garrison, William L. 1958 Alternate explanations of urban rank-size relationship. *Annals of the Association of American Geographers, XLVIII.*
Berry, Brian J.L. and Pred, Allan　1961 Walter Christaller's Die zentralen Orte in Süddeutschland – abstract of theoretical parts. Chicago University (ed.) *Central Place Studies – A Bibliography of Theory and Applications.* Philadelphia: Regional Science Research Institute, Bibliography Series, No.1.
Bobek, Hans. 1972 *Die Entwicklung der Geographie – Kontinuität oder Umbruch?* Mitteilungen der

Österreichischen Geographischen Gesellschaft, Band, 114,
Daggett, Stuart. 1928 *The system of Alfred Weber.* Reprinted from Daggett, S. Principles of Inland Transportation, Harper & Brothers.
Gerschenkron, Alexander. 1963 City economies – Then and now. Handlin, Oscar and Burchard, John (eds.) *The Historian and the City,* The M.I.T. Press and Harvard University Press.
Gottmann, Jean. 1957 Megalopolis, or the urbanization of the northeastern seaboard. Economic Geography, 33, 189-200. Reprinted in Mayer, H.M. and C.F. Kohn (eds.) *Readings in Urban Geography,* Chicago: The University of Chicago Press.
Handlin, Oscar. 1963 The modern city as a field of historical study. Handlin, Oscar and Burchard, John eds., *The Historian and the City,* The M.I.T. Press and Harvard University Press.
Hartke, Wolfgang.1956 Die Sozialbrache als Phänomen der geographischen Differenzierung der Landschaft. *Erdkunde,* 10. Jg., Heft 4.
Harvey, David. 1973 *Social Justice and the City,* London: Edward Arnold.
Hauser, Philip M. 1965 Urbanization: An Overview. Hauser, Philip. M. and Schnore, Leo F. eds. *The Study of Urbanization,* New York: John Wiley & Sons Inc.
Hirschman, Albert O. 1958 Unbalanced growth: An espousal. Hirschman, Albert O. *The Strategy of Economc Development,* New Haven: Yale University Press.
Jones, Emrys. eds. 1975 *Readings in Social Geography*, London: Oxford University Press.
Lösch, August. 1938 The nature of economic regions. *Southern Economic Journal,* Vol.5.
Lopez, Robert S. 1963 The crossroads within the wall In Handlin, Oscar and Burchard, John eds., *The Historian and the City,* Cambridge: The M.I.T. Press and Harvard University Press,
North, Douglas C. 1955 Location theory and regional economic growth. *Journal of Political Economy,* vol.63.
Nurkse, Ragnar 1953 The theory of development and the idea of balanced growth. Nurkse, R. *Problems of Capital Formation in Underdeveloped Countries,* Oxford: Blackwell.
Peach, Ceri (ed.) 1975 *Urban Social Segregation.* London and New York, Longman.
Rostow, W. W. 1956 The take-off into self-sustained growth, *Economic Journal,* Vol. 66.
Schorske, Carl E. 1963 The idea of the city in European thought: Voltaire to Spengler. In: Handlin, Oscar and Burchard, John (eds.) *The Historian and the City.* Cambridge, The M.I.T. Press and Harvard University Press, 95-114.
Sjoberg, Gideon 1965 Theory and Research in Urban Sociology. Hauser, Philip M. and Schnore Leo F. (eds.) *The Study of Urbanization.* New York, John Wiley & Sons, Inc.
Smith, David, M. 1973 *The Geography of Social Well-being in the United States. An Introduction to Territorial Social Indicators.* New York: McGrow-Hill Book Company.
Steinberg, Heinz Günter 1965 Die Entwicklung des Ruhrgebietes von 1840 bis 1914 aus der Sicht der Raumforschung. *Raumforschung im 19 Jahrhundert (1. Teil) Forschungsbericht des Ausschusses "Historische Raumforschung" der Akademie füer Raumforschung und Landesplanung.* Hannover: Gebrüder Jänecke Verlag.
Smailes, Authur 1971 Urban systems. *The Institute of Britisch Geographers Transaction,* No.55.
Tiebout, Charles M. 1956 The urban economic base reconsidered. *Land Economics,* XXXII.
Timms, Duncan 1971 *The Urban Mosaic.* Cambridge, Cambridge University Press.
Tsuru, Shigeto 1963 The economic significance of cities. In: Handlin, Oscar and Burchard, John (eds.) *The Historian and the City.* Cambridge, The M.I.T. Press and Harvard University Press.
Valavanis, Stefan 1955 Lösch on location. *American Economic Review,* Vol.45.
Wehrwein, George S. 1942 The rural-urban fringe. *Economic Geography,* XVIII.
Wirth, Louis 1938 Urbanism as a way of life. *The American Journal of Sociology,* Vol.XLIV,.
Yasa, Ibrahim 1966 Types of occupations and economic order in Gecekondu communities. *Regional Planning, Local Government and Community Development in Turkey. Papers: Eighth Seminar on Housing and Planning* (Turkish Society for Housing and Planning Publication No.3), Ankara.

津川康雄

第21章 都市地理学との係り
―機能論・景観論からのアプローチ―

1. 都市機能研究への関心

(1) 中心地研究への関心

　1973年に私は立命館大学文学部地理学科に入学した。入学当初、谷岡武雄先生(元立命館大学総長)が地理学研究入門を担当されており、新著の『地理学への道』(1973)を用いての指導であった。先生のご専門は歴史地理学であったが、初心者向けにフィールドワークとインドアワークの重要性をご教授いただいた。なかでも印象に残っているのは、世界各地のスライドを写し、空や土の色、人間の姿、建物の色や形などからその地域・場所を当てる練習であった。今にして思えば典型的な景観地理の訓練であったが、地理の面白さを実感できた。人文地理学概論Ⅰの講義も先生の担当であり、主に集落地理学の基本を教えていただいた。世界各地やフランスの都市や村落の事例は、経験の浅い学生にとって大きく広い世界を知り、現地に出かけたいとの夢を抱かせるものであった。筆者が後に景観を意識し、ランドマークの研究に向かう端緒になったように思う。また、京都の伏見を中心に行われた巡検も「強い頭と強い足を持て」の先生の口癖と地理の面白さを実感できるものであった。

　そして、誰もが通る過程だと思うが、地理学とは何かという疑問と自らのアイデンティティを築きたい一心で、木内信蔵先生の『地域概論』(1968)や同氏編『都市・村落地理学』(1967)を精読した。地理学研究会の活動も大きな刺激となり、先輩や仲間との議論に明け暮れ、毎年地域調査を伴う合宿に参加した。同研究会は各年度に調査地域や研究テーマを定め、アカデミックに取り組む面と大学生活を先輩・後輩が一体となって謳歌することができる貴重な場であった。

　2回生になり、研究入門の発展を基礎ゼミで学ぶことになり、地域調査を含むレポートを書くためのテーマが与えられた。その際、帰省先であった金沢を取り上げ、色々調べていくなかで、筆者の都市への興味、都市地理学への関心が高まっていったように思う。そして都市とは何か、都市を地理的にいかにとらえるか等の疑問が生じた。

基礎ゼミの担当者は鈴木富志郎先生で、先生の恩師である木内信蔵先生のお話や計量地理的分析手法の説明は興味深いものだった。

　当時は、高度経済成長に伴う都市の構造変化に対応し、都市機能・地域構造論研究が盛んであった。とくに、Christaller,W.によって提起された中心地理論は都市機能を空間的・地域的側面からとらえた点において意義があり、中心性の概念によって結節的階層構造を見出すことが可能になった。筆者にも六角形モデルの図は大きな刺激となった。中心地研究は森川洋先生（1974）をはじめとする多くの研究者によって展開され、機能的研究の積み重ねにより、地域システムや都市システムの解明へと昇華しており、定性的な研究にはない理論・法則追求型の研究に魅力を感じるようになった。中心地研究の主体は広域レベルのものが多く、地域システムや都市システムの解明が主体であった。しかし、筆者は都市内部においても中心地理論が応用・援用可能ではないかとの問題意識を持ち、卒業論文のテーマを都市内部の中心地構造の解明とした。すでに先行研究がいくつか行われており、都市内部の中心地構造に関する研究はProudfoot, M. J.（1937）やCarol, H.（1960）によって体系化された。日本では北川建次先生（1962）、服部銈二郎先生（1969）により研究が深化していった。筆者はCarolによるスイスのチューリッヒの都市構造が、販売される商品の相違によって中心地区の階層性が把握できるとの指摘に興味を抱き、以後、都市機能のなかでも商業機能の空間的特性に関心をもつようになった。3回生の演習では、都市内部における中心地構造研究の前提となる都市域の設定に多くの時間を割き、町丁別人口密度を算出し、その傾度変化によって地域区分を行うなど卒業論文作成を意図した作業を行った。

(2) 都市機能及び大都市圏研究への関心

　筆者が学部・大学院に在学していた時の地理学教室は、山口平四郎、谷岡武雄、島田正彦、鈴木富志郎、日下雅義、須原芙士雄、赤阪晋、中野雅博、戸所隆、原秀禎の各先生が在職され、幅広い研究が行われていた。学部生・院生も自然地理学や人文地理学の各分野に関心を持っていたように思う。都市地理・商業地理を専攻する学部生・院生も増加傾向にあった。筆者が大学院に進学した1970年代は、高度経済成長が一段落したものの、都市化が進むとともに都市や都市圏（大都市圏）の成長が続いており、大都市圏研究や中心地研究が盛んに行われていた。ちなみに筆者は東京生まれで、一時期北海道で暮らしたが、その後は金沢や京都での生活が続き、自然に都市地理学への関心・興味が湧いたように思う。幸い地理学教室の教員及び諸先輩に、都市地理学に関連する研究者が多かったこともその背景にあろう。たとえば、小林博先生は当

時大阪市立大学に立命館大学から移籍されていたが、地理学教室の卒業生として、卒業論文や修士論文の試問を担当していただく機会も多かった。なかでも、文学部の紀要である『立命館文学』に寄稿された論文（1961）、メトロポリタン・ドミナンス（大都市支配力）による圏域の形成に関する説明は、大都市圏形成のメカニズムを理解するうえでとても参考になった。商業地理学に関しては、須原芙士雄先生が中心地の勢力圏や中心機能としての商業機能を研究されており、分析に際して緻密で妥協を許さない研究者としての姿勢を学ぶことができた。

都市機能研究の進展は国勢調査や商業統計など、各種統計データの整備と深く関わっている。とくに、国勢調査における通勤・通学データは市区町村別の制約はあるものの、従業地・常住地、産業別統計等により、通勤・通学率が算出可能となり大都市圏の圏域設定に多用された。とは言え、商業統計は統計年次によっては市郡別集計しか公表していない自治体があったり、秘匿数値が頻出し、推計値を使用せざるをえないことも多く、時系列の分析を行う際、集計・分析単位を揃えるための苦労も多かった。筆者（1982）も京阪神大都市圏の構造分析を修士論文のテーマとしたが、調査対象域が大阪府、京都府、兵庫県、滋賀県、奈良県、和歌山県、三重県の市町村に及んだため、公刊資料では得られないデータ収集のために、京都から三重県庁まで出かけたこともあった。保管資料閲覧のため、倉庫内での作業を行ったこともある。現在のような情報公開の厳しさでは考えられない大らかな対応だった。

機能論の展開や地域構造・空間構造分析の必要性が高まるなかにおいて、分析手法、分析式の吟味や応用・援用が図られた。指標の特性を吟味し、相関分析や回帰分析をはじめとするさまざまな分析式を用いた機能論的・計量地理的研究が進められていった。なお、商圏・勢力圏の境界設定も盛んに行われ、ニュートンの万有引力の法則（gravity model）を応用した Reilly, W. J. や Convers, P. D. の計測式が用いられた。日本では西村睦男先生（1977）が中心地と勢力圏の研究をアポロニウスの円の定理を援用するなかで展開した。先生は中心地のもつ中心性の把握を小売業販売額から飲食料品販売額を控除することにより、ベーシック機能を抽出することに成功した。中心性を計測するためにはベーシック機能とノンベーシック機能を分離する必要があるが、現実のデータを使用して計測するには困難が伴うものであった。先生の実証結果によって、中心性の計測がより現実的なものになった。筆者は大学院で先生の講義を受講する機会を得た。当時は修士論文作成のために当該関連分野の先生を招いていただくことが慣例となっていた。講義中、先生が長年の研究をまとめ終えた感想を「自分の原稿（『中心地と勢力圏』（1977））を出版社に持参した時の安堵感と達成感は何物にも代えられませんでした。もうこれでいつ死んでもかまわないと思った」とおっ

しゃったことが私の記憶として鮮明に残っている。クリスチャンであられた先生の衒いのない言葉に、研究者としての理想的な姿を垣間見た感があった。また、さりげなく「私は一生懸命な人を尊敬します」とおっしゃったことも、筆者の人生訓になっている。

　ちなみに、1985年の1月に西村先生の古稀を記念し、50名を超える研究者が兵庫県神戸市の舞子ビラに集まった。中心地理論に関連する研究者が一堂に会したシンポジウムとして意義深いものであった。その詳細は西村睦男・森川洋編著『中心地研究の展開』(1986)として上梓されている。シンポジウムでの報告者と寄稿した研究者の大半が当時30代の研究者であり、日本における中心地研究の展開が図られた機会としてとらえることができる。筆者も「わが国における商業中心性の地域的分布」と題して、狭域・広域それぞれの商業中心性を全国の市町村単位に算出しその地域的傾向を分析した。原稿作成に際し、森川洋先生には他大学の院生にもかかわらず懇切丁寧なご指導を賜ったことや、明石海峡や淡路島を間近に見下ろすホテルからの景観が思い出に残っている。

2. 計量地理学的手法へのアプローチ

(1) 計量地理学と統計的手法

　筆者は1970年代初頭に立命館大学文学部地理学科において鈴木富志郎先生による計量地理学の講義を受講した。先生は当学科において、初めて本格的な計量地理学的手法の紹介と実践を行った。先生はアメリカ合衆国のワシントン大学での経験をもとに、地域データの分析に際し、統計学の手法を援用しながら平均と標準偏差、正規分布と階級区分等について解説・実践し、各種の検定の基本を習得する内容を詳細に講義された。とくに、平均と標準偏差を用いた階級区分は、正規分布に基づく確率との関係において重要なものとの共通認識が得られた。地域データの分析はマトリクス（行・列）に収斂することの意味を理解し実践することに気づかされた。また、空間的広がりの計測を行うために、2次元の重心（center of gravity）として人口重心を算出したり、1次元分布の標準偏差に相当する標準距離（standard distance）を算出するなど、空間分析への試みも取り入れられた。文系の学生にとって数学的・統計的分析の基本となる数式の理解は、当初戸惑いのあるものだったが、実際の数値を用いての実習・作業によってそのアレルギーが解消される感があった。そして、回帰分析の説明では回帰直線からデータが残差をもって乖離するが、その残差にこそ地域のもつ数値では解明されない地域性が隠されているとの先生の指摘に、数字・数値の魔力

に対する冷静な判断が求められた。計量的分析と定性的分析相互の補完関係の重要性が指摘されたものと理解している。いずれにしても、都市の機能分析における計量地理学やその手法がきわめて有効なものとなる認識が芽生え始めていたのである。その後の多変量解析や本格的な計量地理学発展の基礎を担うものであったと言えよう。

なお、この講義をベースに先生は『計量地理学序論』(1975)を上梓した。計量地理学研究の現状とその方向性を見据え、現実的には地理的データの統計分析・処理の手引き書として位置づけられるものであった。筆者も本文中の図表作製のお手伝いをさせていただくなかで、都市地理学における定量分析の重要性が理解できた。同書中の正規分布図を製図用具の烏口を用いてフリーハンドで描いた記憶は今でも冷や汗が出る。

(2) 分析機器の発達

当時はデータ分析とはいえ、電卓を用いて与えられた地域データを計算式に従ってワンステップごとに入力するといった手間のかかる作業が中心であった。計算結果を手書きし、さらに計算を行うといった文字通りの手作業であった。しかし、数式のもつ意味や計算結果の妥当性などについて深く考察することができた点は、今でも決して無駄なプロセスとは思えない気がしている。地理学教室においてもデータ分析機器に対する関心が高まり、プログラム電卓の導入が始まった。それはソニー社製のSOBAX(ソバックス)、そしてテキサス・インスツルメント社製などであった。プログラム電卓へ移行したものの、計算のステップ数は少なく、単純な計算が可能なものであった。また、使用方法はあらかじめ計算式を磁気カードや内部メモリに読み込んでおきデータを入力して計算結果を得るものであった。なお、テキサス・インスツルメント社製の電卓は計算結果をサーマルプリンタにより、感熱紙に印字するタイプのものであった。印字用紙はレジスターのレシートのようなものであり、用紙の整理や保管に手間取った。コンピュータへの移行期であったプログラム電卓時代と修士論文作成が重なった筆者は、夜間に院生室に出かけて計算を行った。その理由は個人で高額な機器を購入できなかったことと、テンキーを叩く音が他の院生に迷惑になるのを避けるためであった。現在のようにIT・ICT革命を経て、多種多様なパソコンをユビキタスに使用可能な時代とは隔世の感がする。

3. 電卓からコンピュータへ

(1) 電卓と大型計算機とパソコン

このように分析技術の発達に伴いデータ分析も高度化していったが、次々に開発される機器の操作習得に時間がかかること、マイコンやパソコンを動かす言語の学習にもエネルギーが必要なこと、モニタを見続けることによって視力が低下すること、そして都市地理学の勉強も行わなければならないといった時間との戦いを含め、二重三重の苦しみを味わった気がする。言い換えれば、何がこれからスタンダードになるのか予測できない不安や辛さがあった。また、電卓から一気に大型計算機の時代に入ったことも記憶に残る出来事だった。当時、立命館大学の大学院では他大学の先生が多く出講されており、筆者が大学院の修士課程に在籍していた折、京都大学の浮田典良先生が滋賀県の物産誌のデータを入力から加工に至るまで、京都大学の大型計算機センターを利用しつつご教示くださった。その内容は、データ入力をパンチカードで行い、SPSSの統計パッケージを利用し基本的統計量等を算出するものであったが、これまでの電卓操作から別世界に足を踏み入れた感があった。大量のパンチカードが入った袋や鞄を抱えて、最先端の大型計算機センターへ出入りすることは、新たな時代の到来を感じずにはいられなかった。しかし、瞬時の計算結果算出とは裏腹に、出力結果が印刷されてターンテーブルに用紙が排出されるまでのもどかしさは、パソコンを使い慣れた今となっては苦痛でしかない。

(2) マイコンとパソコン

　次にマイコン、パソコンの時代が到来した。そのなかでパソコンの利用が進んでいくが、広く用いられた言語がBASIC（ベーシック Beginner's All-purpose Symbolic Instruction Code）であった。言うまでもなくBASICは1964年以後にアメリカ合衆国のコンピュータ教育において広く使用され、対話型言語で処理速度が遅くなるという欠点はあるものの汎用性に優れ、当時のマイコンやパソコンの主要言語となった。地理的なデータ分析に対して、基本的には地域データの処理・図表化・分類・保存に威力を発揮した。筆者も鈴木富志郎先生、加藤恵正先生とともに『地域分析の技法』（1988）のなかで、Ⅱ章：パーソナルコンピュータによる地理分析と題してプログラミングや変数、メモリの用い方について解説を加えた。現在では数式を意識することなく優れたアプリケーションの計算ソフト上で処理が可能となっているが、データ処理のプロセスをプログラミングとともに学べたことに大きな意味はあったように思う。同書の構成は、Ⅰ章：地域の調査と分析のありかた（鈴木）、Ⅱ章：パーソナルコンピュータによる地理分析（津川）、Ⅲ章：地理データの多変量解析（加藤）であった。
　こうしてBASIC言語に傾倒していったが、BASICの方言（ハードウェア製造のメーカーごとの相違）に悩まされた。最も苦労したのは、配列変数（DIM）の使い方の

違いで、変数の記憶場所の確保に際し、A社は0から最後、B社は1から最後までを宣言するため、同一のプログラムを書いても計算結果が異なることになった。そのため、モデルとなるプログラムを地域分析用に書き換える作業が必要になるとき、プログラム全体を見直し数値の動きを検証するなどの手間がかかった。

　ちなみに、地理学教室ではその後、シャープ社製のフロッピーディスクを使用可能な機種が導入され、データファイルを作成し、プログラムによるディスクコントロールが可能になり処理速度が飛躍的に向上した。技術の革新によって記録媒体や記録容量が短期間に変化し、急速な時代の流れを象徴するものであった。なお、当時は現在のようにワードプロセッサも一般化しておらず、アルファベットやカタカナ及び数字でプログラミングやデータの入出力を行っていた。印刷用紙もフォルダに整理しやすいよう穴あきのものが大半だった。その後、汎用のパソコン用ワープロソフトが世に出た時、アルファベットやカタカナから一気に漢字の世界が開かれた。もちろんワープロ専用機が開発され、文書の作成に威力を発揮していた時代でもある。

　コンピュータの発達・進化にとって欠かせなかったのがOS（オペレーティングシステム）であった。コンピュータを稼働するための基本ソフトであり、各種アプリケーションソフトを操作するうえでのハードウェアの管理を行う部分であるが、当初はハードウェアを製造する企業が個別のOSを開発していたために混乱が生じていた。その後、マイクロソフト社のMS-DOSが汎用性を高めたことによってコンピュータ操作の共通性が高まっていった。とは言え、現在主流となっているWindowsのようにアイコンをクリックすることによるGUI（Graphical User Interface）の環境が整っていたわけでもなく、OSそのものを使用環境に合わせてファイルの中身を書き換えたりする必要があるなど新たな努力が求められた。とくに、外付けのハードウェアを操作するための定義ファイルの作成には苦労した。

4.　景観的アプローチ

（1）ランドマークとの出会い

　1996年の4月に高崎経済大学の地域政策学部に赴任した。長らく非常勤の生活を続け、都市機能の研究から遠ざかっていたことや、すでに四十歳を過ぎていたことなどもあり、これまでの経験を踏まえた新たな研究テーマを模索してみたいと思うようになった。また、所属学部の学生への興味・関心を引く講義の必要性も感じていた。

　その結果、人間にとって色や形のもつ意味、そして五感の重要性に思いが至った。

地域景観や都市景観を構成する要素のもつ意味や個性を明らかにする必要性、アイストップとしてのランドマークの重要性だった。当初は景観の解釈や景観構成要素の分析に終始したが、認知地理学で用いられてきた抽象化された都市空間における目印としてのランドマークに加え、ランドマーク自体のもつ意味（ミーニング）・個性（アイデンティティ）を把握する必要性を感じ始め、次第に地域アイデンティティの醸成に果たすランドマークの重要性を理解するようになった。もっとも参考になった先行研究はリンチの『都市のイメージ』(1968)であり、都市のイメージを構成する1.パス、2.エッジ、3.ディストリクト、4.ノード、5.ランドマークそれぞれの特性、そしてランドマークの重要性であった。また、Golledge, R. G. の「アンカー・ポイント仮説」(1978)も認知地図における点・線・面を理解するうえで参考になった。

　きっかけの1つは、初めてのヨーロッパ訪問中に眺めたジュネーヴの大噴水であり、高崎のシンボル「白衣大観音」であった。前者はランドマークの特性であるアイストップや人間にとっての色と形の重要性を確認できる出来事に遭遇したことにある。1986年の8月に初めてヨーロッパを訪れた際、ジュネーヴで大噴水を眺めていた時、突然噴水が止まりその姿が消えた。当日行われるレマン湖花火大会準備のためと後に知った。都市のシンボルの喪失感とランドマークの重要な機能に思い至った。そして、地域や都市のアイデンティティとしてのランドマーク研究の可能性を見出すことができた。後者は縁あって群馬県の高崎に住むことになり、大学への行き帰りにその姿を見ることができ、来訪者をそこに案内する機会が増えたことにある。その後、日本各地に大観音像や大仏の存在が確認できたため、造立の過程やその意味を調査する機会が多くなった。

(2) 地域とランドマーク

　思い出に残る調査・研究は、テクノランドマークとしてのテレビ塔の調査であった。その1つとして、札幌のテレビ塔が大通り公園の一角に建設された過程を調べ、地図上でその位置を確認した際、ほぼ札幌の都市プランの骨格となる条丁目の原点（大通り公園と創成川によって形作られる座標上）に該当することに気がついた。地域や都市空間にとってのランドマークの重要性が確認できる例となった。

　また、神戸との係りも多かった。ランドマークの研究を行っていくうちに、その記号性を捉える必要性を感じた。それは、アメリカ合衆国のハリウッド・サインのように山腹の住宅地販売のための看板・文字が地域のサインへと昇華し、ランドサインとして認識される例があり、日本の事例を探すきっかけとなった。事前調査を進めるうちに神戸に「錨」「市章」「船・数字・記号」を表示する3つの山麓電飾があり、古

いものは明治時代にその起源をもつことがわかった。その後、ジュネーヴで見た花時計に触発され、日本初の花時計が神戸に設置されたことに関するまとめを行うことができた。仕事で数年間京都から神戸に通っている時、夜間、電車のなかから市章山の電飾を探すように眺めて帰った経験が潜在的な記憶として残っていたものと理解している。

なお、ランドマークに関連する論文は、機会あるたびに恩師の谷岡武雄先生に届けていた。その都度、先生からこれまで地理学からランドマークに対してアプローチし、考察する例は少なく、興味深い視点でもあるため一冊の本にまとめるよう助言を受け続けた。そして、研究の一区切りとして『地域とランドマーク』(2003) を上梓することができた。温かな言葉のありがたさを実感した次第である。

5. おわりに

以上、筆者が都市地理学に興味を抱き、都市機能・地域構造に関する研究に傾倒していった大学の学部・大学院時代を中心に経験したこと、そして現在の職について以降の都市景観・ランドマーク研究への経緯を回想してみた。したがって、学界や研究の回顧と言うよりは、個人的な記述が多くなってしまった。この点に関してはご容赦願いたい。編著者である阿部先生が「はしがき」で述べておられるように、個人的な研究の経過やその過程を他の研究者に話したことはほとんどない。まして、学部・大学院当時の苦労は胸にしまっておくべきなのかもしれない（今となっては良き思い出がほとんど）。若い人に回想や苦労話ばかりすることはなるべく避ける個人的習慣もある。

今回このような機会を与えていただいたなかで思ったことは、本質論の普遍性と時代の連続性が選択によって方向付けられ、新たな分析手法や技術発達によって研究が支えられていることであった。また、個人的にせよ経験・体験が研究を進めるきっかけやヒントを与えてくれたことである。筆者は現在、勤務校において地域統計論を担当している。その主要な内容は、地域データの処理・加工・分類であり、汎用のアプリケーション計算ソフトやマッピングソフトを利用し、図表化やプレゼンテーションファイルの作成に至るまでを指導している。いかにコンピュータのハードウェアやソフトウェアが発達しても本質に大きな相違がないことを実感している。そして、都市機能・地域構造論の展開にとって、分析手法・技術発達がいかに密接で重要なものであったかを痛感している。

また、ランドスケープ論の講義では、ランドマークの画像を用いて受講生の視覚

に訴え、その意味（ミーニング）や地域アイデンティティを考えることに力を注いでいる。景観への興味が湧いた背景には、数字だけでは把握できない感性の重要性も感じるからであり、地域や都市のアイデンティティが景観や景観要素によって形作られていることへの提言でもある。

このまとめが、都市地理学における都市機能論・地域構造論的研究、都市景観論にとり、新たな展開を迎えるための一助となれば幸いである。

引用文献

木内信蔵　1968『地域概論』東京大学出版会.
木内信蔵編　1967『都市・村落地理学』朝倉書店.
北川建次　1962「都市内部における中心地区の分化と発展」地理学評論, 35.
小林　博　1961「大都市圏の周辺部分地域―阪神間諸都市を例に―」立命館文学, 192.
鈴木富志郎　1975『計量地理学序論』地人書房.
鈴木富志郎・加藤恵正・津川康雄　1988『地域分析の技法』古今書院.
谷岡武雄　1973『地理学への道』地人書房.
津川康雄　1978「都市内部の中心地構造―金沢を例として―」人文地理, 30.
津川康雄　1982「京阪神大都市圏内部における構造変容―人口および小売業を例として―」人文地理, 34.
津川康雄　2003『地域とランドマーク』古今書院.
西村睦男　1977『中心地と勢力圏』大明堂.
西村睦男・森川洋編著　1986『中心地研究の展開』大明堂.
服部銈二郎　1969『大都市地域論』古今書院.
森川　洋　1974『中心地研究―理論, 研究動向および実証』大明堂.
ケヴィン・リンチ　1968『都市のイメージ』丹下健三・富田玲子訳, 岩波書店.
Carol, H. 1960　The Hierarchy of Central Functions within the City, *A. A. A. G.*, 50.
Golledge, R. G. 1978　Learning about urban environments, in Carlstein, T., Parkes, D. and Thrift, N. eds., *Timing Space and Spacing Time vol.1,* Edward Arnold.
Proudfoot, M. J. 1937　City Retail Structure, *Econ.Geogr,* 13.

石川義孝

第22章 都市地理学を横目でながめつつ

1. これまでの関心

　私は自分の専門分野は人口地理学と考えている。都市にもずっと関心を持ってきたが、これまでに書いた論文のうち、「都市」という語句が題目に入る論文を今回数えたら、6篇に過ぎなかった。

　これまでの私の研究上の主な関心は、以下のとおりである。1977年に就職した後、20世紀末までの研究の興味は、空間的相互作用のモデリングと、人口移動転換の2つにあった。米国に留学していた当時も含め、拙著『空間的相互作用モデル—その系譜と体系』(1988)の刊行までは前者の関心がまさっていたが、その後は後者に関心が移った。2001年の編著（石川2001）は、一応のその成果である。なお、21世紀にはいって以降は、IGU「グローバル変化と人口流動」委員会のセクレタリーになったり、アジア太平洋地域における人口移動関係の科研を取れたこと、などのために、国境を越えるヒトの移動やエスニックな地理への関心が大きくなっている。

　こうした関心の推移のなかで、都市または都市地理学は、次のような形で意識してきた。第一に、1977年1月に提出した修論の前半—「戦後における国内人口移動」(1978)として発表—で取り上げた、地方圏からの人口移動の目的地としての三大都市圏の存在である。この論文では、1955年と1970年の都道府県間移動の要因分析を行ったが、両年の間は高度経済成長期にあたり、激しい都市化が観察された時代である。ただし、このときには、大都市圏の内部のことには、ほとんど立ち入っていない。第二に、日本を含む先進諸国の多くで1970年代および80年代に観察された人口移動転換との関連である。人口移動転換とは、国内の有力大都市圏で見られた転入超過の大幅な減退やその回復、という同時的な変化をさす。これは、都市地理学の側では、反都市化や再都市化という視点で捉えられていたし、両者の統合的な説明を求める枠組みとしては都市の発展段階論として論議された。そのため、日本や欧米の都市の動向に敏感にならざるを得なかった。第三に、20世紀末以降、都市内部の問題に興味を持ってきた。具体的にいうと、都市地理学がご専門の成田孝三先生の退官記

念論文集に寄稿した論文（石川 1999）で、大都市圏内部における単独世帯について検討して以来、世帯や家族の主要類型ごとの居住分化に関心を持っているし、最近では、代表者として進めている科研のテーマに関連し、都市内の外国人の集住地に大きな興味を抱いている。

　以上のように、都市を意識してきたことは事実であるが、自分は都市地理学というよりは人口地理学の専門家と考えてきた。これが、「都市地理学を横目でながめつつ」という、ちょっと偏屈な題目を本稿につけさせていただいた理由である。

　なお、都市地理学の回顧に関する今回の企画の立案者である阿部和俊先生と親しくさせていただくことになったきっかけは、1988〜89年度における日本地理学会の集会専門委員会であった。日本地理学会秋季学術大会が、1988年に愛知教育大学、89年に奈良大学で開催された関係で、私たちが集会専門委員に選ばれたのであろう（ちなみに、私は1981〜85年に奈良大学に勤めていた）。こうした関係で、日本地理学会の事務局で、阿部先生の隣にすわり、当時集会専門理事をされていた山口岳志先生の音頭で、申し込みのあった発表の整理やプログラムの作成などの作業を行った。こうしたご縁から、今回のご編著への寄稿のお誘いを有り難くお引き受けした次第である。

2. 学部学生・院生の頃

　私は、1971年に京都大学文学部に入学し、3回生になった73年から地理学の専攻に入った。1975年に修士課程、77年に博士課程に進み、同年10月に京大文学部の助手にしていただいた。つまり、70年代に地理学に足を踏み入れ、研究者としてのスタートを切った。

　1970年代は、1950年代の米国に端を発した計量革命やそれを基盤とする「新しい地理学」が、日本の地理学界に大きな影響を与えていた時期である。その後、この「新しい地理学」を批判して登場したラディカル地理学や人文主義地理学といった波も、次々と日本に押し寄せた。この時期に地理学に入り、現在大学教員となっている私たちの世代の多くは、若い頃このような変革の波の洗礼を受けたという共通の思いを持っている。「新しい地理学」の日本への移植にあたっては、計量地理学の日本での主唱者のお一人であった石水照雄先生がおられ、阿部先生が出られた名古屋大学地理学教室が重要な役割を果たしてきた。私は院生当時から、同じく名大の地理ご出身で、空間的拡散研究の分野で優れた論文を矢継ぎ早に発表されていた杉浦芳夫氏からも、影響を受けてきた。こうした経緯も、都市地理学の専門家でないにもかかわらず、

今回のお誘いをありがたくお受けすることになった理由の1つである。

ところで、京大文学部の地理学教室は当時は史学科に属し、その関係もあって、院生は、歴史地理学や地図学史、文化地理学などの分野に進まれる方が多い。私の学部学生当時におられた院生のなかで、「新しい地理学」や計量地理学に興味をもつ方々はおられたが、それを自分の専門とされるという方はほとんどおられなかった（ただし、私の数年先輩にあたる久武哲也氏だけは、なぜかこうしたテーマにお詳しかった）。そのため、好き勝手に自由な勉強ができたことは有り難かった。

当時の主任教授の水津一朗先生は、ドイツ地理学にご造詣が深く、また伝統的な方法論を尊重されていた。当時の「新しい地理学」に関心を示される一方、その考えには概して批判的であった。しかし、質的数学の発展の成果を取り込み、位相地理学という分野の樹立に努めておられた。当時、50の手習いで数学を勉強している、というお言葉は何度も耳にした。

私にとって幸運だったのは、3回生の時に応地利明先生が地理学教室の助教授に着任されたことである。先生は、インドの農業に関する特殊講義をされていたが、「新しい地理学」にもたいへんお詳しく、該博な知識をお持ちであった。実習の授業で、こうした新しい動向に関連する授業をされることもあったように思う。先生のご理解のおかげで、計量地理学的研究に進むことができ、とても感謝している。私にとってのなつかしい思い出は、学部3回生から助手の時まで、文学部東館4階にあった先生の研究室に何度もお邪魔し、「新しい地理学」関連のことや自分の研究上の興味に関連する貴重なお話しをうかがったことである。そのたびに、コーヒーを豆から挽いて喫ませていただいた。お話しは毎回興味深い内容であり、誠に得難い経験であった。

3回生で地理学専攻に進んでからいろんな本を読んだが、森田（1964）やAbler *et al.*（1971）の著書は、とりわけ丁寧に読んだ記憶がある。前者は、計量地理学の成果の理解に統計的方法の知識が不可欠だからであった。後者は、「新しい地理学」を体現した教科書として定評があった。

卒業論文では京都府南部の農業を扱ったが、修士課程入学後いろいろなテーマについて広く勉強してみると、農業の勉強を継続しようという気はさほどおこらなかった。むしろ、地域間の結びつきの有力な指標としての空間的相互作用の典型的な現象であり、かつ経験的データを得やすい、人の空間的移動に大きな関心を持った。地理学的研究においてこの現象のもつ重要性は、時代や地域の違いを超えて妥当していることに気づいたことや、当時三大都市圏の転入超過が大きく減少し、わが国が人口移動転換を遂げつつあったことも、こうした関心の変化に影響したと思う。

3. 空間的相互作用のモデリングへの関心

　助手になってからは、人口移動の空間的パターンの研究から、それを1つのケースとして包摂する空間的相互作用のモデリングへと関心が移っていった。院生や助手の当時、地理学教室所蔵の雑誌に載っている論文をよく読んだほか、京大の経済研究所や経済学部の図書室に何度も足を運び、所蔵の海外雑誌に掲載されている空間的相互作用モデル関係の論文をコピーして読んだ。しかし、読んでも読んでも、次々と関連の新しい論文が見つかり、どこまで勉強したらこのテーマの全貌が見えてくるのかわからず、当惑したことを思い出す。回顧すると、当時は、古典的な重力モデルを修正した空間的相互作用モデルの研究が顕著な進展をみせていた時期であった。

　このモデルを使った経験的分析では、出発地と到着地の空間的分離度の指標として、両地区がどれほど離れているのかを示す変数を投入する。通常は、これを距離のデータで示す。1981年2月に京大楽友会館で開催された人文地理学会例会で、滋賀県における市町村間の相互作用を事例とした発表をした際、市町村間の分離度のデータとして、市役所や町村役場の間の道路距離と所要時間を使った。発表後の質疑で、市町村間の分離度をそうした測度で簡単に示せるのか、という批判を水津先生が述べられたが、空間的相互作用モデルの研究では、距離変数の投入は不可欠であり、こうした測度の使用は一般的なことである、と答えた。水津先生はその説明に納得されないようであったが、私は私で先生のこの批判は当たらないと思った。

　距離変数の使用を不可欠と考えるのか、あるいは、その指標の測度の用意自体を不毛ないし不適切と考えるのかは、一種の水と油の、混じり合うことのない議論である。発表後、このテーマの研究を日本で続ける限り、またどこかで、伝統的な立場の人たちからの似たような批判にぶつかることになり、そのたびにこうした落胆を繰り返すことになるのではないか、というむなしい思いを強くした。

　年配の伝統的な地理学者の間では、重力モデルは、自然科学で生まれたモデルを複雑な社会的現象に安易に適用しようとする社会物理学の悪しき典型、といったたぐいの表面的な理解をされることが多かった。しかし、ウィルソンA.によるエントロピー最大化法を重要な契機として、その後、このテーマに関するおびただしい成果が生み出され、空間的相互作用モデル関連の研究が計量地理学の有力な一分野となった。そのことを知っている人が、日本の地理学界のなかには当時ほとんどいなかったと思う。重力モデルは、1960年代以降大きな発展を遂げた多くの空間的相互作用モデル群のなかの、1つの特殊なモデルにすぎない。こうした経緯を念頭におくと、重力モ

デルという呼び方自体、当時すでに時代遅れとなりつつあった。

こうした状況から、日本を脱出し、外国で自分なりにこのテーマに関する勉強を本格的にしてみたい、という思いが強くなった。この決意以後は、海外脱出実現のために英会話や英語のライティングの勉強にいそしんだ。そのため、留学が実現するまでの期間、地理学の勉強はほとんどしなかった。というか、する気が湧かなかった。

4. 米国留学

脱出候補国として当初、イギリス、米国、スウェーデンの3ヵ国を考え、これらの国の国費留学生試験を受ける準備を進めた。しかし、最初のイギリスのブリティッシュ・カウンシルの試験は、筆記試験がちょっと難しくあっさり不合格となった。ついで受験した米国のフルブライト留学生試験には、幸い合格した。この時に選考委員をお務めになられた井内昇先生に高く評価していただいたおかげと、今でも感謝している。フルブライト留学生にはいくつかのカテゴリーがあり、私は「若手研究員」というカテゴリーで渡米することになった。これは、日本の大学に籍のある若手教員を対象にしたカテゴリーで、義務は何もなかった。

滞在先として、中西部のインディアナ州ブルーミントン市にあるインディアナ大学地理学科を選び、1983年8月末から約10ヶ月間、客員研究員として滞在した。なお、インディアナ大学の他にも、米国内の2、3の大学から受入承認の手紙をもらっていたが、最終的にこの大学を選んだのは、人の移動や買物行動あるいは物資流動など空間的相互作用の研究にかかわった研究をしている教員が、教員スタッフ14名中、約半数いたからである。受入人になっていただいたオドランド J. は、オハイオ州立大学を出た人口移動の行動論的研究の専門家で、当時は雑誌 Geographical Analysis の編集委員をしていた。

当時一番若い助教授として在籍していたのが、カナダのマクマスター大学の大学院を出たフォザリンガム A. S. であった。実は、彼がいたからインディアナ大学を選んだのではなく、同大学を選んだあとに彼がそこにいることを知ったのである。彼は、空間的相互作用モデルの距離変数にかかるパラメータが対象地域の空間構造の影響を受けて、適切な特定が難しくなるという地図パターン問題の解決に、当時精力的に取り組んでいた。ちなみに、私もこの問題に強い関心をもち、上述した人文地理学会例会での口頭発表をまとめ、発表していた（石川 1981）。こうした興味の符合を知った時には少なからず驚き、この論文に基づき、固いまじめな議論をしなくてはいけないことを予想し、困惑した。しかし、拙論のような思いつきの試論としてではなく、

第 22 章　都市地理学を横目でながめつつ（石川義孝）

写真 22-1　フォザリンガムのアパートでのパーティ（1983 年 9 月 18 日撮影）
左からハースト、ベーリー、フォザリンガム、石川

　彼はこの問題の包括的な解決に向けた一連の本格的な研究を進めつつあり、米国での留学生活が始まってまもなく、私はすぐに脱帽することになった。むしろそれで気が楽になり、自分の考えに固執することなく、空間的相互作用モデルについての勉強を再スタートさせることになった。
　若手研究員であるため何も義務はなかったが、ただぶらぶらしているのは恐縮なので、オドランドとフォザリンガムの授業にはまめに出席した。この時の授業ノートは今も手元に残っている。単位を取る必要がないため、気楽に受講できたせいもあるが、授業はたいへん刺激的でおおいに勉強になった。日本で一人で関連文献を読んでいるだけでは理解し難い点がよくわかり、「目から鱗が落ちる」という感想をもったことが 1 度や 2 度ではない。
　写真は、1983 年の秋学期が始まって間もない週末に、フォザリンガムのアパートにパーティに呼ばれたさいのものである。後ろにいるのがフォザリンガム、前列の左から、C. ハースト、A. ベーリー、筆者である。私たち 3 名は、フォザリンガムの新院生向け演習の受講生で、いわばクラスメートであった。新学期開始直後なため、ハーストとベーリーは緊張しており伏し目がちである。
　フォザリンガムの研究室は専任のスタッフのなかでは一番狭かったが、当時の彼の研究は誠に素晴らしかった。私の滞在期間中およびその前後に、Fotheringham（1983）をはじめ、十数本の空間的相互作用モデルに関連する重要な論文を、Environment

and Planning A, Annals of the Association of American Geographers, Geographical Analysis といった著名な雑誌に矢継ぎ早に発表していた。これらの一連の業績は、空間的相互作用モデル研究を大きく前進させることになった。それを目のあたりにして、これが世界のリサーチ・フロンティアなのか、と感銘を覚えたものである。このおかげで、拙著（石川 1988）を刊行できたといっていい。

　1983 年に彼の研究室で初めて会った時に、彼は胸に「有名」という赤い漢字が書かれた白地の T シャツを着ていた。この漢字の意味を知らなかったようなので、それは英語では fame という意味です、と説明したのを覚えている。いまや彼は、とくに計量地理学と GIS 研究の 2 つの分野で世界のリーダー的存在であり、知らぬ人のいない有名人になった感じがする。なお、彼がその後に移った、イギリスのニューカッスル大学やアイルランド国立大学に、立命館大学の矢野桂司氏や中谷友樹氏が留学され、共著論文（Fotheringham *et al.* 2001, Yano *et al.* 2003）も発表されたことは、私にとっても大きな喜びである。

　この米国留学は、世界に眼を見開かせてくれた、とても実り多いものであったし、楽しい思い出でもある。フルブライト留学生として渡米できたことや、フォザリンガムをはじめとする海外の地理学者とそこで出会えたことは、研究者としての人生における大きな幸運であった。

5.　海外雑誌への投稿

　インディアナ大学留学中、地図パターン問題の解決策として彼が提案した競合着地モデルにも、当然ながらたいへん興味を持った。このモデルは米国という対象地域においては鮮やかな挙動を示すのであるが、細長い国土をもち、まさに空間構造が米国とは異なる日本においてもうまくいくのかどうか、が大きな関心事であった。この点の本格的な検討は帰国後に行ったが、彼が示した米国のような鮮やかな結果とはならなかった。そのため、競合着地モデルの有効性には限定がつくのではないか、と思うようになった。そして、リジェクト覚悟で Environment and Planning A に投稿したら、さほど厳しいコメントがないまま、採用が決まった。これは当然ながらとても嬉しかったが、その一方、こうあっさりと掲載されてしまっていいのだろうか、と戸惑ったことも覚えている。ともあれ、私の最初の海外雑誌への英語論文（Ishikawa 1987）は 1987 年に刊行された（ただし、掲載が決まってから、編集委員会により英語の手直しがかなり入った）。

　以後、私は主要な論文は英語で書くようにしている。日本では地理学をはじめ社会

科学の多くの分野で、成果の輸入超過という状態が長く続いているが、これは望ましいことではない、と考えるからである。また、教員が査読付き論文を書かないまま、院生に学会誌での論文発表を一方的に求めることに、抵抗があるからである。なお、研究成果を英語論文で書くことの重要性については、1985年から勤務していた大阪市立大学の平野昌繁先生と、1980年代に英語圏の有力雑誌に精力的に論文を発表されていた日本大学の高阪宏行先生から学んだように思う。

　私の経験や印象から言うと、英語圏で発行されている著名な地理学の雑誌は、日本の『人文地理』や『地理学評論』などの雑誌と、掲載論文の水準に大きな違いがあるとは思わない。そのため、こうした和文雑誌に論文を書いた実績をもっている人は、基本的に海外の有力雑誌に論文を発表する潜在的な力をもっている、と私は考えている。投稿にさいして和文雑誌と異なる点は、海外の読者を念頭に置いて英語表現に神経を使わざるを得ないことと、世界のリサーチ・フロンティアの動向に関する関心を共有している必要があること、くらいであろうか。

6. 近年思うこと

　ところで、近年では、博士課程を終えるとともに博士の学位を取得し、就職するというケースが増えている。学位の条件に、国内の和文雑誌に査読付き論文の発表を義務づけられているケースが多いと思う。現在、国内の学会誌に論文を書いて学位を得、それを持って就職するという道筋ができあがっているのは、おおいに結構なことである。ちなみに、私の学生・院生当時、少なくとも文学研究科にある地理学教室では、博士課程を終えても学位を得るということはなかった。当時は、学会誌掲載の論文がなくて就職することさえ、そう珍しくはなかった。最近は、大学などの研究職の公募に対する応募の倍率が高く、それだけ就職が難しくなっている点や、就職に成功したとしても、本務校での授業その他の仕事で多忙になっている点は、気の毒に思う。

　こうした事情はよく理解できるが、残念なのは、就職後に研究に向ける時間が少なくなってしまうことが主な原因となって、学会誌に論文を書かなくなる人が多いように見受けられる点である。おそらくは、職を確保して以降に、厳しいコメントを覚悟で、学会誌に投稿することを面倒に思ってしまうことが多いと推察されるし、査読付き論文を発表しても、院生時代とは違い、大きな感激を得られなくなるからであろう。しかし、就職し研究者としてスタートする地位を得た時から、研究に対して実質的に消極的になってしまうというのは皮肉なことで、誠に残念である。

　以上のように考えると、就職後の目標の1つとして、国際会議での口頭発表や海

外雑誌での論文発表を、とくに若い方に積極的にお考えいただきたく思う。ちなみに、高阪先生から以前、海外雑誌に英語論文を書くのは、国内の雑誌に和文論文を書く場合にくらべ、時間もエネルギーも3倍かかります、とうかがったことがあるが、私もその通りと思う。とはいえ、今日では、科研費が豊富で海外に出かけるのがそれほど難しくないし、英会話の平均的な能力も、昔と比較し、ずいぶん向上しているように感じる。海外の有力雑誌に論文を発表できた時の満足感は、研究者として何ものにも代え難い。大学を取り巻く最近の状況が世知辛いからこそ、レベルの高いところに査読論文をどんどん書き、その成果をアピールすることが大事ではなかろうか。

　こうした思いは以前から抱いていたが、近年以下のような事情から、より強く思うようになっている。第一に、2000年に発足したIGU「グローバル変化と人口流動」委員会の運営委員就任を、イタリアのMontanari, A.から依頼され、さらにセクレタリーをおおせつかり、そのホームページ（http://www.bun.kyoto-u.ac.jp/geo/globility/）の管理者にもなったことである。こうした立場上、この委員会主催の集会での発表をまとめた成果（たとえば、Ishikawa and Montanari 2003）を刊行したこともある。第二に、周知のように、2013年に国立京都国際会館でIGUの京都国際地理学会議が開催されることである。これは、1980年に東京を中心に行われたIGC（国際地理学会議）以来の、わが国の地理学界にとっての重要な国際会議である。

　このような経緯から、世界における日本の地理学のプレゼンスについて思うことが多い昨今である。海外雑誌への論文発表の薦めは、どうしても固い言い方になってしまい、汗顔の至りであるが、こうした経緯を踏まえての、やむにやまれぬ思いとお考えいただければ幸いである。

　若い頃には回顧談は年配になってから書くもの、と思っていたが、知らないうちに、私もそうした年齢に達していたようである。ここまで筆を進めてきて、10年単位で振り返ると、米国に留学し最初の本を刊行できた1980年代が、最も充実していたかな、と思う。私は博士課程に半年しか在籍していないので、院生時代にがんばって勉強したという記憶はさほどなく、同課程に3年間在籍し、きっちり研究をされていた同年代の人たちに対して、若い頃ひそかに負い目を抱いていた。それが、就職後もがんばらねば、という思いを持ち続けてきた一因になっているように思う。こうした経緯から、この駄文を1980～1990年の箇所に収めていただくことを希望している。

　そろそろ与えられた紙幅も尽きつつあるし、阿部先生による今回の企画の主眼が、今の若い研究者に一昔前の雰囲気や活気を伝えることにあると思うので、1990年代以降の比較的新しい話はあまりしなくていいであろう。そのため、私の些細な回顧談は、この辺で終わりとさせていただきたい。

引用文献

石川義孝　1978「戦後における国内人口移動」地理学評論，51.
石川義孝　1981「空間的相互作用モデルにおける「地図パターン」問題について」地理学評論，54.
石川義孝　1988『空間的相互作用モデルの展開—その系譜と体系』地人書房.
石川義孝　1999「京浜・京阪神の二大都市圏における単独世帯」成田孝三編『大都市圏研究—多様なアプローチ（上）』大明堂.
石川義孝編　2001『人口移動転換の研究』京都大学学術出版会.
森田優三　1964『統計概論 新版』日本評論社.
Abler, R., Adams, J. S. and Gould, P. 1971 *Spatial organization: The geographer's view of the world*, Prentice-Hall.
Fotheringham, A. S. 1983. A new set of spatial-interaction models: The theory of competing destinations, *Environment and Planning A*, 15.
Fotheringham, A. S., Nakaya, T., Yano, K., Openshaw, S. and Ishikawa, Y. 2001 Hierarchical destination choice and spatial interaction modeling: A simulation experiment, *Environment and Planning A*, 33.
Ishikawa, Y. 1987 An empirical study of the competing destinations model using Japanese interaction data, *Environment and Planning A*, 19.
Ishikawa, Y. and Montanari, A. eds. 2003 *The new geography of human mobility:Inequality trends?*, Società Geografica Italiana（IGU/Home of Geography PublicationSeries IV）.
Yano, K., Nakaya, T., Fotheringham, A. S., Openshaw, S. and Ishikawa, Y. 2003 Acomparison of migration behaviour in Japan and Britain using spatial interaction models, *International Journal of Population Geography*, 9.

山崎　健

第23章 私のオフィス立地・中国都市研究の回顧と課題

1. 恩師・森川先生の影響とオフィス立地

　自分自身の研究史を振り返った時、都市地理学を学問的なものとして意識し、取り組んだのは大学院に進んでからである。とりわけ、恩師の森川先生には、その学問に対する真摯な態度、飽くなき探究心を身を持って示して頂いた。研究者とはこうあるべきであるという私の理想像として、森川先生の存在は今日に至っている。そのなかで、具体的な研究スタイルとして大きく影響を受けたのは、自分の研究テーマに関する先行研究をしっかりと渉猟し、自分の研究のオリジナリティ・意義を明確にするという態度であった。これは研究者としてはごくあたり前のことであるが、この基本的な態度が研究者として最も重要なことであることを、しっかりと身に付けることができたことは、その後の私の研究者としての歩みに大きな影響を与えたことは間違いない。

　とくに、先行研究の整理は単に国内研究の動向だけではなく、関連する外国文献にできるだけ目を通し、海外の動向にも注目しなければならないことを学んだ。私が大学院生当時、広島大学の地理学教室には欧米の主要な地理学関係の雑誌や文献が比較的整っており、海外の動向についてもある程度把握できる環境があったのは幸いであった。まず、自分の研究テーマに関わる文献を探し、それを備え付けのコピー機で複写するのであるが、その作業をしただけで、文献を読んでもいないのに、妙な充実感を覚えたことが思い出される。膨大な情報のなかから、海外の関連文献を探すこと自体に醍醐味を感じ、酔いしれていたのかもしれない。あの図書資料室の独特の匂いと雰囲気は今でも忘れられない。

　ところで、私の研究テーマであるオフィス立地については英米を中心とする地域での研究が先行していたこともあり、海外動向に注目することは必須のものであったが、邦訳された論文ではなく、英文の原著を読むという作業をすることに、自分が研究をしているという変な満足感を感じていたのは間違いない。とくに修士論文を作成する段階では、多くの英語文献を読んだが、そのうちとくに大きな影響を受けたのは、

Daniels（1975）、Goddard（1973）と Alexander（1979）の3つの文献である。これらの文献に出会ったからこそ、オフィス立地研究を自分の1つの専門としている現在の私があると思っている。また、もし出会わなければ、オフィス立地以外のテーマを専門としていたであろう。これらの3冊のうち、Alexander はすでに邦訳がでているが、他の2冊は邦訳がまだでていない。相当に古い文献ではあるが、そのうち、邦訳を刊行してみたいと考えている。ある意味で、オフィス立地研究の古典的な著作であり、今日のオフィス立地研究にも十分に意義をもつものである。

　私のオフィス立地研究は都市内部レベルの研究であるが、後述するように、都市内部の地域構造研究の1つの視角としてオフィス立地をとりあげるという立場である。この点に関しては、オフィス立地からみた都市内部中心地構造の研究が重要であり、今後、都市圏レベルでの多核化の展開を考える時にも有用な視角となろう。ただ、今後、情報化が進展し、モバイルオフィスやオフィス雇用におけるテレワーカーの増大に伴い、立地の空間的実態をどのように把握するのかが、研究上、難しい問題になってくる可能性があろう。しかしながら、オフィス立地に注目するという視点は、これからも都市地理学にとって、有意義な視点であることは間違いない。

2. 修士・博士論文作成から得たもの

　私の現在の主たる研究テーマは簡単にいえば、「オフィス立地」と「中国都市」ということなるが、より基本的には、都市内部の地域構造研究ということになろうか。卒業論文の研究が「神戸市におけるCBDの内部構造」というテーマであり、すでに学部生時代から都市内部の地域構造に関心をもっていた。ただし、オフィス立地との関連において、都市の地域構造を考えようとしたのは、大学院に進んでからであり、正確にいえば、修士論文のテーマとしてとりあげたことに始まるといってよい。当時、オフィス立地に関する研究は、中枢管理機能研究として、わが国でもいくつかの蓄積がみられつつあったものの、オフィス立地研究は経済地理学の方はもとより、都市地理学においても研究は少なかった。

　修士論文のテーマは「都心部におけるオフィスの立地パターン—広島・神戸の場合—」であった。やや大げさな表現ではあるが、この修士論文作成過程は、おそらく、それまでの人生において、最も勉強した時期の1つである。国内外の関連文献を踏まえ、論文の意義付け、オリジナリティを明確化し、そのうえで広島・神戸の都心部でフィールド調査を実施し、論文をまとめた。本格的に取り組んだのは、半年間ほどであったように記憶しているが、修士論文の作成過程を経て、初めて、論文の作り方

の基礎を学ぶことができたことは間違いなく、それが結局その後の自分の研究の基礎土台となったと思われる。当時は現在のようにパソコンはなく、大学の計算センターにある大型コンピューターを使い、暑い夏休みに、後輩に手伝ってもらいながら回収した広島都心部のオフィスを対象とした立地に関するアンケート票のデータを、データカードにパンチし、それを計算センターまで運び、因子分析やクラスター分析などの多変量解析プログラムを使わせて頂き、アンケートの集計結果を整理した。また、修士論文はすべて手書きであり、清書するのに相当な時間を要した。当時、PCやワープロ機があれば、相当な時間短縮が可能であったのは間違いない。

　博士論文の作成は、年齢的には40代を過ぎており、研究者としては一番力が発揮できる時期であった。大学に職を得てから、とくに、現在の職場に移るまでは、比較的、短期間のうちに職場を変わったにもかかわらず、いわゆる研究業績の生産性は高かったように思われるが、現在の職場に移ってからは、必ずしも質量ともに高レベルの研究業績生産性を維持しているとはとても言い難い状況を呈している。ただ、40代に入ったころ、いわゆる論文博士を取得した研究者が地理学分野においても増加してきた。広島大学の状況をみても、私と同年代の方々がほぼ同じ時期に博士論文を提出している。この外的な刺激が、これまでの研究業績をまとめて博士論文を作成提出しようとする大きな切っ掛けとなった。本来、研究は自分のペースで行うものであり、そこから生ずるさまざまな結果や影響については自分自身の責任であることは当然であり、私自身もそのような研究者人生を歩んできたつもりであるが、時にはこのような流れに合わすことも重要であり、今のところ、博士論文の作成提出に関しては、それでよかったと思っている。

　博士論文の作成は、修士論文作成時とは環境が大きく異なり、教育職として大学で仕事をしながら、論文を作成するので、大学院生という学生身分とは異なる。しかも、私の場合、それまでに蓄積した論文業績を単純につなぎ合わせれば、それで博士論文がすぐに完成するという状況ではなかった。つまり、1つの大きな論文にまとめることができるような系統的な業績をあげてこなかったということである。したがって、新たに調査分析を行い、書き起こさなければならない箇所が少なからずでてきた。しかし、修士論文作成の時と同様に、提出の半年前ぐらいからは本当に時間をかけたことは間違いなく、完成した時には、女子マラソンランナーの有森裕子さんではないが、「自分で自分のことを褒めてあげたい」という気持ちになったことを今でもよく憶えている。博士論文に取り組んだ時ほどの、情熱で、その後の研究を続ければよいのであるが、人間的、いや研究者的に弱い私は、またもとの怠惰な研究生活に戻っているのが実情である。

博士論文の作成の時の環境として、ワープロ、PCが普及してきて、論文そのものの執筆が、修士論文の手書きの時代からすれば、相当に楽になったことがあげられよう。私よりも先輩の方々は、博士論文も手書きであり、この長編の文章を手書きするのは、並大抵のことではなかったもの推察される。博士論文を執筆したワープロ専用機は今も現役であり、ごくたまに文書を作成する時に用いているが、その度に、博士論文を作成していた時のさまざまな記憶がよみがえってくる。ある意味で初心に帰れということを知らしめてくれているのであろう。

現在までの研究者人生を振り返って、最も印象に残っているのは、修士論文と博士論文の作成に関する自分自身なりのがんばりである。これ以外の研究業績に関しては、満足感つまり、とことんやれるところまでやったという感じは無い。それはある意味で、最も研究者らしい生活を自分自身がその時に過ごしたということであり、充実した時間であったということである。修士論文にしても博士論文にしても、それらは審査機関に論文を提出して、修士・博士の学位を得るという制度的なものであるが、私の場合、その制度的なものにアプローチすることによって、より充実した研究者生活をおくることができたことは誠に幸せであったといえよう（山崎2001）。

3. 中国都市研究の展開

中国の都市の内部地域構造に関する研究の展開は、研究職についてしばらくしてからである。中国の都市に関しては、大学院生時代から興味をもっていたが、その当時は文献の収集、中国側研究者との学術的交換、自由なフィールド調査などが簡単にできる状況にはなく（ある意味で現在も状況はあまり変化していないが）、間接的な限られた研究情報しか入手が難しい状況にあった。しかしながら、80年代以降、改革開放政策の実施に伴い、徐々にではあるが研究しやすい環境が整いつつあり、それと並行して私の中国都市研究も遅々とした歩みながらも進みつつある。

私の中国都市研究の主たる対象都市は北京であるが、これにはある一定の理由がある。中国の都市研究は個別の都市をとりあげようが、全体的に中国の都市をとりあげようが、その都市地域構造の形成・変容のプロセスのなかには、大きく3つの形成変容原理が作用していると考えている。すなわち、紀元前の秦代に始まる封建社会原理、解放後の社会主義原理、80年代以降の改革開放政策原理の3つである。これらの原理は時代を経て、程度の差異はあるものの、中国の多くの都市に共通して作用してきたものであるが、とくに北京は古都であり、元の大都にその本格的な都市発展起源をもち、長い封建都城としての歴史をもち、その後も社会主義中国の首都として、

3つの原理の影響下で、その都市地域構造の変遷を重ねてきた都市である。この点が私が中国の都市のなかで北京に注目する理由である。

ただし、現在の北京の地域構造の特性を考える時に、改革開放政策原理だけを考えればよいわけではない。地理学における地域構造とは空間性を重視するものであるが、歴史性・継承性をもつものでもある。そのように考えると封建社会原理によって形成された地域構造に、その後の社会主義原理、改革開放政策原理が重層化するかたちで、今日の北京の地域構造が成り立っているという分析の大きなフレームワークを想定することができる。この3つの都市地域構造形成原理による中国の都市地域構造の形成・変容のプロセスを考察しようとする時、封建都城、社会主義国家の首都としてその歴史を経てきた北京を分析対象のフィールドとして取り上げることはきわめて妥当性のあることと考えられる。この先、研究の蓄積を進め、「北京の都市地域構造の形成と変容」という形で、その成果をまとめることができればと、夢見ているところである。

中国の都市は改革開放政策以降、計画経済から資本主義経済に大きくシフトしつつあり、そこでの地域構造の把握には、西側先進資本主義国での研究によって得られた理論が説明原理として有効である場合も少なくない。しかしながら、先に述べたように、中国の都市は改革開放政策の実施に至るまでに、長い都市化の歴史を経てきており、封建社会原理、社会主義原理などの作用の下での地域構造形成が行われ、そのうえに改革開放政策原理の作用が重層化して現在に至っていると考えるべきであろう。したがって、そこには、中国独自の都市地域構造形成・変容モデルが見出される可能性は大きいと思われる。さしずめ、北京はその象徴的事例といえよう。

4. 都市地理学の課題とこれからの研究者諸氏へ

都市地理学を私なりに、「都市におけるさまざまな諸現象の地域的（空間的）展開、その展開によって作り出される都市の地域的（空間的）な秩序すなわち地域構造を明らかにし、都市を地域的な差異、連関結合、地域秩序や地域構造といった視角から研究する学問である」と定義する時、多くの研究テーマが考えられるが、都市地理学の最も基本的なテーマは、都市の地域構造と都市システムの解明にあると私は思っている。

すなわち、都市を捉える立場として、それを面つまり広がりをもったものとして捉える立場と、点として捉える立場があるが、都市の地域構造は都市を面として捉える研究の、また、都市システムは都市を点として捉える研究の代表的なものである。都市の地域構造研究は都市を面的な広がりのあるものとして捉え、その内部において諸

現象がどのように地域的（空間的）な展開を示し、その結果、どのような地域的差異や地域的秩序がみられ、地域構造が形成されているのかを明らかにすることであろう。また、都市システム研究は都市を点として捉え、それらの都市間の地域的（空間的）な連結・結合関係に注目するものである。都市地理学の多くの研究はこの2つの大きなテーマに包摂されるであろう。機会があれば、「都市の地域構造と都市システム」というような題目で著書を世に問うことができればと夢想している次第であるが、とても私のような浅学一人でできるものではなく、都市地理学研究者の有志の方々と共同研究により成果がだせればと願っている。

ここまで夢物語のようなことばかり書いてきたが、この辺りで、これからの都市地理学を志す若い方々に、研究を進めていく上で、気にとめて頂きたいことをいくつか記しておきたい。

まず、1つめは流行を追わずに、1つのテーマにじっくり取り組んでほしいということである。本来、1つのテーマに関する研究に終わりは無いものである。とくに、地理学ではその研究対象となる都市現象そのものは時々刻々と変化しており、そのことが、必然的に研究テーマの恒久性と連動している。特定のフィールドを取り上げる場合でも同様のことがいえよう。都市現象は多様ではあるが、次から次へと研究対象となる現象を変えていくのではなく、1つの現象の地域的展開をしつこく追及してほしいものである。

次に実証性を重視してほしいことをあげておきたい。私は地理学、都市地理学の面白さは、その実証性にあると考えている。古臭い論理実証主義ではないかと批判される向きもあろう。しかし、重要なことは、都市という現存してきた事実を大事にすることである。もちろん、その都市をめぐる現実、諸現象を自分なりに解釈することは重要であろうが、その解釈が妥当なものであるかどうかは、実証され、客観性をもって万人に認められなければならない。解釈論に重みをかけすぎたために、結果的に、現実をどれだけふまえ、十分に実証分析したのか、よくわからない研究が決して少なくない。

この点に関連して、研究のフレームワークや仮説が最初からできあがりすぎて、都市における諸現象の地域的展開・秩序を、そのフレームワークや仮説にあわせて解釈しているような研究も少なからずあるように思われる。結果が最初から余りにも明白な研究は面白みにかけるのではなかろうか。

都市の地域構造であれ、都市システムであれ、それぞれの対象都市や対象地域スケールにおいて、ある特性を示す場合には、それぞれ都市および都市システムに固有の要因・背景が必ず存在する。たとえば、それをグローバリゼーションによるものであ

るの一言で，十把一絡げに論じてしまうのは相当に乱暴な議論である。グローバリゼーションの影響によって都市の地域構造や都市システムが変化したといっても，それは必ずしも一様ではない。この一様ではない空間的な状況を明らかにし，その要因・背景を追求することが大事であろう。

最後に，都市地理学研究者のスタンスとして，系統地理学的アプローチと地誌学的アプローチの両方を大事にしてほしいことをあげておきたい。私の場合ならば，さしずめ，オフィス立地研究が系統地理学的アプローチであり，中国都市研究が地誌学的アプローチということになろうか。この2つのスタンスをもち続けることが，都市地理学としての研究の幅を広げ，さらにいえば地理学者としての視野を拡大してくれることは間違いない。

いずれにしても，都市地理学の研究対象である都市とは，本質的に多様性をもち，過去，現在，未来という時間相のなかにおいて，きわめて動態的な性質をもっている。都市研究の醍醐味，魅力が都市という研究対象がもつ多様性，動態性にあるとすれば，都市地理学の面白さは，都市のもつ空間的な多様性，空間的な動態性を明らかにすることにあるのではなかろうか。この点に関しては異論をもつ都市地理学者の方はおそらくおられないであろう。無論，私もそのなかの一人である。

引用文献

山崎 健 2001『大都市地域のオフィス立地』大明堂.
Alexander,I. 1979 *Office Location and Public Policy,* Longman.（伊藤喜栄・富田和暁・池谷江里子訳『情報化時代のオフィス立地―事務所の配置と公共政策―』時潮社, 1989）
Daniels, P. W. 1975 *Office Location: An Urban and Regional Study,* G Bell and Sons Ltd.
Goddard, J. B. 1973 Office Linkage and Location: A Study of Communication and Spatial Patterns in Central London, *Progress in Planning,* 1, Pergamon.

水内俊雄

第24章 独創的で先端的な都市社会地理学をめざして

1. はじめに

　もともと地学と地理学が高校時代にもっとも得意としていた教科であり、地理学もどちらかというと地形とか気候などに関心が高かったために、大学受験は理学部系の地学に進むと決めていた。和歌山市で高卒を迎え、一浪ははなから既定路線で、下宿したいがために浪人生活は1975年春より京都市で送ることになる。受験科目選択に地学というマイナーな教科に高校時代から執着していたため、受験できる大学は限られていた。なぜか相性の良い試験問題に恵まれてうまいこと京都大学理学部に入りこめたのが、大学紛争末期の余韻が残っている1976年春であった。吉田の教養部キャンパス、時計台側の両サイド、立て看、ヘルメット学生さんによる情宣のてんこ盛りであった。前学年の後期の教養試験が5月にあるというずれ込みはあったものの、私の学年は、最初に定期試験が正常化された学年であった。

　5月病なるもの、たしかにわからないでもない教養部の授業のけだるさを補ってあまりあるものが、地学の自主ゼミと人文地理学実習であった。当時の教養部には、アフターファイブの自主ゼミや2コマ続きの実習が17時台まで組み込む形でいくつか用意されていた。そして地学教室と人文地理学教室はD号館4階の同廊下に隣り合わせにあったという幸運もあったが、地学の自主ゼミは地震学の住友則彦先生であった。今でも親友であり続ける当時の理学部の面々数名との自由闊達な勉強は、夜まで至るのが常の住友ゼミであった。これには夜歩きの「満月会」という地理的趣向の強い同好会が自然発生することは後述する。

　後者の人文地理学については、個性的な陣容を誇る教養部人文地理学教室の教員の面々による演習、実習であった。入学当時は、藤岡謙二郎、浮田典良、足利健亮先生という豪華ラインナップに、南出眞助さんが助手であった。いくつの授業コマ数が用意されていたのだろうか？　藤岡先生の実習を初年度に、足利先生の演習を次年度に受講したが、前者の実習は、野外歴史地理の同好の志が集まるFHGにすぐ加入という「強制的な」流れになり、年に4回の巡検という名の、地図を片手にスタディツ

アを運営する助っ人使い走りも自動的に体験させていただくことになった。

2. 巡検づくし

　思い返して書き始めてみると、地域を見るという目が実に多くの学部生時代の巡検で養われたことをつくづく感じる次第である。地理学の巡検だけではなかった。同時に地学教室のほうも、折からの地震予知の観測強化にともない住友先生も関わる地磁気経年変化測定の「助手」にもたびたび連れ出されることになった。観測上なるべく都市部を離れた、地方（近畿、山陽、山陰）の小都市の旅人宿を拠点にし、山奥での観測が中心であった。加えて 1977 年以降の伊豆半島での群発地震から東海沖地震の予知に関わる地震計設置にも駆り出されることになった。深夜の爆破実験で人煙絶ゆる山里での地震計設置もお手伝いした。3 回生から地球物理学の専門に入るが、地理学の FHG のほうは欠かさず出席し、雑誌も季刊で刊行していたが、その編集の手伝いにも参加していた。地理学だけではなく、藤岡先生の付き合いの広い多くの分野の先生方の寄稿を集めることも経験する。この FHG の巡検への参加は、1985 年 4 月に福岡市の九州大への異動を迎えるまで、ほぼ 10 年の間、40 回弱を数えることになる。

　地図を見るのは高校時代から大好きであったが（ちなみに鉄道も）、基本的に FHG の巡検への参加はそうした大好きな趣味の延長であったと思われる。自然地形から小京都、陣屋町のいわゆる歴史都市の空間構成を数多く見れたことは、後の都市史のアプローチに依拠する近代都市史研究を進める「地」的教養となったことは間違いない。理学部時代は、地理学は趣味的なものとして存在し得たわけである。その趣味が嵩じて、住友ゼミ員たちは、1977 年 2 月の吉田神社の節分祭のあと、たまたま満月の夜であったので、その明るさにつられて街中を朝まで歩き通したことがきっかけとなり、翌月から満月の夜に集まり、徹夜で街道や廃線跡を歩くという「修行」が続けられることになる。「満月会」と称し、煌々とした満月の光で地図が読めることを実感しながら、とにかく地図を片手に 30-40km ほど毎月歩いたのである。100km 行、敦賀港とか伊勢神宮行きは、「修行」もいいところで、私はいずれも途中リタイヤだったが。今から思えばこの住友ゼミの理学部の面々は歩いたり景色を見たりするのが好きな連中が多く、とにかく巡検好きであったのだろう。1983 年アタマくらいまで、60 数回続いたかと思われる。地球物理の学生控室を満月会の事務室としてほぼ占拠していたような記憶がある。天井に 20 万分の 1 の地形図をはりあわせて、日本列島を再現し、ただよろこんでいただけであったが。そのせいもあり複数人、地理学系に近い

学問分野に転向している。私が先陣を切ったのだが。

　理学部の地球物理学進学期にハナシを戻そう。ここでも巡検は、同時に取っていた地質学実習で引き続き体験することになる。月に1度、土曜日に近畿地方を中心とした大阪層群を中心とする露頭調査、そして年2回の大巡検では、4泊5日から1週間かけての全国遠征の露頭調査も経験することになる。1週間ほどの調査の後にさらに2-3週間の単独あるいは友人との旅は、東北と九州で1年ずつやったので、たいへん印象に残っている。そこでは、まさしく地理学者のような目で、スケッチや紀行文を多く残すことになる。

　もともと理系だと信じていたので、紀行文を書くという行為自体自分でも驚くものがあった。地質学の大巡検のあった東北地方で、たまたま遠野市に行き、せっかくならと遠野物語などをちらっと読みながら旅館に泊まった。翌日近辺をうろうろすることから、そうした感覚が芽生えたと記憶している。柳田民俗学のお陰かもしれない。とにかく書くことに快感を覚えた最初の瞬間だったであろう。今でもメモ帳は大切に持っている。恐山、津軽平野、象潟、山寺などは今でもその風景をスケッチしたことも鮮明に思い出す。芭蕉の紀行の足跡も見に行った。人文現象や自然景観を見ての肩のはらない自由な記述、まあこれが自由スタイルの地誌なんだろうが、実に豊かな気分になれたことを覚えている。たぶんこの時に転学部の伏線はあったと思われる。

　1979年春、理学部の4回生になるとこれまたユニークな古地震の文書調査が入り、東大の地震研の宇佐美龍夫先生のバイトであったが、実におもしろい経験ともなった。ちなみに書く必要がない理学部の卒業論文は、和歌山の江戸時代の地震の周期性を古文書から明らかにするものであった。同時に4回生の専門のゼミでは、高槻市の阿武山の地震観測所で、助手であった行竹洋平さんのもとで、地下の超高圧下を再現したクラッシュ測定という作業所現場に、作業着も手も真っ黒な行竹さんの気さくな人柄に惹かれて卒業論文研究をすることになった。

　ただこれには少々てこずった。手先が器用でなく簡単な工作のスキルも全くない、要するにハンダ付けもろくにしたことのない者にとっては、この作業所は明らかに職人芸の世界にみえ、理学部をやめる「もうひとつ」の言いわけにもできたので、垣間見れただけでもありがたかったといえよう。むしろ標高200m強にそびえたつ塔屋のてっぺんからフーコーの振り子をつりさげた1930年建築の何様式と呼ぶのだろうか、モダンスタイルの観測所で大阪平野の夜景をみながら、古色蒼然とした建物内にある和室で週末寝泊りした。自給自足をしている院生、ODさんといっしょに過ごしながら、ある種、仙人生活を週末に垣間見ることになる。

3. 文系への転向

　地震予知の最前線の施設で、それとは好対照ののんびりした印象であった観測所での仙人生活も体験しながら、転学する「最大」の言いわけである専門の教科の授業内容についていけないこと。加えて地震予知といいながら、10の2乗以上桁の年の予知でしかできないようななかで、多くの資金がテレメータ、微小地震観測網のための計算機システムを備えた阿武山観測所につぎ込まれてゆくのをみても、私の出番はないなあと。ではせめて10の1乗から1.5乗桁の年の仕事ができないものか。人文現象の記述にも目覚めていたし、何よりも FHG で数々お知り合いになれた地理学研究者への親近さも後押しして、地理学への転学を決意した。地学系に所属する地理学のある大学院進学も考え、東北大への大学院受験の推薦書を書いてもらおうと相談に行った住友先生から、「出直せい」と言われて、大学院への応募はあっさり取り下げる破目になる。転学部はやめていったん卒業することにし、同じ京大の文学部の3回生からの学士入学という選択で、地理学教室に移ることになる。たぶん理学部の4回生の夏休み前にはそのような決断をしていたと思われる。

　文学部に進むにあたって何か手土産がいると勝手に思い、理学部4回生の夏休みからある調査をひとりで始めることになる。それは大阪市の街中と京都市の街中を対象に、都市内のみどりをひたすら歩きまわってカウントして、このみどりが、それぞれの都市の空間構成とどのように相関するかを見るものであった。大阪市にはちょうど500m間隔のメッシュ地図があったことも幸いした。みどりとは植木鉢、庭木のみどり、街路樹であり、それぞれ分布の事由は異なるものであり、緑被と名付けてその分布を読解するものであった。植木鉢のみどりは、まさしくインナーシティの木造密集市街地の路地や細道を飾るみどりの代表であり、インナーシティの構成をあらわす変数と、このみどりが実によく相関すること。そして植木鉢のみどりは、京都より大阪が多かったことも印象的であった。この論文は1986年の水津一朗先生の退官記念論集に無理をして持ち込んだので、日の目は見たのであったが（水内 1986a）。

　1980年4月に文学部地理学教室に3回生として学士入学する。経済学か社会学も選択肢に入れての地理学への転向であったため、授業は社会学や歴史学もたくさん取ることになる。地理学では川島哲郎先生のとくに地代論の授業には京大にはなかった経済地理学の伝統を、そして小森星児先生、成田孝三先生の問題指向型の都市地理学には大いに親近感を感じることになる。地域調査実習では、漁村社会学の益田光吉先生の徳島での離島出羽島の漁村調査にかなり熱心に関わることになる。たぶんここで

はじめて社会学によるアンケートや聞き取り調査の設計に触れることができた。また文系ではなかったという意識が文学部に入ってプラスに働いたのか、社会科学や人文科学の本をむさぼるように読むことになる。とくに読図では読み取れない、社会や経済の動態、メカニズムを知ることなしに、地域の編成や形成を知ることはあり得ないという思いを強くもつようになる。

4. 原体験

　思い起こせば、和歌山市の生まれ育った小学校域は、城下町のちょうど外、南郊の非戦災地区であった。和歌川の工場地帯から、市内一の邸宅街までを多様に包含し、低湿地のその工場地帯では公害訴訟も起こるようなところであるとともに、その低湿地と西方の水軒浜までの間に南北に走る砂丘帯のうえにのるエリアには、300～1,000坪の敷地の大邸宅街が、松林の残る砂地の高燥地に育まれていた。狭小長屋もあれば邸宅長屋もあり、小市民的一戸建てもあり、社宅もあり、白亜の鉄筋アパートもあり、屋台のラーメン屋もあり、市電の車庫もあり、公設市場もあり、銭湯もあり、和大の高商時代の建物がそのまま残る経済学部もあり、大正末期創立当時のままの教員官舎、外国人宅舎、学生寮もあった。ちなみにいっしょに暮らしていた祖母は、市電の車庫の職員さんや和大の学生相手の麻雀屋を経営していた。私は、小銭稼ぎに「車庫前ラーメン」の出前役をしていたわけであるが。ついでに無類の市電好きにもなり、1971年に廃線になったときには、涙したものである。

　中学校域はさらに広がり、水軒浜の近郊農業地帯から雑賀崎の漁村まで、また一戸建ての団地もあるといった、もうなんでもありの地方都市近郊の縮図のようなところで中学時代を送る。家庭訪問などでいっしょに担任とまわるときの、バラックの家から大豪邸まで、社会階層の居住分化というものを小中学校では体験したし、ちょっとしたその地理的な思い出を小論（水内 2005）に、そして大阪市大に移ってから担当した学部生実習で、当時の院生の松村嘉久君（松村 1997）や神田孝司君（神田 1997）に、当時の私の中学校区域のメモリーを幸いにも活字化してもらった。

　大阪のインナーシティの歴史的形成を扱う卒業論文を書いた理由も、この和歌山の近代の都市形成が工業化を軸にしたものであり、植木鉢調査で和歌山と大阪との相似性を実感していたことにもあった。要するに居住分化が、工場労働者を軸に社会階層を反映した景観を生み出したこと、それが大阪のインナーシティの都市景観と類似していたのである。ある種の近代へのノスタルジアを大阪を舞台にとりあえずは再現してみよう、それが卒業論文となる。ただその再現には工夫が入り、どうしてそのよう

な景観が生産されるのか、付随してどのような市街地が形成されるのか、その動因として、資本主義化の工場立地のメカニズムと労働市場の地理的展開があることを指摘し、それが居住分化を内包するインナーシティを生み出していったという論を卒業論文で展開した（水内 1982）。

原体験を大阪で再現するという、この試みが私の後の研究の方向性を大きく規定することになった。たぶん、この方面での歴史地理学的な先行研究と言うか、社会経済史的、あるいは労働経済史を背景とするような歴史地理学的な先行研究というのはなく、引用文献もほとんど労働経済学や近代の歴史学であった。今で言う都市史研究だったのだが、歴史地理学の近代都市研究というのは、系譜的に 1980 年前後には、東京の経済地誌という形で存在していた。学的系譜の文脈を知らないまま、独学的に進めたというのが事実であった。藤岡先生からは、先生の参考文献があがっていないとお目玉を食らったが、近代以降に関しては静態的で形態的な変遷をたどるだけの歴史地理学にみえてしまったので、参考にしなかった、と恐れ多くも返答しかかったものである。でも、FHG の人脈には、藤岡先生が近畿都市学会の会長経験者という背景もあって、多彩な学問背景を学ぶことができたので、やはり藤岡先生にはお礼を言い続けねばならない。

5. 都市社会地理学と都市史研究

1980 年に翻訳された、D. ハーヴェイの『社会的不平等と都市』（竹内・松本訳 1980）は 1982 年 1 月提出期限の卒業論文を書いていた私の心をとらえた感がある（水内 1982）。この荒々しいアメリカ都市を記述する地理学者ハーヴェイの業績、そしてそれを端的にまとめていただいた竹内啓一先生が 1980 年『人文地理』誌に寄稿されたラディカル地理学の展望論文に接し（竹内 1980）、私のいわゆる都市社会問題を対象として少なくともそれを生成のメカニズムにも着目しながら記述し、都市の空間構造への反映を見ると言うスタンスは、その後の修士課程を支配していたと言える。そもそもその修士課程では、前者の都市社会の生成過程に気が向き過ぎ、空間プロセスの地理的形態や分布の全くない、日本語ではお蔵入りの修士論文となってしまったが、英語でひそかに残している（Mizuuchi 1988）。

近代都市史研究は必然的に資料フィールドワーカーとしての運動量が問われ、巡検はそうした資料から読み取れる当時の都市景観を確認、あるいはその空間的系譜を確認するための、ちょっと脇役的な存在となってしまった。大学院では 1930 年代の不良住宅改良事業に絞り込んで集中的に現地調査（図書館が主）することにしたので、

六大都市のそうしたインナーシティの改良事業地区をめぐることにかなり費やされた。1980年代初頭、バブル期以前の東京や横浜の同潤会住宅や当時の東京府営アパートの多くの貴重な写真が、スライド写真で残されているはずだが、どこにあるのか確認できていない。またあわせて近接する簡易宿所街、あるいは京阪神では被差別部落を数多く訪れることにもなった。

この関心は、戦前の不良住宅改善に関する論文として公刊され（水内1984）、よりソフトな部分への着目として、戦前の都市労働者運動と職工街の状況を関連づけ復元した論文としても発表した（水内1986b）。当時の私の都市社会地理学的研究であることも強調しながら。これは、地理学がなにゆえに都市に転がっている素材を取り扱ってこなかったのか、ある種、既成の地理学に対する物足りなさを乗り越えようと、論文として書いたものであったかもしれない。それを都市社会地理学として理解されたかどうか、事実を書き込み過ぎて、そのへんは伝わらなかったかもしれない。

職工街への関心と都市史への関心が、満鉄の付属地経営、関東州の都市計画事業への関心につながり、資料フィールドワーカーを遺憾なく発揮して、戦前期大連の都市形成の論文も書いた（水内1985）。これも当時の地理学界では異色の論文であったと思われる。ところが、勤務地が九州大学、そして富山大学へと移り、教える側となり、急に巡検や旅のペースは落ちることになる。逆に巡検を企画する立場になったのである。そしてこの就職により、学問スタイルも、自分で言うのも何であるが、大いに惑い紆余曲折もありながらも多彩に展開し、都市○○地理学の範疇を飛び出すような、絶え間ない戦線拡大状況となる現在につながってゆく。

6. 三先生からのはなむけに対して

紙数も限られているので、その後の展開を簡単に記しておきたい。地理学研究者として1985年春に九州大学に就職した時のはなむけは、水津一朗先生からは、「影をしたうだけの地理学なるなかれ」、応地利明先生からは、「就職したら論文を書かなくなるレベルの低い地理学者になったら絶縁や」、青木伸好先生からは、「独断専行なるなかれ」、この青木先生の思い出については、別稿にも書いている（水内2009）。その青木先生のもと、助手であった藤井正さんからもメンタルなサポートで支えていただいたことも記しておきたい。

水津先生の教えには、九州大学にて野澤秀樹先生のもと、科研の地理思想研究に接することにより、今までにはなかった地理学の領域に出会い、学問としての地理学を鮮烈に意識させてくれるものとなった。それは雑誌『思想』に寄稿することにより（水

写真 24-1　九州大学地理学教室助手の面々
左から一代目岡橋秀典さん、三代目水内、そして二代目熊谷圭知さんおよび
当時院生の堤研二さん（1986 年 2 月 15 日箱崎にて撮影）

内 1994)、少しは返せたのではないかと思っている。応地先生の苦言について、粗製乱造に至るまでには少々時間はかかったが、独創的な生産物は少ない方ではないとは思っている。ただ内容に問題ありなので、応地先生からは、いつまでたっても合格点はもらえないと思われるが、そしてもっといろいろはなむけ（苦言）はあったのだが、ここでは記さない。どんな弁解も通じそうもないので。

　青木先生の忠告には、今に至る 3 大学で接した院生学生とともに、既成のメインストリーム地理学に対して周縁から少々独創的な先端的な学派を作ってゆこうというラインで、むしろ独断専行的に、果敢に行動する若手チームを養成することで応えることになった。社会地理的、政治地理的、文化地理的な、しかも現代的、あるいは社会問題として扱うにふさわしいテーマをどんどん地理学に取り入れてゆくような卒業論文、そして修士論文を書けるように応援してきた。また就職した若手を研究グループや科研チームで巻き込む形で、独自のカラーを作り出すことに努めたつもりである。そのことは朝倉の地理学のシリーズの『空間の社会地理』である程度書かせてもらった（水内 2004)。

　九州大学、そして浜谷正人先生のところでは富山大学一派をのびのびと作ることが

でき、そして大阪市立大学のもと、とくに山野正彦先生のユニークな相貌的なモノの見方路線に「魅・惑」されて、このラインはますます強化された。国際的な展開では、水岡不二雄さんや堤研二さんらとの東アジア・オルタナティブ地理学者会議の結成は、私にとっては国際的なつながりや調査ができるようになったという点で決定的であった（Mizuoka et al. 2005）。これは直ちに、2000年冬からの、東アジア、香港、韓国、台湾でのホームレス支援の調査につながってゆく（Mizuuchi 2006）。

　1990年代前半、トルコやドイツで鮮烈な印象を受けた調査に同行させてくれた寺阪昭信先生、内藤正典さんや山本健兒さんからは、欧州の草の根的な都市ガバナンスが何たるやを学んだ。これは、同和対策や、ホームレス支援の研究に深く関わっている現在の私の都市社会地理学、都市政治地理学に大きな影響を与えてくれたと確信している。やっと現場をはしごするフィールドワーカーになれたかな、と。

7. 大阪市立大学での都市研究

　大阪市の都市課題と密接におつきあいし、実践的な研究、調査を進める宿命にある公立大学の教員として、それに果敢に対処する学内独立センターの都市研究プラザを2006年に設立。またホームレス支援で構築した東アジア諸都市の大学やNGOとのここ10年にわたる協働も認められ、2007年にはグローバルCOEにも採択された。これには大阪市大の同僚、政治学の加茂利男先生、都市経済学の佐々木雅幸先生、そして同僚の芸術学の中川真さん、建築学の橋爪紳也さん、交通土木の内田敬さん、経済地理学の長尾謙吉さんらとのまさしく共同作業の賜物であった。世界13ヶ国からの若手研究員も擁し、イギリス型の地理学研究室の陣容がこの都市研究プラザに近いと思われるところまで成長してきたと自負している。ただこれを日本の地理学界に広めてゆくことは容易ではなかろうが、私の、というか都市研究プラザの使命であり責務であると思っている。あいかわらず現場への巡検というか調査と実践に向けての議論はおびただしくやっている。現場との濃密な交流なしには、地理学は成り立たないであろう。

　最後に、ささやかな地理学への貢献として、今までの地図好きの私が取りあげたテーマが少々ユニークな学的な関わりを市大でずっと親しく交流してきた、大城直樹さんと加藤政洋さんとの共同作業でつくりあげたのが、拙著『モダン都市の系譜』（水内他2008）であった。近現代都市史研究にかかわる都市地理学者としてのひとつのメッセージとしてお読みいただきたいし、私の研究系譜のコンテクストをお読みいただけるのではないかと思われる。

引用文献

神田孝治　1997「和歌山市新高町の郊外住宅地形成―戦前期を中心に」和歌山地理，17.
竹内啓一　1980「ラディカル地理学運動とラディカル地理学」人文地理，32.
ハーヴェイ，ダヴィド　1980『都市と社会的不平等』竹内啓一・松本正美訳，ブリタニカ叢書.
松村嘉久　1997「和歌山市手平地区における沖縄県出身者コミュニティ」和歌山地理，17.
水内俊雄　1982「工業化過程におけるインナーシティの形成と発展―大阪の分析を通じて―」人文地理，34.
水内俊雄　1984「戦前大都市における貧困階層の過密居住地区とその居住環境改善事業―昭和2年の不良住宅地区改良法をめぐって―」人文地理，36.
水内俊雄　1985「植民地都市大連の都市形成―1899-1945―」人文地理，37.
水内俊雄　1986a「大都市の緑被構造とその居住環境」水津一朗先生退官記念事業会編『人文地理学の視点』大明堂.
水内俊雄　1986b「インナーシティの過去と労働者問題」経済地理学年報，32.
水内俊雄　1994「地理思想と国民国家形成」思想，845.
水内俊雄編　2004『空間の社会地理』朝倉書店.
水内俊雄　2005「都市を繙く：徳川城下町の近代とその化身」HIROBA（近畿建築士会協議会会報），2005年4月号.
水内俊雄・加藤政洋・大城直樹　2008『モダン都市の系譜―地図から読み解く社会と空間―』ナカニシヤ出版.
水内俊雄　2009「青木先生を師と仰いで」地域と環境，10.
Mizuoka, F., Hisatake, T., Mizuuchi, T., Tsutsumi, K., 2005　The Critical heritage of Japanese geography: Its tortured trajectory for eight decades, *Environment and Planning D: Society and Space,* 23.
Mizuuchi, T. 1988　Awareness of spatial inequality in the living environment of the modern Japanese city, Nozawa, H. ed., *Cosmology epistemology and the history of geographical thought,* Kyushu University, 27-38.
Mizuuchi, T. ed. 2006　*Current Status of Assistance Policies for the Homeless in Seoul, Hong Kong, and Taipei,* Urban Research Plaza, Department of Geography, Osaka City University.

松原　宏

第25章 『不動産資本と都市開発』ができあがるまで

1. はじめに

　1988年にミネルヴァ書房から刊行した『不動産資本と都市開発』は、福岡の西南学院大学経済学部に赴任して3年目、血気盛んな頃の著作である。この本は、1984年12月に東京大学大学院理学系研究科に提出した私の博士論文をベースにしている。以下では、当時の大学院生たちの問題関心などにもふれながら、本ができあがるまでの過程を振り返ってみたい。

2. 現代日本の都市スプロール問題

　大学院の話に入る前に、学部時代（横浜国立大学教育学部）のことについて少しふれておきたい。私の在学当時は、地図学、人文地理学、地形学、気候学の先生方がおられ、幅広く地理学を学ぶことができた。とくに太田陽子先生からは、根気強くロットリング・ペンで製図をする指導を徹底的に受けた。実はこれが、後述する「地図をして語らしめる」という私の都市研究スタイルの基礎をなすことになる。
　私の卒業論文は、「相模原市におけるスプロール問題」というタイトルで、相模原市における虫食い的な住宅地化の過程を追うとともに、水害常襲地域を取り上げ、関係者へのアンケートやヒアリングにより、実態把握を行ったものである。この卒業論文は、1978年に刊行された森滝健一郎・山崎不二夫ほか編『現代日本の都市スプロール問題』の影響を強くうけている。同書は、経済学、社会学、農学、工学、地理学の諸分野に属する研究者の学際的研究の成果をまとめたもので、大都市周辺部のスプロール現象を国土問題、地域・環境問題の一局面として捉え、その科学的解明と実践的解決をめざしたものである。
　1970年代後半は、高度経済成長の歪みとしての地域問題・都市問題がクローズアップされ、マルクス主義の立場に立った研究が勢いをもっていた時期である。卒業論文を、「スプロールを発生させる諸因子の厳密な分析、とりわけ地価形成理論の確立、

資本主義体制下の危機、貧困化とのかかわりのなかでのスプロールの把握とその理論化が、スプロール発生のメカニズム解明にあたっての今後の課題である」と結んでいるように、私の都市研究もそうした流れを指向していた。

また大学4年の時には、一橋大学の竹内啓一先生のゼミナールに出させていただいていたが、そこでハーヴェイの地代論の論文にもふれる機会をもった。ハーヴェイについては、後に「マルクス主義都市理論の新潮流」(1988b)で詳しく論じることになるが、当時はむしろ柴田徳衛(1967)や宮本憲一(1976)など、日本の研究者からより強い影響を受けていた。ただし、マルクス主義の理論や方法論を大局的な観点から都市に適用するだけではなく、具体的な都市研究にどのように活かせるかについては、なかなか答えを出せずにいた。

3. 東急多摩田園都市における住宅地形成

私が東京大学大学院理学系研究科に入学したのは1979年4月で、当時は人文地理の院生も本郷の理学部2号館の3階に自然地理の院生と机を並べていて、大学院のゼミと講義の時に駒場に出かけていく以外は、比較的自由に研究をしていた。

法政大学におられた矢田俊文先生が大学院のゼミを開講されるとのことで、東大の先輩達とともに、修士課程1年生の時から参加し、論文の読み方、議論の仕方を鍛えていただいた。矢田先生のゼミナールでは、終了後に食事によく出かけたが、そこでの会話が私の研究を方向づけることになった。矢田先生は、戸辺勝雄氏らと論文「不動産資本と地価形成－K電鉄M住宅地の実態－」(1975)を執筆しているが、私が修士論文で東京急行電鉄の田園都市線沿線の開発を取り上げることになったのは、食事の際の何げない会話によるものである。

ところで、論文作成に紆余曲折はつきものだが、ある契機を境に急に進み出すことがある。私の場合のそれは、1枚の大きな地図の作成だった。その大きさゆえに本には収録できなかったが、『地理学評論』の論文(1982a)では、第2図「多摩田園都市における東急所有地の分布」として掲載されている。注に、「各区画整理組合清算金明細書より、東急所有地を抽出、地番図に所有地を記入して作成」とあるように、41の区画整理組合の明細書をもとに随分と時間をかけて作成したものである。とくに、横浜市役所へは何日も通いつめたので、担当課内に私の座るスペースを用意してもらったり、最終日には課の方々に慰労会を開いていただいたことを今でも覚えている。東急先買地と区画整理の一括代行により東急が入手した保留地を地図上で塗りつぶしていきながら、資本の空間的運動を読みとり、住宅地形成の特徴を明らかにして

いく、まさに「地図をして語らしめる」ことの重要性を実感したのである。

また、当時は電鉄会社の側にも、大学院生の研究に対する寛容性があり、東急本社でも大変お世話になった。現在はセルリアンタワーになっている場所にあった特別な資料室にも入れてもらい、沿線開発に関する詳しい資料も閲覧させていただいた。さらには、多摩プラザの駅周辺には未だ農地もあり、地元地主の方にも懇意にしていただき、貴重な話をたくさんうかがうこともできた。

そうしたヒアリングの成果をふまえ、論文では、東急と地元地主とのコントラストを示すために、土地所有図と「住宅地図」と白図を重ねあわせて、「美しが丘地区における各種住宅の分布」と題した図を載せている。住宅の一軒一軒まで手描きであることを話すと、今の院生は驚くが、GISの発達で私の技能も時代遅れとなってしまった。

東急多摩田園都市の論文は、私にとって初めて学会誌に掲載された論文で、人文地理学の先生方のみならず、自然地理学の先生方にも興味を持っていただいた。今は亡き矢澤大二先生からいただいた手紙には、結論の書き方について注意を促す記述があり、時折引っ張り出してきては苦笑いをすることがある。

4. 大規模住宅地開発からオフィスビル開発、マンション開発へ

博士課程進学後は、不動産資本が手がける都市開発を順に取り上げていった。しかも、東京大都市圏だけではなく、京阪神、名古屋の大都市圏、札幌、仙台、広島、福岡の地方大都市圏へと、分析の範囲を拡げていった。都市地理学研究の多くは、1つの大都市圏を対象とすることが多いが、私の場合は、国民経済視点を重視する矢田先生の地域構造論の影響を受けていたので、全国的視野からの分析は不可欠であった。

大規模住宅地開発に関しては、修士論文である程度調べていたが、各大都市圏に含まれる都道府県庁を訪ね、住宅地開発に関する資料を入手し、大規模住宅地開発のリストを作成した。それらのリストをもとに、開発主体別、開発時期別、規模別の分布図を作成し、全国的な比較を行った。この成果は、『経済地理学年報』に論文「大手不動産資本による大規模住宅地開発の地域的展開」（1982b）として公表したが、この論文については、最初の投稿原稿に対して45項目、修正原稿に対して17項目もの修正要請・コメントが提示された。それらに1つ1つ対応する過程で、論証の仕方、論文の書き方について教えられる点が多かった。

博士課程2年、1982年10月に北海道大学での日本地理学会大会で、「オフィス街形成における大手不動産資本の役割」と題した発表を行った。従来の研究に対し、財

閥系や生命保険会社系など、供給主体の差異に注目し、オフィスビル開発の時期や場所、テナントの業種や系列、規模などの違いとの関係を検討した。なかでも、森ビルの地域的展開を取り上げたのは、おそらく初めてではないかと思う。当時はまだ、シービー・リチャードエリス（旧生駒データサービス）などの専門的な調査会社がない時代だったので、「住宅地図」や「有価証券報告書」などの会社資料、『事業所名鑑』から、オフィスビルリストとテナントリストを作成し、分析を進めていった。

　博士課程3年目には、主にマンションの分析を手がけたが、当時はほとんど研究されていなかった。コンピュータが普及していない時期で、不動産経済研究所の『全国マンション市場動向』14年分の資料からマンション開発1件ごとにカードを作成し、データベースを構築した。開発主体ごとにカードを並び替えて集計し、専門業者、旧財閥系、商社系など、開発主体の区分に注目しながら、マンションの立地動向の分析を行った。

　研究のもとになる本や資料は希少で高価なものが多かったが、都市開発協会の都市問題資料室が赤坂見附にあり、比較的気軽に閲覧することができた。今でもそうだが、開架式の専門図書館で、実際に文献資料を手にとってみながら、研究の素材を探すことが多い。

　ところで、博士論文の方向性を打ち出したのは博士2年の11月で、当時のゼミ報告レジュメでは、形態論でも機能論でもなく、都市形成論の必要性を強調している。大都市における地帯構成を、資本や諸機能の立地配置と地価形成を軸にして説明する試みを提示し、論文の目的については、大手不動産資本の行動様式の差異に注目し、大手不動産資本の都市形成が都市間関係や都市内部構造の変化、都市問題発生にいかに関わっているかを考察する、としている。博士4年の10月には「民間デベロッパーの都市開発と大都市形成」と題した報告を行っているが、そこでは博士論文の構成と要旨、補足調査の結果、まとめとしての主要都市圏における開発主体構成図が示されている。

　このように私の場合は、大学院のゼミでの報告を1つ1つの目標にして研究をまとめていき、それらを積み上げるようにして、博士論文を完成に近づけていった。不動産資本の空間的運動を中心軸に据え、郊外での大規模住宅地開発、都心でのオフィス開発、それらの中間地域でのマンション開発という形で研究を進め、当時としては早い博士4年目で博士論文を提出することができたのである。

5. 地価理論と都市土地所有の研究

　大学院時代には、大学の枠を越えた院生同士の交流も活発で、「経済地理学の基礎理論を学ぶ会」をはじめ、さまざまな研究会がつくられていた。「基礎理論を学ぶ会」では、立地論の古典を読んでいったが、ウェーバーの集積論やクリスタラーとレッシュとの関係については、著書の第1章の「巨大都市形成の論理」でふれている。都市関係では「土地利用研究会」があり、横浜市立大学の中島　清さんを助言者に、新沢嘉芽統・華山　謙（1976）の『地価と土地政策』や早川和男（1973）の『空間価値論』、国松久弥（1969）の『都市経済地理学』、（1971）『都市地域構造の理論』などの専門書の輪読やそれぞれの論文の中間報告などを行った。

　とりわけ、新沢・華山両先生の本については、1979年6月～11月にかけて7回にわたり、精読した。原理的地代論の適用は無理だとして、現象的法則性を検討し、持家限界地の地価現象を需給曲線によって説明するなど、手の込んだ理論も研究会での議論を通じて理解を深めることができた。こうした新沢・華山説に対しては、不動産資本による「土地買い占め」を原因だとする佐藤哲郎（1974）、佐藤美紀雄（1973）、資本の都心部集中による地価上昇が周辺に波及したものとする頭川博（1976）、住宅地価格を需給不均衡に基づく一種の「独占価格」とし、差額地代的論理にしたがって内側ほど高くなるとする矢田俊文（1973）などの諸研究で、活発な議論が行われた。その後、オイルショック後の下落を経て、1980年代後半に再度地価高騰が発生するが、70年代に比べて、地価理論の進展はあまりみられなかったように思う。立体的土地利用の拡がりと不動産証券投資の導入などをふまえると、位置の差額地代第二形態や独占地代といった都市地代論の新たな理論展開をも含め、地価理論の検討は、依然として重要な課題として残されているといえよう。

　ところで、不動産資本による都市開発に加え、もう1つ重要な研究課題として取り組んだのが、都市土地所有の変遷に関するものである。

　広尾にある東京都立中央図書館に東京室が設けられているが、そこで地籍台帳や古い地図類を閲覧し、東京の大土地所有の変遷を追跡した。また、1909年、1937年、1983年の1万分の1の地図および「住宅地図」などを用いて、戦前の邸宅地の分布状況を明らかにするとともに、邸宅地の利用状況の変化を分析した。江戸時代の大名屋敷が、旧華族の邸宅地になり、そうした大土地所有が、戦前・戦後を経て解体・変質していくダイナミズムを、やはり地図を使って表現していった。

　また、1984年2月のゼミでは、「大手企業による土地所有と都市形成」と題した

報告を行っている。大手企業による土地所有の歴史を戦前から振り返り、大土地所有の形成と変化を明らかにするとともに、上場企業の土地所有量の変化を「有価証券報告書」や日経の『会社情報』等の分析により、比較検討した。

土地所有に関する研究は、西南学院大学赴任後も継続して行い、「土地買い占め」に関する地方自治体へのアンケート調査や、主な「土地買い占め」地域でのより詳細な地籍図の調査やヒアリング調査を行い、それらの成果も『不動産資本と都市開発』の重要な構成要素となっている。地価や土地所有といった目に見えにくい部分と可視的な都市開発との関係を探っていくことが、都市研究の重要な課題なのだと思う。

6. 不動産資本の理論研究

著書の第 2 章は「不動産資本の空間的運動」となっており、理論編の中心に位置している。そこでは、岩見良太郎（1975）、飯島充男（1978）、宮野雄一（1987）、ラマルシュ（1982）らの先行研究を批判的に検討しながら、独自の見解をまとめている。すなわち、「土地・空間の商品化を意図して、空間を選定し、開発・改造をする資本として、不動産資本を規定」し、資本の循環範式のなかで不動産資本を位置づけている。この規定は、比較的多くの論者に引用されている。そして不動産資本の運動過程として、土地購入過程、開発過程、販売（賃貸）過程のそれぞれの過程における行動特徴を論じている。

そして第 11 章の結論部分では、不動産資本による都市開発の特徴を、(1) 選択的配置、(2) 集中的配置、(3) 特有の開発戦略が都市開発過程や完成した都市空間に刻印されていること、以上の 3 点にまとめている。土地や空間を商品とする不動産資本の場合、位置により賃貸・販売価格と土地費用とが変化する。その結果、不動産資本は両者の差額の大きい地点をめざすことにより、より大きな利潤を獲得しようとする。しかしながら、そうした都市や地域は、限定される性格が強いため、結果的に不動産資本による都市開発は、選択的・集中的配置を示すことになるのである。

このほか著書では、第 10 章に「産業構造の新展開・国際化と東京の変容」という章を置いている。これは、1986 年 5 月に開催された経済地理学会大会の報告論文をまとめ直したもので、本社立地の国際比較、東京一極集中構造の強化、東京都心部内部構造の変化の各節からなっている。

その後も、「資本の国際移動と世界都市・東京」と題した報告を、1995 年の経済地理学会大会で行うなど、経済地理学会で都市を取り上げる際には登壇することが多い。今でもそうだが、都市地理学を研究しているというよりも、経済地理学の研究の

なかで、都市を対象としているという意識が、当時はとくに強かった。資本の空間的運動とその帰結、地域問題の発生メカニズムの解明を経済地理学は課題としているが、私の場合は、その対象が、不動産資本という都市空間を取り扱う特殊な資本であったのである。

引用文献

飯島充男　1978「不動産資本と住宅地形成」福島大学商学論集，46．
岩見良太郎　1975「不動産資本による宅地開発と地価形成」日本地域開発センター編『東京都市圏における宅地化の構造』．
国松久弥　1969『都市経済地理学』古今書院．
国松久弥　1971『都市地域構造の理論』古今書院．
佐藤哲郎　1974『現代日本の土地問題』御茶の水書房．
佐藤美紀雄　1973『地価高騰のカラクリ』啓明書房．
柴田徳衛　1967『現代都市論』東京大学出版会．
新沢嘉芽統・華山　謙　1976『地価と土地政策』（第二版）岩波書店．
頭川　博　1976「『高度成長』下の地価高騰メカニズム」一橋論叢，75．
戸辺勝雄ほか　1975「不動産資本と地価形成ーＫ電鉄Ｍ住宅地の実態ー」経済地理学年報，21．
早川和男　1973『空間価値論』勁草書房．
松原　宏　1982a「東急多摩田園都市における住宅地形成」地理学評論，55．
松原　宏　1982b「大手不動産資本による大規模住宅地開発の地域的展開」経済地理学年報，28．
松原　宏　1988a『不動産資本と都市開発』ミネルヴァ書房．
松原　宏　1988b「マルクス主義都市理論の新潮流」西南学院大学経済学論集，23．
宮野雄一　1987「不動産資本論序説」経営研究，38．
宮本憲一　1976『社会資本論』有斐閣．
森滝健一郎・山崎不二夫ほか編　1978『現代日本の都市スプロール問題　上巻』『現代日本の都市スプロール問題　下巻』大月書店．
矢田俊文　1973「地域問題の諸相　住宅地地価理論の現状と若干の問題」ジュリスト，533．
ラマルシュ　1982「不動産開発と都市問題の経済的基盤」ピックバンス編，山田操・吉原直樹・鯵坂学訳『都市社会学』恒星社厚生閣．

第 26 章 小売業の商業地理学から小売店の都市地理学に向けて

根田克彦

1. 1980年代前半：記述的都市地理学から計量的商業地理学へ

　私は1977年に弘前大学教育学部で地理学教室に入り、地理学というより自分でデータを集め、図表を作成してそれらを検討することに楽しさを感じた。卒業論文のテーマとして選んだのは青森市と弘前市のCBDである。このような研究を一生の仕事とできたらいいだろうと思い、1981年に筑波大学大学院地球科学研究科に進学した。

　しかし、都市の記述的分析はすでに時代遅れとなっており、1970年代では計量的手法を用いた研究が盛んになっていた。私の大学院時代の恩師である奥野隆史先生は日本の計量地理学の泰斗であり、彼に師事していた上級生は全員計量的手法を用いていた。村山祐司氏はシミュレーションなどの研究をしており、大学に連泊して論文を書いていた。この姿勢を学ぶべきと強く思った。伊藤悟氏は、因子分析やクラスター分析のプログラムも作成していた。計量地理ではない山本正三先生の学生でも、加賀美雅弘氏は修士論文で計量的手法を用いていた。私の同級生、尾藤章雄氏と大関泰宏氏は自分でプログラムを組んでいた。SPSSしかできない私はそのことに劣等感をもち、同様の研究をやらなくてはならないと思いこんだ。

　そのうち中心地理論に興味を持った。中心地理論に関する実証研究は1960年代からあったが、当時は都市システムの研究が盛んであった。中心地理論では都市内最高階層のセンターがCBDであるので、私は個別の小売商業地の研究から、日常的都市システムの研究に移行したことになる。その過程で私の意識に変化が生じた。卒業論文でCBDの研究をやっているときには都市地理学をやっているつもりであったが、小売業という産業そのものに興味をもち、商業地理学者として自分を位置づけるようになった。

　私は小売業を指標として、都市内小売業の空間構造を計量的手法で行うことにした。当時、中心地理論の理論的・実証的研究の代表者は森川洋・林上先生であった（森川1980、林1986）。私は彼らの文献で勉強し、中心地理論に基づく階層構造の抽出ではなく、彼らも引用しているBerry（1963）の小売商業地の類型を採用しようと思

った。

　Berryは、都市内の小売商業地には中心地理論に適合するものとそうでないリボン状の形態の小売商業地があることを示していた。私はそれをまねて、計量的手法により統計区ではなく、実質的な小売商業地の類型化とその変化を修士論文のテーマとした。

　私が修士論文を作成している1982年に、伊東理先生が札幌市と福岡市を対象とした都市内の小売業の空間構造研究を発表した（伊東1982）。この研究は私に衝撃を与えた。しかし、その研究では統計区などの形式地域を分析単位としており、変化の分析を行っていない点で、かろうじて私の存在意義があるように思えた。なんとか、研究の成果として形にすることができた（根田1985）。

　次は博士論文である。当時、筑波大学の高橋伸夫先生からは、根田の研究はデータさえ入手できれば仙台市に行かなくてもできる、仙台市のことをまったく知らないやつでも同じ結果を示すことができると言われた。そのとおりだと思った。私の修士論文は、定まった手順に従った実験のようなものであり、地域の特徴はまったく浮かんでこないし、中心地理論を枠組とする分析では小売業の実態を把握できない。

　小売業の研究は中心地理論にのみ基づくべきではないとの指摘は、すでに示されていた。それらは、計量地理学的立場からBerryの研究を深化させようとするもの、行動地理学、構造主義地理学の立場から批判するものなど多様であった。当時は、諸子百家のように、海外で生まれた新しい概念が続々と日本に紹介されていた。私は行動地理学の立場から消費者行動の研究を行おうと思ったが、数式の理解が困難なので諦めた。また、消費者行動の研究も結局は数式の羅列にすぎず、小売業のダイナミックさが伝わらないような気がした。私は業種以外の指標を用いて小売業の空間構造を把握する枠組を探すために、商業学の勉強をし始め、その試みとして1つの論文を発表した（根田1988）。同じような問題意識はすでに他の地理学者から指摘されており、スーパーマーケットや大型店など業態に着目した研究や、チェーン店の立地展開に着目した研究が増加していた。さらに、私は、当時酪農農家の存立基盤を研究テーマとしていた大学院の先輩である菊地俊夫氏の枠組を借用して、小売業の存立基盤を解明できる枠組みを求めた（菊池1993）。すなわち、小売店を商品販売の場としてのみとらえるのではなく経営の場ととらえて、その経営を成立させている資源を分析しようと考えたのである。しかし、農業と異なり、小売業の経営資源は空間的・視覚的に把握しにくいことと、販売商品ごとに複雑なのでどこから手をつけていいかわからなかった。

2. 1980年代後半：小売構造のマクロスケール研究への着目

　博士論文を完成する前に、私は幸運にも1986年9月に北海道教育大学釧路分校（当時）に助手として就職できた。出不精な私は、博士論文を家から通える範囲で仕上げようと考え、釧路市の小売商業地の調査を行った。

　その前年の1985年に商業統計の調査が行われた。この統計により、第二次世界大戦以降、一時期を除いてほぼ一貫して増加していた日本の小売業事業所数が減少したことが報告された。この結果は、商業学の研究者に衝撃を与えた。1980年代前期は、通商産業省（現経済産業省）による大規模小売店舗法（大店法）の規制が強化された時期であった。当時、マルクス系商業学者は、日本の零細小売業は大企業に隷属し、低収入を副業で補って経営を維持しているので、法による保護が必要と主張していた（糸園1983）。一方、田村（1982）は、大型店の進出が零細小売業を圧迫するとは限らないことを実証し、大型店規制を緩和するべきと主張した。両者の主張はまったく相反する政策を提案するものであったが、それら両者の主張の背景にあった、小売店の事業所数が増加しているという事実が失われたのである。

　商業学では、1986年から1990年代初頭にかけて、日本の小売業事業所数がなぜ減少したのか、という研究が大量に発表された。1985年調査の補足率に関する疑問はあったが、次の1988年調査以降、小売業の事業所数は現在まで減少の一途をたどっている。しかし、当時の私はこの問題を地理学でどう扱うか考えることができなかった。

　なお、1985年の商業統計の公表以前に、田村（1986）は、零細小売業が増加する理由として、とくに中小都市で大型店の普及の度合いが低いことと、高い経済成長による市場スラック効果があったことを指摘した。それにより、他の先進国に比べて、日本の小売業は零細で、過多で、生業経営のものが主体であり、それにより生産性が低い特徴をもつのである。本書は日本の小売業の存立基盤を的確に捉えたものとして、私はこれを地理学で行えないものかと思った。

　1980年代後半では、商業地理学の研究では純粋に学問的な課題のもとに研究が行われ、大店法をいかにするべきか、零細小売業をどうするべきかという政策的課題は、あまり課題となっていなかった（のちに松田（1991）の研究がある）。しかし、同じ産業地理学である農業地理学や工業地理学では政策が重要な課題であった。その当時、商業学の研究における流通構造・流通システムの研究では、1国全体のような消費者の需要と供給が完結する自足的地域を単位として、流通構造の国際比較や流通構造の

形成要因が分析されていた。それらの研究はマクロスケールにおける小売業の空間構造の研究と呼称された。

マクロスケールの研究に対して、日常的生活圏内で形成される小売店と小売商業地のシステムを解明する研究は、ミクロスケールの研究として位置づけられる。小売業の事業所数減少や小売業の生産性の国際比較のような国家的スケールの現象を分析するためには、マクロスケールの概念が必要である。そして、欧米の地理学者はそのことを分析対象としている。私は、マクロスケール研究の概念と研究枠組をミクロスケールの研究に適用する必要性を感じた。それにより、都市内小売業の存立基盤を解明でき、さらに現在生じている小売業の社会的問題を分析する枠組を得ることができると思った。これはのちにある程度形にできた（根田 2001）。

また、商業学の分野では、都市の小売業の空間構造の形成要因を、企業の競争行動から分析する枠組などが示されていた（田村 1975）。それらの研究は、地理学の研究と非常によく似ていた。商業学から発信される都市小売業の空間構造研究に対抗するためには、別な枠組を示すしかない。しかし、そのことを、私のテーマである都市内小売業の空間構造研究と結びつけて体系化することはできなかった。

私は市役所の協力を得て、1988年の商業統計個票をデータとすることができた。さらに、1988〜1991年にかけて釧路市の小売店に対する聞き取り調査を行うことにより、学位論文を完成するためのデータをほぼ揃えることができた。それにより、釧路市における小売業の空間構造とその形成過程を学位論文の研究目的とした。空間構造の分析の際に、業種構造からのみではなく動態的視点も入れたかった。そこで、木地（1975）が指摘した、伝統的集積と近代的集積との概念を用いた。伝統的集積はいずれ近代的集積に変化すると考えると、小売商業地の類型を古いものと新しいものとに区別でき、それにより動態的視点を入れることができるかな、と思ったのである。

この研究は調査を始めて10年後にやっと形にできたが（根田 1999）、地方都市の小売空間構造の形成過程を解明することを研究目的としたため、都市小売業の存立基盤の解明は扱えなかった。この当時はもっとも大店法による規制が厳しい時代であったので、私の研究は大店法の規制強化の時代における地方都市小売業の空間構造の形成過程となる。しかし、私の勉強不足と度胸不足から、大店法などの政策との関係を博士論文では明示的に示すことはできなかった。

3. 1990年代：まちづくりを都市地理学でどう扱うか

　博士論文を作成している最中の1991年に、私は奈良教育大学に移転した。一方、私が博士論文を書いている1989年に、通商産業省の政策は大転換した。前述した大店法の規制強化の根拠として、1984年に通商産業省は『80年代の流通産業ビジョン』を刊行した。そこでは、小売業の機能として、経済的効用ばかりではなく、社会的効用もあることが示された。しかし、1989年に、バブル経済最盛期であることを背景として、通商産業省は『1990年代流通ビジョン』を発行した。そこでは、まちづくりに大規模小売資本を活用することが示されていた。さらに、1990年の日米構造協議で、通商産業省は大店法の段階的規制緩和と将来の廃止を発表し、1991年になると、大店法、中小小売商業振興法、民活法が改正され、特定商業集積整備法と輸入品専門売場特例法が制定された。それらの法律により、民間資本を積極的に活用する体制が整えられ、それらは大店法関連5法と呼称された。さらに、1994年には大店法の運用が大幅に緩和される通達がなされた。通商産業省は1995年に『21世紀に向けた流通ビジョン』を発行し、大店法の見直しと都市計画法の規制緩和が主張された。

　このような状況のなかで、私は商業学会に加入した。彼らが都市における小売業の位置づけを真剣に考えていることに驚いた。私は地理学者として、都市はあるものとしてみなし、都市構造の一部としての小売業と小売商業地の存在を疑ったことはなかった。しかし、商業学者たちは、小売業と小売商業地を都市空間のなかでいかに扱うべきか、そのことから考えていた。商業学の阿部（1996）と宇野（1998）は、従来の商業学では空間分析の視点が不足していることを指摘し、商店街問題を地域間競争の視点から見直すことを提案した。それらの研究では地理学者の研究を引用しながら、独自の都市小売業の空間構造に関する枠組を構築していた。また、まちづくりのために流通政策と都市政策（都市計画）との関係をどうするか、諸外国ではどうなっているのか、そのことが議論されていた。これも残念ながら、上記の枠組を博士論文にどう活用すればいいのか、その当時は思いつかなかった。

　1990年代後半になると、郊外大型店の進出による市街地の小売商業地の衰退が問題視されるようになった。さらに、1998年に大規模小売店舗法が廃止されることが決定され、その年に制定された中心市街地活性化法と大規模小売店舗立地法、それらと同時に改正された都市計画法は、まちづくり三法と呼称された。それに前後して、地理学でも中心市街地活性化に関する研究が盛んにおこなわれるようになった。私自身が反省しなくてはならないが、最も積極的に中心市街地活性化と商店街衰退問題に

取り組んでいたのは、いわゆる「商業地理学者」ではなく、住宅を研究していた千葉（2005）や工業地理学の山川（2004）であった。二人とも、従来からそれぞれの分野における政策を強く意識した研究を行っていた。しかし、それら中心市街地活性化に関する研究は、Berry をはじめとする地理学の研究動向の流れのなかに、中心市街地研究を位置づけていないように思えた。

4. 2000 年代：流通地理学の台頭と都市地理学の課題

　まちづくり三法が制定される少し前の 1997 年に、流通システム開発センター発行の『流通とシステム』94 号で欧米の商業政策が紹介された。これらは 1 国を単位とするマクロスケールの立場からの研究とみなせる。地理学でも、伊東（1996）がイギリスの小売商業に関する政策を扱うマクロスケール的な研究を発表した。また、戸所（1991）と伊東（2001）をはじめとして、地理学者が外国の都市研究に政策を取り入れた分析をし始めたので、私もこの種のミクロスケールの視点から外国の都市を舞台とした政策研究を進めようと思った。この研究は現在の私の主たるテーマである（根田 2006、2008a）。

　一方、1990 年代末以降、地理学では荒井・箸本（2004）を中心として、流通地理学の研究が盛んになった。生産から最終消費までの流通過程を一貫して分析する必要性は、1970 年代に長谷川（1983）と、地域構造論の立場から北村嘉行・寺阪昭信（1979）が唱えていた。それらの研究では、商品ごとに生産から小売に至る流通機構とその空間的パターン、卸売業と小売業の仕入れと販売の商圏、および都市における卸売業と小売業の分布パターンが主として扱われた。一方、マーケティング地理学の立場からは、佐藤（1998）が、小売企業や小売店を分析の単位として、その販売活動を重視し、店舗の立地戦略のための市場調査と、既存の店舗の市場の評価、消費傾向・政策などの分析の重要性を指摘していた。

　しかし、長谷川の流通地理学は仕入れと販売の空間パターンの分析が主体であり、企業間競争の視点が乏しかった。マーケティング地理学では小売業の販売に関する水平的競争が分析の主眼であった。1980 年代までは、小売業の多くは中小規模で立地場所は所与のものであり、一般に仕入れを卸売業に依存しているので、立地選択とコスト削減のような費用因子は重要ではなく、販売に関する収入因子が重視されていた（国松 1970）。しかし、現在の小売企業は立地を自由に選択する主体である。上記の 1990 年代末以降の流通地理学は商業の企業間・店舗間競争そのものを視座において、小売業と生産業・卸売業との垂直的競争や、仕入れ・配送方法の工夫、人件費などの

コスト削減など、費用因子と収入因子の双方からの小売競争行動を分析した点で価値があった。これは、私が求めていた小売業の存在基盤を解明できる枠組かと思われた。
　しかし、現在のところ、1990年代末以降の流通地理学は、企業的な小売業に分析が集中しており、企業とそれが経営する業態を個別に分析している感じがする。企業以前の存在である零細小売業が主体となる小売商業地の存在基盤の解明のためには、零細小売業それぞれの経営的基盤と、それらの集積地そのものの存在基盤である、組織、集積の形態などを含めた分析視点が必要である。企業と小売商業地を共に分析する枠組を構築することにより、小売構造全体を分析することができるかもしれない。商業学の分野では、石原武政（2006）が、売買機能のみに着目して小売業を対象とする商業論ではまちづくりとの接点はないことを指摘して、売買の外部性として位置づけられる小売店、さらに小売店の外部性としてのファサードと街並みを扱うべきであることを主張した。この考え方は、古くから地理学者により示されていた、小売業と小売商業地の機能と形態を分析した研究と重なる（戸所 1986）。しかし、それら地理学の研究は、中心地理論のような体系を構築することがないままであった。このような研究を今一度、掘り起こす必要がある、と思った。都市地理学において小売業を扱う場合、業種構成のような機能的側面のみではなく、店舗の物理的外観などの形態の面からも分析するべきであろう。そのことにより、都市の景観問題や土地利用問題のなかに小売店を位置づけることができると思われる。
　さらに、そのような研究をする際に、都市の側からみた小売店の存在意義を検討する必要がある（根田 2008b）。小売店は非基盤産業として、都市・都市圏住民の日常生活を支える都市機能である。小売店と同様に日常生活を支える機能として、飲食店と個人サービス業、公共施設がある。商業地理学の立場から商業のみを分析するのではなく、都市地理学の立場から都市住民の日常生活を支えるために、いかなる施設をどこに配置するべきか、街路の形成にいかに寄与するべきか、それらの観点から小売店を扱う必要があろう。なお、都市地理学の枠組で小売店を非基盤産業の一部として扱い、流通地理学が生産から最終消費までを扱うとすると、卸売業と小売業のみを対象とする商業地理学の存在意義はもはやないだろう。
　なお、現在では小売店と飲食店は非基盤産業としてのみではなく、基盤作業としてアーバンツーリズムの核をなす。また、小売店を含む上記の施設は、現在都市の雇用と税収の重要な源であり、経済産業省が認めたようにコミュニティの核として社会的意義ももつ。さまざまな機能と形態を有する小売商業地を、小売商業地間競争のなかでいかにして生き残れるかという視点と、それらを準公共財とみなした場合に空間的公平性をいかに実現できるかという視点の双方の観点から、都市におけるそれらの機

能と形態をいかにするべきか、そのことをこれから考えてみたい。

引用文献

荒井良雄・箸本健二編　2004『日本の流通と都市空間』古今書院.
阿部真也監修　1996　『現代の消費と流通』ミネルヴァ書房.
石原武政　2006『小売業の外部性とまちづくり』有斐閣.
伊東　理　1982「大都市における小売商業の分布とその地域構造—福岡市・札幌市の比較考察—」地理学評論, 55A, 614-633.
伊東　理　1996「イギリスにおける小売商業の地域政策と小売商業の開発（Ⅰ）—第二次世界大戦後から1970年代末まで—」帝塚山大学教養学部紀要, 45, 49-62.
伊東　理　2001「カージフ市におけるオフセンター型小売商業施設の発展と小売商業の地域システムの動向」, ジオグラフィカセンリガオカ, 4, 39-63.
糸園辰雄　1983『現代の中小商業問題』ミネルヴァ書房.
宇野史郎　1998『現代都市流通のダイナミズム』中央経済社.
菊地俊夫　1993『日本の酪農地域』大明堂.
北村嘉行・寺阪昭信　1979『流通・情報の地域構造』大明堂.
木地節郎　1975『小売商業の集積と立地』大明堂.
国松久弥　1970『小売商業の立地』古今書院.
佐藤俊雄　1998『マーケティング地理学』同文舘出版.
田村正紀　1975『小売市場構造と価格行動—食品小売競争の実証分析—』千倉書房.
田村正紀　1982『大型店問題—大型店紛争と中小小売商業近代化—』千倉書房.
田村正紀　1986『日本型流通システム』千倉書房.
千葉昭彦　2005「大規模小売店舗立地法の限界と存在意義—仙台市郡山地区の事例を検討して—」日本都市学会年報, 38.
戸所　隆　1986『都市空間の立体化』古今書院.
戸所　隆　1991『商業近代化と都市』古今書院.
根田克彦　1985「仙台市における小売商業地の分布とその変容-1972年と1981年との比較-」地理学評論, 58A, 715-738.
根田克彦　1988「首都圏北東セクターにおける小売業経営の変化形態」人文地理, 40.
根田克彦　1999『都市小売業の空間分析』大明堂.
根田克彦　2001「マクロスケールにおける小売業の空間構造研究の動向と地理学的課題—日本の実証的研究を対象として—」経済地理学年報, 47.
根田克彦　2006「イギリスの小売開発政策の特質とその課題—ノッティンガム市の事例—」地理学評論, 79.
根田克彦　2008a「イギリス，シェフィールド市における地域ショッピングセンター開発後の中心商業地とセンター体系の変化」人文地理, 60.
根田克彦　2008b「日本における『小売業の地理学』の研究動向とその課題　地理空間, 1.
長谷川典夫　1984『流通地域論』大明堂.
松田隆典　1991「大店法下の京都中心部における中小零細小売業—生鮮食料品を例に—」経済地理学年報, 37.
森川　洋　1980『中心地論Ⅰ』,『中心地論Ⅱ』大明堂.
林　上　1986『中心地理論研究』大明堂.
山川充夫　2004『福島大学叢書新シリーズ:1　大型店立地と商店街再構築—地方都市中心市街地の再生に向けて—』八朔社.
Berry, B. J. L. 1963　Commercial structure and commercial blight : retail patterns and process in the City of Chicago, *Department of Geography, Research Paper*, 85, University of Chicago.

千葉昭彦

第27章 地理学と経済学の狭間で

1. 学部学生の頃

　学部、大学院と経済学畑で過ごしてきた私が、名だたる都市地理研究者のなかに紛れ込んで、都市地理学を回顧するなどといったことは、たとえそれが個人的なものであったとしても、多分に躊躇せざるを得ない。とは言え、学問間の垣根が比較的低くなりつつあると言われ、大学にも複合的な学問領域から構成される学部が増殖している今日、個人の研究テーマの変遷を雑文として記すことも一興かとも思われるので、寄席でのイロモノのような位置づけで一読いただければ幸いである。

　さて、経済学部に入学した時点では、それ以前からの"地名・物産の地理"といった刷り込みが影響して、私は教養科目で地理学を履修することはなかった。唯一の、そしてあまり積極的ではなかった地理学との接点は教職科目としての人文地理学であった。宮川善造先生による講義は、「ラッチェル人類地理学の確立は…」とか、「リヒトホーフェンによる人文地理学に対する見解は…」などといった内容が中心だったので、当時の（今も?）私にとっては、馬の耳に念仏、猫に小判…と言った代物であった。その代わりに私が時間の多くを割いていたのは当時の教養課程の社会学のゼミであった。E. フロムの『自由からの逃走』を用いた疎外論をテーマとしたゼミで、フランクフルト学派を中心に1年間で10冊以上は文献を読まされ、本の読み方や勉強の仕方などを徹底的に仕込まれた。また、教養ゼミであるにもかかわらず、夏冬の合宿をはじめとして、さらには先生のお宅で夜の12時過ぎまでディスカッションをすることも稀ではなかった。今思うと、大学に入学して右も左もわからず、サボり方も身についていなかったが故にできたことであろう。昨今言われている「1年生教育の重要性」を、荒行のなかで実体験したわけである。

　ところがその反動が翌年には現れた。2年生から専門分野のゼミがあり、私は金融論（!）のゼミに入ったが、どうも上級生のやっていることが「間延び」しているようにしか感じられない。それでも、それはそれとして学生生活を悠々自適（?）に過ごす選択肢もあったであろうが、どうもそれには少々の罪悪感が伴う。それに、金融

論は理論的検討が大部分で、経済原論・理論経済学の枠組を中心とした議論に終始することが多かったために、実社会の問題と直面する実感が薄かった。今考えると、これは2年生の段階の専門ゼミのレベルでは当然のことであったのかもしれない。ただ、そのようなことから、当時のカリキュラムでは3年生になる時にゼミを変更する機会があったので、金融論のゼミの友人の止める声を振り切って（?）、現実社会の諸問題に取り組むゼミとして経済地理（当時は地域経済という言葉はメジャーではなかった、というよりも認知度自体が低かった）のゼミに移ることとした。

　ゼミを担当されていた渡辺茂蔵先生は、当時は山形大学を定年退職され、山形から仙台に通って来られていた。ゼミはハードというほどではなかったが、経済学部ではゼミの全国での討論大会としてのインター・カレッジ・ゼミナール（通称、インゼミ）やその東北・北海道ブロック大会（通称、北ブロ）が催されていて、そこへの参加のための準備に時間を割いていた。当時は第三次全国総合開発計画が実施され、大平首相の田園都市国家構想が提唱されていた時期で、それまでの地域開発からの方向転換が新しい地域社会の未来を切り開くのではとの期待が高まっていた。そこで、旧全総、新全総をはじめとした戦後のわが国の地域開発計画を検討、批判し、ゼミのメンバーと夢を抱いて（?）大崎・栗原モデル定住圏へと精力的に調査に繰り出した。ただ、大きな期待を胸に秘めて取り掛かったこの調査は、全国の多くのモデル定住圏での調査と同様に肩透かしを食らったのは言うまでもないが…。札幌で開催された北ブロでは、当時大学院生だった加藤和暢先生（現釧路公立大）と遭遇し、ご指導（?）いただいたり、大会後に友人と道内4週間の貧乏旅行をしたりと、それなりの充実感と達成感は得られたものの、その一方で学問的な空腹感は満たされなかった。その後、4年生での卒業論文では住宅問題をテーマとして、エンゲルスから始まり、西山卯三、本間義人などさまざまな論文、著作を読み、仙台市内の住宅・宅地の諸状況を見てまわった。しかし、焦点が定まらず、調査も中途半端なものであったために、卒業論文は私にとっては忘却の彼方に捨て去りたいような出来であった。そこで、この空腹感を解消するために、大学院でもう少し研究を続けてみることとした。

2. 大学院での研究

　大学院経済学研究科に進んだ時には、渡辺先生のもとで経済地理学を専攻する大学院生は私一人であった。けれども、経済学の領域でわずかではあったが地域経済にも関心が向けられるようになってきていて、"東北経済"等と言ったカリキュラムなども話題に上ることがあった。そういったこともあって、必ずしも経済地理学・地域経

済論を専門とするわけではない若い先生方も大学院の授業に顔をだされるようになっていた。当時大学院で用いていたテキストは木内信蔵著『都市地理学原理』（1982）や野原敏雄・森滝健一郎編著『戦後日本資本主義の地域構造』（1975）、大明堂から出版された地域構造研究会による『日本の地域構造』シリーズ（1977～1988）などであった。ただ、これとは別に若い先生方と研究会をする場合には、島恭彦『地域論』（1983）や宮本憲一『社会資本論』（1976）などといった、（地方）財政論の研究者の著作を取り上げることが多かった。後者においては地域間不均等発展論や内発的発展論などが、前者においては地域構造論がさかんに論じられていた時期であった。

　それらの理論・学説を整理し、理解するのも楽ではなかったが、さらにそれらを自らの研究テーマである都市の空間秩序の形成や都市問題にどのように結びつけるのかということについては、なかなか解決の糸口が見えてこなかった。けれども、地域間不均等発展論と都市システム論が、いずれも全国の地域間関係（都市間関係）をヒエラルキー構造として捉えていること、その構造のなかで都市間関係を支配従属関係として把握することによって東京（この場合はむしろ中央）と大阪・名古屋、札幌・仙台・広島・福岡の関係、さらにはそれらと各県庁所在地クラス都市や各道府県内の中小都市との関係を識別できることなどといった指摘が、両方の理論で共通に確認されるとは理解していた。そこで、都市システム論を背景とした中枢管理機能論を自らの検討対象と設定し、東京への企業本社の集積（要因）に関して法人資本主義論などの現代資本主義論などからの説明を試み、さらに支社・支店・営業所などの企業内組織や企業間取引などに基づく集積オフィスの機能や権限などの検討を通じて個々の地方都市の役割・位置づけを明らかにしようとした。

　そして、東京（≠中央）やその他の都市の役割を明らかにすることによって、それぞれの都市の盛衰やそれぞれの諸施設整備状況を踏まえた都市構造の相違などを説明できると考えた。またこれらの都市の機能や空間構造の変化に伴って生じるだろう地域問題への対応の困難性は、その根本要因である都市（地域）経済を左右する意思決定機能（中枢管理機能）の当該地域における欠如に求められると考えていた。もっとも、今考えると、このような捉え方ではたとえ地方都市の都市問題を把握することができたとしても、多様な意思決定機能が集積する東京には都市問題は存在しないか、少なくとも問題として把握できないことになってしまう。しかし、東京≠中央と理解するならば、東京での都市問題を把握することは可能であろう。とはいえ、雑駁な記述ではあるが、都市空間形成や都市問題の研究のためにこのような枠組みを設定し、経済学の学会において報告を試みた。

　しかしながら、これは私にとってはあまり生産的な結果をもたらさなかった。前述

したように経済学の領域においては一部で多少は地域に対する関心が見られたものの、多くの人々が本格的に地域を研究対象としたのは1989年のベルリンの壁崩壊以降であり、それ以前はやはり"地域"は必ずしも経済学の領域においては主要な研究対象とはなっていなかった。多くの場合、政策論や分析における一事例の紹介か、地方財政の一領域としての分析・検討として位置づけた研究が多かった。そのような状況のなかでの私の経済学会での報告に対しては、経営学の先生から「本社機能や中枢管理機能を扱うのに、経営管理論や経営組織論、マネジメントなどに関する言及がないとはどういうことだ」との質問（?）が寄せられた。思わぬところから矢が飛んできたため、質問の意味と意図を充分に解せぬままに、それでも懸命に自らの報告の意図、趣旨を説明したものの、取り付く島もなく時間切れとなった。つまり、研究の趣旨を理解してもらえないままに学界デビューで見事に散ることとなった。

　自らの研究の浅さと説明力不足が招いた結果ではあるが、「アツモノに懲りて、ナマスを吹く」。以後、研究のウエートをさまざまな実態の把握に移して行った。もっとも修士論文に関しては調査が間に合うわけもない。そのため、都市の空間構造や都市問題を把握するための前提として地域間不均等発展論（あるいはその具体的実態として理解できるとみられる都市システム論）を検討し、そのなかでの本社機能（＝経済的意思決定機能）が果たす役割と地域経済のあり方との関係を理論的に整理して提出した。

　博士課程後期に進んで、研究対象を具体的な都市構造・都市問題に移すにあたって、まずは従来から扱っていたオフィスの集積に関する実態把握を、そしてそれに続いて宅地開発の地域的特徴を取り上げた。これらが研究対象として浮上した理由は、もちろん都市システム論が背景にあるが、それと同時に支店等のオフィスの集積が都市とその周辺での人口増加の契機となり、その受け皿としての宅地開発の展開が都市スプロールとして都市の空間構造の変化の大きな担い手となり、このことが都市問題を引き起こす原因のひとつになっているといった構図を描いていたためである。もっとも、都市の空間構造の形成や変化の要因としては他の要因を指摘することもできるし、都市問題に関してはこのような構図とは別のところでの発生を指摘することもできうる。ただ、上述のような構図のなかでの研究を具体的に考えた場合、オフィス集積に関してはすでに阿部和俊先生や日野正輝先生による数多くの研究（後に阿部1991、日野1996などに収録）が積み重ねられていた。そこにさらに多少の内容を付け加えるような研究に着手するならば、既存の研究内容を多少アレンジしたようなものにとどまってしまうように思われた。

　そこで、当面の研究として宅地開発をめぐる地域問題の把握に努め、具体的には仙

台市のスプロールが展開していた泉市（現仙台市泉区）で宅地開発指導要綱が制定された必然性と地域の変化、宅地開発それ自体がコントロールされない限り宅地開発指導要綱のみによって地域問題を解決することはできないことを論じた（千葉1988）。また、そこで取り上げた仙台都市圏での宅地開発の展開の地域的特徴を明らかにするために、松原（1988）の研究などの研究を踏まえて、具体的な調査を進めつつ、その視角の確立を試みた（千葉1994a）。とはいえ、都市空間の形成と地域問題の発生に関して、上述のような構図を想定していたので、その後もオフィス集積に関する研究（千葉1987）も加えて、これらの2つの領域を具体的な研究対象とする状態はしばらく続くこととなった。

　このような研究に取り組むにあたって、調査の手順や資料の整理・分析、図表作成などに関しては当時東北学院大学文学部史学科に在籍されていた青柳光太郎先生や宮城豊彦先生（現教養学部地域構想学科）から丁寧な指導を受けた。とは言え、それらはなかなか身につかず、あまりにも空振りばかりしている姿を見て不憫に思ったのか、青柳先生と渡辺先生から、「東北大学の大学院のゼミに出て、ちょっと勉強してきたら…」との修行（?）の提案をいただくこととなった。

　それまでの"一子相伝"のような生活環境から一転、週に一回程度のゼミとは言え、刺激の渦に投げ込まれることとなった。当時の東北大学大学院理学研究科の人文地理学は板倉勝高先生が担当されていた。日野先生は名古屋に戻られた後で、当時の助手は高野岳彦先生（現東北学院大学教養学部地域構想学科）で、大学院生には池谷和信（現国立民族博物館）、安食和宏（現三重大）、山田浩久（現山形大）などの諸氏が在籍されていた。都市空間や都市問題を研究テーマとして直接中心に据えている人はいなかったものの、ゼミやその前後の談話、当時東北大地理学教室が取り組んでいた山形県真室川調査の手伝いなどを通じて、地理学としての課題設定やそれへの具体的な取り組み方などに触れたことは、その後の研究にとって種子を蒔いたことになったようにも思われる。こうして、本籍地：経済学、現住所：地理学といった生活が大学院を通じて続いていた。

　このような状況には居心地の悪さもあった（現在も?）が、板倉先生はご自身が経済学部出身だったために、ご自身が経験した経済学と地理学のギャップやアプローチの相違などに関して何度もお話しいただいた。このような話しは私が仙台を離れてからも続き、板倉先生が亡くなられる10日ほど前に病室を見舞った際にも、「経済学としての経済地理学と地理学としての経済地理学の違い」と言ったことを話されていた。もっとも、その趣旨に関しては現在でも明確に理解できているわけではない。また、それに先立って、人文地理学の教員として就職が決まった際にも、経済学部出身

者が人文地理学の講義を行うアドバイスも板倉先生からはいただいていた。もっとも、当時の私にとっては、赴任先での講義の種類から、「ネタが足りない」と泣き付いたところ、先生の文化地理学の講義メモをコピーしてくださったことが、最も嬉しかったのだが…。

3. 鹿児島女子大（現志学館大）にて

　服部信彦先生の後任として鹿児島女子大（現志学館大学）に赴任した時には、仙台で蒔かれた多くの種子があることに気がつく余裕もなく、とにかく講義準備に追われる日々であった。とりあえず赴任時は4種類4コマ（これはその後、今日に至るまで増加の一途をたどるので、現在から見ればなんと恵まれた授業数なのか！）で、毎日が授業準備に追われる自転車操業であり、まずは夏休みが待ち遠しかった。大学院時代とは異なって経済的不安定さは解消されたものの（夏休みに予備校の夏期講座のアルバイトをしなくて良いことに気が付いてそれを実感！）、当然、自らの研究を推し進めるような状況ではなかった。研究に関する問題は時間的制約だけにとどまらなかった。自らの研究テーマは都市空間あるいは都市問題であったのだが、赴任地において周りを見回してみると、シラス台地、離島、水産、文化・風習等々と、都市とは多少はなれた領域が洋々と広がっていた。当然のように周辺の人々からもそのような話を伺う機会が多くなった。そうなると、以前から自分のなかにあった、研究テーマをめぐる経済学と地理学のなかでの自らの立ち位置といったこととは別の問題が浮上してきた。

　とは言え、自らのテーマに対する"迷い"が生じたとしても、結局のところ、これまで都市空間や都市問題といったこと以外に研究テーマを扱ったことがないので、試行錯誤する中でも何はともあれ原点回帰。手元にあった学会誌等から、まずは都市システム論、とくに阿部和俊先生や日野先生の論文を丹念に読み返し、各論文が何を問題とし、何を明らかにしたのかの確認・整理作業を試みた。その結果として、①特定都市へのオフィスの集積過程やその実態の把握は詳細に示されているが、それらの要因についての記述が必ずしも明確ではない。②都市の内部空間でのオフィス立地に関して必ずしも記述が多くはない。これに関してはかつてオフィスというよりも主として業種を対象とした杉村暢二（1979）や桑島勝雄（1984）の研究などがあったが、それらは必ずしも都市システム論とのリンクが示されているわけではない。また、オフィス進出・展開にさいしてある都市が選択される理由は検討されていても、その都市内部でどこにオフィスが立地するかの要因に関する検討がみられない、などといっ

たことを確認することができた。

①に関しては、経済活動に基づく決定として経済理論や企業行動等を踏まえた論考が必要となるといった大学院時代の課題に立ち返ることになり、結局のところは現代資本主義論に関する数多くの文献の理解を深めた上で検討を進める必要がある。そのため、研究課題としてはかなり大がかりなものにならざるを得ないと思ったので、阿部和俊先生に「都市システム論ではどうしてこのような問題に取り組まないのか？」と言ったことを、お会いしたことが無かったにもかかわらず、手紙で問い合わせた。ほどなく阿部先生から「課題としては理解しているものの、そのことは私の研究課題の中心ではないので、是非とも取り組んでください」とのお返事を頂いた。このことが頭の片隅に残っていたので、後に経済地理学会の大会でのシンポジウムのパネラーを担当した際に着手した（千葉 2007）ものの、とても「問題に取り組んだ」といえるレベルに達してはおらず、今日に至るまで成果といったものにたどり着いてはいない。

②に関しては、とくに都市の空間構造の変化としての外延的拡大を担う宅地開発と特定空間に集積する傾向が強いオフィスの動向とは関連があると考え、鹿児島市での支店に関する検討へと進めて行った（千葉 1992）。他方、宅地開発の展開に関しては、前出の松原（1988）の研究などから、都市規模の相違による展開の相違を仮定して、仙台都市圏との展開パターンの相違を鹿児島都市圏（千葉 1997a）と宮崎都市圏（千葉 1994b）で検討した。つまり、宅地開発が経済活動として推進されているのであるならば、相対的に独立した住宅・宅地の地域市場の規模の相違は、それぞれ異なる特徴を形成すると想定することができた。実際、地域市場の規模が 100 万人超、50 万人程度、30 万人程度での検討を通じて、その後、開発主体、開発規模、開発対象地、開発内容に関して地域性（地域市場の規模）の相違を確認することができた。これ以降、地域市場規模の相違を念頭において、調査・検討を進め、宅地開発に関する研究の一般化への試みの契機ともなった。

オフィス集積と宅地開発に関する都市空間形成の関係は自らの頭のなかで構図として成り立っていたとしても、このような二本立ての研究対象を追うためには自らの思索のほかにも、多くの助言が欠かせない。けれども、赴任大学での所属は（今では懐かしい）教養課程であったこともあり、同一分野はもちろんのこと、隣接領域の研究者も皆無であった。そのため、学内で研究上の相談をすること、アドバイスを受けることは不可能だったので、経済地理学会での例会は貴重であった。当時の西南支部では九州大学、広島大学などから多くの先生方が例会に参加され、私にとっては懇親会等も含めて多くの議論・相談をする貴重な時間であった。矢田俊文先生や松原先生と

初めてお会いしたのも経済地理学会の宮崎の綾での例会であった。大学院生のころとは違って、研究費での出張も可能になったので、可能な限り多くの学会に出席して、多くの先生方とお話をする機会を確保することにも努めた。そのようななかで、人文地理学会の懇親会に出席した時、肩をたたかれ振り返ると、お会いしたことのない先生が他の先生と話をしながら「ちょっと待って」と話しかけてきた。「何か失礼な事でもしたかな？」とちょっと不安になりながら、名札を覗いてみると"阿部和俊"の四文字。「アリャリャ、これは…」と思っていたところへ、名刺を差し出されたのが阿部先生との初めての出会いでもあった。他にも多くの先生との出会いの機会を得て、今日までお付き合いさせていただき、アドバイスをいただいてもいるが、さらには、さまざまな学会誌への論文投稿も、査読結果を通じてアドバイスをもらえる大切な機会であった。

　いずれにしても、現時点から振り返るならば結果として、鹿児島女子大学在職中は、多くの論文を読み直し、頭のなかの整理をしなおすなどの時間を確保することができ、いろいろと考えたこの時間自体が貴重であったように思われる。

4. 東北学院大学東北産業経済研究所で

　東北学院大学経済学部では地域経済論担当となったので、とりあえず農業、工業、商業の立地論の紹介を軸として講義内容を構成した。鹿児島女子大在任中とは別の意味で研究テーマと講義内容とは直接的には乖離してしまった。ただ、研究はしばらくの間、宅地開発の都市圏規模ごとに異なる展開パターンの研究に集中し、盛岡（千葉1998a）、山形（千葉2000a）、青森（千葉2000b）での調査と検討に専念していた。そのような時に、大学の経済学部の研究機関である東北産業経済研究所での仕事として当時から話題になっていた「商店街の衰退とまちづくり」をテーマとしたシンポジウムを担当することとなった。このテーマ自体、前年度の研究所運営会議で決まっていたものなので、私はテーマ決定にまったく関与していなかった。ましてやその運営担当者は、当時の商学科の流通論担当者であったが、年度がスタートした頃に病気となり、シンポジウムの運営交代を命じられることとなった。商業や商店街集積に関する研究は、このように自らの意思とはかかわりなく、神様の導きとして（？）与えられたわけである。業務上の役割とはいえ、当時の研究所は比較的予算に余裕があったので、シンポジウム準備と称して自由に事前調査を行うことができた。直接的には自らの研究テーマではなかったものの、「講義のネタにでもなれば」と言った気持ちで、仙台のほかにも、八戸、青森、弘前、秋田、横手、山形、鶴岡、会津、郡山などでの

ヒアリングと資料収集などを行った。

その後、中心市街地再生に関していくつかの調査に基づく論文等を研究所紀要に投稿していたが（千葉 1997b、1998b）、そのようなことを続けている中で、それらがそれまで続けていた自らの宅地開発研究や講義で学生に紹介していたクリスタラーの中心地理論と有機的に結びつきはじめた。つまり、商店街あるいは大型ショッピングセンターなどといった商業集積は学校、公園などと同様に宅地開発それ自体を特徴づける構成要素となっている。この開発された住宅地はその商業集積にとっては商圏＝補完地域（の少なくとも一部）を構成している。これは中心地理論における当然の構図であるが、それまでは商業集積が成立しえない地域（郊外など）で新たに商業集積が成立するということは、そこで補完地域が形成された結果である。この補完地域の可変性に注目するならば、それは既成市街地においてもあてはまることになる。たとえば、核家族を中心として形成されていた地域社会が高齢者中心の世帯構成に変わるなどと言ったことや、住宅地の人口が減少するなどと言ったことである。

その結果、極端な例としては江戸時代や明治時代に成立していた商業集積が今日でも存続できる保証はないということになる。となると、今日の商業集積の衰退・停滞に関してもこのような視角から整理することはできないのかとの問題意識が湧き上ってきた。そこで、数十年の間、市全体の人口に大きな増減がみられない鶴岡市と白河市を対象として、宅地開発・区画整理事業の展開と旧市街地での人口変動、郊外大型店の展開と中心市街地の商業活動の停滞の関係を整理・検討し、一定の相互関係を確認することができた（千葉 1999）。商業集積の盛衰に関しては、その周辺地域の変化から説明することが可能であり、商業問題としてのみならず、地域問題としてもとらえることができると考えられた。

5. 地域問題としての商業集積の変化

このような構図をベースに、その後も商業集積の盛衰を周辺地域の変化との関係で把握する試みを続けた。たとえば、近隣商店街として仙台市内の22商店街を対象とし、それらが立地する周辺地域を既存住宅地や郊外住宅開発地などに分類して、それぞれの地域社会の変化との対応関係を探った（千葉 2001）。その結果、郊外住宅地などでは比較的短期に人口増減や属性変化がみられ、商業集積の形成や撤退・衰退が顕著であるが、既存市街地では地域社会の変化が見られても、商業集積が比較的その変化に対応する事例もみられた。

また、青森市で倒産したスーパーマーケットの店舗で、他企業に引き継がれて経営

を継続している店舗と譲渡されずに閉鎖した店舗とにわかれた事例が存在した。これをそれぞれの周辺地域の変化に応じた結果と仮定し、各店舗の成立時からの周辺地域の変化を整理した。その結果、仮説に沿った一定の傾向を確認することができた（千葉 2003a）。

　宮城県内の中小都市での中心商店街構成店舗に対するアンケートで、時間経過とともに変化しているであろう周辺居住者のニーズ（周辺居住者自体も）と各中心商店街の店舗の対応の関係について調査した。その結果、先の仙台市内の商店街調査でも明らかになっていた両者のミスマッチがより鮮明に示された。また、この需給のミスマッチ状況のなかでは、多くの商店がアパート経営、駐車場経営、家族のサラリーマン化、年金受給などの"兼業化"をより一層強めていることが明らかになった（千葉 2003b）。

　これらのような構図を前提とするならば、今日各地で散見される商店街の衰退・停滞の要因は必ずしも大型店進出による影響だけに求めるのは適当ではないように思われる。つまり、既存の商店街の盛衰はその周辺地域の変化との対応関係として生じると理解することができる。同様に、大型店の進出に関しても、モータリゼーションも含めて、その周辺地域（当然、既存商店街で対象とするものより広域になることが一般的であるが）の変化に対応した結果であるとみることもできる。したがって、ここからは大型店の進出が既存商店街の衰退・停滞の原因となっているというよりは、大型店の進出要因と既存商店街の衰退・停滞要因を同一のもの、すなわち都市の内部空間構造の変化に求めることができると考えられる。さらには、この都市内部空間の変化は現在頻繁にみられる郊外大型店の撤退と大型店（もしくはその系列店舗）のまちなか展開にも共通した要因として理解することもできる。

　いずれにしても、今日多くのところで取り上げられる中心商店街や既存商店街の衰退・停滞は、商業問題にとどまらず、多くの地域問題を内包している。これらの問題発生の背景としては、既述のように都市の空間構造の変化を指摘することができるであろう。この都市の空間構造の変化を左右する要因としては多くのものが指摘されるが、商業集積に関しては居住分布が大きな要因の1つであるし、これまで検討してきた各都市（圏）では宅地開発がその大枠を基本的には規定してきている。こういった視点から、以上のことを学位請求論文としてまとめ、提出する機会を得ることができた（千葉 2010）。

　都市の内部空間構造の変化にとっては、居住（宅地開発）のほかにも、オフィスや事業所等の集積、分布の変化も大きな意味をもつ。そして、これらの変化は諸企業のオフィスの役割や企業組織の変化によって規定される。そこには情報化や企業集団をはじめとする企業間の結びつきの変化、さらには企業の海外展開なども大きな意味を

もつであろう。他方では、社会が少子高齢化に転じる中で、都市空間はこれまでのスプロール化から異なる方向性で変化する可能性が大きくなっている。そこでは、これまでとは違った地域問題がみられることになるかもしれない。これまで、私にとっては都市をめぐる研究テーマが細分化され、多様化する一途をたどってきている。これからもこれまで同様に経済活動に伴う都市の空間構造の形成を主要な研究テーマとして据えるとしても、その具体的あるいは個別の研究対象についてはこれからも新しいものと出会うことになるのかもしれない。

引用文献

阿部和俊　1991『日本の都市体系研究』地人書房.
木内信蔵　1982『都市地理学原理』古今書院.
桑島勝雄　1984『都市の機能地域』大明堂.
島　恭彦　1983『地域論』有斐閣.
杉村暢二　1979『業種別店舗の立地』大明堂.
千葉昭彦　1987「仙台市における『支店』立地の過程に関する一考察」東北地理, 39.
千葉昭彦　1988「宅地開発指導要綱の意義と限界―宮城県泉市を例として―」経済地理学年報, 34.
千葉昭彦　1992「鹿児島市における『支店』の立地変遷とテリトリー」経済地理学年報, 38.
千葉昭彦　1994a「民間開発業者の行動原理と大規模宅地開発の展開過程―仙台都市圏における事例」季刊地理学, 46.
千葉昭彦　1994b「宮崎都市圏における大規模宅地開発の展開」鹿児島女子大学研究紀要, 15.
千葉昭彦　1997a「鹿児島都市圏における大規模宅地開発の展開過程」経済地理学年報, 43.
千葉昭彦1997b.「仙台都市圏にける商店街とまちづくりの地域的特性」東北産業経済研究所紀要, 16.
千葉昭彦　1998a「盛岡都市圏における宅地開発の展開とその諸特徴」季刊地理学, 50.
千葉昭彦　1998b「特定商業集積整備法とまちづくりの地域性―東北地方の事例検討―」東北産業経済研究所紀要, 17.
千葉昭彦　1999「郊外大型店の成立と商店街のまちづくり―鶴岡市・白河市を検討対象として―」東北産業経済研究所紀要, 18.
千葉昭彦　2000a「山形都市圏における宅地開発の展開とその諸特徴」季刊地理学, 52.
千葉昭彦　2000b「北の要港からコンパクトシティへ―青森市」平岡昭利編『東北　地図で読む百年』古今書院.
千葉昭彦　2001「近隣商店街の地域性とまちづくり―仙台市内22商店街を検討事例として―」東北産業経済研究所紀要, 20.
千葉昭彦　2003a「スーパーマーケットチェーン店倒産後の店舗存続のための立地環境評価―青森市亀屋みなみチェーンの事例検討―」東北学院大学論集　経済学, 154.
千葉昭彦　2003b「宮城県中小都市の中心商店街の実態と再生可能性―財団法人宮城県地域振興センターによるアンケート調査の検討―」東北産業経済研究所紀要, 22.
千葉昭彦　2007「地域的不均等の再検討と地域問題へのアプローチ―東北地方を対象事例として―」経済地理学年報, 53.
千葉昭彦　2010『住宅地開発に伴う都市内部構造と商業集積の変化に関する地理学的研究』東京大学大学院総合文化研究科博士論文.
野原俊雄・森滝健一郎編著　1975『戦後日本資本主義の地域構造』汐文社.
日野正輝　1996『都市発展と支店立地』古今書院.
松原　宏　1988『不動産資本と都市開発』ミネルヴァ書房.
宮本憲一　1976『社会資本論〔改訂版〕』有斐閣.

香川貴志

第28章 幼少期の体験と身近な地域の観察から芽生えた住宅研究

1. 私にとっての地理学の原点

　小学校何年生の時であっただろうか、その本と出会った学年を正確に思い出せないほど私も馬齢を重ねてしまったが、間違いなく私を地理学に誘導した絵本がある。その絵本を私は誰かにあげてしまったため、どうしても自分の子どもに読ませたくて、幼稚園時代の息子に買い与えた。今それは、小学校に通う娘の部屋の本棚にある。バージニア・リー・バートン著、石井桃子訳『ちいさいおうち The Little House』（英語版の原書は 1942 年刊行）がその絵本である。

　詳しい内容を紹介する紙幅は無いし、斯界のクラシックともいえるこの絵本は読まれた方も多いと思われるので簡潔に内容を記す。この本は「都市化に翻弄された小さな住宅」が擬人化されたものである。小さな住宅は都市化の波に呑まれて荒廃し、やがてそれを見かねた人に買われて移築され、再び自然に恵まれた土地で生命を吹き込まれる。この絵本を読んで、私は動物を擬人化する子どもと同様、住宅を擬人化するようになった。

　さて、この本を読んだ私の現実の住まいは、千里ニュータウンにある大阪府営の3DKアパートだった。5階建の各階で2戸が向き合う階段室型中層住宅で、高度経済成長期に建設された住宅の典型である。この住宅で暮らした子ども時代の体験も、私を強く住宅研究に導く原動力となった。

　小学校時代の私には、校区内に多くの友人がいて、彼らの自宅に招かれてはさまざまな住宅を実体験した。千里ニュータウンでは、住宅が構造別・所有関係別に固まってレイアウトされているので、子供心にも住宅の広さや間取りの他、周辺コミュニティの雰囲気も嗅ぎ分けるようになった。戸建住宅に招かれた時は、あまりにも自宅とは違う豪勢さに驚き、床の間に飾られた雛飾りは少年の目にも羨ましく映った。「○○君のおうちは一戸建ての持ち家やからねぇ」、「◇◇さんのおうちは団地（＝集合住宅のこと）やけど分譲なんやって」こうした話を友人や親から聞かされて、私は子ども時代から住宅の構造や所有関係を強く意識するようになった。

中学・高校時代の頃になると、今度は住宅広告に関心を持ち始めた。昨今のWeb広告や住宅情報誌のようにビジュアルなものではなく、「○○駅近し徒歩5分、4LDK（8・6・4.5・10LDK)、日当り良」のような素っ気無い広告。それが逆に想像力をかき立てた。間取りの見取り図があれば、新聞記事よりも先にそれを読み漁った。
　そんな私にとって、地理学を専攻して住宅研究をしたいとの気持ちが芽生えたのは自然の成り行きかもしれない。私は、高校の図書館で藤岡謙二郎編著の名シリーズ『地形図に歴史を読む』をはじめ、地理学の専門書を高校時代から読み始めた。同シリーズは地形図が主役の書籍なので、教科書に飽き足らない私は貪るように熟読した。末尾には京都大学を中心として、主に関西地区で活躍されておられる先生方のお名前があった。受験生時代の私にとって、京都大学は高嶺の花であったし、英語も「並」の成績で万全の自信が持てなかった。そこで、ポイントゲッターの国語と地理で勝負できる立命館大学に狙いを定めた。こうして私は立命館大学の門をくぐり、学部、大学院聴講生（浪人）、大学院、助手を経て現在の職場に異動するまで12年間を京都・衣笠の地で過ごすことになった。
　本稿では、1990年代半ばまでを中心として、1980年代の私的都市地理学を記述する。卒業論文を提出したのが1982年12月、博士課程後期課程を単位取得退学したのが1989年3月、立命館大学の助手を務めたのが1989年4月〜1991年3月、京都教育大学に異動したのが1991年4月なので、本書における年代のカテゴリーを1980年代にした次第である。

2. 学部時代―転んでもタダでは起きないアルバイト―

　今は亡き父は、私が高校3年生の時に、脱サラで自営業を始めた。就職難の時代に大学を卒業して中小企業を渡り歩いた父は、自分なりに人生の勝負に出たのであろう。自営業にイニシャルコストは付き物なので、私や弟の進学と時期が重なって家計は大変であったと想像する。その自営業は建築金物の販売・取付け業であった。販売だけでは十分な収入が得られないため、販売した商品の取付けサービスも並行して営んだのだ。
　大学入学の直前から、私は父に連れられて建築現場に入り、そこで家業を手伝った。大学入学後もそれは変わらなかったが、父は「開講期間中は勉学に専念しろ。アルバイトは一切するな！」と厳しかった。その一方で、休暇期間になると朝から晩まで建築現場に出入りすることも多かった。出来高払いのアルバイトなので、仕事が多く順調に進んだ時には、学生にとって驚くほどの収入があった。

実は、このアルバイトは、住宅に関心がある私にとって願ってもない仕事であった。現場への往来では住宅立地に深く関わる道路交通上の環境、たとえば鉄道よりも自動車が便利か不便か、渋滞の頻発箇所にはどのような共通点があるのかなど、毎日が発見であったといっても過言ではない。
　そして、何よりも楽しかったのは、大半の仕事場が 1980 年前後に住宅形態として普及した分譲マンションであったことだ。私が父に付いて赴く現場が徐々に近郊から都心周辺部に移行してきた変化は、幼少の頃から住宅に関心があり、地理学を学ぶ私からすれば、あまりにも刺激的であった。
　そんな私は、並行して都市地理学のさまざまな文献を読んでいた。1980 年代前半の都市地理学では、住宅研究の蓄積はかなり少なく、商業機能やオフィス機能を扱ったものが相対的に多かった。住宅研究の大部分は、細分類的にみれば都市化研究に内包され、既存市街地の再開発を扱ったものは少なかった。それゆえ、住宅研究を志すには多少の勇気が必要だったが、業務機能よりも住居機能に関心があったため、その気持ちに抗うことはできなかった。4 回生になる直前の春休み、私は父親を手伝うアルバイトで数日の暇をもらい、そこで稼いだアルバイト代を手に都心立地型マンションを求めて三大都市圏の中心都市（東京都特別区、大阪市、名古屋市）の事前調査に着手した。
　特別区では、東京オリンピック当時に建設された市街地型集合住宅の嚆矢のような物件に感動し、芸能人とおぼしき人々が出入りする物件を目のあたりにして、「おのぼりさん」状態であった。2000 年前後から急増したタワー型マンションのようなものは無かったが、当時の私にとって特別区のマンションは量的に学部学生の力量に余るものだった。当時は、まだ利用し得る統計資料も知らなかったのである。
　大阪市では、地下鉄千日前線の西長堀駅の直近で、日本住宅公団（現・UR＝都市機構）によって供給され「マンモス住宅」と呼ばれた市街地型の賃貸集合住宅を目にして、その威容に驚いた。しかし、特別区と同様に、卒業論文では量的に手に負えないような気がした。ある賃貸マンションで聴き取り調査の試行をした際、堅気ではない業界の人物から税務査察に間違われて怒鳴られたことも気持ちを萎えさせた。
　残る名古屋市は、立地するマンションの量も範囲にも手頃感があった。学部時代にはほとんど接点が無かったものの、大学院入学以降は今日に至るまで大変お世話になっている戸所隆先生の主要論文（戸所 1975）が名古屋市を対象にしており、そこから学んだ土地勘があったことも幸いであった。こうして、帰りの名神高速バスの車内では、すでに「ここをフィールドにして卒業論文を書こう」と決断していた。
　しかし、4 回生のゼミで教室に戻ると、やはり住宅研究は異質で、担当の鈴木富志

郎先生からは「今日的でユニークな研究対象だと思うよ」と褒めていただけたものの、級友からは「お前、大丈夫か？」と心配された。それでも、市街地での住宅供給を扱った論文はいくつかあり、これらから学びつつ成功を信じて研究に励んだ。

自分なりに最善を尽くしたつもりであったが、本稿を著わすに際して卒業論文のコピーを読み返してみると、地理学分野では、楊井貴晴（1975）、Nakabayashi, I.（1975）、鈴木富志郎（1977）、高山正樹（1982）各氏などの著作を使ってレビューしている。しかし、国内外のインナーシティ問題を深く論じた成田孝三（1978、1979、1981）や小森星児（1981）、ジェントリフィケーション研究の先駆けとなった山口岳志（1981）各氏の労作を読み逃しており、恥ずかしい限りである。もちろん、欧米先進国の都心居住を扱った研究を網羅する能力も無かった。これらは、修士論文において先行研究を精査するうちに読むことになったが、卒業論文の時点では詳しく知らなかったため、逆に冒険ができたのかもしれない。

3. 大学院博士課程前期課程時代
―浪人の後、研究生活スタート―

卒業論文を研究室の優秀論文に選んでいただけた私は、初めて学会発表に近いものを経験した。東京学芸大学で例年開催されている「卒業論文発表会」がそれである。ただ、大学院の入学試験では見事に失敗してしまい浪人を余儀なくされた。

浪人中は立命館大学の大学院聴講生として登録し、地域計画コンサルタントの「都市科学研究所」（本社・大阪市）で実務的な研鑽に励んだ。私は当時、大学院修了後にこうした企業で働くことを目標にしていたため、連日の仕事は刺激に満ちており、大変に楽しかった。その後、この企業が倒産したため、しばらくは受験勉強に専念し、年末に都市科学研究所の一部の社員が起業した「総合計画機構」（本社・大阪市）で働き始めた。これら2つの企業では、研究成果を社会に還元できなければ意味がないことを学んだ。私の研究姿勢が生活密着型の色彩を濃く持っているのは、コンサルタントで働いた経験が大きいと自認している。

大学院入学後は、毎日が楽しく、前期課程の間は教員免許も所持していなかったため中等教育現場での非常勤講師もせず、父親の仕事を休暇中に手伝う他は学業に勤しんだ。前項で述べたさまざまな先行研究とも格闘できたし、英語圏の文献に時間をかけて対峙することもできた。

このような大学院生の私にとって、最初にすべき仕事は卒業論文を学会誌に投稿し、掲載してもらうことであった。浪人中から卒業論文のリライトに努め推敲を重ねてい

第 28 章　幼少期の体験と身近な地域の観察から芽生えた住宅研究（香川貴志）　　299

たうえ、研究室の先生方のお力添えもあり、幸いにも二往復程度で『人文地理』誌の研究ノートにデビューが叶った（香川 1984）。洗練された論文ではないが、まだワープロもパソコンも普及していない時代、手書き文字が活字に化けた初校を見た時の感動は今でも鮮明に覚えている。その感動は私が教え子の論文指導をする時や、学会誌の査読を依頼された時に活かされている。

　ひとたび論文を学会誌に載せる厳しさと楽しさを味わった私は、いつしか自分の将来の希望を、地域計画コンサルタントから研究者へと変えていた。進路を定めた後は、修士論文の内容を少しでも高度にできるよう努力した。後期課程の入学試験では第二外国語も必要であったが、満足のできる修士論文が書ければ合格できる自信があった。後期課程への入学許可では修士論文の質が問われることを先輩方から聞かされていたためである。そこで、大阪市西区をフィールドに選定し、学部生の頃には手に負えなかった外国語論文も積極的に読み、真夏のフィールド（写真 28-1）に早朝から夕暮

写真 28-1　UR 西長堀アパート
1958（昭和 33）年に竣工した 11 階建・263戸からなる市街地型高層住宅の先駆けである。卒業論文の予備調査で初めて目にした時は、自身の生年よりも前に完成していたことに驚いた。この物件を含む大阪市西区の東半部を修士論文のフィールドにした際も、それを研究対象に含めたいがために賃貸高層住宅にも手を伸ばすことになった。2005 年以降に新規入居を見合わせていることから判断して、やがて解体される運命にあるのだろうが、その端正でモダンな意匠は 21 世紀に入ってからも全く色褪せていない。（2010年 7 月筆者撮影）

れまで 1 か月以上にわたって日参した。清原や桑田が PL 学園高校で甲子園を沸かせ、日航 123 便が御巣鷹山に消えた暑い夏であった。

　修士論文を執筆する過程で読み漁った論文や書籍は、後期課程在学中や就職後に発表した論文（香川 1988、1993 など）に主要なものを整理しているので本稿では省く。ただ、これらのキーワードは、内外の論文や書籍を問わず、都心居住、市街地再開発、インナーシティ、ジェントリフィケーションなどである。こうした文献研究とともに、私が修士論文を執筆する過程で非常に強い影響を受けたのが、1984 年の人文地理学会大会における特別研究発表で河辺宏（1984）が提示した、コーホート変化率の分

析技法である。それは、私の修士論文の骨格の1つになったばかりか、今日まで住宅研究と並行して、あるいは住宅研究に融合させて進めてきた、高齢人口や居住者の分析において多用する技法の1つとなった。

4. 大学院博士課程後期課程時代
—がむしゃらに走った3年間—

　何とか修士論文を提出し、口頭試問を終えた私は、博士課程後期課程の入学試験に臨んだ。試験の内容はよく覚えていないが、口述試験（面接）で日下雅義先生から「普通に頑張っとるだけやとねぇ、うち（立命館）の大学院は旧帝国大学の大学院と全く勝負できへんわなぁ。向こうの院生が査読論文を1本書いとる間に、少のうても3本書いて初めて勝負の土俵に上げてもらえるんやで。学会の口頭発表も同じやし……、香川君なぁ、あなたはそれできるか？」と言われたことは鮮やかに覚えている。聞かされた時には唖然としたが、私が後期課程で血眼になって頑張れたのは、この厳しくも思い遣りに満ちた言葉に触発されたからに他ならない。

　後期課程在学中の3年間は、前期課程修了時に取得した高等学校の社会科教員免許を活用し、学費を工面しながらの苦学であった。D1では大阪府立野崎高等学校、D2では大阪府立渋谷高等学校、D3では学校法人大阪予備校で教壇に立った。さまざまな水準の授業を準備すること、教育に時間を割きながら研究を進めることは、今日の職務にも大変に役立っている。

　研究面では、修士論文の研究内容を分割し、それを各地の学会で口頭発表し、できるだけ早く活字にしていくことに励んだ。D1の秋季には、3週連続の口頭発表を含め、4度の口頭発表で批判と教示を得ることができた。その全てが修士論文の内容ではなく、人口高齢化研究や分析手法の開発にも手を伸ばした。それは、「香川はマンションのことしか、都市地理学のことしかわからない」と批判されたくなかったからである。このスタンスは、以後も現在に至るまで続いており、私は都市地理学における住宅研究を基盤として、人口、社会、文化、地理写真、地図・統計処理技法、地理教育にも深い関心を広げている。

　一方、こうした研究を進めるうちに、多くの文献に出会い、いつしか私は海外フィールドに憧れるようになった。ただ、外国語の会話には全く自信が無かったし、海外渡航をする費用も勇気も持ち合わせていなかった。今日、各大学の多くの院生諸君が海外留学や海外調査に飛び込んでいくのを見るにつけ、当時の自分が恥かしく思えてならない。

私が後期課程在学中を顧みて、もう1つ恥ずかしく思っていることがある。それは、まさに自身の主要な研究領域である住宅や居住に関わることで、バブル経済のもと高騰を始めた不動産価格の上昇を、従来にない異様なものとして認識する力が不足していたことである。バブルの最中にいて、そうした感覚が逆に鈍っていたのかもしれないが、社会のトレンドに即応できない地理学の弱点を知ったことは収穫であったと前向きに考えたい。この反省は、就職後の研究に活かされて、バブル経済前後の住宅供給の地域的差異を解明（香川2001）する糧となった。

　後期課程の最終学年になると、さすがに将来に対する大きな不安に襲われた。公募への応募は前期課程から通じて4連敗であった。また、すでに結婚して子供のいる学部時代の友人もいて、彼らから温かな家庭生活やボーナスの話を聞かされて焦りを覚えた。しかし、研究に励むほかに私がすべきことは何も無かった。元号が平成になり、母校の助手への就任を打診されたのは突然であったが、私は迷うことなくお世話になることにした。

5. 助手時代から現在の職場まで─天職を得た喜び─

　助手への就任に際しても、私は日下雅義先生から厳しくも温かい言葉を再度いただけた。それは「君は、河島君（現立命館大学教授の河島一仁先生）のように、うちでは続けて助教授に上げられへんから、シッカリ仕事して一日も早う出ていかなアカンで」というもので、仕事に対する危機感を私に抱かせるのに十二分であった。私は、後期課程在学中と同じく、全国の学会に出かけて口頭発表をして、多くの方々から指導していただけた。さいわい鈴木富志郎先生や戸所隆先生をはじめとする先生方のお力添えもあり、学閥に全くとらわれない人脈を広げることができた。それが現在、計り知れないほど大きな私の財産になっている。

　助手の仕事は、情報化と電算化が進んだ昨今の助教の方々のそれと比べると、かなり旧態然とした手工業的なものであったが、忙しく辛いながらも一方で楽しみつつ過ごした。科研費申請書作成の補助、学内予算案の仕上げなど、かなり神経を使う徹夜業務も多かったが、これも現在の仕事に良い影響を与えてくれた職務である。

　2年間の助手務めの後、坂口慶治先生のお誘いで1991年4月に京都教育大学へ異動した。この頃、交際をしていた女性（現在の妻）と1993年9月に結婚したが、彼女が1992年に同僚とのグループ旅行でバンクーバーとロサンゼルスに行った折、重さを厭わず地理学専門書を買ってきてくれた。数冊の本のうちの一冊が、UBC（ブリティッシュコロンビア大学）地理学研究室の「地理学概論」テキストとして刊行さ

れたばかりの『バンクーバーとその周辺 Vancouver and Its Region』であった。この本は、私が 1995 年 9 月から UBC で在外研究員生活を送るに際し、事前学習で大いに役立った。自然・人文の広領域をカバーする類稀な地誌書だったからである。

　フィールドとしてのバンクーバーとは、在外研究以来の付き合いで、その後 7 回の渡航をして、著書（香川 2010）や多くの論文（一覧は香川（2010）のリスト参照）に成果をまとめている。また、在外研究でお世話になった D. エジントン先生とも長年の厚誼をいただいている。海外エクスカーションで UBC の一行が関西に来る時には、私が伏見の旧市街地を案内するのが慣例になっており、2010 年 5 月で 4 回目を数える。エクスカーションの打ち上げは、黄桜酒造のビアレストラン「キザクラ・カッパカントリー」に決めている。ここでローカルビールの説明をする時に、バンクーバーのグランビルアイランド醸造所の話をすると、一行は決まって歓声を上げて乾杯に応じる。そして、エジントン先生とは「いつか一緒に日本でのエクスカーションを共著論文にしたいですね」という話になる。

　このほか、在外研究の帰国後に受け入れた国費特別研究留学生の褚勁風先生（当時は上海師範大学講師、現在は上海工程技術大学副学長）の協力を得て、上海にも海外フィールドを広げることができた。私の研究スタイルは、多くの都市を訪問して紹介する「広く浅く型」ではなく、限られた都市を深く調べるものなので、こうした人的ネットワークは大変にありがたい。彼女とは共著論文（Kagawa & Chu 2007、Chu & Kagawa 2009）も書き、彼女は私を通じてエジントン先生とも知り合って、日中加のトライアングルができあがった。

　絵本で始まった私の住宅研究は、今でも多くの人々に支えられているが、未だ発展途上にある。今後は少子高齢社会における住宅供給の在り方、親子近接別居の提案など、地理学の一層の社会貢献を目指して、さらなる情報発信を図りたいと考えている。

引用文献

香川貴志　1984「都心部における民間集合住宅の立地―名古屋市を例として―」人文地理, 36.
香川貴志　1988「高層住宅の立地にともなう都心周辺部の変化―大阪市西区におけるケーススタディ―」地理学評論, 61.
香川貴志　1993「大阪 30km 圏における民間分譲中高層住宅の供給構造」地理学評論, 66.
香川貴志　2001「三大都市圏における住宅・マンション供給」富田・藤井編『図説 大都市圏』古今書院.
香川貴志　2010『バンクーバーはなぜ世界一住みやすい都市なのか』ナカニシヤ出版.
河辺　宏　1984「国内人口移動の再検討―その人口学的アプローチ―」1984 年人文地理学会大会研究発表要旨.
小森星児　1980「都市経営からみたインナーシティ問題」住宅, 29.
鈴木富志郎　1977「マンション考」立命館文学, 386-390（合併）.
高山正樹　1982「大阪大都市圏におけるインナーシティの住宅問題」人文地理, 34.
戸所　隆　1975「名古屋市における都心部の立体的機能分化―中高層建造物を中心に―」地理学評論,

48.
成田孝三　1978「インナーシティの更新」季刊経済研究, 1.
成田孝三　1979「インナーシティの衰退と住宅市場の二重性―シカゴの事例を中心として―」吉岡健次・山崎春成編『現代大都市の構造』127-170, 東京大学出版会.
成田孝三　1981「わが国大都市のインナーシティの住宅政策」季刊経済研究, 1-3・4（合併）
バージニア・リー・バートン　1954『ちいさいおうち（初版）』石井桃子訳, 岩波書店.（Burton, V. l. 1942 The Little House, Houghton Mifflin Company.）
楊井貴晴　1975「仙台における中高層住宅の分布」東北地理, 27.
山口岳志　1981「Gentrification 考」東京大学教養学部人文科学科紀要, 73（人文地理学）.
Chu, J. and Kagawa, T. 2009 A Study Spatial Difference of Creative Industrial Zones in Shanghai, 立命館地理学, 21.
Kagawa, T. and Chu, J. 2007 Residential Space Change and Restructure in Shanghai Downtown Area: With the case of Luwan District, Shanghai, 京都教育大学紀要, 111.
Nakabayashi, I. 1975 Recent Transformation of Residential Quarters, *Geographical Reports of Tokyo Metropolitan University*, 10.
Wynn, G. and Oke, T. eds. 1992 *Vancouver and Its Region*, UBC Press.

由井義通

第29章 1980年代における住宅研究の動向

1. ハウジング研究のきっかけ

　用語としての「ハウジング」はわが国の『地理学辞典』には項目として取り扱われていない。1970年代から80年代にかけて都市地理学の分野で社会地区分析や因子分析を用いた都市構造研究が盛んに行われていたが、その当時、住宅状況（住宅の質や種類）は都市構造をみるためのひとつの変数や因子、あるいは指標であったり、都市化などの都市の変容の姿を示す視点のひとつであったりした（森川1975、高野1979など）。その頃まで、わが国の都市地理学における住宅研究は宅地開発の実態報告や、経済状況や民族状況による住み分けを対象とした研究が大部分であったが、1990年代以降は宅地開発や住宅供給を対象とした地理学研究が急激に減少し、わが国におけるハウジング研究は新たな展開を迎えようとしていた。筆者が卒業論文や修士論文研究に取りかかっていた1980年代は、欧米の地理学研究における転換期の影響を受けて、日本の都市地理学も変化している時期であり、その後の1990年代以降も同様に欧米の地理学の影響を受けた時期が継続していたといえる。

　筆者が卒業論文の研究テーマを設定する時、地方都市の郊外地域における宅地開発を対象として開発実態を明らかにすることを目的とした研究テーマをもって指導教授の森川洋先生（現広島大学名誉教授）に相談に行ったところ、宅地開発を対象にするのではなく、個々の宅地開発地域ではどのような居住者の特性がみられるのかを解明してはどうかとアドバイスをいただいた。社会地区分析や因子生態研究によって都市構造を解明してきた森川先生が、因子生態研究などの地理学研究の課題と考えていたのは住宅供給によって変容する現代都市の構造形成プロセスの解明であったと思われる。確かに郊外地域での宅地開発によってどのように都市構造が変容するのかという研究課題は当時の都市地理学ではまだ研究事例が少なかった。森川先生からのアドバイスをきっかけに、もし住宅団地ごとに居住者の特徴をとらえることができたら、郊外の宅地開発によってどのような特徴を持った世帯が都市内から郊外地域へ移り住み、どのような都市構造の変容が生じたかを明らかにできると考えた。さらに、住宅

団地開発は供給価格や供給時期によって世帯の移動先を振り分け、居住者特性に違いが生じることが予想され、宅地開発の結果としてどのような都市構造ができたのかを視野に入れた研究テーマの設定ができるのではないかと思い、卒業論文では広島市の住宅団地開発と住宅団地居住者の世帯特性を関連させて考察することにし、さまざまな種類の住宅供給の結果として居住者の階層分離が形成されることを解明しようと試みた（由井1984）。卒業論文以降の院生時代には、恩師の森川先生にはご自身の多忙な研究のなかにもかかわらず、非常に丁寧な論文の添削をしていただいた。森川先生に原稿の添削をお願いすると、翌日には原稿の枚数と同数以上の指摘箇所と質問のメモ用紙と原稿への朱書きの指摘が戻ってきた。森川先生の細部にまでわたる添削のおかげで今日の自分自身の基礎を築き上げることができた。先生からの御学恩に感謝している。

以上が自分自身の研究の出発点であるが、住宅研究からさらに「ハウジング研究」へと展開をしたのはBourne（1981）によるハウジングの用語に対する説明を読んでからのことである。

2. ハウジングの定義

地理学者Bourne（1981）によると、ハウジング（housing）の用語は「住宅を計画する」、「供給する」、「管理する」用語として定義される。Bourneによる定義は地理学だけではなく、建築学においても引用されていて、学際的に共通する定義となっている。広範な意味をもつに至ったハウジングの用語は、19世紀半ば頃のイギリスの都市において深刻な社会問題となった低所得の労働者階級の住宅問題（住宅難と不衛生という住宅の質と量の問題）に起源があり、ハウジング研究は公共による国民への住宅供給とそれを実践するための公共責任の観点から展開している（巽1993）。

住宅問題は、近代都市が成立してから常に都市問題の1つとして位置づけられており、カステル（1984）はアメリカの都市危機の1つの次元として住宅を取り上げ、住宅の放棄の問題からその経済的・社会的・制度的背景を考察し、都市内で生起する種々の現象間の相互関係やメカニズムの解明を試みた。この観点においてハウジングは公共による住宅供給を通して、単に住宅供給だけでなく、都市計画や都市管理の発想を含むように意味を拡大してきたといえる。また、1970年代以降カステルを理論的旗手としてヨーロッパの都市研究で台頭してきた新都市社会学では、都市の資源配分としての住宅政策や居住者特性を含めた都市空間の変容過程としての社会文化的説明の文脈のなかにハウジング研究をみいだすことができる（町村1986）。Short（1982）

によると、ハウジングは社会的活動の本質的な基礎、消費の主要部分、コミュニティ内における社会的地位の反映であり、社会的摩擦と政治的流動化の源であるとした。このような研究動向のなかで、筆者は社会的地位やコミュニティ活動に関する消費の視点は、従来の供給中心の住宅研究から、消費の住宅研究に移りつつあったと考えた。

3. ハウジング研究への展開

1970～80年代前半にわが国の地理学的研究において、ハウジングについて明確に定義した文献はなかった。著者の学生時代に都市地理学のテキストとして読んだ木内（1979）による『都市地理学原理』では「居住地理学」の用語が用いられていたが、人種・民族・貧困などの社会問題を背景とした欧米におけるハウジング研究とは異なり、都市社会地理的な研究はまだみられていなかった。木内は「居住地理学あるいは集落地理学として発達をみたが、都市の住居地域についての文献は必ずしも十分ではない」のは、形質的な諸要素（環境・土地・住宅（街）・個々の家屋）と機能的、生活の諸要素（国民社会・地方・地区・個々の住民）とによって作り出される住居に対して、形質面と総合した住居地域（広い意味のコミュニティ）の研究が乏しかったことにあると指摘した。

また、渡辺（1982）は、居住現象としての大都市地域の構成システムが大都市居住そのものの構成システムと、その成立と表裏の関係にある大都市地域の居住側からみた諸機能の構成システムとに分けられ、双方のシステムにマクロシステムとミクロシステムが共存することを指摘して、居住現象の視点に立った大都市地域構造を考えた。藤井（1983）も大都市圏内の都市システムの分析に、居住の立地動向の変化とそのメカニズムへのアプローチが必要とされることを述べ、経済活動だけでなく居住機能の立地動向からアプローチするような経済活動と居住機能を結合させた視点の必要性を指摘した。

このように住宅や居住機能に関する地理学的研究は、都市構造を理解するうえで重要な位置づけとされながらも、わが国では研究の蓄積に関しては十分とはいえない状況であった。しかしながら、1980年代になると香川（1984、1987、1988、1989）や千葉（1988、1989、1991、1994）などによって住宅団地開発や中高層集合住宅の開発に関する精力的な研究成果が次々に出されていた。郊外居住者に関しては金城（1983）による千里と泉北ニュータウン居住者の特性の変化が明らかにされるにつれて、筆者はそれらの研究成果を参考にしながらもそれらの研究とは違った方向性を強調する新たな展開を模索する必要を感じた。そのようななかでヒントを得たのが欧米

のハウジング研究であった。当時の欧米の地理学の文献においては住宅を通して都市社会の形成プロセスをみたり、都市内の格差形成のメカニズムをみたり、住宅福祉的視点からの住宅研究が多く、日本の地理学関連の研究でみられるようなタイプの住宅開発に関する研究はほとんどみられなかった。このことが逆に大きなヒントとなった。

1980年代の都市地理学の動向では、『Dictionary of Human Geography 2nd.ed.』(1986) のなかでハウジング研究 (housing study) の動向について、McDowell は「都市の住宅市場の空間的パターン化への関心は長い歴史があるが、地理学独自の領域としてのハウジング研究は、比較的最近発展したものである。その起源は、北米都市における居住分化 (residential differentiation) に関する1920年代のシカゴ大学の研究成果にある」とした。McDowell はハウジングを「異質で耐久性のある固定された本質的消費財として把握し、ハウジングが「その居住地によって隣接地の財やサービスへの近接性が決定されるような、消費者間の社会的ステータスと所得格差の指標である」とした。McDowell によるハウジングの定義は、住宅建設や住宅供給というより、都市計画学や建築学でいわれる「住宅階級」形成メカニズムを対象として都市の社会構造がどのように形成されたのかを明らかにするような社会学的研究に近いものといえる。

また、McDowell は「住宅投資は総合的な国家財政政策の重要な要素でもあり、多くの先進国の福祉供給の主要部分でもある。競合する社会理論の範囲は、この複雑なシステムの個々の部分を分析するために、地理学者によって利用されている」と述べ、わが国の建築学・都市計画学関係の論文でみられる「住宅福祉」の概念に近いものが提示されている。住宅福祉の概念は、わが国の地理学研究においてほとんど見ることがなく、著者は住宅福祉への貢献がこれまでの地理学に欠けた視点であり、これからの都市地理学を展開させる新たな視点であると感じた。

さらに『Dictionary of Human Geography 3rd.ed.』(1994) において、「housing」は「住まい (shelter)、避難所 (refuge)、福祉サービス (welfare service)、投資 (investment)、仕事やサービス、社会的援助のゲートウェイ (gateway)」であると定義されている。また、Adams (1984) は「ハウジングは地位、社会的地位、福祉、権力、熱望、個人的アイデンティティとの相互的プロセス」であるとした。このようにハウジングを住宅の供給や住宅地開発からのみ見るのではなく、住宅供給をそれに関連する諸メカニズム、あるいはプロセスとかゲートウェイとしてみる研究の視点は、それまでの日本の地理学においてはみられず、ハウジング研究の奥深さと今後の展開の可能性を感じた。先に述べた Bourne (1981) によると、ハウジングは物理的人工物や可視的な日常生活内の中心構成要素とみなされる一方で、「より広義の社会的状況においては、

ハウジングは計り知れないほど多様で複雑であって、その社会経済的、政治的、近隣環境に密接に相互に関係する」と定義された。

これまでの地理学におけるハウジング研究では、住宅市場を構成する需給関係や需給関係の背後にある諸要素間の関係や、住宅市場内の各部門相互間の関連性をあまり考慮することがなかった。Bourne（1981）はハウジングに関する地理学の研究を8つの異なる研究領域に整理している。「これらの領域は、哲学や方法論が多様であると同じように、スケール（マクロとミクロ）、主題（需要と供給、政策）においても多様である。需要の側面では、最も関連した分野は居住立地モデルやローカル・レベルでの意志決定から、社会的価値、態度、政治的構造の社会的レベルのコンテキストに至るまでまちまちである。供給の側面では、関連分野は国家的住宅及び資本的市場（住宅部門）、政府、制度、組合参加者とローカル・レベルで土地開発と住宅供給のパターンを形づくる財産規制についての研究を含んでいる」（Bourne 1981）。

ハウジング研究は住宅市場相互の関連だけではなく、住宅市場をとりまく社会的・経済的環境をも考慮したアプローチが可能となる。このような都市内の諸事象の相互連関を考えたアプローチは都市内部システムの見方に共通するものである。矢野（1995）は、都市地理学において必要なのは都市システムを構成する個々の諸要素だけではなく、それぞれの諸要素を都市システム全体のなかでの相互作用から構成されるシステムとして位置づけて理解する必要性を主張した。すなわち、従来の都市地理学は、都市システム全体のなかで諸事象の相互関連性を把握することが少なかったことが課題とされる。ハウジング研究との関連からみると、「人口部門を中心に考えてみると、人口は労働を供給する就業者であると同時にサービスを需要する消費者でもある。（中略）。そして、人口は住宅に居住することから住宅ストックと住宅配分という形で相互作用することになる。（中略）こうした活動は、有限の土地の範囲内で行われることから、住宅ストック、基幹産業やサービス産業の立地、交通供給などの土地利用が競合し、それらは、土地利用配分を介して相互作用することになる。この視点は、都市（圏）を、これら要素が空間・時間次元のなかで相互作用しあうダイナミックなシステムとみなすものである」（矢野 1995）。

この指摘が、ハウジング研究にきわめて重要な示唆を与える。つまり、従来の住宅研究は住宅供給の実態を明らかにするものの、住宅供給の背後にある交通条件や人々の居住地選好などの諸要素との関連に関する考察が十分ではなかった。また、住宅供給に関わる各種の制度的制約や、住宅供給の許認可を与える行政の役割、あるいは住宅供給の担い手であるデベロッパーが受ける制約などなどにも十分な考察がされたとはいえなかった（由井 1999）。

ハウジングは各々の学問分野における用語の定義が多様で、これはハウジング研究が学際的研究分野であることを示している。地理学においてハウジング研究を定義するならば、住宅政策や住宅の配置や分布などの住宅の供給に関する研究と居住者の社会階層などの住宅消費に関わる諸現象を研究対象とするものと定義できる。筆者が学位論文で「ハウジング研究」という用語を用いたのは、住宅供給、居住者特性の研究、都市構造の変容メカニズム、都市内人口移動研究などを総合的にとらえるためには住宅や住宅供給の研究だけではなく、住宅に関連する諸現象にアプローチするためであった。

4. ハウジング研究の新たな展開を探して

　Short（1982）によると、イギリスにおけるハウジング研究は、住宅政策、住宅の生産と消費における開発主体と世帯間の相互作用、住宅と世帯間の関係の3つの側面から分析されている。同様にドワイヤー（1984）は、第三世界の都市における住宅問題を研究するなかで、ハウジングは住宅市場というよりはそれにかかわる住宅問題や居住状況、スラムなどを住宅政策や計画などと関連するものであり、都市政治との密接なつながりからアプローチされた。このような研究の視点からの研究成果は、とくに1970年代から80年代のイギリスにおいて地理学関連学術誌に数多く掲載されていた。たとえばKirby（1976）やWilliams（1976）らの研究は住宅供給・住宅市場や住宅政策に関連したものであり、Gray（1976）、Williams（1978）、Pinch（1978）、Dennis（1978）、Pinch（1978）、Kirby（1981）は民間住宅、公営住宅あるいは住宅協会などの公的住宅供給に関する都市の住宅政策を研究対象とした。わが国の住宅研究において弱かったのは住宅供給や住宅問題の背景となる政策や都市政治との関連ではないかと思い、今後はこれらの視点も必要であると感じさせるもので、その後の筆者自身の1980年代後半から1990年代前半において取り組んだ公営住宅における居住者の高齢化がどのように形成されたのかという研究（由井1993）につながった。

　とくにイギリスの都市研究では、Short（1982）が第二次世界大戦後のイギリスの住宅政策に関して、政治的しくみや制度的制約への関心から住宅政策に関連した住宅市場のうち、最も直接的に制度的制約を受けている公営住宅市場に焦点をあてた研究を次々に発表していた。西ヨーロッパの社会保障制度の整備されたイギリスやドイツにおける公営住宅の供給や配置、及び公営住宅居住者に関する研究は「大規模な公共住宅セクターと関連した建設政策と賃貸政策によって修正された、古典的モデルの主要次元とは違った特徴的な生態学的構造を提示している」（Knox 1994）。同様に西山

(1986) は、北米及び第三世界の都市化とは異なるヨーロッパの都市化を都市計画の公共性という視点から再定義し、「ヨーロッパの都市化は、公共の利益という理念に基づいて、開発基準や制度を確立し、私企業の利潤追求の開発論理を規制していく点に特徴がある」と指摘した。西山はヨーロッパの「管理された都市化」について、「福祉国家の進展にともない都市空間を公共的な性質のものにつくり変えていく、その過程を意味する」とした。これは、制度や政策的作用により制御され、あるいは形成される現代都市の都市構造を解釈する必要性を主張したものといえる。このように、住宅状況が都市の社会的分化を特徴づけることから、Herbert（1968）やKnox（1987）は公営住宅の多いイギリスの都市の都市構造は、公共住宅の配置を管轄する地方自治体の住宅局の賃貸政策に影響されていることを明らかにしている。

　1980～90年代のわが国の都市地理学において注目されるのは、矢田（1982）による都市内部構造研究の欠点の指摘である。矢田は従来の都市内部構造研究では地域分化が形成されるメカニズムの社会科学的分析が欠落していることと、都市内部構造をとりまく社会経済メカニズム、とくにアメリカないし日本資本主義のメカニズムとの内的関連を欠いていることを指摘し、これらの原因として「都市を人間集住の一形態、都市の地域分化を人間同士の相互接触にもとづく、などという人類の一般の生態としてしか把握しえなかった点に根ざしている」と批判していた。これに関連して、藤田（1990）は都市構造研究に対して「都心業務地域の平面的・立体的な拡大にともない、ドーナツ化現象は一層顕在化し、これに住居形態の多様化なども加わり、住宅地域も激しい再編を余儀なくされている。とくに、この段階になると、土地・住宅問題をはじめとする都市問題は、危機的様相すら呈するようになる。こうしたなかで、都市は資本の存在する場としてのみの意味にとどまらず、それら深刻化する諸問題を包摂しながら、都市空間そのものが資本にとって利潤実現のための投資対象に転化していく」とし、現代都市構造を住宅に関連した側面から解く鍵は「第1に資本と賃労働関係が与えてくれるであろう。これは、とくに都心と労働力の再生産圏としての住宅地への分化機構に対する基礎視角となる」と述べている。

　都市内の住宅供給や居住地域構造の形成について研究対象としているハウジング研究も、新しい展開を迎えていた。松原　宏（1988）は都市地理学のアプローチについて、住宅立地や地帯構成の経済学的説明を試みた新古典派経済学的アプローチ、土地・住宅市場の制度や地主やデベロッパーなどの供給主体に注目する制度論的アプローチ、および消費サイドからの都市問題の把握や都市政治の分析を試みたアプローチを整理した。そのうえで松原は「土地所有者、ディベロッパー、住宅組合（Building Societies）、公的セクターなどの供給主体の行動についての分析、モゲージなどの金

融制度や『線引き』、公共住宅制度などの公共政策に注目した都市構造の分析など」のアーバンマネージャーに着目した研究成果をあげた。

また西山（1986）は、アーバンマネージャーリズム論のなかで住宅をめぐる都市資源の配分との関連において「『都市』は希少資源（住宅、とくに望ましい住宅）の配分システムからなる場であり、その点で全体社会一般とは異なる固有のシステムを有している」とみており、「都市の社会的相互作用のもとにある基本的プロセスは、希少で望ましいタイプの住宅を求める競争である。このプロセスにおいて、人々は住宅市場における力関係、あるいはより一般的にいえば、住宅配分のシステムにおける力関係で区別される」とし、この住宅配分システムにおける力関係を住宅階級（housing class）の概念により説明した。

Saunders（1984、1986）やHarris（1986）は、従来の住宅階級の研究における共同消費の概念の欠如を批判し、さらに住宅市場に作用する地主や政治・制度の役割を指摘したり、住宅の社会的・政治的重要性から、住宅所有と階級との関係を検討した。またPahl（1977、1979）は個人が都市の希少資源（住宅など）にアクセスする際の「アーバンマネージャー」もしくは「ソーシャルゲートキーパー」の存在に着目すべき」（吉原1994）と主張した。「多様な階級への近接（アクセス）は、誰がどのタイプの住宅に住むかをコントロールする都市管理者や門番・ゲートキーパーによってデザインされ、操作される適格ルールにより決定される。住宅階級の概念は、共通した価値システムと居住願望のスケールを仮定している」（McDowell 1986）。Knox and Cullen（1981）などにもみられるこの概念はウェーバー理論に基礎を置き、この理論をもとにした研究では「住宅へのさまざまなアクセスの方法」が都市管理者やゲートキーパーのルールに部分的には決定されるとの観点にたつ。しかしながら、わが国における地理学研究はハウジングに関するいくつかの観点、すなわち欧米における住宅階級の問題、住宅供給の構造、国家の住宅政策に関する変動的なイデオロギー的、物質的基礎をほとんど考慮しない傾向にあった。

このような政策的コンテキストに注目した研究では、日本では水内（1982、1984）が歴史地理学的観点と社会地理学的観点を融合させ、都市形成要因としての都市計画策定者や都市管理者に着目し、昭和初期の日本の都市における不良住宅地区改良事業や都市形成が政治的権力により、どのように形成されたのかを都市社会政策への国家介入として明らかにしようとした。

都市の地域構造に関する現在の研究が多岐多様であるように、ハウジング研究もその研究対象、問題意識、アプローチ、分析哲学などが多様である。そのなかにあって、「現代の都市は企業や消費者が何の制約もなく自由に振る舞うことができる空間では

なく、行政的コントロールによって利害の調整がおこなわれるのを常としている」（林1991）。この制度論的アプローチは、都市構造解明のうえでアーバンマネージャーの役割をみることによって事象のメカニズムの解明を試みている。この観点からのハウジング研究への展開は、地理学のなかで隣接諸科学の研究成果やアプローチを再検討することができ、地理学におけるハウジング研究に学際性を与えてくれる。

　筆者にとって地理学内部での学際性と地理学隣接科学との学際性は貴重なものであった。学会時に毎回のようにメンタルマップ研究の中村豊先生から話しかけられて、自分の研究へのコメントだけではなく、今日の認知科学研究と地理学研究の関係についてご教示していただいた。また、地理学関係の学会大会時には阿部和俊先生、戸所隆先生、林上先生などの都市地理学の大先輩からご教示いただいたり、日本都市学会では吉原直樹先生や藤田弘夫先生とも話をすることができた。さらに、広島大学文学研究科の岡橋秀典先生を中心としたインド研究において発展途上国の都市開発の機会を与えていただき、さらに都市研究だけではなく経済地理学や農村地理学、都市計画学などの海外研究からもヒントを得た。このようなさまざまな機会に恵まれたことは自分自身の研究の幅を広げることや深めることにつながり、感謝している。

　新たな研究の視角というより、都市社会地理学的研究の延長として注目されるのは、ハウジングをジェンダーの観点からとらえようとする立場である。公共サービスとしての公営住宅は単身女性や離婚して子供を養育している女性にとって重要な役割を担っており、住宅市場において差別的に作用する制度上の問題から住宅問題に内在するジェンダー問題にアプローチしようとする研究も1980年代後半から発表された（Winchester and White1988、Winchester1990）。

　都市地理学のなかでもハウジング研究の展開の方向性として、McDowell（1986）は、「住宅研究の分野のなかで社会的プロセスと空間的構造との相互作用についてのより完全な理解は、地理学者によって開発され始められたところである」と指摘した。つまり、地理学のハウジング研究において、住宅需給を取り巻く社会や経済さらには文化的な制度的制約などがいかに住宅の需給や居住者の特性に影響を与えたかについてプロセスとメカニズムの解明の課題が指摘されていたのである。この研究課題は今日においても未だ十分なアプローチがなされたとはいえないが、2000年以降において、ハウジングに関連する研究は、影山（2004）、大塚（2005）、中澤（2006）、伊藤（2006）、久保（2010）などの若手研究者によって新たな研究の蓄積がみられている。ハウジング研究は、現在の都市内の居住構造が形成されたメカニズムを解明するだけではなく、今後の居住格差の解消や住宅福祉の向上を目指した提言などの応用的側面が望まれている。近年の研究では、アーバンマネージャーの役割、あるいは女性就業や世帯

の多様化に伴う住宅供給の変化や郊外に転居した世帯の変化など,ハウジングに関する次世代の研究も進展しており,さらなる研究の展開が期待される。

引用文献

伊藤慎悟 2006「横浜市における住宅団地の人口高齢化と年齢構成の変遷」地理学評論, 79.
大塚俊之 2005「豊橋市中心市街地におけるマンション供給と居住地選好」地理学評論, 78.
香川貴志 1984「都心部における民間集合住宅の立地―名古屋市を例として―」人文地理, 36.
香川貴志 1987「東北地方県庁所在都市内部における人口高齢化現象の地域的展開」人文地理, 39.
香川貴志 1988「高層住宅の立地に伴う都心周辺部の変化―大阪市西区におけるケーススタディ―」地理学評論, 61.
香川貴志 1989「高層住宅居住者の属性に関する一考察―大阪市西区におけるケーススタディ―」立命館地理学, 1.
影山穂波 2004『都市空間とジェンダー』古今書院.
カステル, マニュエル 1984『都市問題-科学的理論と分析-』山田操訳, 恒星社厚生閣.
金城基満 1983「ニュータウン地域の年齢構成の変化とその要因―千里と泉北の事例から―」人文地理, 35.
木内信蔵 1979『都市地理学原理』古今書院.
久保倫子 2010「幕張ベイタウンにおけるマンション購入世帯の現住地選択に関する意志決定過程」人文地理, 62.
高野岳彦 1979「東京都区部における因子生態研究」東北地理, 31.
巽 和夫編 1993『現代ハウジング用語辞典』彰国社.
千葉昭彦 1988「宅地開発指導要綱の意義と限界―宮城県泉市を例として―」経済地理学年報, 34.
千葉昭彦 1989「名取市における宅地開発の展開とその今日的課題」東北文化研究所紀要(東北学院大学), 21.
千葉昭彦 1991「仙台圏西部における大規模宅地開発の展開」東北文化研究所紀要(東北学院大学), 23.
千葉昭彦 1994『民間宅地開発業者の行動原理と大規模宅地開発の展開過程―仙台都市圏における事例―』季刊地理学, 46.
ドワイヤー, D. J. 1984『第三世界の都市と住宅―自然発生的集落の見通し―』金坂清則訳, 地人書房. Dwyer, D. J. 1975 People and Housing in Third World Cities: Perspectives on the problem of spontaneous settlements. Longman, London.
中澤高志 2006「住宅政策改革と大都市圏居住の変容に関する予察―東京大都市圏を中心に―」経済地理学年報, 52.
西山八重子 1986「都市資源の管理―福祉国家の都市自治―」吉原直樹・岩崎信彦編著『都市論のフロンティア』有斐閣.
林 1991『都市地域構造の形成と変化―現代都市地理学Ⅱ―』大明堂.
藤井 正 1983「都市地理学における大都市圏研究の再検討―その発展過程の解明に向けて―」京都大学文学部地理学教室編『空間・景観・イメージ』地人書房.
藤田直晴 1990「都市の研究」上野和彦編『地域研究法―経済地理入門―』大明堂.
町村敬志 1994『社会学シリーズ「世界都市」東京の構造転換―都市リストラクチュアリングの社会学―』東京大学出版会.
松原 宏 1988『不動産資本と都市開発』ミネルヴァ書房.
水内俊雄 1982「工業化過程におけるインナーシティの形成と発展―大阪の分析を通じて―」人文地理, 34.
水内俊雄 1984「戦前大都市における貧困階層の過密居住地区とその居住環境整備事業―昭和2年の不良住宅改良法をめぐって―」人文地理, 36.
森川 洋 1975「都市社会地理研究の進展―社会地区分析から因子生態研究へ―」人文地理, 27.
矢田俊文 1982『産業配置と地域構造』大明堂.
矢野桂司 1995「都市地理学は何をめざすべきか」地理, 40.
由井義通 1984「広島市における住宅団地の形成とその居住地域構造」人文地理, 36.

由井義通　1993「公営住宅における居住者特性の変容―広島市を事例として―」地理学評論，66.
由井義通　1999『地理学におけるハウジング研究』大明堂.
吉原直樹　1994『都市空間の社会理論―ニュー・アーバン・ソシオロジーの射程―』東京大学出版会.
渡辺良雄　1982「東京大都市地域における職住分離の地域構成と大都市居住問題」総合都市研究，15.
Adams, J. S. 1984 The meaning of housing in America. *A. A. A. G*, 74.
Bourne, L. S. 1981 *The geography of Housing*, Arnold, London.
Dennis, N. 1978 Housing policy areas: criteria and indicators in principle and practice, *Trans. Inst. Br. Geogr., N.S.*, 3.
Gray, F. 1976 Selection and allocation in council housing, *Trans. Inst. Br. Geogr., N. S.*,1-1, 34-46.
Harris, R. 1986 Home ownership and class in modern Canada, *International Journal of Urban and Regional Research*, 10.
Herbert, D. T. 1968 Principal components analysis and British studies of urban-social structure, *Prof. Geogr.*, 20.
Johnston, R. J., Gregory, D. and Smith, D.M. 2000 *The Dictionary of human geography 3rd ed.*, Blackwell, Oxford.
Kirby, A. M. 1976 Housing market studies: a critical review, *Trans. Inst. Br. Geogr., N.S.*, 1.
Kirby, A. 1981 The housing corporation, 1974-1979: an example of state housing policy in Britain, *Environment and Planning A*, 13.
Knox, P. 1987 *Urban Social Geography. 2nd ed.*, Longman Scientific & Technical, New York.　ポール・ノックス　1993『都市社会地理学（上）（下）』小長谷一之訳, 地人書房.
Knox, P. 1994 *Urbanization: an introduction to urban geography*. Prentice-Hall, New Jersey.
Knox, P. L. and Cullen, J. D. 1981 Planners as urban managers: an exploration of the attitudes and self-image of senior British planners. *Environment and Planning A*, 13.
McDowell, L. 1986 Housing studies. in Johnston, R. J. Gregory, D. and Smith, D. M.: *The dictionary of human geography 2nd ed.*, Blackwell.
Pahl, R. E. 1977 Stratification, the relation between states and urban and regional development, *International Journal of Urban and Regional Research*, 1.
Pahl, R. E. 1979 Socio-political factors in resource allocation in Herbert, D. and Smith, D. eds., *Social problems and the city*, Oxford University Press.
Pinch, S. P. 1978 Patterns of local authority housing allocation in Greater London between 1966 and 1973: an interborough analysis, *Trans. Inst. Br. Geogr., N. S.* 3.
Saunders,P.（1984）:Beyond housing classes:the sociological significance of private property rights in means of consumption. *International Journal of Urban and Regional Research*, 8.
Saunders, P. 1986 *Social theory and the urban question. 2nd. eds*, Hutchinson.
Short, J. R. 1982 *Housing in Britain: the post-war experience*, Methuen, New York.
Williams, P. R. 1976 The role of institutions in the inner London housing market: the case of Islington, *Trans. Inst. Br. Geogr., N. S.*, 1.
Williams, P. R. 1978 Urban managerialism:a concept of relevance?, *Area*, 10, 236-240.
Winchester, H. and White, P. 1988 The location of marginalized groups in inner city, *Environment and Planning D: Society and Space*, 6.
Winchester, H. P. M. 1990 Woman and children last: the poverty and marginalization of one-parent families, *Trans. Inst. Br. Geogr., N. S.*, 15.

人名索引

アルファベット

Abler R. 244
Adams J. S. 307
Alexander J. 253

Bartels D. 6, 9, 14
Baskin W. 52, 88
Baulig H. 40
Beaujeu-Garnier J. 40
Bergsten K. E. 135
Berry B. J. L. 3, 51, 52, 93, 100, 225, 276, 277, 281, 283
Blotevogel H. H. 7
Blumenfeld H. 169
Bobek H. 7, 13, 225
Bourne L. 10, 53, 54, 305, 307, 308
Brush J. E. 2

Carol, H. 233
Cholley J. 41, 57
Christaller W. 233
Claval P. 40, 48, 49, 50, 56
Convers P. D. 234
Cullen J. D. 311

Daggett S. 225
Dalmasso E. 48
Daniels D. 253
Davis C. D. 205
Dennis N. 309
DeVorsey L. 149
Dickinson C. 2, 88, 90

Flüchter W. 7
Fotheringham A. S. 139, 247
Freedman J. 29
Fujimoto R. 126

Galpin C. J. 7
Garner B. J. 92
Garrison W.I. 3, 52, 139, 225
George P. 91, 92
Gerschenkron A. 225
Goddard J. B. 253

Godlund S. 3, 135, 137, 138
Golledge R. G. 239
Gottman J. 29, 100, 222
Gray F. 309
Guglielmo R. 92

Hagget P. 93
Hägerstrand T. 11, 135
Hall P. 29
Handlin O. 225
Harris, C. D. 100
Hart J. 144
Hartke W. 225
Harvey D.W. 11, 93, 187, 228
Hauser P. M. 222
Herbert D. T. 310
Hettner A. 166
Hirschman A. O. 225

Isard W. 138

Jaschke D. 166, 167
Jones E. 228

Kant E. 135
Kenyon J. B. 145
King L. J. 145
Kirby A. M. 309
Knight K. 29
Knox P. 310, 311
Kolb A. 165
Kolb J. H. 7

Labasse J. 91
Laulajainen R. 51
Leven C. L. 32
Lewin K. 139
Livingston K. 31
Lopez R. S. 225
Lösch A. 225

Mayr A. 7, 13, 15
McDowell L. 307, 312
Meynier A. 40
Metton A. 95

Montanari A.   250
Murphy R.   60, 92, 100, 145

Nakabayashi K.   298
Neef E.   2
North D. C.   225, 226
Nurkse R.   225

Ogasawara S.   129

Pannell C.   145
Peach C.   228, 229
Pinch S. R.   309
Pitte J.-P.   49
Pred A.   12, 50, 52, 225
Priebs A.   14
Proudfoot, M. J.   233
Prunty M.   144

Reilly W.J.   234
Rogers R.   31
Rostow W. W.   225

Schöller P.   4, 5, 6, 7, 9, 11
Schorske C. E.   225
Short J. R.   32, 305, 309
Sinclair R.   49, 164
Simmons J. W.   53, 54
Smailes A.   225
Smith D. M.   228
Steinberg H. G.   227

Tiebout T.   225
Timms D.   228
Törmqvist G. E.   50
Tsuru S.   225

Valavanis S.   225
Vance J. E.   60

Wärneryd O.   50
Watanabe Y.   126, 127, 128
Welch R.   145
Werlen, B.   13
Wehrwein G. S.   225
Wheeler J. O.   145, 148
Williams P. R.   309
Wirth L.   222

Yacobson B.   128
Yasa I.   223
Yeates M.Y.   92

Young E.   135

Zelinsky W.   144

あ

アイサード   87
青木栄一   72
青木伸好   89, 91, 92, 95, 177, 265
青鹿四郎   82
青野寿郎   15, 157
青野洋子   69
青柳光太郎   288
青山宏夫   94
赤阪　晋   233
赤松俊秀   155
秋山道雄   185
足利健亮   177, 259
安食和宏   288
安仁屋政武   210
阿部和俊   16, 21,98, 101, 116, 117, 196, 205,
　　　　　207, 217, 243, 287, 289, 291, 312
阿部謹也   6
阿部真也   280
阿部　隆   98
荒井良雄   172, 281
有末武夫   134, 135, 136, 137, 138
アルマン   100, 143
安藤万寿男   82

い

飯島充男   274
イエーツ   45
生田真人   94
池沢裕和   129
池田　修   187
池田　碩   62
池谷和信   288
石井素介   221, 222
石井桃子   295
石川義孝   213
石黒正紀   46
石澤　孝   129
石田　忠   222
石田　寛   5, 6, 8, 11, 12
石田龍次郎   72, 223
石塚裕道   226
石原　潤   46, 63, 140
石原武政   282
石水照雄   46, 47, 53, 68, 69, 72, 73, 77, 88,
　　　　　131, 132, 133, 134, 135, 136, 137,

人名索引

138, 140, 163, 170, 209, 243
井関弘太郎　39, 42, 46, 140, 168, 177, 196
礒部啓三　49, 226
磯村英一　65, 177, 219
板倉勝高　209, 288
伊東　理　277, 281
伊藤郷平　68, 69, 72, 78
伊藤　悟　276
伊藤慎吾　312
伊藤達雄　69, 72, 177
稲永幸男　47, 186
稲見悦治　68, 72
井上友一　81
位野木寿一　59, 68, 72
今泉俊文　210
入江敏夫　185
岩見良太郎　101, 274
イングランド　214

う

ウィルソン　245
ウィルトシャー　209
ウェーバー　88, 202, 273
上田　篤　178
上野　登　185
上野福男　82
上原専祿　220
浮田典良　11, 82, 177, 188, 237, 259
宇佐美龍夫　261
碓井照子　102
内田良男　171, 195
内田　敬　267
宇野史郎　280

え

江沢譲爾　52, 88
エジントン　302
エンゲルス　285

お

応地利明　39, 41, 157, 196, 202, 244, 265, 266
大内　力　206
大内秀明　204
大城直樹　267
大関泰宏　276
太田陽子　269
大野盛雄　227, 278
大塚俊幸　312
小笠原節夫　208, 209
岡橋秀典　8, 46, 266, 312

岡部篤行　102
小川博三　102
奥井復太郎　68
奥田義雄　227
奥野隆史　15, 45, 93, 95, 138, 143, 171, 197, 198, 209, 276
小古間隆蔵　177
小田内通敏　82, 164, 167
織田武雄　89, 152, 155
オドランド J.　246, 247

か

ガートラー　214
貝塚爽平　69
加賀美雅弘　276
香川貴志　306
影山穂波　312
梶川勇作　93, 96
春日茂男　185, 186
加藤和暢　285
加藤恵正　237
加藤政洋　267
金坂清則　177
兼子俊一　5, 9
ガボール　32
鴨澤　巌　222, 223, 229
加茂利男　267
華山　謙　173
河島一仁　301
川島哲郎　186, 223, 262
河辺　宏　69, 299
神崎義夫　177
神田孝司　263
韓　柱成　129
菅野峰明　102, 142

き

北川建次　2, 4, 9, 177, 233
木内信蔵　7, 47, 51, 52, 61, 63, 68, 69, 75, 87, 88, 95, 97, 98, 99, 102, 131, 177, 186, 188, 207, 232, 233, 286,
北川隆吉　220
北村修二　46
喜多村俊夫　39, 46, 203
北村嘉行　48, 281
木津川　計　33
木村辰男　158
清宮真夫　82
キング　209

く

日下雅義　178, 233, 300, 301
国松久弥　170, 207, 273
久保幸夫　195
久保倫子　312
熊谷圭知　266
倉沢　進　94
クリスタラー　2, 39, 47, 51, 52, 87, 88, 89,
　　　　　　 90, 92, 100, 101, 127, 154, 158, 170,
　　　　　　 196, 202, 273, 292
栗原尚子　222, 223
黒沼　稔　177
桑島勝雄　126, 129, 289

こ

洪　慶姫　65
高阪宏行　101, 102, 249
古賀英三郎　220
古賀正則　186
小島栄次　21
ゴッド　214
ゴットマン　100, 101, 170, 174, 222
小長谷一之　102
小林健太郎　158
小林浩二　144
小林　博　6, 9, 63, 68, 69, 72, 177, 178, 179,
　　　　　180, 185, 186, 187, 189, 233
米谷栄二　177
小森星児　11, 22, 41, 89, 102, 156, 177, 262,
　　　　　298, 302
近藤公夫　177

さ

サーティ　101
斎藤光格　5, 69
斎藤　寛　216
坂口慶治　301
坂口良昭　185, 186
坂本英夫　158
桜井明久　205
佐々木清治　72
佐々木雅幸　267
幸島礼吉　177
佐藤俊雄　281
佐藤哲郎　273
佐藤美紀雄　273
サムエルソン　225
沢田　清　18, 170

し

ジェイコブス　227
シェラー　14, 229
實　清隆　97
篠原重則　15
柴田徳衛　102, 225, 226, 270
柴　彦威　16
芝　祐順　205
島田正彦　233
嶋本恒雄　177
島　恭彦　102, 286
清水馨八郎　47, 67, 69, 70, 71, 72, 73, 74, 75,
　　　　　　77, 87, 98, 101, 163, 177, 178, 186
下村彦一　1, 5
シモンズ　212, 214
シャボー　188
朱　京植　129
新沢華芽統　101, 273

す

水津一朗　7, 47, 51, 52, 53, 87, 155, 244, 245,
　　　　　262, 265
末尾至行　92, 94
杉浦芳夫　14, 40, 46, 94, 196, 202, 243
杉村暢二　63, 179, 289
鈴木富志郎　69, 72, 78, 233, 235, 237, 297,
　　　　　　298, 301
鈴木安昭　93
須原芙士雄　233, 234
住友則彦　259
頭山　博　273

せ

成　俊鏞　11

そ

曽根　広　123

た

大道安二郎　177
高島善哉　220
高野岳彦　288
高野史男　8, 61, 68, 71, 75, 76, 77, 158, 163
高橋純一　124
高橋潤二郎　45
高橋　正　158
高橋伸夫　49, 68, 102, 144, 151, 163, 165,
　　　　　277
高橋幹夫　123

人名索引

高橋勇悦　222
高山正樹　298
竹内啓一　14, 40, 49, 221, 224, 230, 264, 270
田中舘秀三　123
田辺健一　5, 9, 10, 48, 55, 61, 68, 69, 72, 88,
　　　　98, 103, 117, 119, 122, 124, 125, 128,
　　　　129, 143, 159, 163, 177, 189, 206
谷内　達　49, 160
谷岡武雄　59, 64, 177, 185, 188, 232, 233,
　　　　240
田之倉覚　101
田村俊和　126, 129
田村正紀　278
田山利三郎　123
ダンツィク　101

ち

千葉昭彦　280, 306
チューネン　79, 164, 202
張　文奎　9
褚　勁風　302

つ

津川康雄　237
辻　悟一　44
辻村太郎　68
堤　研二　266, 267
都留重人　225

て

デッキンソン　143
寺阪昭信　11, 44, 48, 89, 267, 281
寺谷亮司　129

と

土井喜久一　123
堂前亮平　102
ドワイヤー　309
戸塚真弓　49
戸所　隆　102, 233, 281, 297, 301, 312
戸辺勝雄　270
富田和暁　46
冨田芳郎　123, 124, 129
豊田　武　10

な

内藤正典　267
永井誠一　45
長尾謙吉　267
中川浩一　132

中川久定　40
中川　重　106
中川　真　267
中澤誠一郎　177
中澤高志　312
中野尊正　226
永野征男　102, 151
中野雅博　233
中林一樹　94, 95
中村泰三　185
中村　豊　46, 202, 312
中谷友樹　248
成田孝三　41, 89, 102, 158, 170, 186, 242,
　　　　262, 298

に

西岡久雄　6, 93, 138, 209
西川　治　12, 229
西川大二郎　223, 227
西田与四郎　68
西原　純　129, 178
西村嘉助　1, 3, 10, 209
西村睦男　11, 87, 92, 127, 155, 201, 234, 235
西山卯三　285
西山八重子　310, 311
新渡戸稲造　81

ね

根田克彦　276, 283

の

野口雄一郎　227
野澤秀樹　40, 89, 91, 92, 93
野尻　亘　148
野原敏雄　207, 286
野間三郎　93

は

ハーヴェイ　264, 270
バージェス　51, 61, 68, 89, 100, 143, 147
ハースト　247
ハーツホーン　188
ハートショーン　215
バートン　295, 303
ハインリッツ　229
ハゲット　93
橋爪紳也　267
箸本健二　281
バスチエ　102
長谷川典夫　101, 129, 198, 210

羽田野正隆　160
服部銈二郎　53, 61, 63, 98, 163, 177, 179, 205, 233
服部信彦　289
服部昌之　185
羽仁五郎　47
浜谷正人　266
浜　英彦　69, 72
早川和男　101, 273
林　上　9, 40, 46, 47, 48, 57, 98, 101, 196, 197, 276, 312
原　秀禎　233
原田伴彦　10
ハリス　100, 101, 143
バンス　214
バンド　214

ひ

ビアンキーニ　102
樋口節夫　179
樋口忠成　46
久武哲也　244
尾藤章雄　276
日野正輝　46, 129, 287, 288, 289, 294
氷見山幸夫　182
平野昌繁　185, 249
尾留川正平　15, 82, 163

ふ

フォザリンガム　246, 247, 248
福原正弘　102
藤井　正　265
藤岡謙二郎　59, 64, 87, 89, 90, 99, 152, 153, 156, 158, 177, 185, 187, 259, 260, 264, 296
藤岡貞彦　220
藤田直晴　310
藤田弘夫　312
藤本玲子　122, 125, 128
藤原　彰　220
藤原健蔵　12
二神　弘　99
船越謙策　1, 7
ブラーシュ　39, 41
ブリットン　214
フロム　284

へ

米花　稔　177
ヘーゲルシュトランド　209
ベーリー　247

ヘットナー　188
ベルク　209

ほ

ホイト　100, 143
ボージェ ガルニエ　102
ボーベク　14
ボーン　196, 214, 215, 226
細谷　昂　204
堀川　侃　1, 38, 39
本間義人　285

ま

マーフィー　61, 62, 64
マクラーレン　214
正井泰夫　53, 69, 99, 142, 143, 158, 163
益田光吉　262
松井武敏　5, 39, 46, 195
マッキンノン　196
松田正一　197
松田　孝　223
松田隆典　278
松原　宏　290, 310
松本秀明　210
松本正美　93

み

水岡不二雄　267
水田義一　177
水野時二　51
溝口常俊　46
三橋節子　148
三友国五郎　92
南　博　222
南出眞助　259
宮川善造　73, 284
宮城豊彦　288
宮野雄一　274
宮本憲一　31, 102, 226, 270, 286
三輪雅久　177

む

村田貞蔵　69
村山祐司　102, 160, 276

も

籾山政子　206
森川　滋　39, 46
森川　洋　47, 49, 51, 52, 54, 57, 90, 92, 95, 98, 101, 128, 131, 170, 177, 205, 207,

人名索引

233, 235, 252, 267, 304
森田優三　244
森滝健一郎　207, 223, 269, 286
森　廣正　229

や

ヤコブソン　128
矢沢大二　4
矢田俊文　13, 48, 101, 270, 273, 290, 310, 314
楊井貴晴　298, 303
薮内芳彦　185
山鹿誠次　47, 61, 67, 68, 69, 72, 74, 77, 82, 122, 142, 143, 158, 163, 177, 186
山川充夫　102, 280
山口恵一郎　69, 72
山口岳志　10, 18, 48, 160, 189, 198, 207, 243, 298
山口平四郎　59, 64, 233
山口彌一郎　123, 153
山崎禎一　73
山崎直方　81
山崎不二夫　269
山澄　元　88
山田浩久　288
山田　誠　177
山名伸作　186
山野正彦　267
山本健兒　95, 267
山本正三　15, 69, 143, 158, 163, 164, 165, 276
矢守一彦　10

よ

除野信道　207

横山和典　8
横山昭市　8
吉田　宏　44, 205
吉津直樹　46, 47, 57
吉富重夫　177
吉原直樹　312
吉本剛典　8
四津隆一　125, 129
米倉二郎　1, 3, 5, 7, 9, 12

ら

ラウンハルト　127
ラッツェル　39, 41, 188
ラマルシュ　274
ランドリー　102

り

リッター　97
リヒトホーフェン　188, 284
良知　力　220
リンチ　98, 239

れ

レッシュ　2, 88, 196, 273
レモン　214
レルフ　214

わ

若林芳樹　94
脇田武光　101
渡辺茂蔵　285
渡辺良雄　2, 3, 9, 10, 11, 44, 47, 52, 88, 90, 93, 94, 95, 116, 117, 122, 127, 125, 126, 128, 129, 131, 132, 226, 306

執筆者一覧（掲載順）

（氏名）	（生年）	（出身大学・院）	（主たる勤務先）
森川　洋	1935	広島大学	大分大学　広島大学　福山大学
成田孝三	1935	京都大学	愛知県立大学　大阪市立大学　京都大学　大阪商業大学
阿部和俊	1949	名古屋大学	愛知教育大学
樋口節夫	1924	立命館大学	愛知教育大学　大阪教育大学　奈良女子大学
青木栄一	1932	東京教育大学	都留文科大学　東京学芸大学　駿河台大学
佐々木博	1936	東京教育大学	立正大学　筑波大学　目白大学
寺阪昭信	1939	京都大学	埼玉大学　東京都立大学　流通経済大学
實　清隆	1940	東京大学	北海道大学　富山大学　奈良大学　帝塚山大学
安積紀雄	1940	金沢大学	名古屋産業大学
阿部　隆	1947	東北大学	宮城女学院大学　日本女子大学
杉浦芳夫	1950	名古屋大学	東京都立大学（首都大学東京）
菅野峰明	1944	東京教育大学	埼玉大学
山田　誠	1945	京都大学	愛知県立大学　大阪教育大学　京都大学　龍谷大学
小林浩二	1946	東京教育大学	岐阜大学
富田和暁	1947	名古屋大学	神戸大学　横浜国立大学　大阪市立大学　大阪商業大学
戸所　隆	1948	立命館大学	立命館大学　高崎経済大学
高山正樹	1950	大阪市立大学	大阪外国語大学　大阪大学
日野正輝	1951	名古屋大学	椙山女学園大学　東北大学
西原　純	1952	東北大学	長崎大学　静岡大学
山本健兒	1952	東京大学	法政大学　九州大学
津川康雄	1953	立命館大学	高崎経済大学
石川義孝	1953	京都大学	大阪市立大学　京都大学
山崎　健	1954	広島大学	佐賀大学　神戸大学
水内俊雄	1956	京都大学	富山大学　大阪市立大学
松原　宏	1956	東京大学	西南学院大学　東京大学
根田克彦	1958	筑波大学	北海道教育大学　奈良教育大学
千葉昭彦	1959	東北学院大学	鹿児島女子大学（志学館大学）　東北学院大学
香川貴志	1960	立命館大学	京都教育大学
由井義通	1960	広島大学	立命館大学　広島大学

編者紹介

阿部 和俊　あべ　かずとし

1949年福岡県北九州市生まれ、1974年名古屋大学大学院修士課程修了。
現在、愛知教育大学地域社会システム講座教授、文学博士。
著書：『日本の都市体系研究』(地人書房、1991)
『先進国の都市体系研究』(地人書房、1996)
『発展途上国の都市体系研究』(地人書房、2001)
『20世紀の日本の都市地理学』(古今書院、2003)
『変貌する日本のすがた―地域構造と地域政策』(山﨑朗と共著、古今書院、2004)
『都市の景観地理　日本編1』(編集代表、古今書院、2007)
『都市の景観地理　日本編2』(編集代表、古今書院、2007)
『都市の景観地理　韓国編』(編集代表、古今書院、2007)
『都市の景観地理　中国編』(王徳とともに編集代表、古今書院、2008)
『都市の景観地理　大陸ヨーロッパ編』(編集代表、古今書院、2009)
『近代日本の都市体系研究―経済的中秋管理機能の地域的展開―』(古今書院、2010)
日本都市学会賞受賞(1994)
日本地理学会賞(優秀賞)受賞(2009)

書　名	**日本の都市地理学50年**
コード	ISBN978-4-7722-6109-8　C3025
発行日	2011(平成23)年9月23日　初版第1刷発行
編　者	**阿部和俊**
	Copyright ©2011　ABE Kazutoshi
発行者	株式会社古今書院　橋本寿資
印刷所	株式会社理想社
製本所	渡辺製本株式会社
発行所	**古今書院**
	〒101-0062　東京都千代田区神田駿河台2-10
電　話	03-3291-2757
ＦＡＸ	03-3233-0303
振　替	00100-8-35340
ホームページ	http://www.kokon.co.jp/
	検印省略・Printed in Japan

古今書院の関連図書　ご案内

国際観光論 ―平和構築のためのグローバル戦略―

高寺奎一郎著

★欧米の旅行業界の再編と格安航空会社の構図がすごい
　国際ツーリスト到着数は、一位フランス、二位スペイン、三位米国、四位中国、五位イタリア。最新データは興味深いが、国際観光統計をどう読むか、そもそも国際ツーリズム産業は平和な国際コミュニティの形成に役立つし、国際公共財としても価値が高いし、地域の振興にもなるし、経済のグローバル化にはもちろんだし、よく理解できればとても大事なことがわかる。国際観光についてよく知りたいそんな人々への、役立つ入門書。
　前著『貧困克服のためのツーリズム』と同様に著者の意図は、グローバリゼーション研究です。「国境を越える」このことが観光でも、国内と国際では大きな違いを生みます。
ISBN978-4-7722-3056-8　C3033

A5判
234頁
定価2730円
2006年発行

20世紀の日本の都市地理学

阿部和俊著　愛知教育大学教授

★日本の都市地理学の傾向を読む
日本の都市地理学の研究成果を点検し、どういう成果を生み出したか、どういう問題点があるのか、どういう課題を残しているかを整理した研究史。逐一原典を引用し詳細に分析しているところが特色。巻末には都市地理学関連文献のほか、主要5雑誌の論分数、単行本リスト、分析手法別論文数を収録。
[主な目次]1 都市地理学における都市とは何か　2 都市地理学と村落地理学と集落地理学　3 第2次世界大戦前の都市地理学　4 第2次世界大戦後の都市地理学（都市化研究・都市圏研究、中心地研究、都市システム研究、都市の内部構造研究）　5 計量的手法の導入と普及）
ISBN4-7722-6013-7 C3025

A5判
276頁
定価4200円
2003年発行

古今書院の関連図書　ご案内

観光学と景観

溝尾良隆著 帝京大学教授

★観光学体系化の課題は観光景観論の確立だ
　今世紀最大の産業＝観光だといわれる。国連は貧困削減に有効な役割に期待し、日本は観光立国を宣言し、観光基本法を改正し、観光庁を設置した。訪日外国人を増加させるインバウンド観光推進策のため、美しい町を創造しようと景観法を制定した。本書は観光学の体系化と観光景観論を説く。
［主な内容］第1部観光景観論序説　観光学的景観とは　観光資源とは　風景観に対する主観と五感の問題　観光資源評価その客観化への試み　ヨーロッパや中国や日本の自然観と山岳観　日本人の自然に対する情感　日本の風景の特徴　美しい風景の保全と創造による魅力あるまち・観光地の形成　第2部景観に配慮した観光地の創造
ISBN978-4-7722-3137-4　C1036

A5判
238頁
定価3360円
2011年発行

都市の景観地理 —日本編2—

阿部和俊編 愛知教育大学教授

★身近な都市の景観と歴史を住民の目線で追う
中小都市をテーマにすれば、身近な景観問題、観光による地域振興、また日本の文化地理的な視点もある。景観に焦点をあてて都市の地理学を語ることは、地域の本質をさぐり、魅力を引き出す。
［主な内容］都市の文化的景観とまちづくり観光、小京都の景観とイメージ、東京 vs 大阪、都市のなかの農の景観、都市郊外としての琵琶湖岸の景観変化、郊外ニュータウンの景観、羽島市の景観変容、田川は高度成長を知らない近代都市、名瀬の歴史と景観、鹿児島の歴史と景観　執筆陣は阿部和俊、井口貢、内田順文、日比野光敏、宮地忠幸、稲垣稜、由井義通、大西宏治、松田孝典、原眞一、深見聡。
ISBN978-4-7722-5206-5　C3025
この都市の景観地理シリーズは、ほかに、日本編1、韓国編、中国編、大陸ヨーロッパ編、イギリス・北アメリカ・オーストラリア編がある。

B5判
100頁
定価2310円
2007年発行